"十四五"职业教育国家规划教材

"十四五"职业教育江苏省规划教材

"十三五"江苏省高等学校重点教材

（编号：2019-1-075）

电子商务理论与实务

（第三版修订版）

主　编　王一海　刘东风

副主编　廖春跃　胡国敏　舒　曼
　　　　肖　滢　董京霞

参　编　唐卫红　陈琳琳　高　慧
　　　　朱海静　孙　晶　陶　俊
　　　　李苏文

微信扫码
查看更多资源

南京大学出版社

内 容 简 介

　　本书根据财经商贸类人才培养方案,总结多年的电子商务教学经验,以电子商务职业岗位能力要求为导向,依据国家电子商务师职业标准,采用项目教学、任务驱动的形式,将相关的课程内容进行整合,系统地介绍了电子商务的理论和实践知识。本书适用于高等职业院校、应用型本科院校、成人继续教育电子商务、市场营销、网络营销与直播电商、跨境电子商务、商务数据分析与应用等财经商贸类专业,也可作为企业管理人员、电子商务从业人员从事电子商务活动的工具书和参考书。

图书在版编目(CIP)数据

　　电子商务理论与实务 / 王一海,刘东风主编.
南京 : 南京大学出版社,2025.1. — ISBN 978-7-305
-28426-7

　　Ⅰ. F713.36

　　中国国家版本馆 CIP 数据核字第 2024HR5758 号

出版发行　南京大学出版社
社　　　址　南京市汉口路 22 号　　　　邮　　编　210093
书　　　名　**电子商务理论与实务**
　　　　　　DIANZI SHANGWU LILUN YU SHIWU
主　　　编　王一海　刘东风
责任编辑　武　坦　　　　　　　　编辑热线　025-83592315
照　　　排　南京开卷文化传媒有限公司
印　　　刷　盐城市华光印刷厂
开　　　本　787 mm×1092 mm　1/16 开　印张 19.75　字数 505 千
版　　　次　2025 年 1 月第 1 版
印　　　次　2025 年 1 月第 1 次印刷
ISBN　978-7-305-28426-7
定　　　价　55.00 元
网　　　址:http://www.njupco.com
官方微博:http://weibo.com/njupco
微信服务号:njuyuexue
销售咨询热线:(025)83594756

* 版权所有,侵权必究
* 凡购买南大版图书,如有印装质量问题,请与所购
　图书销售部门联系调换

前言

电子商务产业迅速发展和应用，已经渗透到企业的采购、生产、销售、管理等多个环节中。电子商务是企业提升企业核心竞争力、拓展市场范围、获取企业利润的主要源泉。电子商务是国民经济和社会信息化的重要组成部分，社会对电子商务高素质、技能型人才的需求越来越旺盛。全面落实党的二十大报告中提出的"教育、科技、人才是全面建设社会主义现代化国家的基础性、战略性支撑"，完善科技创新体系，实施创新驱动发展，实施人才强国，这是我们教师的重要责任和担当。

本教材是一批"双师型"教师结合多年的教学经验和电子商务的实际应用编写的，同时也是江苏易宁正弘电子商务有限公司、南京微云迹电子商务有限公司、江苏天绚家居科技有限公司等企业和南京新电商产业学院开展"政校行企"合作、产教融合的教学成果。教材结构清晰，内容简明扼要，从基础知识到实战应用，力求理论联系实际，具有非常强的实用性，突出了职业教育新商科教学的"理实一体、学做合一"的理念。教材按照项目式的教学要求构建知识和技能内容，每个项目按照项目要求、相关知识、项目实施、思政园地、案例分析的形式编排内容，做到既巩固电子商务基础知识，又强化实践技能。在每个项目的实施中，根据电子商务应用的要求设置相应的操作任务，同时每个项目后均附有案例和一定数量的习题，以帮助学生进一步巩固基础知识，强化实践技能。为加快推进党的二十大精神进教材、进课堂，学深悟透、入心入脑，本次教材再版时进一步创新优化教材的模块化结构，选取适应新时代电子商务人才需求的教学内容，以贯彻"人才是第一资源，创新是第一动力""科技自立自强、人才引领驱动"精神。

教材将课程思政融入专业基础课程，增加思政园地，以党的二十大精神为指导对相关知识和案例进行优化，体现课程思政特色，培养具有社会主义核心价值观、职业道德、法律意识和专业素养的电子商务人才。全面落实"立德树人"根本任务，把思想政治工作贯穿教育教学的整个过程，持续深化"三全育人"改革实践，精心设计了文化自信、工匠精神、安全意识、大数据战略等思政案例，为实现党的二十大报告中提出的"育人的根本在于立德。全面贯彻党的教育方针，落实立德树人根本任务，为培养德智体美劳全面发展的社会主义建设者和接班人"提供支撑。

课程内容符合教学传播需求和人才培养需求，互联网特色鲜明，在线开放资源丰富。随着电子商务行业新模式、新技术的快速发展以及国家对"1＋X"技能证书人才培养的要求，教材内容与时俱进,同步发展。电子商务的模式、运营、管理等教材内容紧密联系电子商务产业的发展,将电子商务产业现状融入教材案例及知识点讲解中,将产业与教学密切结合,理论学习与实践操作相结合,知识与产业相结合,培养实用性电子商务人才。依据企业电子商务平台及系统进行项目任务的设计,项目的实施围绕企业电子商务业务的操作流程,解决企业商务活动中的问题,将企业电子商务案例引入项目案例分析,培养学生的职业素养和分析解决问题的能力。

本教材由王一海、刘东风担任主编,廖春跃、胡国敏、舒曼、肖滢、董京霞担任副主编,唐卫红、陈琳琳、高慧、朱海静、孙晶、陶俊、李苏文参编。本教材配有电子课件、教学大纲、习题参考答案等教学资源,欢迎订书学校索取。

本教材在编写过程中,借鉴和引用了大量电子商务方面的相关资料,在此对这些文献作者表示诚挚的谢意。

由于编者水平有限,书中难免存在错误和疏漏之处,敬请广大读者批评指正。

编 者

2024 年 7 月

目　录

项目 *1*

认识电子商务

本项目阐述电子商务的基本概念,包括电子商务的定义、电子商务的特点、电子商务的分类和功能、电子商务的模式、电子商务的框架、电子商务的基本流转方式和电子商务的创新模式。

项目内容

对常用的各类型电子商务网站的业务和功能进行了解与分析,熟悉电子商务的功能模块和电子商务交易的整个过程。

知识要求

在使用电子商务的过程中,必须掌握电子商务的定义、特点、功能和分类;了解电子商务的相关技术和应用;掌握电子商务的业务结构和框架结构;熟悉电子商务整个交易的过程;了解目前电子商务的发展及对传统商务的挑战。

思政要求

了解全球电子商务的发展趋势;查阅国家对农村电商的相关政策;将社会主义核心价值观体现于电子商务学习的全过程。

相关知识

微课

知识 *1.1*　电子商务的定义

电子商务正在以难以置信的速度渗透到人们的日常生活中,各国政府、学者、企业界人士都根据自己所处的地位和对电子商务的参与程度,给出了许多不同的定义。

世界电子商务会议(The World Business Agenda for Electronic Commerce)认为:电子商务是指实现整个贸易过程中各阶段的贸易活动的电子化。全球信息基础设施委员会(Global Information Infrastructure Commission,GIIC)将电子商务定义为:电子商务是运用电子通信作为手段的经济活动,通过这种方式,人们可以对带有经济价值的产品和服务进行宣传、购买与结算。联合国经济合作和发展组织(Organization for Economic Co-operation and Development,OECD)对电子商务的定义是:电子商务是发生在开放网络上的包含企业之间、企业和消费者之间的商业交易。欧洲议会对电子商务的定义是:电子商务是通过电子方式进行的商务活动,通过电子方式处理和传递数据,包括文本、声音和图像。

惠普(Hewlett-Packard,HP)公司认为电子商务是通过电子化手段来完成商业贸易活动的一种方式,使我们能够通过电子交易的手段完成物品和服务等的交换,是商家和客户之间的联系纽带。国际商业机器公司或万国商业机器公司(International Business Machines Corporation,IBM)公司认为,电子商务是指采用数字化电子方式进行商务数据交换和开展商务业务的活动,是在 Internet 的广泛联系与传统信息技术系统的丰富资源相互结合的背景下应运而生的一种相互关联的动态商务活动。

总之,无论是国际商会,还是 HP 和 IBM,都认为电子商务是利用现有的计算机硬件设备、软件和网络基础设施,在通过一定的协议连接起来的电子网络环境下进行各种各样商务活动的方式。因此,对电子商务概念的科学理解应包括以下几个方面:

① 电子商务是整个贸易活动的自动化和电子化。

② 电子商务是利用各种电子工具和电子技术从事各种商务活动的过程,如图 1.1 所示。其中,电子工具是指计算机硬件和网络基础设施(包括 Internet、Intranet、各种局域网等);电子技术是指处理、传递、交换和获得数据的多种技术的集合。

图 1.1　电子商务的形成

③ 电子商务渗透到贸易活动的各个阶段,因而内容广泛,包括信息交换、售前售后服务、销售、电子支付、运输、组建虚拟企业、共享资源等。

④ 电子商务的参与包括消费者、销售商、供应商、企业雇员、银行或者金融机构及政府等各种机构或个人。

⑤ 实行电子商务的目的是要实现企业乃至全社会的高效率、低成本的贸易活动。

知识 1.2　电子商务的特点

电子商务与传统商务方式相比具有高效性、方便性、集成性、可扩展性、安全性和协作性等明显的特点。

1. 高效性

电子商务最基本的特性是高效性。电子商务为消费者提供了一种方便、迅捷的购物途径,为商家提供了一个遍布世界各地的、广阔的、有巨大潜力的消费者群体。同时,通过产品信息数据库,企业能够记录客户访问、购买的情况和购物动态及客户对产品的偏爱,从而获知客户最想购买的产品是什么,进而为产品的生产、开发提供有效的信息。

2. 方便性

在电子商务环境中,客户不再受时间和空间的限制,只能在一定的区域从有限的几家商场中选择交易对象、寻找所需的商品,而是可以在全球范围内寻找交易伙伴、选择商品。企业通过把客户服务过程移至开放的网络上,使客户能以一种比过去更简捷、更方便的方式完成过去他们认为比较费事才能获得的服务。例如,将资金从一个存款账户移至一个支票账

户、查看一张信用卡的收支情况、查询货物的收发情况,乃至搜寻、购买稀有产品等,都可以足不出户而实时完成。

3. 集成性

电子商务的集成性是指通过电子工程技术实现新老资源、人工操作与电子系统处理的有机集成。电子商务网络的真实商业价值在于协调新技术的开发运用和原有技术设备的改造利用,使用户能更加行之有效地利用已有的资源和技术,从而更高效地完成企业的生产和销售及客户服务。电子商务的集成性还在于事务处理的整体性和统一性——它能规范事务处理的工作流程,将人工操作和信息处理集成为一个不可分割的整体。这样不仅提高了人力和物力的利用率,也提高了系统运行的严密性。

4. 可扩展性

要使电子商务正常运作,必须确保电子商务的可扩展性。网络上的用户数量庞大,而且增长的速度非常快,这就要求电子商务系统能够有与之相适应的可扩展性。如果电子商务系统做不到随着用户数量的变化而进行方便、及时的扩展,那么客户访问的速度就将急剧下降,甚至会导致整个系统的瘫痪,从而影响企业的收入,损坏企业的形象和信誉。对于电子商务来说,具备可扩展性的系统才是最稳定的系统,稳定的系统才能提供优质的服务,才能促进电子商务的不断发展。

5. 安全性

对于客户而言,无论网上的商品如何具有吸引力,如果缺乏对网上交易安全性的信心,就不敢随意在网上进行交易。在电子商务中,交易的安全性是必须考虑和解决的核心问题。网络中的欺骗、窃听、病毒和非法入侵都是威胁电子商务的因素,所以这就要求网络能提供一种端到端的安全解决方案,包括加密机制、签名机制、分布式安全管理、存取控制、防火墙、安全互联网服务器、防病毒保护等。为了帮助企业创建和实现这些方案,国际上多家公司联合制定了安全电子商务交易的技术标准和研究方案,并提出了安全电子交易协议(Secure Electronic Transaction,SET)和安全套接层协议(Secure Socket Layer,SSL)等协议标准。这些有助于企业建立一种安全的电子商务环境。

6. 协作性

商务活动本身是一种协调过程,需要客户与企业内部、生产商、批发商、零售商间的协调。在电子商务环境中,更要求银行、配送中心、通信部门、技术服务等多个部门的通力协作。为了提高效率,许多组织都提供了交互式的协议,电子商务活动也可以在这些协议的基础上进行。电子商务是简便迅捷的,具有友好界面的用户信息反馈工具,决策者们能够通过它获得高价值的商业情报,辨别隐藏的商业关系和把握未来的趋势,因此可以做出更有创造性、更具战略性的决策。

知识 *1.3* 电子商务的分类

通过研究不同类型的电子商务,可以加深对电子商务的理解。按照不同的标准,电子商务可划分为不同的类型。

1. 按照商业活动的运作方式分类

(1) 完全电子商务

完全电子商务是指完全可以通过电子商务方式实现和完成完整交易的交易行为与过程,也就是商品或服务的完整过程是在信息网络上实现的。

(2) 非完全电子商务

非完全电子商务是指不能完全依靠电子商务方式实现和完成完整交易的交易行为和过程,即在商务活动的某些环节需要依靠一些外部因素来实现。

2. 按照开展电子交易的范围分类

(1) 本地电子商务

本地电子商务通常是指利用本城市或本地区的信息网络实现的电子商务活动,电子交易的范围较小。本地电子商务系统是利用 Internet、Intranet 或专用网络将金融机构、保险公司、商品检验等信息系统及本地区 EDI 中心系统联系在一起的网络系统。

(2) 远程国内电子商务

远程国内电子商务是指在本国范围内进行的网上电子交易活动。其交易的地域范围较大,对软硬件和技术要求较高,要求在全国范围内实现商业电子化、自动化,实现金融电子化,交易各方具备一定的电子商务知识、经济能力和技术能力,并具备一定的管理水平等。

(3) 全球电子商务

全球电子商务是指在全世界范围内进行的电子交易活动,参加电子商务的交易各方通过网络进行贸易。它涉及有关交易各方的相关系统,如买卖方国家进出口公司系统、海关系统、银行金融系统、税务系统、保险系统等。全球电子商务业务内容繁杂、数据来往频繁,要求电子商务系统严格、准确、安全、可靠,必须使用世界统一的电子商务标准和协议。

3. 按照商务活动的内容分类

(1) 间接电子商务

间接电子商务是指有形货物在电子订货与付款等活动后依然需要利用邮政服务、快递等传统渠道送货,或者利用电子商务物流配送中心。

(2) 直接电子商务

直接电子商务是指无形货物或者服务的订货或付款等活动,如某些计算机软件、娱乐内容的联机订购、付款和交付,或者是全球规模的信息服务。

4. 按照使用网络的类型分类

(1) 基于 EDI 网络的电子商务

基于 EDI 网络的电子商务是利用 EDI 网络进行电子交易。EDI 是指商业或行政事业单位按照一个公认的标准形成结构化的事务处理或文档数据格式，以及从计算机到计算机的电子传输方法。

(2) 基于 Internet 的电子商务

基于 Internet 的电子商务就是利用 Internet 进行电子交易。Internet 是一种采用 TCP/IP 协议组织起来的松散的、独立合作的国际互联网。

(3) 基于 Intranet 的电子商务

基于 Intranet 的电子商务是指利用企业内部网络进行电子交易。Intranet 是在 Internet 基础上发展起来的企业内部网，是在原有的局域网上附加一些特定的软件，将局域网与 Internet 连接起来，从而形成企业内部的虚拟网络。

5. 按照交易对象分类

(1) 企业对企业的电子商务

企业对企业(Business to Business)类型的电子商务简称 B2B，即企业或商业机构相互之间利用 Internet 或商务网络进行的商务活动。

(2) 企业对消费者的电子商务

企业对消费者(Business to Customer)类型的电子商务简称 B2C，即企业或商业机构利用 Internet 向消费者提供商务和服务。例如，网上商店和网络学校等。

(3) 消费者对消费者的电子商务

消费者对消费者(Customer to Customer)类型的电子商务简称 C2C，即消费者个人之间利用 Internet 进行的商品交换等商务活动。

(4) 政府对企业的电子商务

政府对企业(Government to Business)类型的电子商务简称 G2B。此类电子商务可以覆盖政府和企业之间通过 Internet 处理的许多事务。例如，政府的采购、企业的网上申报、网上年审和网上纳税等。

(5) 政府对消费者的电子商务

政府对消费者(Government to Customer)类型的电子商务简称 G2C。此类电子商务可以覆盖政府和消费者个人之间通过 Internet 处理的一些事务。例如，政府将电子商务扩展到社会福利费的发放、个人所得税的网上缴纳等。

知识 *1.4*　电子商务的功能

电子商务可提供网上交易和管理等全过程的服务，所以具有广告宣传、咨询洽谈、网上订购、网上支付、电子账户、服务传递、意见征询和交易管理等各项功能。

微课

1. 广告宣传

电子商务可凭借企业的 Web 服务器和客户的浏览器在 Internet 上发布各类商业信息。客户可借助网上的检索工具(Search)迅速地找到所需商品信息,而商家可利用网上主页(Homepage)和电子邮件(E-mail)在全球范围内做广告宣传。与以往的各类广告相比,网上的广告成本最为低廉,给顾客的信息量却最为丰富。

2. 咨询洽谈

电子商务可借助非实时的电子邮件(E-mail)、新闻组(Newsgroup)和实时的讨论组(Chat)来了解市场商品信息、洽谈交易事务,如有进一步的需求,还可用网上的白板会议(Whiteboard Conference)来交流即时的图形信息。网上的咨询和洽谈能超越人们面对面洽谈的限制,提供多种方便的异地交谈形式。

3. 网上订购

电子商务可借助 Web 中的邮件交互传送实现网上的订购。网上订购通常都是在产品介绍的页面上提供十分友好的订购提示信息和订购交互格式框,当客户填完订购单后,通常系统会提示确认订单来保证订购信息的收悉。订购信息也可采用加密支付以使客户和上面的商业信息不会泄露。

4. 网上支付

电子商务要成为一个完整的过程,网上支付是一个重要的环节。客户和商家之间可采用信用卡账号进行支付。直接采用电子支付手段可节省交易中很多人员的开销。网上支付需要更为可靠的信息传输安全性控制,以防止欺骗、窃听、冒用等非法行为。

5. 电子账户

网上支付必须有电子金融来支持,即银行或信用卡公司及保险公司等金融单位为资金融通提供网上操作服务。电子账户管理是其基本的组成部分。信用卡号或银行账号都是电子账户的一种标志,而其可信度需要配以必要的技术措施来保证,如数字证书、数字签名、加密卡等。

6. 服务传递

对于已付款的客户,应将其订购的货物尽快地传递到他们的手中,但有些货物在本地、有些货物在异地,利用电子邮件即可在网络中进行物流的调配。最适合在网上直接传递的货物是信息产品,如软件、电子读物、信息服务等,能直接从电子仓库中将货物发送到用户端。

7. 意见征询

电子商务能十分方便地采用网页上的选择和填空等形式来搜集用户对销售服务的反馈意见,使企业的市场运营能形成一个封闭的回路。客户的反馈意见不仅能提高售后服务的水平,还能使企业获得改进产品、发现市场的商业机会。

8. 交易管理

整个交易的管理涉及人、财、物多个方面,包括企业和企业、企业和客户及企业内部等各方面的协调和管理。因此,交易管理是涉及商务活动全过程的管理。电子商务提供一个良好的交易管理网络环境及多种多样的应用服务系统,这就保障了电子商务可以获得更广泛的应用。

知识 *1.5* 　电子商务的模式

为了充分利用国际互联网达到最佳的商业效果,不同的企业利用电子商务的模式是不同的。企业应根据自身的经营特点开发适合自身发展的电子商务战略。

1. B2B

B2B(Business to Business)是指企业和企业之间通过互联网进行产品、服务及信息的交换。1997年,中国化工网(英文版)上线,成为国内第1家垂直B2B电子商务商业网站。基于互联网的B2B的发展速度十分迅猛,截至2023年,中国电子商务交易额达46.827 3万亿元,B2B市场交易额达到16.7万亿元。B2B的代表之一1688如图1.2所示。

图 1.2　B2B——1688

从企业间电子商务系统所针对的企业间商务业务类型来看,目前的企业间电子商务系统可分为针对国际贸易业务的国际电子商贸系统、针对一般商务过程的电子商务系统和针对支付及清算过程的电子银行系统。

2. B2C

B2C(Business to Customer)是企业对消费者的电子商务模式。这种形式的电子商务一般以网络零售业为主,主要借助于Internet开展在线销售活动。B2C模式是我国最早产生的电子商务模式,以8848网上商城正式运营为标志,企业通过互联网为消费者提供一个新型的购物环境,消费者通过网络在网上购物,并可在网上支付。近年来,中国 B2C 市场发展迅速,随着消费者消费习惯的改变及企业自建与第三方平台的大量涌现,投资者关注度显著提高,网上购物用户迅速增长,到 2023 年中国电子商务 B2C 市场交易额达到 12.53 万亿元。B2C 的代表之一当当网如图 1.3 所示。

图 1.3 B2C——当当网

3. C2C

C2C(Customer to Customer)是消费者之间的电子商务模式,是指网络服务提供商利用计算机和网络技术,提供有偿或无偿使用的电子商务平台和交易服务,以便于交易双方(主要为个人消费者)达成交易的一种在线交易模式。国外 C2C 电子商务模式的典型代表是 eBay,如图 1.4 所示。国内 C2C 电子商务模式的典型代表是淘宝。

图 1.4 C2C——eBay

4. G2B

G2B (Government to Business)是指政府和企业之间的电子政务,即政府通过网络进行采购与招标,快捷迅速地为企业提供各种信息服务;企业通过网络进行税务通报、办理证照、参加政府采购、对政府工作提出意见等;政府向企业事业单位发布各种方针、政策、法规、行政规定等等。对政府来说,G2B 电子政务的形式主要包括电子采购与招标、电子税务、电子证照办理、电子外经贸管理、中小企业电子化服务、综合信息服务等。G2B方式包括政府服务企业和获取企业的服务,其样例如图1.5所示。

图 1.5 G2B——南京市政务大厅

5. G2C

G2C(Government to Citizen)是政府对公众的电子政务,是指政府通过电子网络系统为公民提供的各种服务。与G2B模式一样,G2C模式的着眼点同样是强调政府的对外公共服务功能,所不同的是前者针对企业,后者的服务对象是社会公众,特别是公众个人。

G2C模式的服务范围更为广泛,如网上发布政府的方针、政策及重要信息,介绍政府机构的设置、职能、沟通方式,提供交互式咨询服务、教育培训服务、行政事务审批、就业指导等,如图1.6所示。

图 1.6 G2C——江苏人事人才网

6. G2G

G2G(Government to Government)是指政府上下级、部门间利用电子公文系统传送有关的政府公文,以提高公文处理速度,或者是利用电子办公系统完成机关工作人员的许多事务性的工作,如下载政府机关经常使用的各种表格、报销出差费用等,以节省时间和费用,提高工作效率。如图 1.7 所示为南京市人民政府网。

图 1.7　G2B——南京市人民政府网

知识 1.6　电子商务的框架

电子商务不仅是创建一个网站,事实上电子商务涵盖的内容很多,目前已有很多方面的应用,如网上购物、网上证券交易、网上招聘、电子政务、网上拍卖等,而这些应用都需要相关技术的支持。电子商务的框架是指实现电子商务的技术保证和电子商务应用所涉及的领域。电子商务的技术支持分为 4 个层次和 2 个支柱。自底向上的 4 个层次分别是网络层、多媒体信息发布层、报文和信息传播层、贸易服务层;2 个支柱是国家政策及法律法规、相关技术标准及网络安全协议。4 个层次之上是电子商务的应用,可以看出电子商务的各种应用都是以 4 层技术和 2 个支柱为前提条件的,如图 1.8 所示。

电子商务的应用

供应链管理、网上企业、网上商店、网上银行、网上信息服务、电子政务等

贸易服务层
安全性认证、咨询服务、市场调研、电子支付、目录服务等

报文和信息传播层
EDI、E-mail、HTTP

多媒体信息发布层
HTML、Java、WWW

网络层
电信、有线电视、无线设备、Internet

（左）国家政策及法律法规　（右）技术标准和网络协议

图 1.8　电子商务的框架结构

1. 网络层

网络层指网络基础设施,又称网络平台。它以国际互联网(Internet)为基础,包括内联网(Intranet)、外联网(Extranet)及各种增值网(VAN)等,还有远程通信网(Telecom)、有线电视网(Cable TV)、无线通信网(Wireless)等网络平台。网络层用户端硬件包括路由器(Route)、集线器(Hub)、调制解调器(Modem)、基于计算机的电话设备、机顶盒(Set-Top Box)、电缆调制解调器(Cable Modem)等。网络层既是实现电子商务的最底层的基础设施,也是实现电子商务的基本保证。

2. 多媒体信息发布层

最常用的信息发布方式就是通过万维网(WWW),用 HTML 或 Java 将多媒体内容发布在 Web 服务器上,再通过安全协议将发布的信息传送给接收者。网络上的内容包括文本、图像、声音等多媒体信息,通过 HTML 将这些多媒体内容组织得易于检索和富于表现力。从技术角度而言,电子商务系统的整个过程就是围绕信息的发布和传输进行的。

3. 报文和信息传播层

HTTP 是 Internet 上通用的消息传播协议,它以统一的显示方式,在多种环境下显示非格式化的多媒体信息;格式化的数据交流,EDI 是典型代表,它的传递和处理过程可以是自动化的,无须人工干涉,即它是面向机器的,订单、发票、装运单都比较适合格式化的数据交流。

4. 贸易服务层

贸易服务层为方便网上交易提供通用业务服务。由于所有的企业、个人做贸易时都会用到这些服务,所以这些服务又称为基础服务。它主要包括安全性认证、电子支付、目录服务和咨询服务等,相应的机构有网络数据中心、认证中心、支付网关和客户服务中心等,相应的设备有电子商务服务器、数据库服务器、账户服务器、协作服务器等。任何一个贸易服务都包括 3 个基本部分,即电子销售支付系统、供货体系服务、客户关系解决方案。

知识 *1.7*　电子商务的基本流转方式

不同类型电子商务交易的流转过程是不同的,大致可以分为 4 种交易流程,分别是无认证中心的网络商品直销、存在认证中心的网络商品直销、企业间的网络交易和网络商品中介交易。前两种交易流程归属于 B2C 电子商务范畴,后两种交易流程归属于 B2B 电子商务范畴,目前市场上应用最广泛的是无认证中心的网络商品直销和网络商品中介交易两种。

1. 无认证中心的网络商品直销

网络商品直销是指消费者和生产者,或者需求方和供应方直接利用网络形式所开展的买卖活动。B2C 电子商务基本属于网络商品直销的范畴。这种交易的最大特点是供需双方直接见面、环节少、速度快、费用低。这种网络商品直销的流转过程如图 1.9 所示。

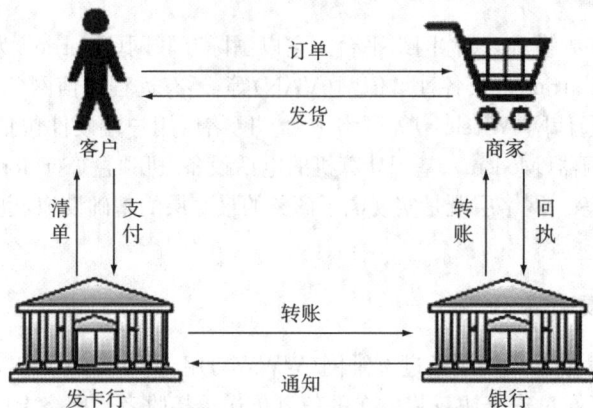

图 1.9　无认证中心的网络商品直销流转过程

无认证中心的网络商品直销具体步骤如下：

① 消费者进入互联网，查看企业和商家的网页。

② 消费者通过购物对话框填写购货信息，包括姓名、地址、所购商品名称、数量、规格和价格等。

③ 消费者选择支付方式，如信用卡、电子货币、电子支票、借记卡、货到付款等。

④ 企业或商家的客户服务器检查支付方服务器，确认汇款额是否认可。

⑤ 企业或商家的客户服务器确认消费者付款后，通知销售部门送货上门。

⑥ 消费者的开户银行将支付款项传递到消费者的信用卡公司，信用卡公司负责发给消费者收费单。

图 1.10 为戴尔公司的网络商品直销的部分页面。

图 1.10　戴尔公司的网络商品直销的部分页面

2. 存在认证中心的网络商品直销

为了保证交易过程的安全，需要有一个认证机构对在互联网上交易的买卖双方进行认证，以确认他们的身份。这种网络商品直销的流转过程如图 1.11 所示。

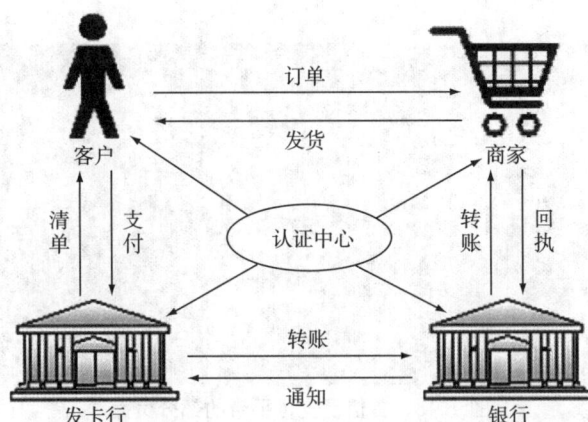

图 1.11　存在认证中心的网络商品直销流转过程

该过程应当在 SET 协议下进行。在安全电子交易的 4 个环节中,即从消费者、商家、支付网关到认证中心,IBM、Microsoft、Netscape、Sun、Oracle 均有相应的解决方案。

这种交易方式不仅有利于减少交易环节、大幅度降低交易成本,以降低商品的最终价格,而且可以减少售后服务的技术支持费用和为消费者提供更快更方便的服务。当然,这种方式也有不足,主要表现在两个方面:一是购买者只能从网络广告上判断商品的型号、性能、样式和质量,对实物没有直接的接触,这在很多情况下可能会产生错误的判断,同时也有一些不法厂商利用虚假广告欺骗顾客;二是购买者利用信用卡或电子货币进行网上交易,不可避免地要将自己的密码输入计算机,这就使一些犯罪分子有机可乘,利用各种高科技的作案手段窃取密码,进而窃取用户的钱款。

消费者进行网上购物时一定要慎重,要选择知名的网上商城,如卓越亚马逊、当当网、京东商城等,或者使用网上银行的商城。例如,招商银行的一网通商城(见图 1.12),里面的商家链接都是招商银行的商户,比较有安全保障。

图 1.12　招商银行的一网通商城的部分页面

最早存在认证中心的网络商品直销的示范工程是首都电子商城,现在已经演变为首信易支付平台,如图 1.13 所示。其功能相当于一个第三方支付平台,目前平台上有很多合作商户,通过首信易支付购物可以有更多优惠,因此可以说在实际应用中,首信易支付充当了一个认证的角色。

图 1.13　首信易支付平台的部分页面

3. 企业间的网络交易

企业间的网络交易是指企业利用自己的网站或网络服务商的信息发布平台发布买卖、合作、招投标等商业信息,借助互联网超越时空的特性,既让其他企业了解本企业,又可方便地发现世界各地其他企业的信息。同时,通过认证中心核实对方的真实身份;通过商业信用调查平台(信用中心),买卖双方可以进入信用调查机构申请对方的信用调查;通过产品质量认证平台,可以对卖方的产品质量进行有效调查。然后在信息交流平台上签订合同,进而实现电子支付和物流配送。最后是销售信息的反馈。企业间的整个电子商务交易流程如图1.14 所示。

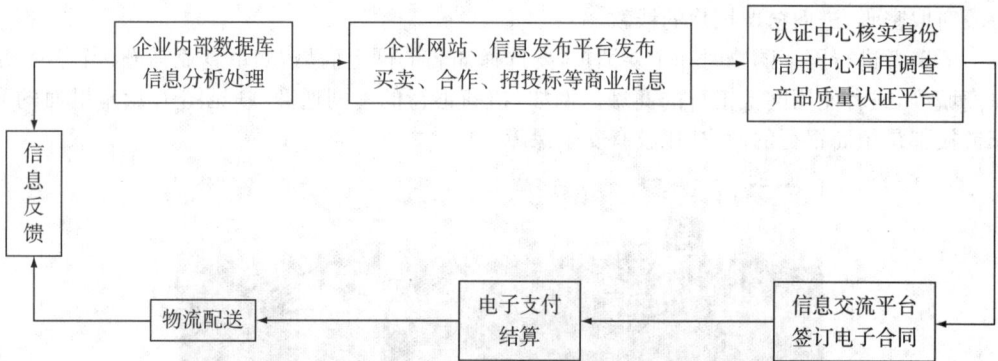

图 1.14　企业间的电子商务交易流程

随着市场竞争的加剧,很多企业逐步认识到客户信息反馈的重要性,于是开始加强客户关系管理,建立企业内部数据库,对客户的资料、反馈信息进行分析处理,以便更好地服务顾客,占领市场。

4. 网络商品中介交易

网络商品中介交易是指通过网络商品交易中心,即虚拟网络市场进行的商品交易。在这种交易过程中,网络商品交易中心以 Internet 为基础,利用先进的通信技术和计算机软件技术,将商品供应商、采购商和银行紧密地联系起来,为客户提供市场信息、商品交易、仓储配送、货款结算等全方位服务。网络商品中介交易的流转过程如图 1.15 所示。其整个过程可以分为以下 4 个步骤。

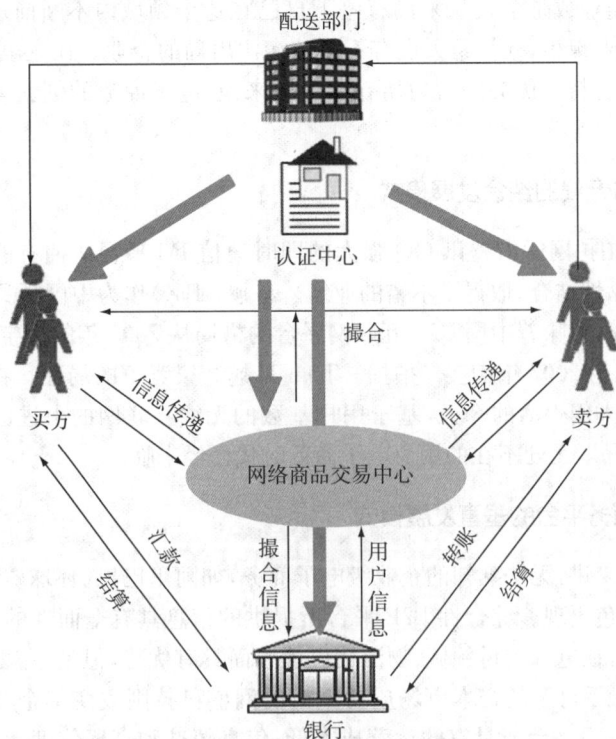

图 1.15 网络商品中介交易的流转过程

① 买卖双方将各自的供应和需求信息通过网络告诉网络商品交易中心,网络商品交易中心通过信息发布服务向参与者提供大量的详细交易数据和市场信息。

② 买卖双方根据网络商品交易中心提供的信息,选择自己的贸易伙伴。

③ 网络商品交易中心从中撮合,促使买卖双方签订合同。

④ 网络商品交易中心在各地的配送部门将卖方货物送交买方。

采用这种交易方式虽然会增加一定的成本,但是可以降低买方和卖方的风险。首先,这个市场是由商品中介组织的,商品的生产商和供应商遍及全国甚至全球各地,为双方提供了很大的交易市场,增加了许多交易机会。其次,网络商品交易中心可以解决"拿钱不给货"或"拿货不给钱"的问题。在双方签订合同之前,网络商品交易中心可以协助买方对商品进行检验,只有符合条件的产品才可以入网,这在一定程度上解决了商品的"假、冒、伪、劣"。而且,网络交易中心会协助交易双方进行正常的电子交易,以确保双方的利益。最后,网络商品交易中心采取的是统一结算模式,这可以加快交易的速度。

知识 *1.8* 电子商务的创新

随着互联网的不断普及,电子商务模式逐渐成为企业生存和发展的核心,越来越多的企业通过电子商务这种模式来尽可能地追求最大的经营利

润。虽然现阶段像阿里巴巴和易趣(eBay)这样的大型网站在这个领域内牢牢占据着制高点的位置,但是中小企业或是个人从来没有停下自己在这个领域内不断前进的步伐。每天都有新的电子商务企业诞生,同样每天也有不断被淘汰出局的企业。在竞争激烈的市场中,不断创新才是企业具有持久优势的潜力所在。一般来说,电子商务的创新模式可以从下面几个方面探讨。

1. 电子商务与无线的结合发展模式

2006 年,腾讯拍拍网凭借腾讯 QQ 强大的即时通信 IM 平台所拥有的数亿用户基数和 IM 与拍拍网的强黏性结合,取得了不错的业绩。易趣(eBay)作为中国颇具实力的 C2C 平台之一易手 Tom 在线,意味着中国 C2C 互联网平台的格局从 2005 年的淘宝—易趣之争,经过 2006 年的发展转化为 2007 年淘宝—拍拍—Tom 易趣 3 家竞争的局面。在无线互联网蓬勃发展、5G 正在进入人们生活的今天,基于用户基数的无线互联网的引进已成为中国电子商务 C2C 领域的"黑马",无处不在的用户电子商务时代已经来临。

2. 企业电子商务平台的垂直发展模式

对于个人用户来讲,无法熟知的企业级电子商务,如阿里巴巴、环球资源等,一向以综合电子商务平台的角色出现。综合性 B2B 平台所提供的信息具有全面性的优势,交易平台本身对于中小型交易,在电子支付领域、物流接口等方面具有优势,但是运营压力大,利润率相对低。在我国,在触手可及的资本市场成功上市的网盛科技则改变了企业级电子商务市场的格局,通过垂直 B2B 平台所具有的运营成本低、信息精准和高置信度特点等优势,更主动扩大了其在企业级交易中的市场份额,独创了"小门户+联盟"的电子商务新发展模式,成为我国电子商务发展的新航标。

3. "以销定采"的电子商务发展模式

以往电子商务服务提供商所面临的三大挑战是信息流、资金流、物流。一家名为爱代购的新型电子商务在其 2006 年宣布上线时,为业界带来的是以 B for C 为主的商业模式,有效避免了传统的 B2C 库存的缺陷。B for C 模式采用的是"以销定采"的方式,通过虚拟的产品定购,避免了原有 B2C 厂商的库存压力,解决了信息流、资金流、物流三流中关键的资金流问题。

4. 线上、线下畅通的电子商务发展模式

国家邮政局与阿里巴巴集团在北京签署了电子商务战略合作框架和产品协议,在电子商务的信息流、资金流、物流等方面达成了全面、长期的合作伙伴关系,邮政 EMS 还专门为这次合作推出了一款名为"e 财宝"(EMS 电子商务经济快递)的新产品。

5. 大型搜索引擎将在运营商和电子商务运营商之间开展深入合作

电子商务和搜索引擎的发展趋势使得二者的合作越来越紧密。电子商务网站目前最重要的特征是要具备优秀的搜索功能,因为一旦消费者无法搜索到想要的商品,就会转移到其他网站。因此,拥有高质量的站内搜索工具对增加在线零售商的销售收入是至关重要的。

6. 网络广告媒介资源的合作创新模式

合作模式主要出现在企业间,而对于万普世纪这个提供独立 WAP 站点的媒体代理服务机构来讲,合作不是基于企业的,而是基于个人用户的。WAP 站点由于其非官方性,导致其拥有很大一部分个人用户网站。通过对个人用户的培育,万普世纪获得了庞大的独立 WAP 站点队伍,促进了无线互联网的发展。由于是培育的,个人用户对这些站点有着深入的了解,因此可以有效控制,实行集中管理和采购,实现更高媒介代理利润率。

项目实施

项目任务

根据项目内容,本项目为初步认识电子商务,了解电子商务的业务功能和电子商务的应用范围,以及电子商务使用方法和过程,主要有下面几个任务:

1. 著名电子商务网站的业务功能分析。
2. 搜索引擎百度的使用操作。
3. 淘宝网站会员免费注册,网上购物。

项目要求

1. 浏览著名电子商务网站,初步了解电子商务业务,叙述业务功能。
2. 掌握搜索引擎的用途,掌握百度的基本搜索、关键词强制搜索和高级搜索的使用方法。
3. 掌握网上购物的业务流程,熟悉电子商务网上购物的相关业务和功能。

实施步骤

任务1　著名电子商务功能分析

(1) 通过实际运营中的各类网站,充分理解 B2B、B2C、C2C、EG 电子商务的功能、应用和特点。

海尔集团的海尔招投标网(http://haierbid.com)

中国商品交易中心(http://www.ccec.com)

戴尔公司(http://www.dell.com.cn)

海尔商场(http://www.ehaier.com)

易趣(http://www.eachnet.com)

首信易支付(http://www.beijing.com.cn)

招商银行—网通商城(http://shop.cmbchina.com)

阿里巴巴(http://www.alibaba.com.cn)

eBay (http://www.ebay.cn)

亚马逊(http://www.amazon.cn)

中华人民共和国商务部网站(http://www.mofcom.gov.cn)

南京市政务大厅(http://www.mynj.gov.cn)

(2) 分析每个电子商务网站的类型、主题、栏目、业务和功能,从以下几个方面进行思考,并就某一网站进行讨论,总结后记录在表 1.1 中。

① 建立网站的目的在于哪些方面?

② 电子商务交易的参与方有哪些? 对于政务网站来说,网站服务的对象有哪些?

③ 通过什么渠道获得用来交易的商品?

④ 网站的盈利来源有哪些?

⑤ 交易的流程是怎样的? 以政务网站为例说明办事流程。

表 1.1　电子商务网站业务功能分析

网站名称			
网站主题			
网站类型			
设置栏目			
业　务		功　能	

(3) 浏览政府采购、金融、证券、旅游、汽车、烟草、教育、保险、医药、电信、物流、房地产、农产品、林产品、水产品等行业和领域的电子商务网站,体会电子商务在各个领域的应用。

任务 2　搜索引擎

在互联网中用来搜索的程序叫作搜索引擎(Search Engine),是一类运行特殊程序的、专门用来帮助用户查询互联网上的 WWW 服务信息的 Web 站点。搜索引擎站点也被誉为"网络门户"。目前,互联网上的搜索引擎基本由信息查询系统、信息管理系统和信息检索系统 3 个部分组成。

国外著名的搜索引擎大多数提供多种语言的支持,常用的有 www.google.cn、www.infoseek.com、www.hotbot.com、www.lycos.com 等。国内著名的搜索引擎是百度(http://www.baidu.com)(见图 1.16),很多有名的门户网站,如网易(http://www.netease.com)、搜狐(http://www.sohu.com)、新浪(http://www.sina.com)等也提供中文搜索引擎服务。

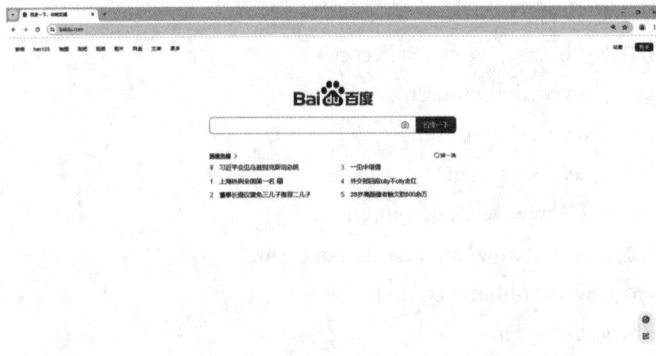

图 1.16　百度搜索引擎普通搜索页面

（1）了解常见的搜索引擎有哪些，打开搜索工具百度（http：//www.baidu.com）网站。

（2）任意输入产品的名称、品牌、型号、性能进行搜索，了解搜索的效果，然后使用连接符［and、or、—、|、（）等］进行搜索，查看搜索的效果。掌握目录分类搜索和关键字搜索的方法与原理。

（3）熟悉在阿里巴巴、淘宝、海尔商城等电子商务网站上进行产品、公司、求购、宝贝、店铺、拍卖等搜索的方法和技巧。

任务3 淘宝购物流程

（1）打开淘宝（http：//www.taobao.com/）网站，使用邮箱进行会员免费注册，如图1.17所示。

图1.17 淘宝会员免费注册

（2）搜索查询商品，选择商品进行购物交易，熟悉完整的电子商务购物的过程。

（3）将电子商务网上购物的流程记录在表1.2中。

表1.2 电子商务网上购物流程

网站名称	
选购商品	
购物流程	

📖 思政园地

数字商务三年行动计划（2024—2026年）

数字商务是数字经济发展最迅速、创新最活跃、应用最丰富的重要组成，是数字经济在商务领域的具体实践，也是商务各领域数字化发展的实施路径。为贯彻落实党中央、国务院关于发展数字经济的决策部署，更好推动商务各领域数字化转型，赋能经济社会发展，服务构建新发展格局，制定本行动计划。

1. 总体要求

以习近平新时代中国特色社会主义思想为指导，深入贯彻党的二十大精神，完整、准确、全面贯彻新发展理念，遵循数字经济发展规律，立足商务工作"三个重要"定位，以发展新质生产力为抓手，创新数字转型路径，提升数字赋能效果，做好数字支撑服务，打造数字商务生态体系,全方位提升商务发展数字化、网络化、智能化水平。

坚持创新驱动、坚持数据赋能、坚持融合发展、坚持扩大开放。到2026年年底,商务领域数字经济规模持续增长,网络零售规模保持全球第一,跨境电商增速快于货物贸易增速,贸易电子单据使用率达到国际平均水平,数字贸易整体规模持续扩大。

2. 重点行动

(1)"数商强基"行动

培育创新主体,培育商务领域数据服务商,遴选商业科技创新应用优秀案例;构建监测评价体系,开展数字商务全口径监测,形成数字商务动态指标,制定数字商务发展指数;提升治理水平,加快商务大数据应用,建立商务领域数据分类分级保护制度。强化智力支撑,开展多层次、实用性数字商务人才培训,打造一批数字商务人才公共服务平台;推动规范发展,建立完善数字商务标准体系,编制电子商务企业合规指南。

(2)"数商扩消"行动

培育壮大新型消费,实施数字消费提升行动,打造"4＋N"网络消费矩阵,打造数实融合消费新场景,培育一批数字消费品牌;促进线上线下融合,确认一批智慧商圈、智慧商店,加快生活服务数字化赋能,推动生活服务数字化智能化转型升级;激发农村消费潜力,推动农产品产业链数字化转型,培育区域特色网络品牌,完善农村寄递物流体系;促进内外贸市场对接,促进跨境电商零售进口行业规范健康发展,带动全球共享中国电子商务大市场;推动商贸流通领域物流数字化发展,加强物流全链路信息整合,推动电子商务与快递物流协同发展。

(3)"数商兴贸"行动

提升贸易数字化水平,推动贸易全链条数字化发展,推进电子贸易单据应用和跨境互操作,培育外贸新动能;促进跨境电商出口,优化跨境电商出口监管方式,组织跨境电商综试区开展平台和卖家出海等专项行动;拓展服务贸易数字化内容,推动数字文化贸易发展,培育一批品牌项目、出海平台;大力发展数字贸易,推动数字贸易改革创新发展,每年举办全球数字贸易博览会。

(4)"数商兴产"行动

建强数字化产业链供应链,培育一批深耕垂直产业的B2B平台,打造一批特色数智化产业带,建设一批数字国际供应链平台;优化数字领域吸引外资环境,推动放宽电信等行业准入,出台实施跨境服务贸易负面清单,探索建立合法安全便利的数据跨境流动机制;扩大数字领域对外投资合作,积极商签落实多双边数字经济投资合作备忘录,编制年度《对外投资合作国别(地区)指南》等公共服务产品。

(5)"数商开放"行动

拓展"丝路电商"合作空间,拓宽"丝路电商"朋友圈,打造"丝路电商"地方合作品牌;开展数字规则先行先试,对接国际高标准经贸规则,形成一批具有引领作用的制度型开放成果,落实"丝路电商"合作先行区工作方案;积极参与全球数字经济治理,积极推进加入《全面与进步跨太平洋伙伴关系协定》(CPTPP)和《数字经济伙伴关系协定》(DEPA)进程,积极参与世贸组织电子商务谈判,落实并推广《数字经济和绿色发展国际经贸合作框架协议》。

3. 保障措施

加强组织领导,强化数字思维和创新意识,立足地区禀赋,用好用足现有工作机制,积极协调数据、人才、金融、物流、基建等领域配套资源力量。用好现有财政资金政策,支持数字商务经营主体及重点项目,促进金融企业与数字商务企业对接,积极支持数字商务中小企业融资需求。加大宣传推广,及时总结阶段性成效和好经验好做法,通过地方媒体、政府网站等多种渠道和方式进行宣传报道。守住安全底线,保障商务领域数据安全和网络安全,坚决维护国家主权、安全、发展利益,严格落实"三管三必须"责任,防范数字商务领域安全生产风险。

案例分析

网上广交会

中国进出口商品交易会又称广交会,创办于 1957 年春季,每年春、秋两季在广州举办,迄今已有逾 60 年的历史,是中国目前历史最久、层次最高、规模最大、商品种类最全、国别地区最广、到会客商最多、成交效果最好、信誉最佳的综合性国际贸易盛会。

广交会由 48 个交易团组成,有数千家资信良好、实力雄厚的外贸公司、生产企业、科研院所、外商投资/独资企业、私营企业参展。广交会的贸易方式灵活多样,除了传统的看样成交外,还举办网上交易会。广交会以出口贸易为主,也做进口生意,还可以开展多种形式的经济技术合作与交流,以及商检、保险、运输、广告、咨询等业务活动。

中国进出口商品交易会网站(http://www.cantonfair.org.cn)又名广交会网站,是中国出口商品交易会的承办单位——中国对外贸易中心拥有独立版权的网站,如图 1.18 所示。网上广交会凭借"中国第一展"的品牌优势,利用广交会数十年积累的参展商展品数据库和客商数据库资源,通过与现场广交会业务的紧密结合,实现"网上洽谈,现场成交",促进了国内企业的出口成交,成为每届广交会现场成交的有力补充。作为国内大型电子商务网站,广交会网站提供大型电子商务平台,为中国企业与国际买家提供更方便的信息交流渠道,创造出更多的贸易合作机会。

图 1.18　中国进出口商品交易会

网上广交会与广交会展品数据库数据同源,具有无可比拟的资源优势、宣传优势及渠道整合优势。网上广交会日均访问量达 65 万次,在广交会期间日均访问量更高达 800 万次。据统计,超过 75% 以上的到会客商通过广交会网站获知展会资讯,并提前查询关注的企业及产品信息。到目前为止,网上广交会已成功吸引了来自 229 个国家和地区的 24.6 万家国际买家会员及 5 万家中国供应商会员。网上广交会成为广交会主站上访问量最高的业务平台。

随着经济全球化的飞速发展,我国中小企业的外贸出口面临难得的发展机遇。网上广交会致力于打造专业的国际贸易电子商务平台,协助更多的国内企业开拓国际市场,分享全球经济增长的成果。

在线广交会的功能有企业展示、商品展示、强力搜索引擎、订单管理、在线招投标、交易撮合、商务留言、信息订阅、展会推介、贸易服务、咨询服务等。

网上广交会独有以下三大核心优势:

① 资源优势。最新的采购商数据库、真实的买家采购信息、高质量的贸易撮合推荐服务、丰富的商贸资讯,为企业提供更多贸易机会。

② 现场优势。在遍布广交会现场数十个信息咨询点搜集到会买家第一手采购信息,利用过百台电脑终端辅助宣传推广会员企业,并设立专门的会员服务中心,提供贸易撮合推荐服务。

③ 整合优势。整合广交会多个独有优势渠道,在广交会网站、广交会展商展品查询系统、广交会宣传光盘中进行多方位推介;利用现场多媒体视频广告、电子杂志、邮件直投、短信推广等手段加强推广力度,实现强势宣传组合。

案例思考:

1. 现代信息技术的快速发展对商业活动产生了哪些影响?

2. 网上广交会是如何体现出电子商务的功能的?

3. 通过网上广交会的出现和发展,简述电子商务在现代经济社会中的地位。

课后习题

一、选择题

1. 制造商和外部原材料供应商之间的电子商务属于(　　)。
   A. 企业内部的电子商务　　　　　　B. 企业对企业的电子商务
   C. 企业对消费者的电子商务　　　　D. 政府对企业的电子商务

2. 从电子商务的结构来看,支付网关属于(　　)。
   A. 网络平台　　　　　　　　　　　B. 电子商务平台
   C. 电子商务应用　　　　　　　　　D. 电子商务的社会环境

3. EDI 的功能是(　　)。
   A. 把数据库的数据转换成 HTML 格式
   B. 把数据库的数据转换成 XML 格式
   C. 把平面文件(Flat File)转换成标准报文文件
   D. 把文本文件转换成标准的网页图像文件

4. (　　)属于 B2G 的电子商务模式。
   A. 企业与企业之间进行的各种交易　　B. 政府某办公人员在网上购买 163 上网卡
   C. 政府机关通过 Internet 实现政务公开　D. 顾客在网上书店购买书籍

5. 不属于电子商务系统组成成员的是(　　)。

A. 相关的安全交易协议（SET、SSL、S/MIME、S-HTTP、HTTPS 等）

B. 客户（包括购物单位、消费者）

C. 销售中心（包括电子商城、服务提供商）

D. 配送中心（包括现代商品物流配送公司、邮政局）

6. 认证中心在网络商品直销过程中的作用是（　　）。

A. 对网上交易的买卖双方进行认证，确认其真实身份

B. 工商管理部门在网上的分支机构

C. 办理各种信用证

D. 保证商家所售商品的质量，发放质量合格证

7. 目前，网络商品交易中心仍存在一些问题待解决，主要有（　　）。

A. 资金二次流转的税收问题

B. 为买卖双方展现一个巨大的世界市场

C. 交易中"拿钱不给货"和"拿货不给钱"的难题

D. 分散的结算模式

8. VAN 属于电子商务结构中的（　　）。

A. 电子商务应用　　B. 电子商务平台　　C. 网络平台　　　　D. 应用发布层

9. （　　）说法是不正确的。

A. 企业间的网络交易是 B2B 电子商务的一种基本方式

B. 网络商品直销不属于 B2C 电子商务的范畴

C. 网络商品中介交易不属于 B2B 电子商务形式

D. 认证中心存在下的网络商品直销不属于 B2C 电子商务形式

10. 电子商务的两大支柱是（　　）。

A. 计算机制造商的发展

B. 政府制定的公共政策和相关的法律法规

C. 让广大民众的生活尽可能地同互联网贴近

D. 电子商务的安全协议、技术标准

二、简答题

1. 什么是电子商务？电子商务有哪些特点及优缺点？

2. 简述电子商务的分类及功能，并举例说明。

3. 电子商务系统主要有哪些部分构成？

4. 网络商品中介交易的步骤有哪些？

5. 谈谈电子商务的创新模式。

三、实践题

1. 企业应当如何应用电子商务为之服务？从网上查找相应资料进行说明。

2. 查询不同电子商务类别的典型案例，学习并对比其特点。

3. 完成电子商务网购的完整交易流程。

4. 用移动终端（手机、平板电脑等）实践移动电子商务的一项业务功能。

项目 2 电子商务交易

本项目分析电子商务网上购物的流程,主要介绍 B2C 电子商务交易的定义、特点、模式和交易流程;B2B 电子商务交易的定义、模式和交易流程;C2C 电子商务交易的定义、优势和交易流程;电子政务的定义、特点、功能和模式。

项目内容

通过南京商友资讯电子商务研究所提供的电子商务系统进行 B2C 和 B2B 的电子商务交易,熟练掌握 B2C、B2B 的理论知识和电子商务的交易过程。

知识要求

掌握 B2B 电子商务中网络商品交易的相关知识,能够熟练地在 B2B 电子商务平台上进行各种买入和卖出交易;能够熟练地使用 B2B 平台提供的交易辅助软件;掌握 B2C 电子商务中网络商品交易的相关知识,熟练地操作 B2C 电子商务交易。

思政要求

了解中国电子商务产业国际标准化的发展;熟悉电子商务质量管理标准化技术委员会在中国杭州成立的意义;将社会主义核心价值观体现于电子商务交易全过程,坚信以人为本的商业思路是可持续发展的路线。

相关知识

知识 2.1 B2C 电子商务交易

1. B2C 电子商务交易概述

B2C 电子商务是企业对消费者通过电子化、信息化的手段,尤其是 Internet 技术,把本企业或者其他企业提供的产品或服务直接销售给消费者的商务模式。这种模式基本上等同于电子化的零售,随着 Internet 的出现迅速发展起来。目前,各类企业在 Internet 上纷纷建立网上虚拟商场,从事网上零售业务。这种模式不仅节约了客户和企业双方的时间,也扩展了空间,大大提高了交易效率,节省了不必要的开支,所以深受广大网民的欢迎。Internet 用户数量的增加和用户对电子商务的认可不仅使得 B2C 电子商务市场规模越来越大,支付、物流和信用环节的逐步完善,也为 B2C 电子商务的发展提供了越来越好的产业环境。

B2C 电子商务主要由网上商场、物流配送系统和货款结算及认证系统 3 个部分组成。

① 网上商场。网上商场是商家直接面向消费者的场所。网上商场中的商品与实际商场

中的商品不太一样,实际商品是物理的实体,虚拟商品则由文字和符号组成。随着电子商务的发展,目前已有部分网站将虚拟商品以三维立体的形式显示,使消费者可以从多个角度观察商品。

②　物流配送系统。物流配送体系是关系到网上商场能否顺利发展的关键,同时也是难点。商家应根据实际情况选择配送方式。

③　货款结算及认证系统。在 B2C 电子商务模式中主要的支付方式有货到付款、汇款方式和网上支付。其中,货到付款方式是最原始的付款方式,即货到再付款;汇款方式是指客户完成订货后,通过邮政系统或银行系统付款;网上支付是指通过互联网实现的电子支付形式。随着电子商务的发展,使用网上支付方式付款已成为电子商务支付的主流。

2. B2C 电子商务的模式

(1) 无形产品和服务的电子商务模式

无形商品一般可以包括信息、计算机软件、视听娱乐产品等。根据无形商品本身的特殊性,可以通过网络浏览、下载等形式直接向消费者提供。无形商品和服务的电子商务模式主要有 4 种:网上订阅模式、付费浏览模式、广告支持模式和网上赠予模式。

①　网上订阅模式。这是指企业向消费者提供网上直接订阅和直接信息浏览的电子商务模式。该模式主要用于销售报纸杂志、有线电视节目等,包括在线服务、在线出版、在线娱乐等。例如,国内一些在线电影网站采用会员制的形式让消费者在线观看电影。

②　付费浏览模式。这是指企业通过网页向消费者提供计次收费性网上信息浏览和信息下载的电子商务模式。付费浏览模式让消费者根据需要,在网页上有选择地购买一篇文章或一本书的内容。

③　广告支持模式。这是指在线服务商免费向消费者或用户提供信息在线服务,而营业活动支出用广告收入支持,如新浪、搜狐等。

④　网上赠予模式。这是指企业借助因特网全球广泛性的优势,向互联网上的用户赠送软件产品,扩大知名度和市场份额。这种模式的实质是"先试用,后购买"。用户先免费下载有关软件,试用一段时间后,再决定是否购买。适宜采用这种模式的企业主要包括软件公司和出版商。

(2) 实物商品的电子商务模式

网上实物商品销售与传统的店铺市场销售相比,网上销售可以将业务伸展到世界各个角落。例如,美国的一种创新产品"无盖凉鞋",其网上销售的订单有 2 万美元来自南非、马来西亚和日本;一位日本客户向坐落在美国纽约的食品公司购买食品,付出的运费相当于产品的价值,客户却非常满意,因为从日本当地购买相同的产品,其价格更昂贵。

(3) 综合模式

实际上,多数企业的网上销售并不是仅采用一种电子商务模式,而往往采用综合模式,即将各种模式结合起来实施电子商务。Golf Web 就是一家有 3 500 页有关高尔夫球信息的网站(http://www.golf.com),这家网站采用的就是综合模式。其中,40%的收入来自订阅费和服务费,35%的收入来自广告,还有 25%的收入是该网站专业零售点的销售收入。该网站已经吸引了许多大公司的广告,如美洲银行、美国电报电话公司等,专业零售点开始 2 个月的收入就高达 10 万美元。

3. B2C 电子商务交易流程

消费者通过 B2C 网上商场购物,主要是通过搜索浏览功能和多媒体界面寻找适合自己需要的商品。由图 2.1 所示的流程可以看出,B2C 网上购物可以大致分为以下几个步骤:

① 商品搜索选购。消费者通过商店提供的各种搜索方式,如产品组合、分类、品牌、关键字查询等查看和浏览商店经营的商品,选择自己需要的产品。

② 下订单(放入购物车)。消费者查看和浏览商店经营的商品后,选择自己想购买的物品放入购物车内,订购商品。

③ 支付货款。消费者确认订单中的商品种类、数量、价格后选择支付方式,如支付宝、微信、银行卡支付、电子货币、分期支付等,在输入自己的保密口令之后开始付款。也可以采用货到付款、邮局汇款、银行汇款、网上支付等方式。

④ 选择送货方式。消费者通过订货单选择送货方式,如送货上门、自提、邮寄,并确定送货时间和收货人。

⑤ 购物完成。购物过程结束后,网上商店的客户服务器保存整个交易过程中的单证,并且提供一份电子订单给消费者,按消费者提供的电子订货单发货、签收或退货。

⑥ 订单查询。消费者在结束购物后可以查询所购货物的单价、合计货款、支付方式、送货方式及订单状态等信息。

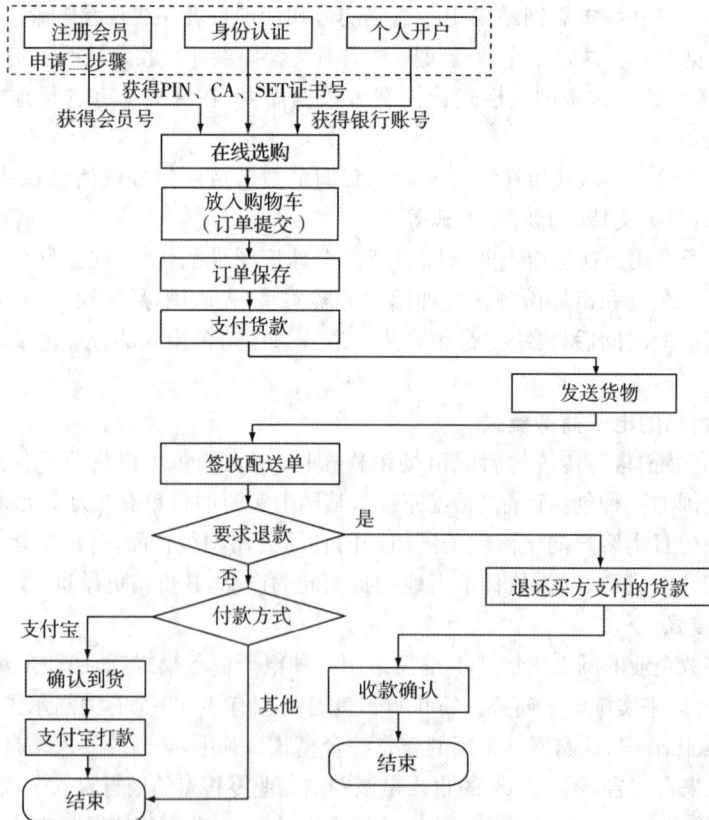

图 2.1　B2C 电子商务交易流程

知识 *2.2*　B2B 电子商务交易

1. B2B 电子商务交易概述

B2B,是指商家(泛指企业)对商家的电子商务,即企业和企业之间通过互联网进行产品、服务及信息的交换。一般是指进行电子商务交易的供需双方都是商家(或企业),它们使用了 Internet 的技术或各种电子商务网络平台,完成商务交易的过程。这一过程包括发布供求信息、订货及确认订货、支付过程及票据的签发、传送和接收、确定配送方案并监控配送过程等。

B2B 电子商务的特征是:交易的主体可以只有买卖双方,也可以有中介的参与;采购方式可以为实时采购,也可以是战略性采购;交易市场有水平市场和垂直市场;交易次数少,交易金额大。

2. B2B 的基本模式

(1) 面向制造业或面向商业的垂直 B2B

垂直 B2B 可以分为两个方向,即上游和下游。生产商或商业零售商可以与上游的供应商之间形成供货关系,如戴尔(Dell)电脑公司与上游的芯片和主板制造商就是通过这种方式进行合作的。生产商与下游的经销商可以形成销货关系,如思科(Cisco)与其分销商之间进行的交易。这种模式下的 B2B 网站类似于在线商店,这一类网站其实是企业门户网站,就是企业直接在网上开设的虚拟商店。通过自己的网站可以大力宣传自己的产品,用更快捷、更全面的手段让更多的客户了解自己的产品,促进交易。它也可以是商家开设的网站,这些商家在自己的网站上宣传自己经营的商品,目的也是用更加直观便利的方法促进、扩大交易。

(2) 面向中间交易市场的 B2B

这种交易模式是水平 B2B,是将各个行业中相近的交易过程集中到一个场所,为企业的采购方和供应方提供了一个交易的机会,像阿里巴巴、环球资源网等。这一类网站其实自己既不是拥有产品的企业,也不是经营商品的商家,只是提供一个平台,在网上将销售商和采购商会集一起,采购商可以在网上查到销售商的有关信息和销售商品的有关信息。

3. B2B 电子商务交易的优点

(1) 降低企业的经营成本

B2B 电子商务在 3 个方面降低了公司的成本:首先,减少了采购成本,企业通过互联网能够比较容易地找到原材料价格理想的供应商,从而降低交易成本;其次,有利于较好地实现供应链管理;第三,有利于实现精确的存货控制,从而减少库存或实现"零库存"。

（2）缩短企业的生产销售周期

一个产品从设计到生产再到销售是许多企业相互协作的结果，所以产品的设计开发和生产销售涉及许多关联的企业——从原材料供应商、开发设计商，到生产厂商、批发商和零售商。通过电子商务，可以减少过去由于信息交流手段落后而产生的信息滞后和差错等情况，从而加快企业信息、现金和物资的流动，大幅缩短企业的整个生产销售周期。

（3）促进买卖双方信息交流

传统商务活动的信息交流是通过电话、电报、信件或传真等工具实现的，有些方式还需要具体的信息载体，因此时效性差、形式单一。B2B 通过 Web 超文本格式进行信息传送，可采用文本、图像、音频、视频、动画等众多信息形式，或者以 EDI 电子数据格式传送，更具有时效性。同时，采用电子网络数据方式处理和传输信息，与传统的文件传输方式比较，极大地减少了处理时间和出现差错的可能。

（4）增加商业机会和开拓新的市场

越来越多的企业将接受网络化的业务，B2B 电子商务将是未来企业商业活动的主流模式。Internet 的优秀资源将为企业提供理想和低成本的信息发布渠道，企业获得的商业机会会大大增加。

（5）改善信息管理和决策水平

准确的信息和交易审计跟踪造就了更好的决策支持环境，协助发现潜在的大市场，发现不断降低成本的方法。

4. B2B 电子商务交易流程

由图 2.2 可知，B2B 电子商务的交易流程大致分为以下几个步骤：

① 商业客户向销售商订货，首先要发出用户订单。该订单应包括产品名称、数量等一系列有关产品的内容。

② 销售商收到用户订单后，根据用户订单的要求向供货商查询产品情况，发出订单查询。

③ 供货商在收到并审核完订单查询后，给销售商返回订单查询的回答——基本上是有无货物等情况。

④ 销售商在确认供货商能够满足商业客户用户订单要求的情况下，向运输商发出有关货物运输情况的运输查询。

⑤ 运输商在收到运输查询后，给销售商返回运输查询的回答，如有无能力完成运输及有关运输的日期、线路、方式等。

⑥ 在确认运输无问题后，销售商即刻给商业客户的用户订单一个满意的回答，同时要给供货商发出发货通知，并通知运输商运输。

⑦ 运输商接到运输通知后开始发货，接着商业客户向支付网关发出付款通知。

⑧ 支付网关向销售商发出交易成功的转账通知。

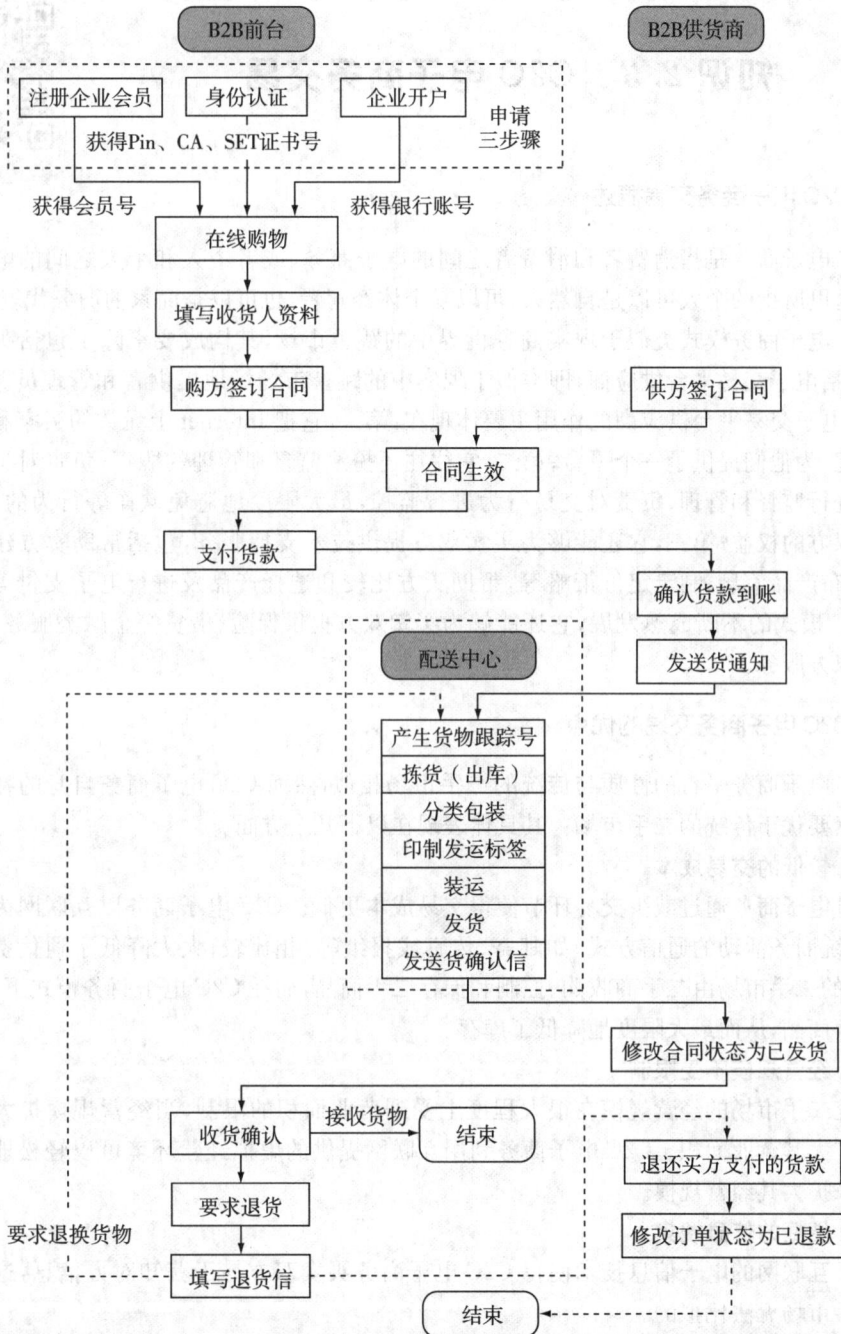

图 2.2　B2B 电子商务交易流程

知识 2.3　C2C 电子商务交易

微课

1. C2C 电子商务交易概述

C2C 电子商务是指消费者和消费者之间的电子商务，或者个人和个人之间的电子商务活动。这里所指的个人可以是自然人，可以是个体经营者，也可以是商家的商务代表。

C2C 电子商务模式类似于现实商务世界中的跳蚤市场，其构成要素除了包括买卖双方外，还包括电子交易平台供应商，即类似于现实中的跳蚤市场场地提供者和管理员。在 C2C 交易中，电子交易平台供应商的作用主要体现在：第一，它把 Internet 上无数的买家和卖家聚集在一起，为他们提供了一个平台；第二，它往往还扮演监督和管理的职责，负责对买卖双方的诚信进行监督和管理，负责对交易行为进行监控，最大限度地避免欺诈等行为的发生，保障买卖双方的权益；第三，它还能够为买卖双方提供技术支持服务，包括帮助卖方建立个人店铺、发布产品信息、制定定价策略等，帮助买方比较和选择产品及进行电子支付等；第四，随着 C2C 模式的不断成熟发展，它还能够为买卖双方提供保险、借贷等金融类服务，更好地为买卖双方服务。

2. C2C 电子商务交易的优点

C2C 电子商务平台的性质与传统的二手市场相似，然而 C2C 电子商务自身的特点决定了它必然要优于传统的二手市场。其具体表现在以下几个方面。

(1) 较低的交易成本

C2C 电子商务通过减少交易环节使得交易成本更低。C2C 电子商务以互联网为交易平台，与传统商务活动的通信方式（如邮寄、传真或报纸等）相比较，大大降低了通信费用。同时，传统的二手市场由二手商收购、控制和保存二手商品，而在 C2C 电子商务模式下，由各个卖家保存商品，从而最大限度地降低了库存。

(2) 经营规模不受限制

传统二手市场的经营规模在很大程度上受到营业面积的限制，当经营规模扩大时必须相应地扩大其营业面积。C2C 电子商务利用互联网提供的虚拟经营环境可以轻松地通过增加网页来扩大其经营规模。

(3) 便捷的信息搜集

基于互联网的电子信息技术使得 C2C 电子商务买卖双方易于获知对方信息，这一点是传统二手市场无法比拟的。

(4) 扩大销售范围

C2C 电子商务基于互联网的商业模式，所面对的客户遍布全国，甚至全世界。与传统的二手市场相比，这无疑扩大了销售范围。此外，营业时间不受限制，方便了买卖双方之间的联系。

同时，在 C2C 电子商务中，电子单据取代了传统的纸质单据，通过网络实现了快速、准确的双向信息交流；资金支付、结算也能够通过网络完成，加速了资金的流动，提高了资金的使用效率。

综上所述,C2C 电子商务模式为消费者提供了便利与实惠,迅速成为电子商务普及与发展的重要形式,具有广阔的市场前景和发展潜力。在 C2C 电子商务的发展中,盈利模式也在不断探索和创新。

3. C2C 电子商务交易流程

消费者通过 C2C 网站交易,既可以成为买方,也可以成为卖方。下面以在闲鱼网上交易为例说明 C2C 电子商务的交易流程。

(1) 注册与登录

用户需要在闲鱼上注册一个账号,可以通过手机号码注册,或者使用淘宝或支付宝账号登录,实现账号互通。可以通过账号密码、手机验证码登录,也可以使用闲鱼 App 扫码登录。

(2) 发布商品

注册成功后,用户可以发布自己要出售的二手商品,需要填写商品的详细信息,包括商品名称、描述、价格、照片、配送方式等,并选择商品的分类和标签,以便买家更容易搜索到。

(3) 浏览与沟通

买家通过闲鱼的搜索功能或浏览相关分类找到感兴趣的商品。买家在浏览到感兴趣的商品后,可以通过闲鱼平台与卖家进行沟通,双方可以就商品的价格、质量、配送方式等细节进行商讨。买家如果对商品有疑问,可以通过闲鱼的聊天功能与卖家进行沟通,询问商品的细节、交易方式、发货时间等问题。

(4) 下单与付款

当双方就交易细节达成一致后,买家可以在闲鱼上下单并付款,闲鱼支持多种支付方式,包括支付宝、微信支付等。买家决定购买后,点击"我想要"按钮,并与卖家确认交易细节,如价格、运费等,然后提交订单并付款。

(5) 发货与收货

卖家在收到买家的付款后,按照约定的方式和时间发货,发货时需要确保商品的质量和数量与描述一致,并在闲鱼上填写物流单号。商品通过快递公司或其他物流方式运输给买家。买家收到商品后,检查商品是否符合预期。如果满意,在闲鱼上确认收货。

(6) 评价与反馈

买家确认收货后,款项会打入卖家的账户,交易完成。交易完成后,买卖双方可以在闲鱼上互相评价,评价内容应当真实、客观,有助于建立双方的信誉和口碑。

在交易过程中,双方应遵守闲鱼的规则和相关法律法规,保障交易的安全和顺利进行。如果出现纠纷,可以通过闲鱼的客服介入解决。

知识 2.4 电子政务

微课

1. 电子政务的定义

电子政务是指政府机构运用计算机和网络通信技术,将其内部与外部的管理和服务职能通过整合、重组、优化后到网络上完成,打破时间、空间及部门分隔的制约,为社会民众和自身提供一体化的高效、优质、规范、透明、廉洁的管理与服务。

电子政务主要包括3个部分:一是政府部门内部的电子化和网络化办公;二是政府部门之间通过计算机网络进行的信息共享和实时通信;三是政府部门通过网络与民众之间进行的双向信息交流。电子政务不是现实政府在网络上的映射,它实质上是对现有的、工业时代的政府形态的一种改造,即利用现代信息技术和其他相关技术来构造更适合以因特网为主要特征的信息时代的政府结构与运行方式。

2. 电子政务的特点

电子政务在改进和优化政府组织、强化政府公共服务职能、提高政府管理效率方面的优势正逐渐显现出来。电子政务与传统的政府政务相比,具有以下几个特点:

① 电子政务使得政府工作更有效、更精简。

② 电子政务使得政府工作更公开、更透明。

③ 电子政务为企业和居民提供更好的服务。

④ 电子政务重新构造政府、企业和民众之间的关系,比以前更加协调,使企业和民众能够更好地参与政府的管理。

3. 电子政务的功能

从根本上改善政府的公共服务是电子政务的核心价值。为了实现这一价值,电子政务系统应当具备以下功能。

(1) 实现政府信息服务

电子政务系统可以使政府打破时空和地域限制,在网上发布政策信息,并搜集反馈信息,从而极大地提高政府的信息服务能力。同时,电子政务可以促进各级政府部门信息中心的建设,不但能为政府决策提供综合性的信息服务,而且可以向企事业单位和公众提供信息服务,获取企业和公众的建议。图2.3所示为中华人民共和国人力资源和社会保障部网站。

(2) 实现政府办公自动化

政府部门的办公自动化系统一般以公文处理和机关事务管理为核心,同时提供信息通道与服务等重要功能。办公自动化能够帮助政府开展公文管理、督查管理、政府信息采集与发布、内部请示报告管理、档案管理、会议管理、领导活动管理、政策法规库管理等业务工作,使政府实现无纸化办公,提高办公效率,降低行政成本。

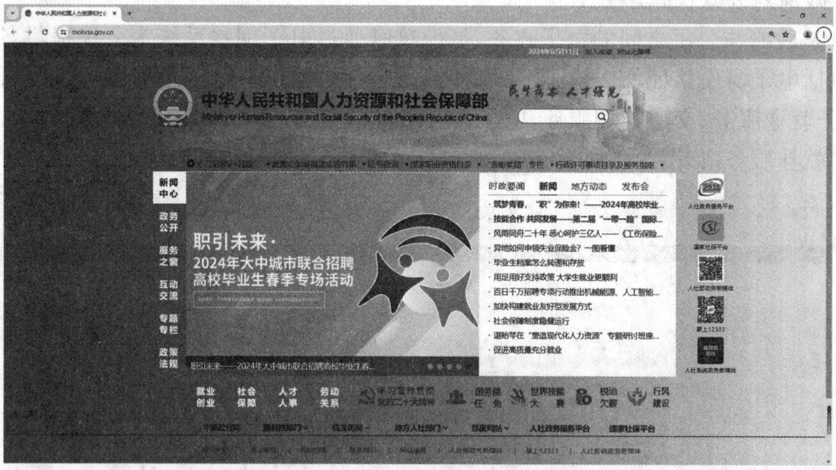

图 2.3　中华人民共和国人力资源和社会保障部

（3）实现政府内外信息资源共享

政府信息资源的共享能够避免相关信息的不完整和重复采集,提高政府部门的办事效率;使得政府的内部资源得到充分利用,并实现政府与社会、公众的广泛沟通;改善公共服务,促使政务信息公开,让政府更好地接受公众的监督;提高政府行政活动的透明度,保证各个政府机构有效地履行各自的职责。

（4）增强政府监管,维护市场秩序

电子政务能够用信息化的手段来加强政府的有效管理,使政府的各项监管工作更加严密、有效。这对于监督和整顿市场秩序、加强财政管理、规范财税秩序、保障经济的正常运行、促进国民经济健康有序发展等具有重要的作用。

4. 电子政务的模式

电子政务所包含的内容极为广泛,几乎可以包括传统政务活动的各个方面。根据近年来国际电子政务的发展和我国电子政务的实践,目前电子政务的主要业务模式有政府对政府(G2G)模式、政府对企业(G2B)模式、政府对公众(G2C)模式、政府对公务员(G2E)模式。

（1）政府对政府(G2G)模式

G2G 是政府内部、政府上下级之间、不同地区和不同职能部门之间实现的电子政务活动,主要包括政府内部网络办公系统、电子法规政策系统、电子公文系统、电子司法档案系统、电子财政管理系统、垂直网络化管理系统、横向网络协调管理系统、城市网络管理系统等。

（2）政府对企业(G2B)模式

G2B 电子政务是指政府通过电子网络系统精简管理业务流程,快捷迅速地为企业提供各种信息服务,促进企业发展,提高企业的市场适应能力和国际竞争力。它主要包括政府电子化采购与招标、电子税务系统、电子工商行政管理系统、电子外经贸管理、中小型企业电子化服务、综合信息服务系统等。

(3) 政府对公众(G2C)模式

G2C 是政府与公民之间的电子政务,是指政府通过电子网络系统为公民提供各种服务。它主要包括电子身份认证、电子社会保障服务、电子民主管理、电子医疗服务、社会保险网络服务、电子就业服务、交通管理服务、电子教育培训服务等。例如,江苏人才网为个人和单位提供招聘就业服务,如图 2.4 所示。

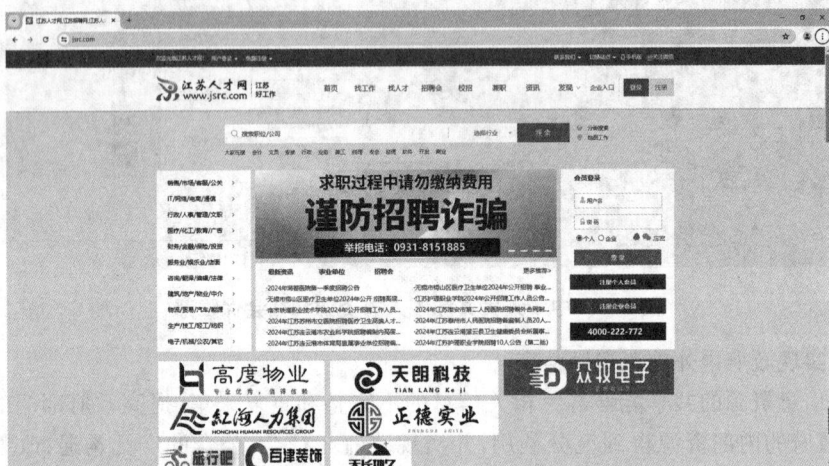

图 2.4　江苏人才网

(4) 政府对公务员(G2E)模式

G2E 电子政务是指政府机构通过网络技术实现政府内部电子化管理,建立有效的行政办公和员工管理体系,提高政府工作效率和公务员管理水平。它主要包括公务员日常管理、电子人事管理、电子培训系统、网络业绩评价系统等。

项目实施

项目任务

根据项目内容,本项目通过南京商友资讯电子商务研究所提供的电子商务系统进行 B2C 和 B2B 的电子商务交易,要求熟练地掌握电子商务的交易过程。它主要有下面 3 个任务:

1. B2C 电子商务交易。
2. B2B 电子商务交易。
3. 淘宝网的使用。

项目要求

1. 掌握 B2C 网络商品交易的相关知识,熟练地在 B2C 电子商务平台上进行交易。
2. 掌握 B2B 网络商品交易的相关知识,熟练地在 B2B 电子商务平台上进行交易。
3. 熟悉淘宝网的功能,掌握淘宝网购物的过程。

实施步骤

任务 1 B2C 电子商务交易

B2C 电子商务交易平台如图 2.5 所示。

图 2.5 B2C 电子商务交易平台

（1）用户注册

在 B2C 主页上点击"注册"按钮进行会员申请。按照提示填写用户信息，提交并完成会员申请，如图 2.6 所示。

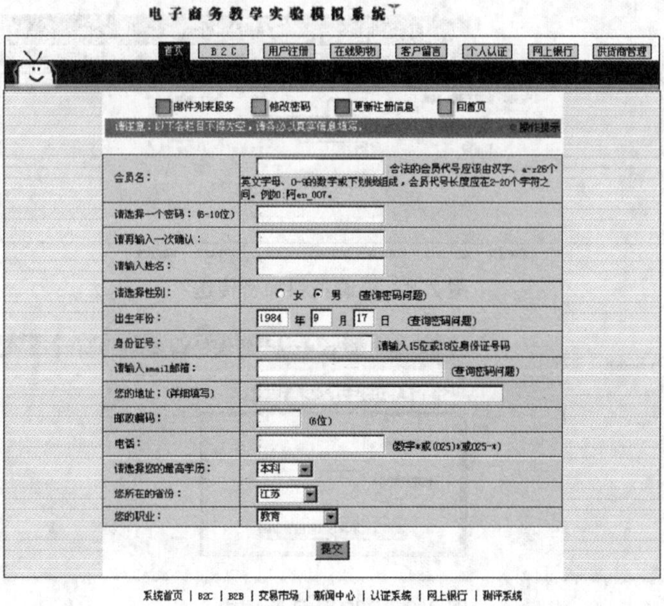

图 2.6 会员注册

（2）个人认证

在注册成会员后，必须对自己的网上虚拟身份进行 PIN、CA 和 SET 三方面的认证。

① 进行 PIN 的认证。

步骤 1　首先进行前台的操作，点击"个人认证"标签进入认证中心，进行"申请 PIN"。申请 PIN 时，登记的身份证应与前面 B2C 会员注册时一致，一个身份证只能登记一次，如图 2.7 所示。

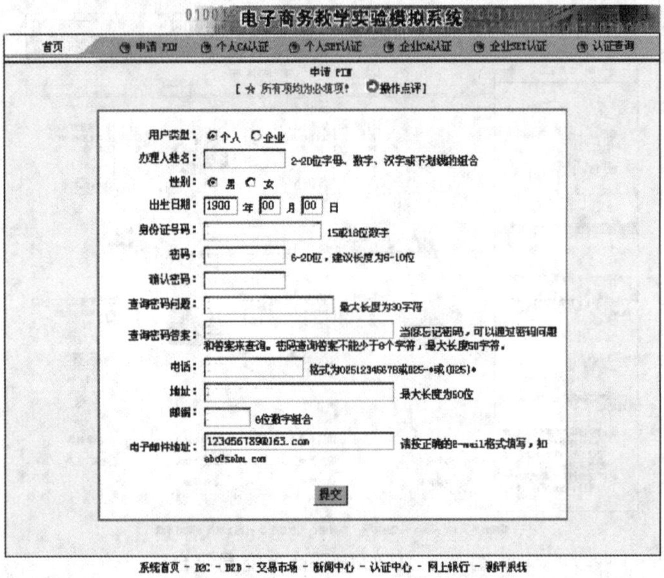

图 2.7　申请 PIN

步骤 2　填写"申请 PIN"资料后，需要等待认证管理员从后台对此进行审批，如图 2.8 所示。审批时 PIN 由系统随机产生，此 PIN 对管理员是保密的，如图 2.9 所示。

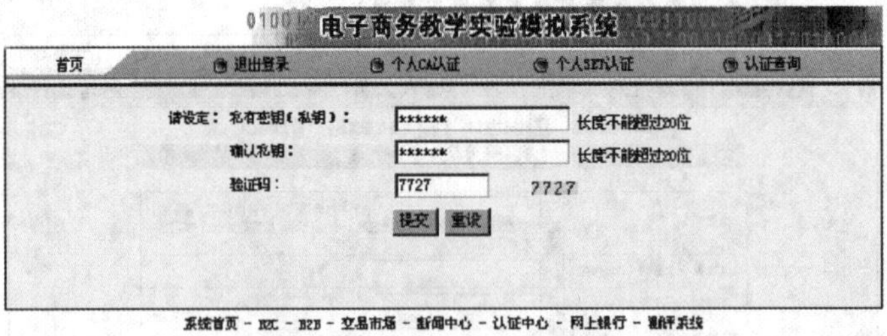

图 2.8　申请资料加密传送

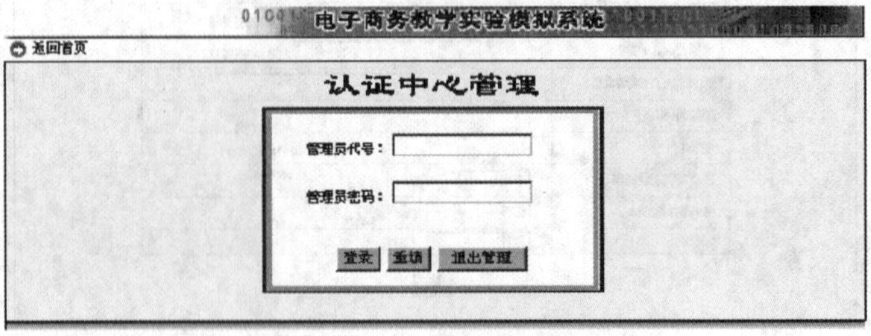

图 2.9　B2C 认证管理中心

步骤 3   进入电子商务系统后台管理,输入管理员代号和管理员密码,登录后找出自己的申请,单击"审批",如图 2.10 所示。

图 2.10   PIN 码认证审批

步骤 4   在解读保密文件页面中使用私钥进行解密,如图 2.11 所示。

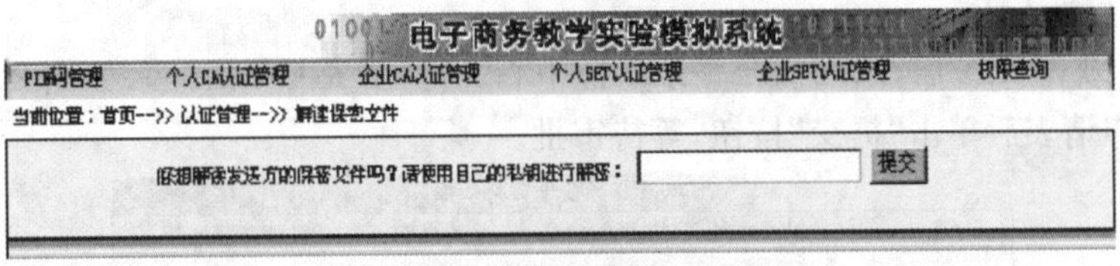

图 2.11   解读保密文件

步骤 5   解密后按照提示填写相关信息后单击"提交"按钮,如图 2.12 所示。

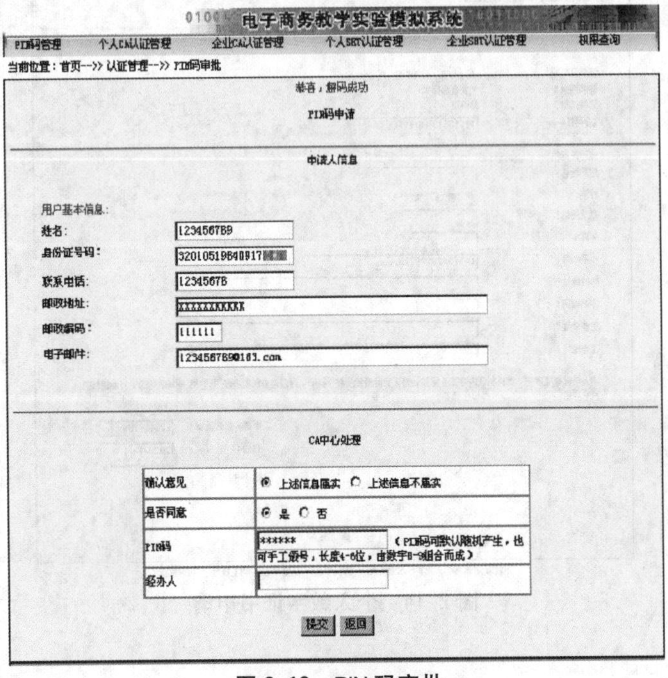

图 2.12   PIN 码审批

步骤 6　审批后申请者回到前台,从"认证查询"中对此 PIN 进行查询,获得自己的 PIN 码,如图 2.13 所示。

图 2.13　认证查询

② 进行 CA 认证。

步骤 1　获得 PIN 后,返回前台登录认证中心进行"个人 CA 认证",如图 2.14 所示。认真填写数字申请表后单击"提交"按钮,等待审批。

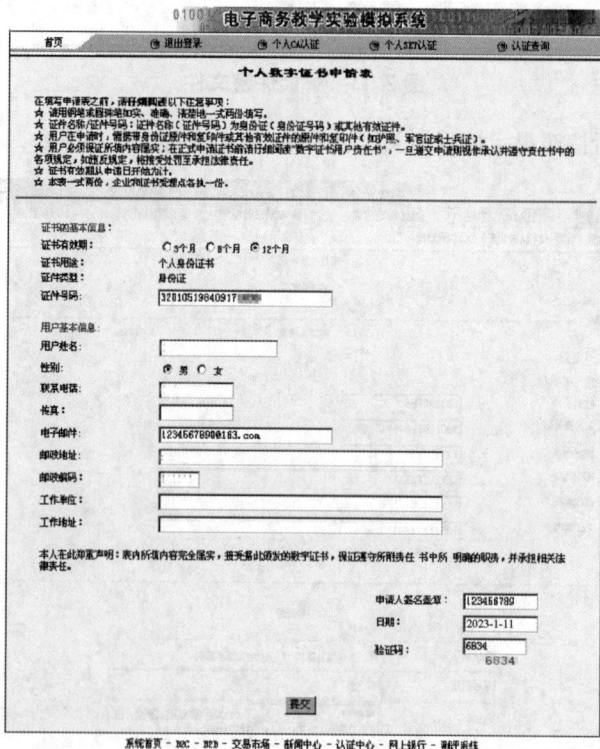

图 2.14　个人数字证书申请

步骤 2 进入认证管理后台,单击"个人 CA 认证管理"标签进入个人 CA 审批页面,凡状态为"未审批"的个人姓名,会出现未批准申请人情况介绍,核实后颁发 CA 证书号。操作步骤与 PIN 的审批过程相同。

步骤 3 返回前台,从认证查询中对 CA 进行查询,获得 CA 证书号,如图 2.15 所示。

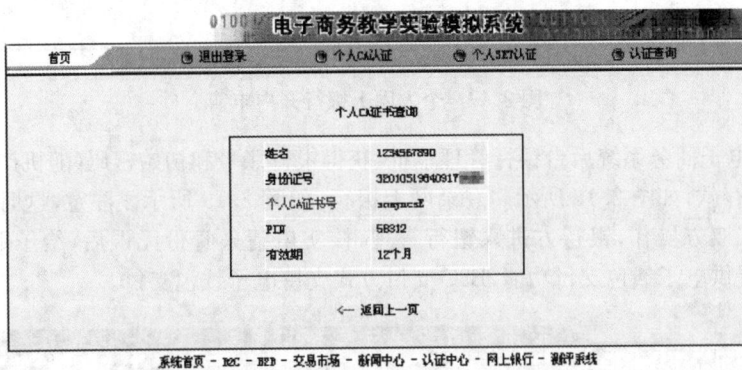

图 2.15 个人 CA 证书号查询

② 进行 SET 认证。

步骤 1 进入"个人 SET 认证",填写 SET 认证申请表,如图 2.16 所示。单击"提交"按钮,等待审批。

步骤 2 在系统后台单击"个人 SET 认证管理"标签,同上方法颁发 SET 证书号。

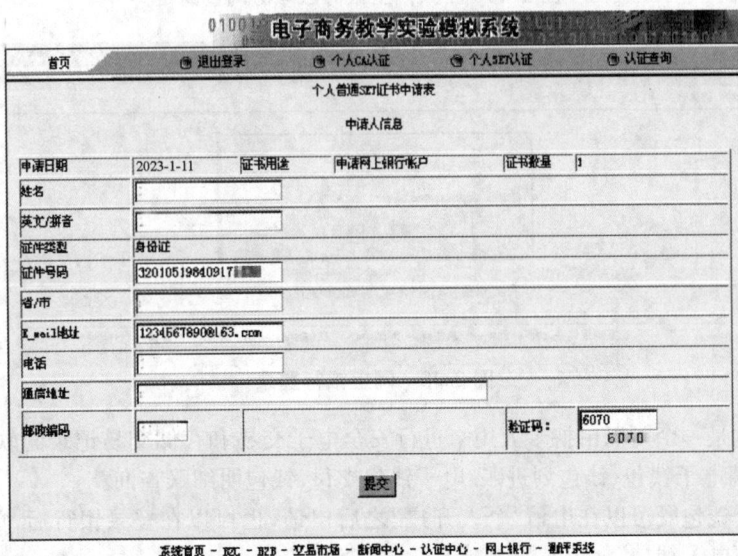

图 2.16 个人 SET 证书申请

(3) 网上银行

① 个人获得 CA 证书号和 SET 证书号后,单击"网上银行",进行"个人开户",如图 2.17 所示。

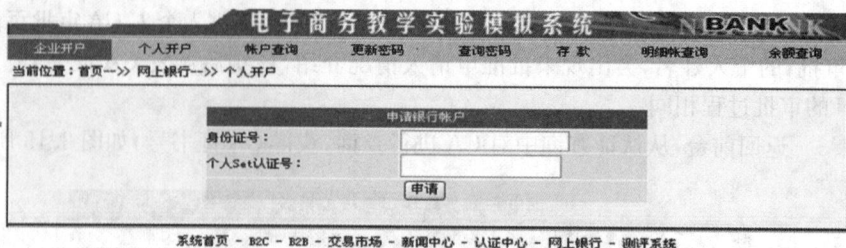

图 2.17 个人网上银行开户申请

② 等待电子商务系统后台银行管理审批,获得银行账号和初始密码(随机产生 6 位初始密码)后进行存款,如图 2.18 所示。登录网上银行,如图 2.19 所示。注意,这时应是申请人和银行批准人双方操作,银行方进入银行管理,核实申请人身份无误后,给予账号,支持存款。系统还提供电子钱包支付功能,B2C 支付方式支持电子钱包支付。

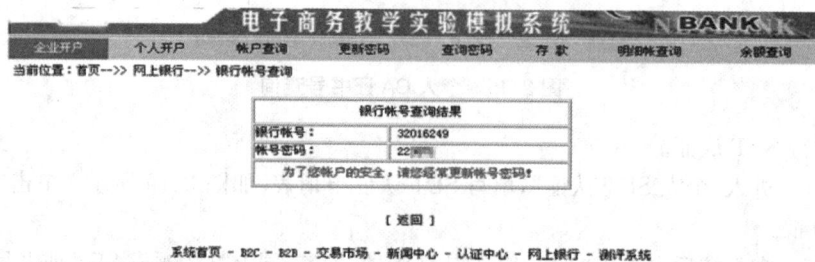

图 2.18 个人网上银行账号密码查询

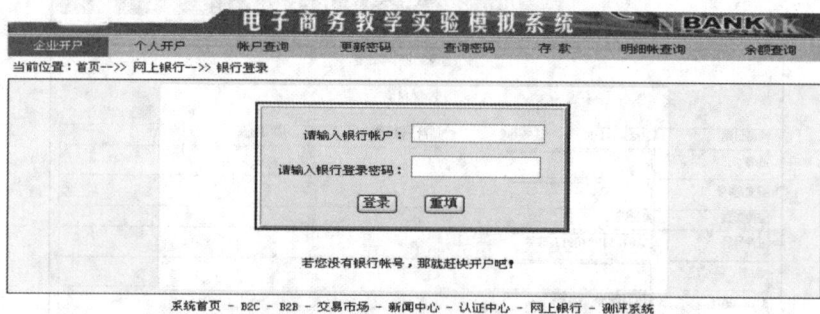

图 2.19 网上银行登录

电子钱包是一个可以由持卡人用来进行安全电子交易和存储交易记录的软件。它包括 4 个功能:申请电子钱包、钱包划进账、电子钱包支付、钱包明细账查询。

申请电子钱包既可以在申请"个人开户"之后申请,也可以在登录银行后,单击"电子钱包"下的"申请电子钱包"。

输入正确的银行账户和密码后,再输入正确的钱包账号进行充值,从银行账户中划入相应数额款到钱包账内,如图 2.20 所示。

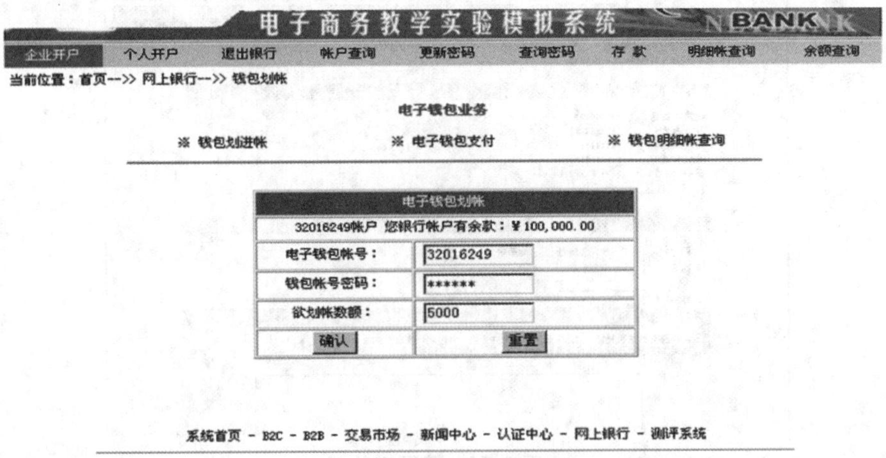

图 2.20　电子钱包业务

（4）网上购物

　　获得 CA 认证号、SET 认证号和银行账户及电子钱包后，可进行购物。返回 B2C，单击商品查询→在线购物→选中商品→购物车中列出所购商品清单（见图 2.21）→填写订单（见图 2.22）→提交订单→签订合同前进行身份认证→生成订单（见图 2.23）→网上支付（见图 2.24）。注意，这时购货人和供货方要同时操作，购货人与银行管理要同时操作。

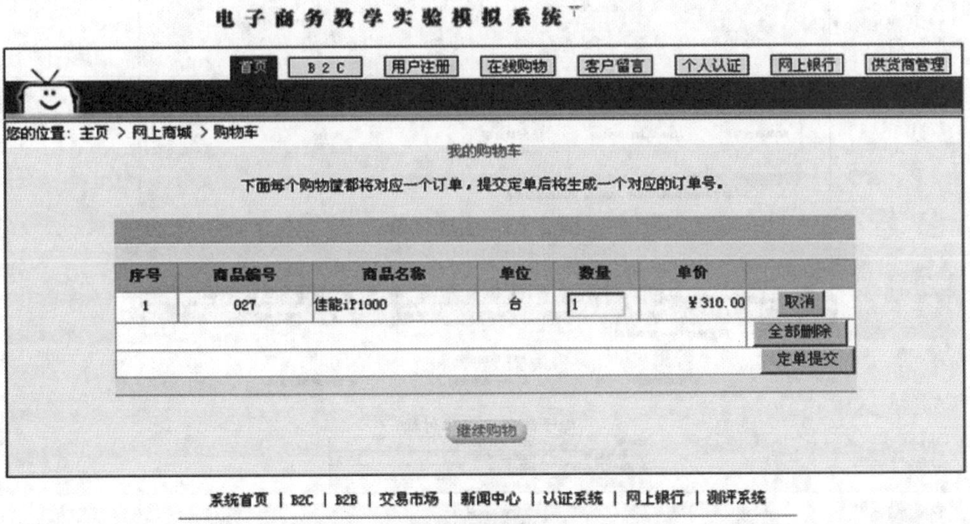

图 2.21　购物车

图 2.22 填写订单

图 2.23 生成订单

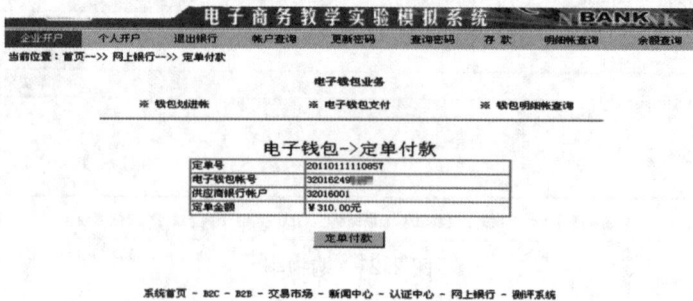

图 2.24 电子钱包支付

（5）货物配送

单击"供应商管理"标签，在页面中输入用户名和密码。管理员登录后，单击"订单管理", 在订单中查看订单号, 查看订单的状态, 按照系统的要求进行操作: 修改订单已付款→发送货物→单击"确定"按钮→等待签收。用户单击"查询订单", 购货人可查询存款和订单, 如果无误则交易完成。如果要求退货, 则单击"退货"选项, 再单击"确定"按钮返回主页。管理员登录后, 进行操作: 进入订单管理→退还货款→进入网上银行→合同退款→再进入订单管理→修改订单为款已退→确认→提示交易结束。

任务 2　B2B 电子商务交易

B2B 系统是以某一个企业产品为交易对象的交易平台。该系统提供企业展示、商品展示、会员注册、身份认证、网上洽谈、网上银行、会员服务、配送中心、供货商管理等功能。其具体操作流程如下。

（1）会员注册

① 单击主页面上的 B2B 窗口, 进入 B2B 主页进行浏览, 如图 2.25 所示。

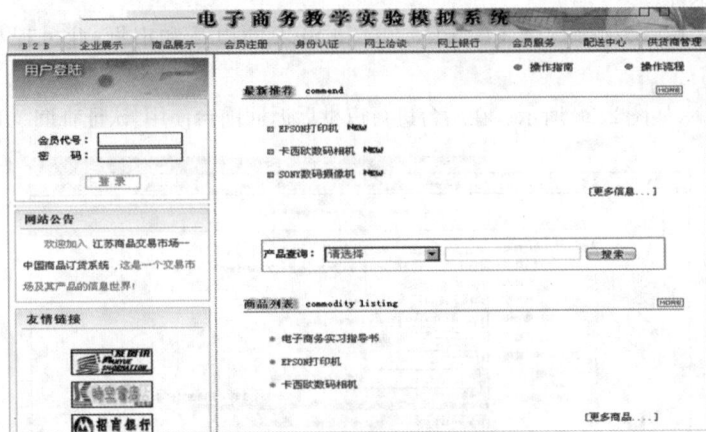

图 2.25　B2B 电子商务交易平台

② 单击"会员注册", 在页面中按照系统要求填写相关会员资料（见图 2.26）, 然后提交, 注册成功, 如图 2.27 所示。

图 2.26　企业会员注册

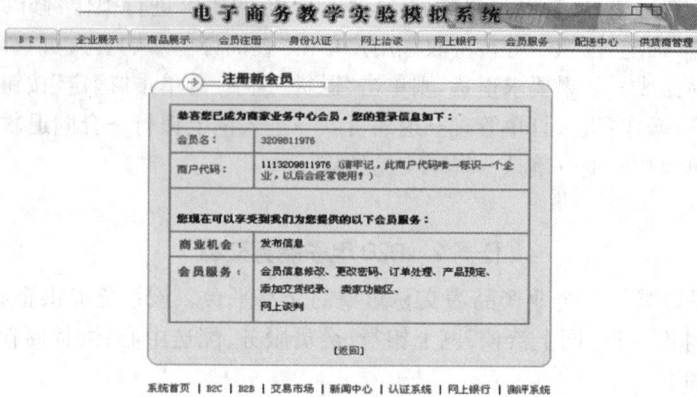

图 2.27　企业会员注册成功

（2）企业认证

在注册成功后，必须进行企业的 PIN、CA 和 SET 的申请和审批，此过程与 B2C 的认证步骤相似。

① 申请 PIN，如图 2.28 所示。在后台进行审批后返回前台使用"认证查询"功能获得 PIN。

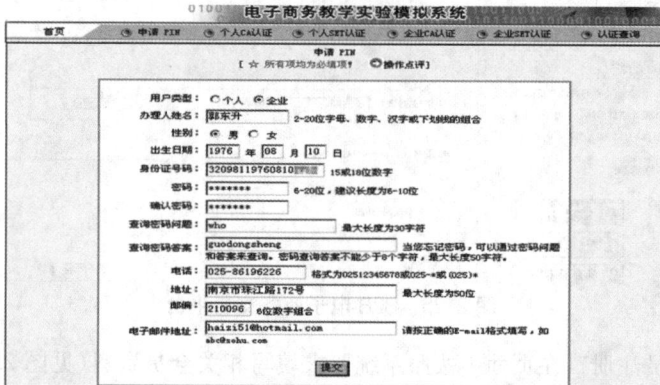

图 2.28　申请 PIN 码

② 单击 CA 认证登录申请企业身份认证，如图 2.29 所示。

图 2.29　企业数字证书申请

③ 单击"认证查询",经核查批准后颁发 CA 证书号。然后,对企业进行 SET 认证,经核查批准后颁发 SET 证书号,如图 2.30 所示。

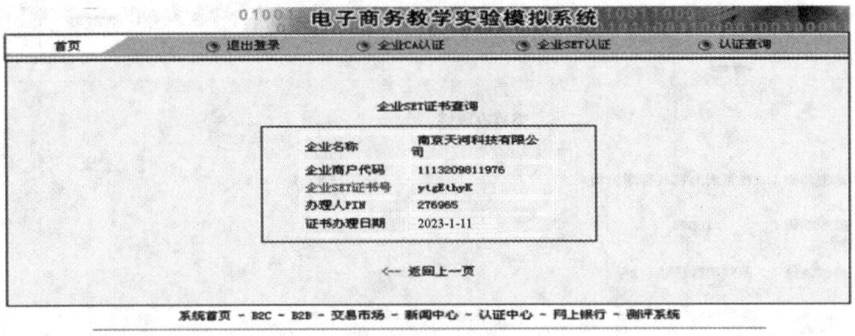

图 2.30　企业 SET 证书查询

（3）网上银行

企业获得 SET 证书号后可以进行网上银行的申请、审批并且存款。

① 获得 SET 证书号后点击"网上银行"进行企业开户申请账户的操作。

② 进入网上银行的后台管理,对申请信息进行审批,获得银行账号和密码。

③ 输入银行账号和密码后存款,余额查询如图 2.31 所示。

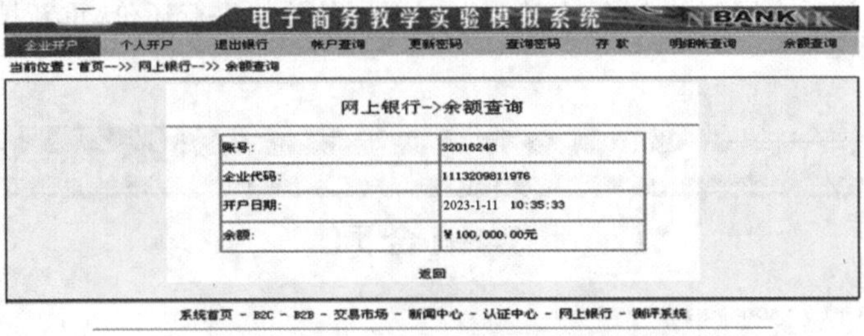

图 2.31　企业网上银行余额查询

（4）选购商品并签订合同

① 选购商品。

步骤 1　在 B2B 系统中选中要购买的商品（见图 2.32）,单击"购买"后填写收货方资料,如图 2.33 所示。

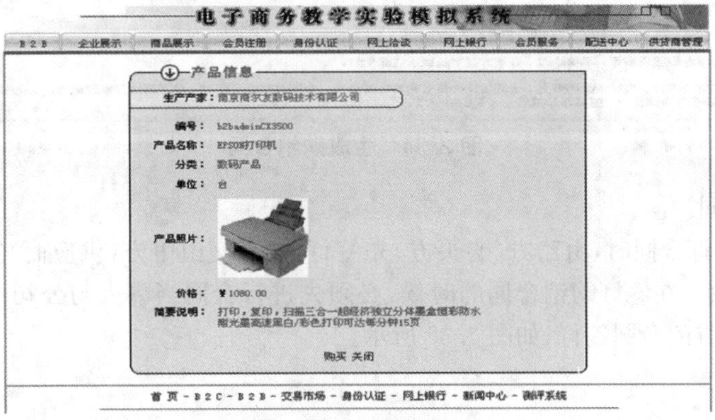

图 2.32　选购商品

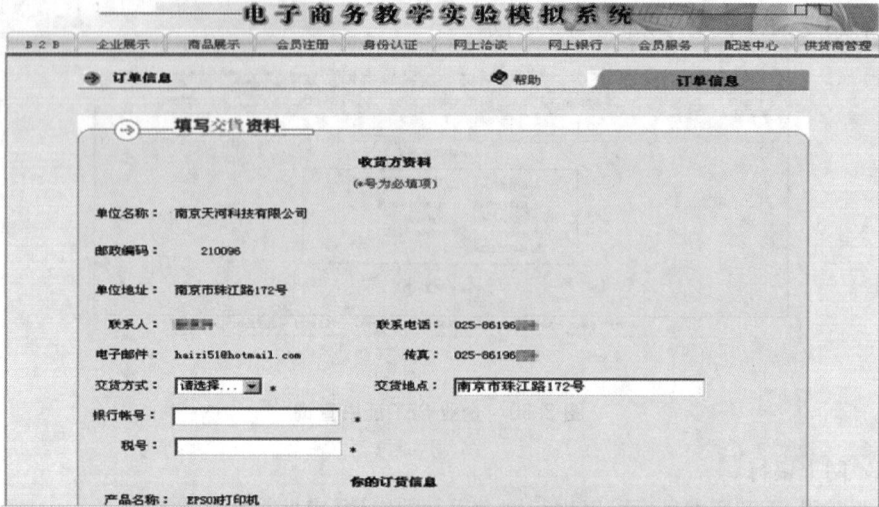

图 2.33　填写收货方资料

　　步骤 2　分析订单，考虑是否接受购货价格，接受则直接签订合同。这时系统要核实购买方的身份，进行身份认证登录，获得认证后签订合同，如图 2.34 所示。

　　步骤 3　不接受合同可单击"网上洽谈"，对合同的价格进行还价，重新填写订单信息，再签订。

图 2.34　生成购销合同

　　② 签订合同。

　　步骤 1　签订合同时，由乙方（购买方）先签订，然后交由甲方（供应商）签订。双方签订后合同即可生效。在签订购销合同的时候，必须先进行合同当事人与公司两方面的签字盖章，才能完成一方的合同签订，如图 2.35 所示。

46

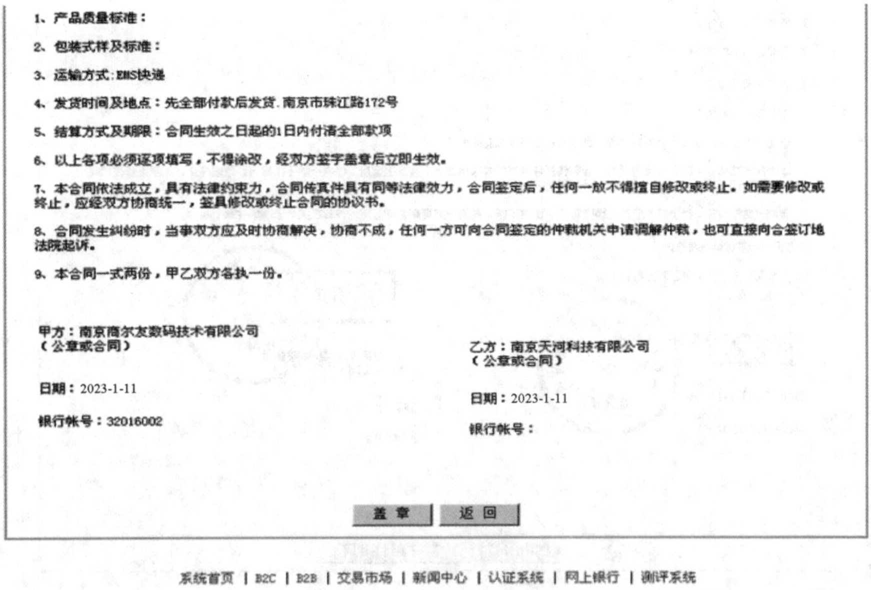

1、产品质量标准：

2、包装式样及标准：

3、运输方式：EMS快递

4、发货时间及地点：先全部付款后发货.南京市珠江路172号

5、结算方式及期限：合同生效之日起的1日内付清全部款项

6、以上各项必须逐项填写，不得涂改，经双方签字盖章后立即生效。

7、本合同依法成立，具有法律约束力，合同传真件具有同等法律效力。合同签订后，任何一方不得擅自修改或终止。如需要修改或终止，应经双方协商统一，签具修改或终止合同的协议书。

8、合同发生纠纷时，当事双方应及时协商解决，协商不成，任何一方可向合同签定的仲裁机关申请调解仲裁，也可直接向合签订地法院起诉。

9、本合同一式两份，甲乙双方各执一份。

甲方：南京商尔友数码技术有限公司
（公章或合同）

乙方：南京天河科技有限公司
（公章或合同）

日期：2023-1-11

日期：2023-1-11

银行帐号：32016002

银行帐号：

盖章　　返回

系统首页｜B2C｜B2B｜交易市场｜新闻中心｜认证系统｜网上银行｜测评系统

图2.35　合同签章

单击"盖章"按钮，弹出如图2.36所示的窗口，要求先进行合同当事人的个人印章加盖。

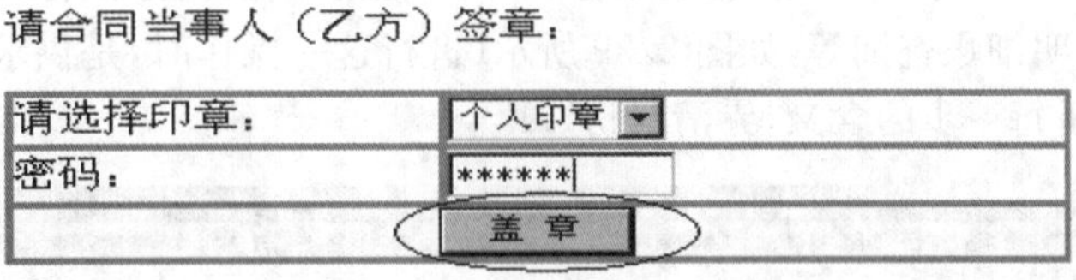

请合同当事人（乙方）签章：

请选择印章：　个人印章 ▼
密码：　　　　******

盖章

图2.36　电子签章工具

盖章完成后，在合同乙方处有个人签名印章显示。然后用相同的方法压印乙方公司合同章。盖章完成后，在合同乙方处有公司合同章显示，如图2.37所示。

甲方：南京商尔友数码技术有限公司
（公章或合同）

乙方：南京天河科技有限公司
（公章或合同）

日期：2023-1-11

日期：2023-1-11

银行帐号：32016002

银行帐号：

图2.37　乙方电子签章

步骤2　乙方（购买方）完成盖章后，即可签订合同，签订后由合同另一方（甲方）来签订。

步骤3　进入"供应商管理"，选择"订单管理"盖章，盖章的步骤与购买方盖章步骤一致。返回确认供应商已签订合同，双方签订后合同生效，如图2.38所示。

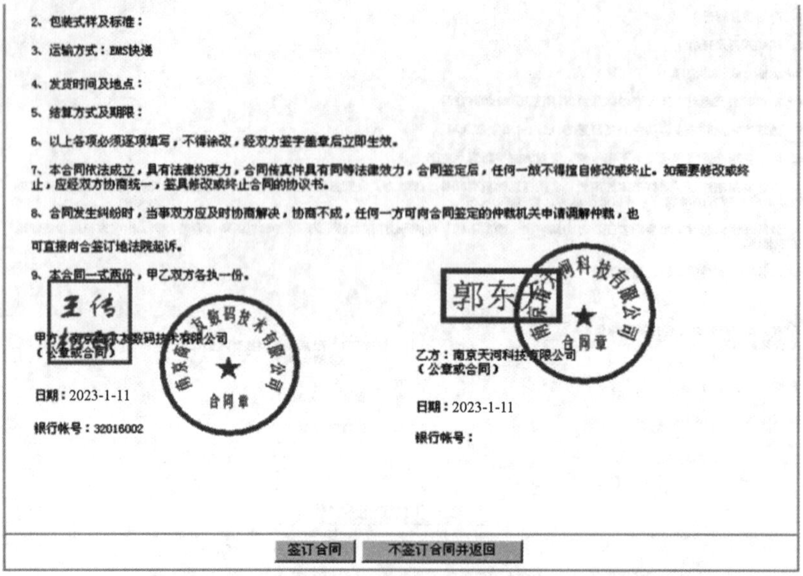

2、包装式样及标准：

3、运输方式：EMS快递

4、发货时间及地点：

5、结算方式及期限：

6、以上各项必须逐项填写，不得涂改，经双方签字盖章后立即生效。

7、本合同依法成立，具有法律约束力，合同传真件具有同等法律效力，合同签定后，任何一放不得擅自修改或终止。如需要修改或终止，应经双方协商统一，签具修改或终止合同的协议书。

8、合同发生纠纷时，当事双方应及时协商解决，协商不成，任何一方可向合同签定的仲裁机关申请调解仲裁，也可直接向合签订地法院起诉。

9、本合同一式两份，甲乙双方各执一份。

王传　郭东升

甲方：南京[illegible]数码技术有限公司
（公章或合同）

日期：2023-1-11

银行帐号：32016002

乙方：南京天河科技有限公司
（公章或合同）

日期：2023-1-11

银行帐号：

签订合同　不签订合同并返回

图 2.38　甲方电子签章

(5) 付款

① 首先由购买方付款。单击“会员服务”→订单管理→去网上银行→进行合同结算，也可进行余额查询、明细账查询等，如图 2.39 所示(进行这一操作时，是供求双方不断互动，学生一定要冷静分析每一步的含义，弄清身份)。

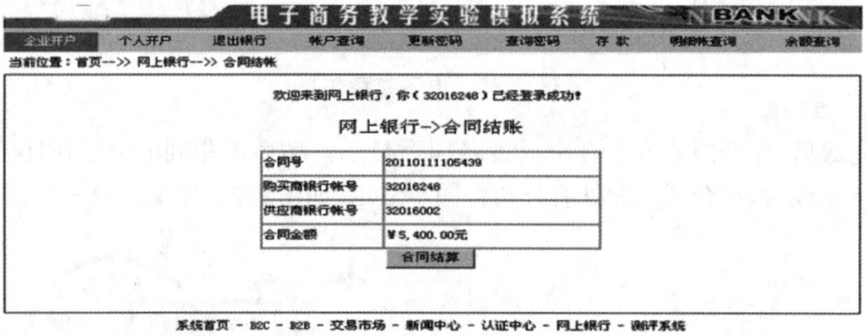

图 2.39　网上银行合同结账

② 供货方进行操作，合同结算后，进入“供应商管理”→订单管理→修改订单为已付款→确定。建议此时输入供货方的银行账号和密码去查询款项是否到账。

③ 身份转为购货方操作，进入“会员服务”→订单管理→领取配送单，由购货方确认配送单。

在 B2B 中，配送工作一般由配送中心来进行，此时需要供应商给配送中心发一个送货通知，由配送中心负责配送货物。

任务 3 淘宝网的使用

(1) 进入淘宝网

登录淘宝网的主页 (http://www.taobao.com),单击"登录",如图 2.40 所示,进入如图 2.41 所示的界面。

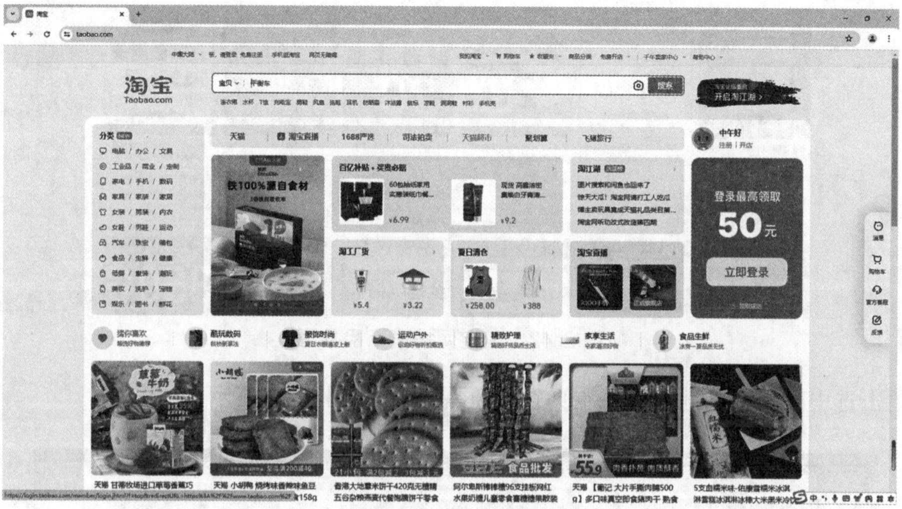

图 2.40 淘宝网首页

图 2.41 淘宝网登录界面

(2) 选择购买商品

成功登录淘宝网后,可以搜索需要购买的商品。以江苏联通 20 元充值商品为例,如图 2.42 所示。

图 2.42　淘宝网搜索商品界面

单击选中商品即可进入商品主页查看商品信息,如图 2.43 所示。

图 2.43　淘宝网商品信息界面

(3) 购买商品填写信息

确认购买数量和充值号码填写无误后,单击"去支付宝付款",如图 2.44 所示。

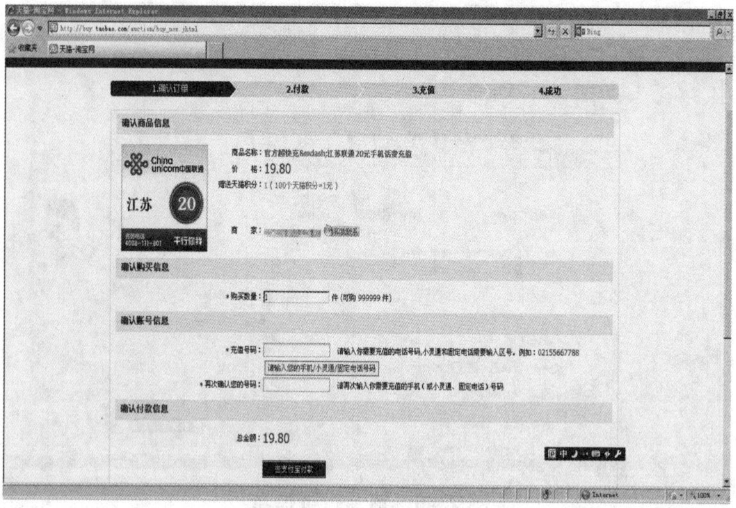

图 2.44　填写购买信息

（4）选择支付方式

淘宝网支持 50 多家银行、支付宝、银联、银行直充等。确认充值号码和金额无误后，选择支付方式中的中国银行网银支付，再单击"付款"，如图 2.45 所示。

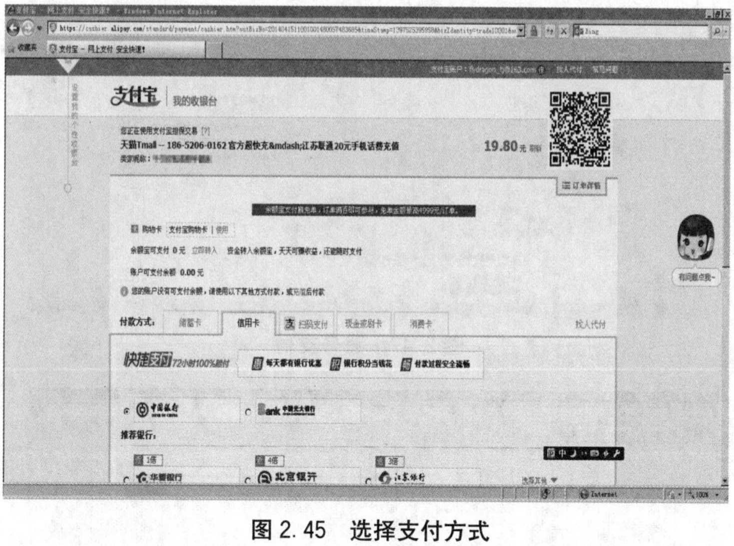

图 2.45　选择支付方式

（5）个人网银支付

步骤 1　进入中国建设银行个人网银支付，查看"我的订单"情况无误后，输入支付账号、身份信息等，如图 2.46 所示。

步骤 2　输入账户在柜台预留的手机号码后，单击"免费获取"，发送短信验证码到手机。然后查看手机验证码信息。

步骤 3　输入手机验证码信息后，单击"同意协议并付款"，如图 2.47 所示。确认支付金额和订单号后，单击"确定"，账户进行支付，银行扣款成功，如图 2.48 所示。

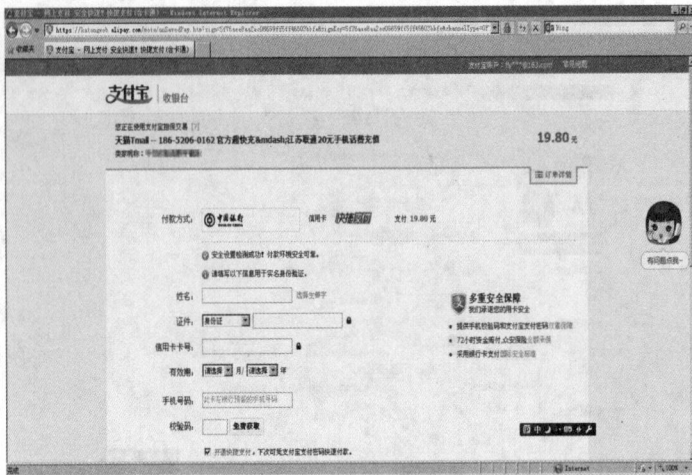

图 2.46　填写付款信息

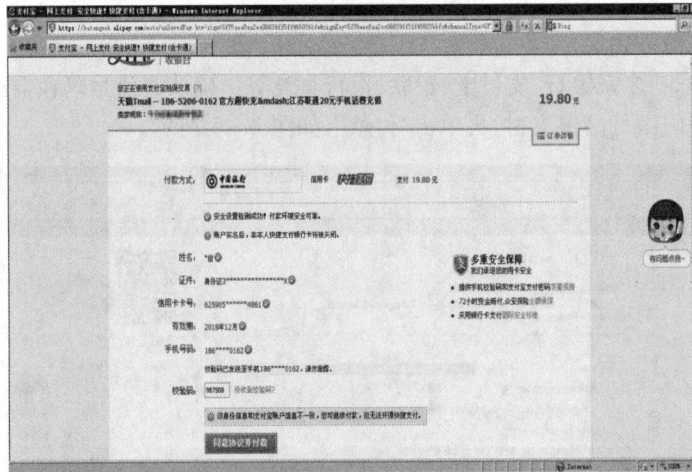

图 2.47　账号支付

图 2.48　支付成功

（6）评价产品

购买的产品成功收到后，用户可对商品质量、商家的服务及快递的服务进行评价，如图2.49所示。

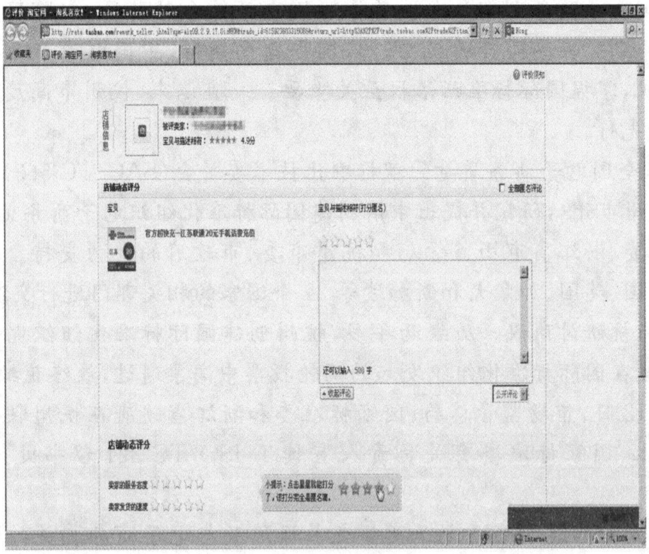

图 2.49　用户评价

评价完成后单击"评价"会显示评价成功，至此，本笔交易完成，如图 2.50 所示。

图 2.50　评价成功

思政园地

电子商务交易保障技术委员会秘书处落户杭州

2019 年 6 月 19 日，浙江省杭州市市场监管局与余杭区政府就共建国际标准化组织电子商务交易保障技术委员会（ISO/ TC 321）秘书处举行签约仪式。自此,该秘书处正式落户杭州市未来科技城(海创园)杭州知识产权创新产业园,运行步入正轨。ISO/TC 321秘书处是浙江省承建的首个国际标准化技术委员会秘书处,意味着杭州乃至全国电子商务产业迎来国际标准引领发展的新局面。

杭州市是中国电子商务之都和全国首个跨境电商综合试验区,以阿里巴巴为代表的杭州电子商务企业得到了世界同行的认可。从国内走向国际,中国电商产业要想在全球一体化发展中抢得先机,掌握国际标准话语权至关重要。一直以来,杭州市高度重视电子商务标准化工作,并先试先行。

2016年4月,全国电子商务质量管理标准化技术委员会(SAC/TC 563)秘书处落户杭州市。同年5月,杭州市开始研究并提出申请创建国际标准化组织电子商务交易保障技术委员会,得到国家标准委、浙江省市场监管局和杭州市委、市政府的大力支持。杭州市市场监管局先后与美国、法国、英国、加拿大和新加坡等21个国家的相关部门进行交流对接,多次邀请国内外权威专家来杭研讨商议。历经两年多,杭州创建国际标准化组织电子商务交易保障技术委员会的提案在国际标准化组织发起的两轮投票中高票通过,最终获批成立。

2019年4月12日,市场监管总局、国家标准委和浙江省政府在杭州联合召开省部标准化联席会议。会上,国家标准委有关负责人宣读了ISO/TC 321秘书处落户杭州的批复文件。

ISO/TC 321是ISO主要负责电子商务交易保障及与电子商务相关的过程领域标准工作的技术委员会。秘书处工作由杭州市市场监管局下属单位杭州国家电子商务产品质量监测处置中心承担,全面负责ISO/TC 321业务领域标准制修订的组织与管理工作。截至2022年,ISO/TC 321已有覆盖五大洲的中、美、英、法、德等P成员国(参与国)17个,俄、意等O成员国(观察员国)18个。

案例分析

海尔公司B2C电子商务模式的应用

海尔向电子商务领域进军,是以虚实结合的策略为指导的,在推进电子网络的同时,不断夯实商务基础。海尔从两方面为进入电子商务领域做好准备。一是准备好电子商务在外部需要的必备条件:配送网络和支付网络。海尔集团与中国建设银行建立普惠金融战略合作,建立庞大的销售网络。二是调整企业内部的组织机构,使其能够适应外部电子商务的需求。2002年,海尔集团正式开通了网上商城,满足个性化的需求是海尔商场的特点,用户可以在网上利用灵活多样的查询手段了解产品的详细情况,迅速地确定自己所需要的商品。海尔集团于2003年3月10日投资成立海尔商务有限公司,是中国国内家电行业中第1个成立电子商务公司的企业。

面对个人消费者,海尔可以实现全国范围内的网上销售业务。消费者可以在海尔的网站上浏览、选购、支付,然后在家里静候海尔的快捷配送及安装服务。对海尔来说,网上的交易额不是最重要的,最重要的是注册的大量用户信息,用户对海尔的信任和忠诚度是海尔最大的财富。用户在海尔网站上进行采购和个性化定制的数量与日俱增。

海尔B2C网站采用了CA智能化集成的电子商务平台Jasmine II(Jasmine Intelligent information Infrastructure),使用多媒体技术、对象数据库技术和Web技术相结合,构成了一个含有大量文字、图像、录像信息并可与三维虚拟场景交互的多媒体数据库应用系统,实现了基于 Web 的产品定制与导购功能。

1. 在线直销

海尔网上商城(http://www.ehaier.com)是完全由海尔集团公司负责建设、维护与经营的,如图 2.51 所示。它利用海尔现有的销售、配送与服务体系,为广大用户提供优质的产品销售服务。海尔集团直接对用户订单负责。全国每个地区包括农村的消费者都可以从海尔网上商城购物,海尔利用与顾客最近的海尔经销商和售后机构提供服务。

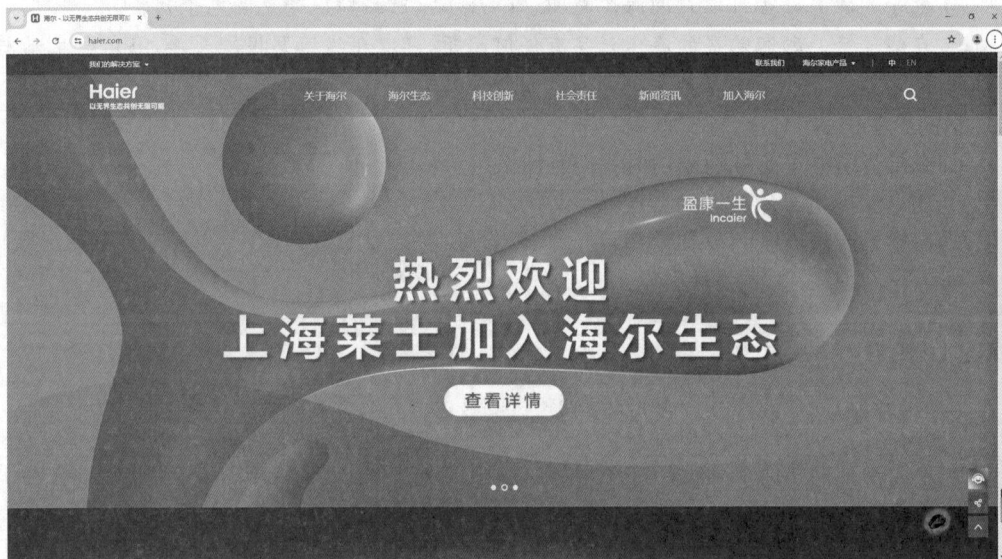

图 2.51 海尔商城

顾客可以通过海尔网上商城系统直接订购看中的商品,再通过海尔现有的销售、配送与服务体系通过送货上门或邮寄两种方式得到商品。

目前,海尔网上商城支持招商银行(全国范围)、工商银行(全国范围)的网上支付业务,用户在线支付成功后海尔能够通过系统立即查看到支付信息,然后安排配送(除了在线支付,海尔也采用货到付款、银行电汇和邮政汇款的方式)。

2. 网上定制服务

海尔极富个性化的创造理念,使顾客可以在任何地方通过因特网享受海尔的网上定制服务,随意地组合自己需要的产品。

(1)产品定制

海尔最先开始的是冰箱的定制服务。海尔针对顾客的需要,预先设计了多个套餐,客户也可以选配自己喜欢的产品组件,系统会进行自动报价,直到顾客满意为止。定制完成后,输入个人的收货信息,就可等送货上门。

(2)服务定制

与产品定制类似,顾客也可以详细选择需要的服务项目。以空调服务定制为例,顾客可以从空调移机、加装饰板、清洗保养等十几个服务项目中选出自己需要的服务,系统会整体报价。

3. 网上服务中心

海尔的用户数据库和直接对顾客公开的网上服务中心可以有如下应用:

① 顾客登记。顾客填写登记表的内容存放到顾客服务数据库中,顾客服务人员将会跟踪顾客的产品使用情况,为顾客提供解决方案,帮助顾客了解产品的具体情况。

② 产品知识。顾客可以查询到海尔不同类产品的购买、使用、维护方面的小知识。

③ 产品咨询。顾客对海尔的产品及其他方面有任何疑问,可以在线填写表单,海尔会通过邮件或电话解答。

④ 电子刊物。顾客可以订阅海尔新闻、市场活动、产品知识等免费电子刊物。

⑤ 在线保修。顾客购买的海尔产品有任何问题,可以在线填写报修表单,海尔会主动与顾客联系。

案例思考:

1. 海尔公司电子商务的成功对我们有什么启示?

2. B2C的模式有什么样的特点?

3. 列举出海尔商城的盈利模式。

课后习题

一、选择题

1. 某公司帮助个人将产品出售给其他人,并对每一笔交易收取一小笔佣金。这属于(   )电子商务。

    A. B2C   B. B2B   C. C2C   D. B2G

2. (   )不属于消费者在网上商店进行购物的操作。

    A. 浏览产品   B. 选购产品   C. 订购产品   D. 信息发布

3. 在电子商务交易中,基于用户之前的浏览和购买行为进行精准推荐的营销手段是(   )。

    A. 搜索引擎优化   B. 电子邮件营销

    C. 社交媒体营销   D. 个性化推荐系统

4. 在线零售成功的关键是(   )。

    A. 树立品牌   B. 减少库存   C. 正确定价   D. 提高速度

5. B2B电子商务交易的特点有(   )。

    A. 传输的信息可能涉及个人机密

    B. 用户群固定,操作人的真实身份明确,客户信息真实可靠、详细准确

    C. 传输的信息涉及商业机密或企业机密

    D. 商务活动中需要协商和签订具有法律效应的合同、协议等

6. 网络商城中的商品分类可以(   )。

    A. 按照价格分   B. 按照尺码分   C. 按照更新时间分 D. 按照品牌分

7. 类似于现实商务世界中跳蚤市场的电子商务模式是(   )。

    A. B2C   B. B2B   C. C2C   D. B2G

8. 中国网上零售未来的发展趋势是(   )。

    A. 进一步细分网购市场   B. B2C与C2C的界限越来越模糊

C. 支付和物流依然是瓶颈　　　　　　D. 用户逐步走向理性消费

9. 关于店铺公告,说法正确的是(　　　)。

　　A. 店铺公告可以是自己制作的图片格式

　　B. 店铺公告是自动滚动的

　　C. 店铺公告只能是纯文字的

　　D. 店铺公告的图片支持本地上传

10. 推广行为(　　　)是淘宝网允许的。

　　A. 利用论坛签名档宣传店铺

　　B. 与其他卖家交换店铺链接

　　C. 在论坛中以购物指南形式发帖以达到间接宣传的目的

　　D. 通过阿里旺旺发布广告信息

二、简答题

1. B2C 电子商务的模式有哪些,各自有什么特点?

2. 简述 B2C 电子商务交易的过程。

3. 简述 B2B、B2C 和 C2C 三种电子商务交易的区别。

4. 简述 B2B 电子商务交易的特点和模式。

5. 谈谈目前各种电子商务交易中都存在哪些问题。

三、实践题

1. 上网了解淘宝网、京东商城、美团网的商业模式,对比有何异同。

2. 了解淘宝网、京东商城、美团网的盈利模式。

3. 查找典型电子商务商业模式的具体企业案例并学习。

4. 对具体类型的电子商务商业模式,思考有什么可以改进和创新的地方。

项目 *3*

电子商务网店建设

本项目通过"电子商务网店建设"阐述网店建设的前期准备工作和淘宝为代表的网店建设流程以及网店的基本设置要求、网店的商品管理、网店的装修及网店的物流管理。

项目要求

项目内容

熟悉电子商务网店的建设流程和网店的基本设置,熟悉电子商务网店的功能模块和网店开设的一般流程。通过对电子商务网店的建设,掌握电子商务网店建设的常见技巧和方法。

知识要求

电子商务网店的建设过程中,需要掌握电子商务网店建设的一般流程;理解网店建设中的商品管理和物流管理;掌握网店的实名认证流程;理解一般网店的装修要求;了解目前电子商务交易规则及对网店建设的挑战。

相关知识

知识 *3.1* 网店前期准备

微课

1. 货源的选择

货源对一家网店而言是非常重要的,拥有好的货源意味着拥有价格优势。那么网店有哪些热销商品?网店选择什么样的商品销售才能盈利?这些问题都是店家们开店前必须考虑的。针对于此,下面提供一些选择方案。

(1) 个人创意货源

创意货源包括:创意家居用品、懒人用品、创意装饰、创意 3C 商品等(如图 3.1 所示为创意礼品)。

(2) 厂家货源

目前网上热销的商品主要有:服装、饰品、箱包、3C 商品等。如图 3.2 所示,如果店家能直接获得厂家货源,将能够取得价格竞争优势,进而获得网络销量。但这种货源缺点就是:订货量大,容易压货,且换货麻烦。

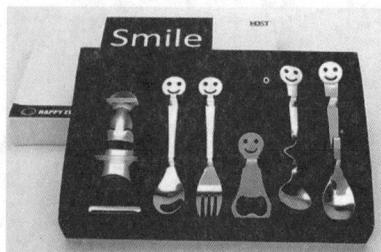

图 3.1 创意礼品

图 3.2　淘宝千牛卖家中心的工厂货源

(3) 阿里等网站货源

这类货源途径便捷、商品丰富，但订货时通常有量的要求，商品质量也不易把握。例如，淘宝千牛卖家中心后台的"商品货源"就为卖家提供了工厂货源及淘分销 2 个进货渠道，基本上可以满足中小网店对货源的需求。如图 3.2 所示，网店主可以从"商品货源"的"工厂货源"进入搜索页面，选择自己需要的货源，如"儿童洞洞鞋"。在此网页下，货源根据商品的风格、适用季节、功能及颜色做了不同的分类，网店主可以凭借对市场和店铺现状实力的分析确定相应的商品铺货到自己的店铺中。网店主也可以从"商品货源"的"淘分销"进入页面选品，如图 3.3 所示，在此页面下可以选择保税区发货、全球购等不同服务下的商品进货渠道。

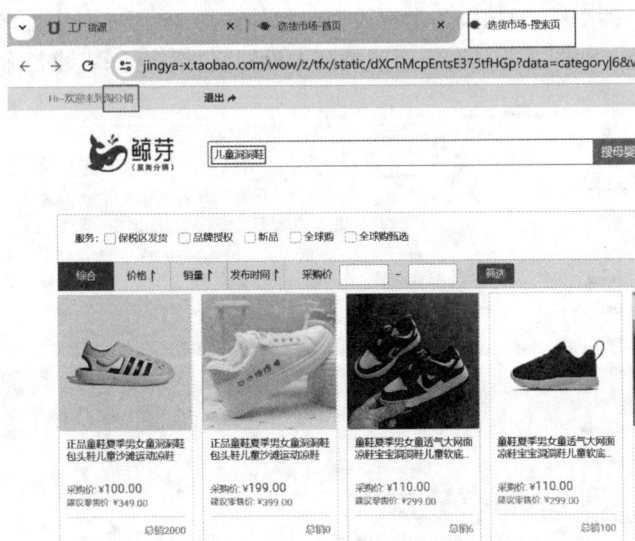

图 3.3　淘宝千牛卖家中心的淘分销

2. 网上开店一般流程

个人店主可选择的开店平台有淘宝、易趣等。如图 3.4 所示,是淘宝网个人网店的开设过程。

① 单击"淘宝首页"→"免费开店"→"0 元开店",根据需求选择个人店铺或企业店铺。

② 根据页面提示上传证件照,进行支付宝实名认证。

③ 完成支付宝实名认证及淘宝开店认证就完成了店铺的初步设置。

图 3.4　淘宝开店流程

知识 3.2　网店基本设置

1. 淘宝店铺信息

网店不仅是一种交易工具,也是卖家或企业的外在形象,因此对店铺名称及其中信息的展示必须严格规范。如图 3.5 是淘宝店铺的基本设置,包括店标、店铺名称等。

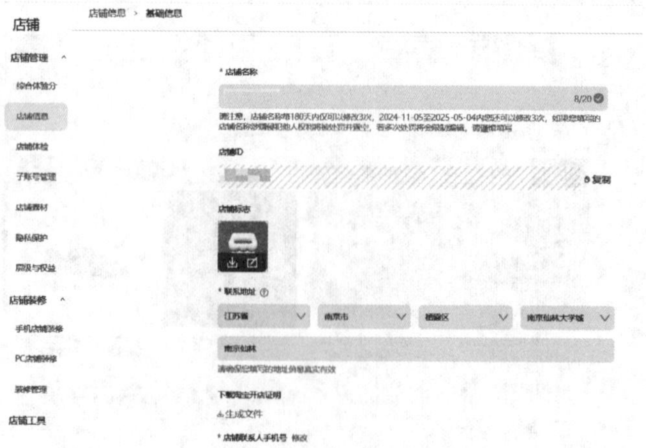

图 3.5　淘宝店铺信息

店铺名称的确定必须符合淘宝的交易规则,而店标的图片要求文件格式为 GIF、JPG、JPEG、PNG,文件大小在 80 kB 以内,建议尺寸 80×80 像素,最好选择能代表店铺风格的图片或创意性图片。

2. 千牛子账号管理

千牛子账号管理功能可以让店铺管理者根据自己员工的不同岗位,开通不同的后台操作权限,包括但不限于商品管理、交易管理、客服管理、营销管理等权限,更加便于店铺管理和工作效率提升。

如图 3.6,对子账号进行设置时可以对客服、推广、运营、主播、场控等角色进行岗位分工,按照岗位配置权限管理,降低风险。

图 3.6　千牛子账号管理

3. 商品发布

店铺设置完成就可以发布商品了,根据淘宝店铺规则,淘宝 ID 完成支付宝实名认证后,需发布 10 件以上商品才能拥有店铺。在开店初期,发布商品有"搜索发品"和"以图发品"两种方式,具体步骤如图 3.7 所示。

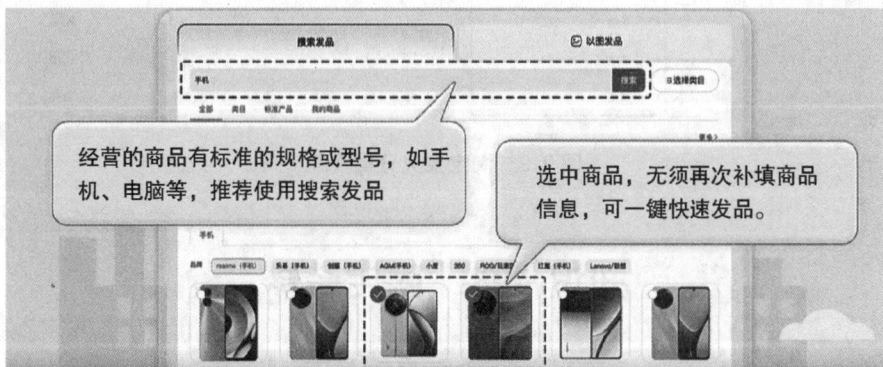

图 3.7　淘宝网商品发布

商品发布前需再次确认宝贝的出售方式和宝贝的类目是否正确,然后添加宝贝标题、宝贝图片、宝贝描述三部分内容。宝贝的照片限制在 120 kB 以内,建议为 500×500 像素,主题会更突出。在买家没有出价时,如果要修改发布的宝贝信息,可以到"商品管理—我的商品—出售中"中进行编辑、修改,如图 3.8 所示。

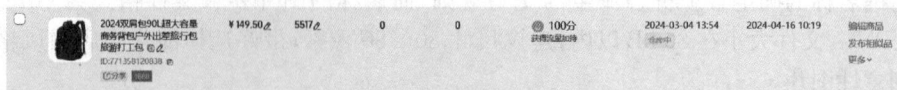

图 3.8　在售商品信息的修改

4. 商品分类

当一家店铺有几十上百甚至上千件商品时,在店内设置商品分类来引导买家购物就是商家必做的工作。如图 3.9 所示是淘宝宝贝的分类管理。设置好的类目可以自由地进行删除或添加子分类等。具体分类可以采用按商品种类(如女装、男装)、按商品规格、按商品更新时间、按商品品牌等方式进行。根据店铺需要可以用其中的一种或多种分类。一般而言,新品和特价品均放在分类靠前位置,特价商品要分别放进商品分类和特价商品类目。此外,商品分类的名称要简单易懂,方便顾客识别。

图 3.9　淘宝宝贝分类管理

知识 3.3　网店装修

装修设计是网店吸引顾客的常见手段之一,网店的所有装修都要围绕店铺主营商品的主题进行,主要包括商品拍摄和网店美化两方面。

1. 商品拍摄

(1) 拍摄准备

开店离不开商品展示,在网上开店,商品只能通过拍摄来实现,所有一台符合商业摄影要求的数码相机是开店必备条件之一。对于相机的选择,并不是越贵越好,关键是实用。如果是普通的商品拍摄,相机只需满足:200 万像素、具备全手动功能、微距能力在 5 cm 以下且有自定义白平衡功能就可以了。

(2) 通用拍摄技术

根据商品外形尺寸我们可以把商品分为小件商品和大件商品。小件商品是指能放进摄影棚进行拍摄的商品,如手机、化妆品、钱包等;大件商品是指该类商品的拍摄通常需要一定的空间场地才能进行,如服装、家具、运动器材等。

① 小件商品拍摄。

在拍摄小件商品前需将商品进行合理组合,选择最好的拍摄视角。同样的商品使用不同的摆放组合会带来不同的效果,如图 3.10 所示,不同的摆放和拍摄视角产生了不同的效果,很显然,左边的图片更具有商业价值,当买家看到这两张图会因视觉而决定是否购买。

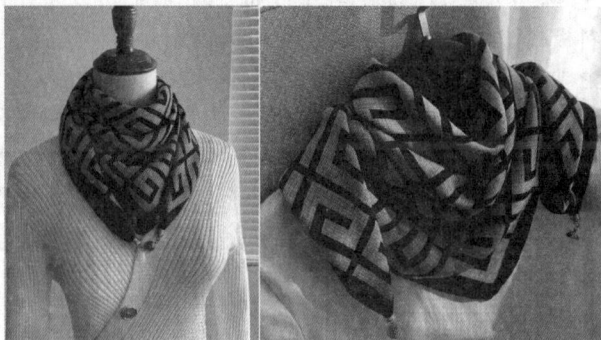

图 3.10　商品设计

在实际拍摄时,我们可以根据商品特性来设计摆放组合。如是配饰类可以采用如图 3.10 左图突出商品的质感;如是饰品可以通过改变饰品间的疏密关系、色彩组合、背景衬托等方式突出商品特点;如是一些外形比较冷硬的商品,如鞋、皮带等,如图 3.11 所示,可以将多件商品组合造型。此外,对于一些表面粗糙吸光、反光的商品,在拍摄时可以使用稍硬的光线,如闪光灯等,这种光线会在凹凸不平的表面产生细小投影,从而强化商品质感,突出商品立体感。

图 3.11　商品组合

在进行商品细节拍摄时通常要用到微距功能,是指拍摄出来的图片尺寸大于实物的拍摄方式,如对服装细节、商品 Logo 的拍摄等。在进行微距拍摄时需注意对拍摄光线、相机光圈的调节。一张完美的商品特写胜过大篇幅的商品介绍文字,成交可能性也会更高。

在进行小件商品拍摄时要注意灯光配置尽可能为两个以上,这样可以保证产品左右受光均匀;同时,背景纸的放置方式要恰当,最好成弧形放置,这样拍摄出的产品照片的背景会比较好,而且会出现我们需要的渐变效果。此外,由于在网络上买家看到的永远是产品的正面,因此光线照射的角度和技巧非常重要,拍摄时产品的正面一定要受光均匀。

② 大件商品拍摄。

网络零售和传统零售最大区别是买家只能通过卖家发布的商品图片来了解商品特性。服装尤其如此,图片所展示的款式、面料、风格直接影响商品的成交价。

服装类的大件拍摄环境通常有棚内拍摄、室内布景和室外街景三种。其中,室内布景比在摄影棚的背景纸更具有立体感、现场感,在室内布景时,我们可以充分利用室内家具、现有材料,玻璃、PVC塑料板制作简易摄影场景,还也可以借用几何体、书籍等小道具,但是这类布景必须注意协调性,要保证拍摄场景中的光线强度,增加底部光源,使拍摄环境的光线更加均匀,防止喧宾夺主。摄影棚拍摄最大优点是可以根据不同服装颜色选择不同背景纸,从而可以突出拍摄商品风格,很有专业效果。室外街景拍摄,可以找公园、景点等地拍摄,但要注意色彩搭配要合理,根据产品特征、放置方式的不同,光线的照射角度要跟随改变,力求光线均衡照射,避免产品正面出现暗角,拍摄产品的时候注意构图方式,牢记构图中的黄金分割点和线。

2. 网店美化

在对店铺美化前我们必须明确店铺装修的主要目的,可以从店主个人喜欢、店铺主营项目角度考虑。如图 3.12 所示,上图为一家女童饰品网店,整个页面以粉红色为主,色彩布局非常符合女童的喜好;下图为一家甜品烘焙店,色彩亮丽,布局简洁易操作。网店美化需符合店铺平台规则,以淘宝为例,分为普通店铺装修和旺铺装修。

图 3.12　淘宝店铺美化

(1) 普通店铺美化

普通店铺需要美化的地方主要四处,即店招、公告栏、店铺分类和商品描述。

① 店招。

普通店铺的店招放在店铺首页的左上角,这个位置非常醒目,买家一入店就可以看到。一个好的店招对网店非常重要,代表了网店的形象和风格。店招的大小在 80 kB 以内,尺寸为 100×100 像素的 GIF 或 JPG、JPEG、PNG 图片。

② 店铺公告。

普通店铺的店铺公告位于店铺首页右上方,和店招水平。在公告中加入一些个性化信息将有助于买家更多了解自己店铺。公告里内容可以是文字或图片,设置成功后是以自下往上的方式滚动显示在首页上的。

③ 店铺分类。

店铺类目一般位于店铺首页左侧,店招下方。买家浏览店铺时可以通过点击具体类目找到相应商品。网店买家能否快速准确找到商品直接影响网店成交量,因此网店的分类非常重要。普通店铺美化时,店铺分类可以使用文字或图片,也可以用不同大小的图片来区分一级类目和二级类目,从而使店铺更生动。此外,也可以将店铺的营业时间和一些祝福欢迎的话语放到分类里,起到公示作用。

④ 商品描述。

商品描述位于商品详情页面中部,在淘宝普通店铺中该版块是采用 HTML 编辑器来编辑的,在里面可以方便地改变文字大小、字体、色彩,可以插入图片和网址链接,还可以通过购买淘宝的展示服务插入 Flash,从而使店铺商品的展示更加生动形象。

(2) 旺铺美化

淘宝旺铺可以美化的地方很多,主要包括店招、商品分类导航、促销区、商品推荐、商品描述等。

① 店招。

淘宝旺铺的通栏店招的尺寸为 950×120 像素比普通店铺的尺寸为 100×100 像素的店招要显得大气、美观很多,如图 3.13 所示。

图 3.13 旺铺店招

② 商品分类导航。

淘宝旺铺除了不变的"首页"和"信用评价"外还有 6 个自定义页面可以设置更多关于店铺商品、品牌、服务及团队介绍。淘宝旺铺的分类导航是每个店铺都有的,宽度固定,高度理论上无限高。如图 3.14 所示为旺铺专业版的分类导航。

图 3.14　旺铺分类导航

③ 促销区。

商品促销区可以常年推出各种吸引顾客的活动,同时可以自定义添加右侧和左侧模块,从而获得更多商品展示空间和购物体验。由于促销区的重要商业价值,通常是越大越好,但高度不能太高,否则会给人望不到边的感觉。如图 3.15 所示为旺铺促销区。

图 3.15　旺铺促销区

④ 商品推荐。

推荐商品可以放在促销区,也可以放在店铺首页单独建立的推荐模块中。如图 3.16 所示。

图 3.16　旺铺商品推荐

⑤ 商品描述。

商品描述这部分内容是顾客对商品产生兴趣之后会点击进入的页面,这个页面对卖家而言是尤其需要注意的,商品描述不仅要条理清晰、有层次,还要将各个可独立部分尽量独立开来。如图 3.17 所示是油泼辣子的商品描述,包括商品参数、净含量、原料、物流包装等问题的具体描述。

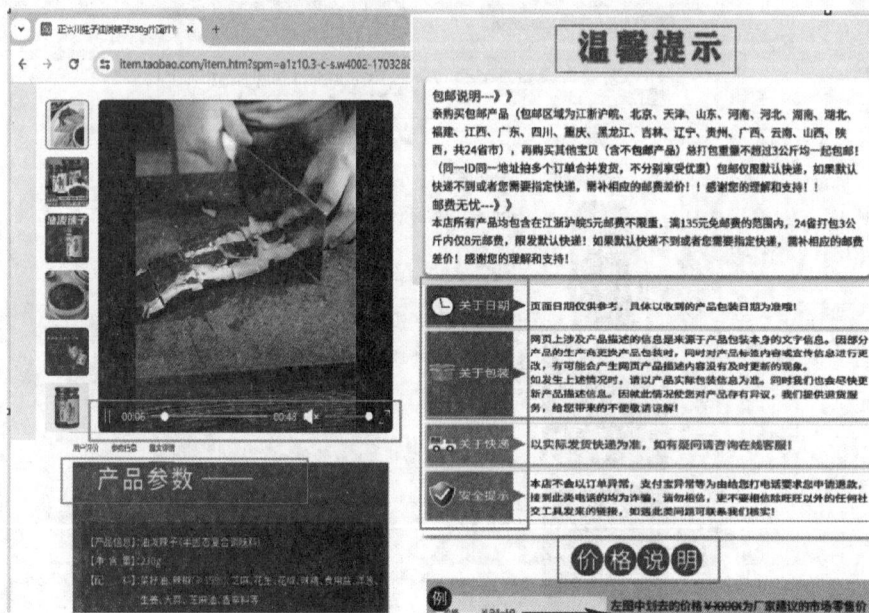

图 3.17　旺铺商品描述

知识 3.4　网店物流管理

1. 库存商品管理

网店发展到一定规模都会设立专门的物流部门对库存商品进行系统化管理,其主要包括商品检验、货号编写、入库三个方面。

（1）商品检验

网店仓库工作人员收到商品后必须进行严格检查，如商品包装是否完好、商品有效期是否超过，然后需对照订货单、送货单确认商品名称、规格、数量、单价等具体信息，核对无误后方可入库。

（2）货号编写

随着网店的不断完善，店铺中的每一款商品都应对应唯一编号，目的是便于我们进行店铺商品管理。最简单的编号方法是"商品属性＋序列号"，可以采用如下做法：

① 将商品分类，如衬衫、毛衣、外套、裤子等。

② 将每一类别名称的缩写作为商品属性，如衬衫缩写为"CS"。

③ 每类商品序列号根据店铺商品数量可以是两位、三位或更多，并且要适当留有余地。如果销售的是品牌商品，如图 3.18 所示，厂家一般都有标准货号，那么就不需要再编写了，只需照厂家货号登记就可以了。对于服装类商品，由于品牌款式型号繁多，编写货号往往比较复杂，这时在原有的"属性＋序列号"基础上可以再增加如材质、年份、色彩等，以方便识别和盘货。

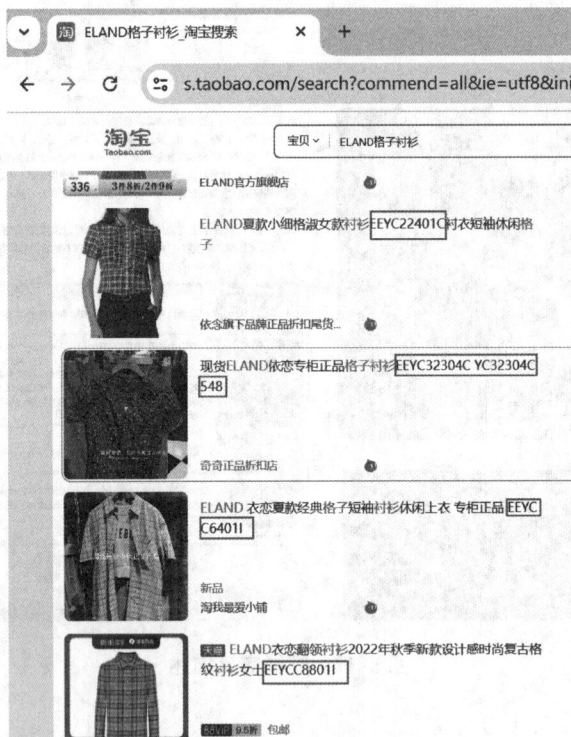

图 3.18　商品编号

（3）入库

商品编号登记入库后要详细记载商品名称、数量、入库时间、发票号码和验收情况等，并且要根据商品不同的属性、材质、功能、型号、颜色分类摆放，储存时要注意商品特性，如一些易潮湿商品要做好防潮处理以保证货物安全。此外，做出入库登记时需严格核对商品品名、数量，凭单发货收货。

2. 货物包装

店家进行发货时通常需要对货物进行合理包装,不仅能够显示店铺的优良服务,也可以在一定程度上增加物流的安全性。但要注意,不同的包装材料因为材质重量的不同会影响物流成本,继而影响店铺整体的运营成本。

有些商品可以直接用快递公司的一次性塑料快递袋来包装,如不怕挤压的毛绒玩具、靠枕等;对于一些对防震要求比较高的商品,如水晶吊灯、电视等,最好用木箱包装;对于一般性的商品,可以用相应大小的纸箱包装;对于一些易碎品,如玻璃瓶装罐头等,可以采用纸箱加泡沫盒包装。

在进行货物打包时要注意在包装和商品之间留一定缓冲空间,可以用填充物固定好,包装外边缝最好用胶带或钉子密封,防止商品在运输或搬运过程中泄露遗失;也可以加上店铺定制的防盗封条。

不管哪一种包装方式,都需要不断总结顾客反馈的建议,不断改进包装,从而做到既能保障商品安全又可以节约包装成本。

3. 网店物流后台管理

物流管理对于网店而言是连接生产、供应、销售的重要环节,因此做好物流管理间接关系着网店的经济命脉。在进行网店物流管理时可以借助后台的物流管理工具,如淘宝店后台的物流管理模块,如图 3.19 所示。在淘宝店卖家后台的物流管理模块中提供了物流主页、寄快递、发货、打单工具、包裹中心、物流服务、物流工具、物流数据八大功能。

图 3.19   淘宝物流管理

(1) 发货

发货页面提供了等待发货订单、发货中订单及已发货订单的查询，卖家可以在此模块进行相关设置。

(2) 物流服务

物流服务分为消费者物流体验、仓配物流服务及供应链增值服务三类，如图 3.20 所示。消费者物流体验主要用于帮助提升店铺 DSR 和消费者物流满意度，如其中的"消费者选快递"体验，卖家承诺按订单约定的快递公司发货，从而提升买家购物物流体验，减少店铺物流差评，增加买家的二次购买率。

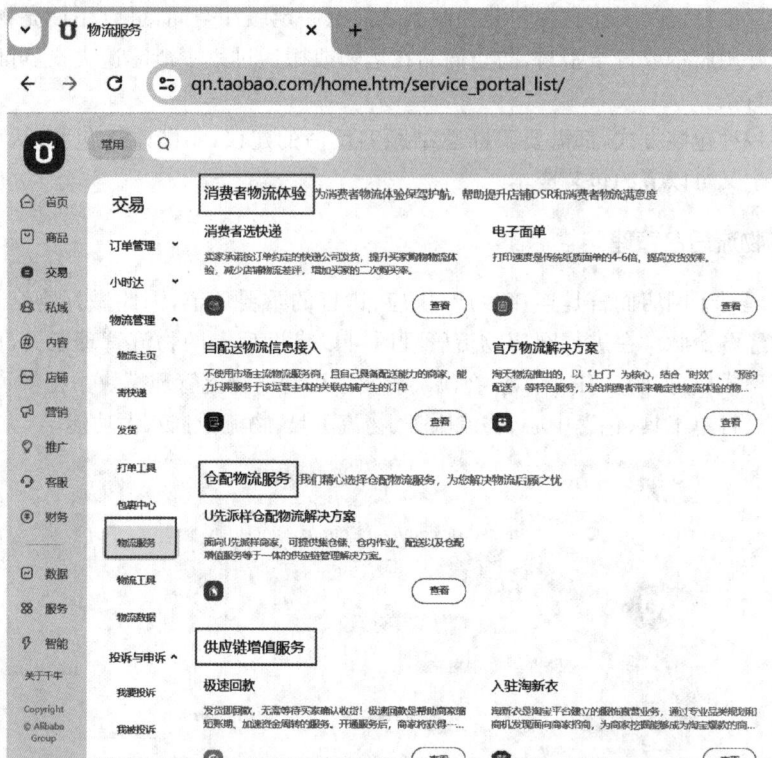

图 3.20　淘宝卖家物流服务

(3) 物流工具

千牛后台物流工具主要包括基础配置、物流工具及其他配置三部分。

① 基础配置包括运费模板设置、地址库设置、商品简称配置及承诺上门配置。如图 3.21 网店运费模板设置，卖家可以在此模块中设置不同快递的发货时间、计价方式及运送方式。

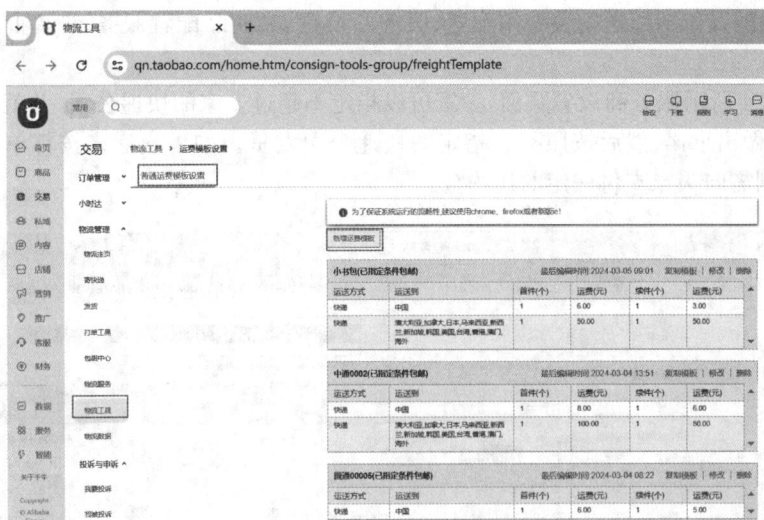

图 3.21　网店运费模板设置

② 物流工具包括物流追踪信息、菜鸟发货、核销工具、识别码查询工具和快递情况分析5 项功能,如图 3.22 所示。

图 3.22　淘宝卖家物流工具

菜鸟发货平台提供了关于裹裹寄件发货、免费打单发货、包裹管理、物流洞察等功能,如图3.23所示。卖家可以根据物流洞察数据反馈实时调整网店的物流管理设置,不断完善物流服务。

图 3.23　菜鸟发货平台

③ 其他配置包括配送安装费用配置、服务商设置、为商品配置服务、裹裹商家寄件设置和打单设置。

如图 3.24 所示服务商设置页面,卖家可以指定不超过 5 家的快递公司,并就商品配送快递向消费者做出承诺,然后按照买家指定的快递公司发货。如果卖家未按订单指定的快递公司发货,则需向买家支付一定的违约金。

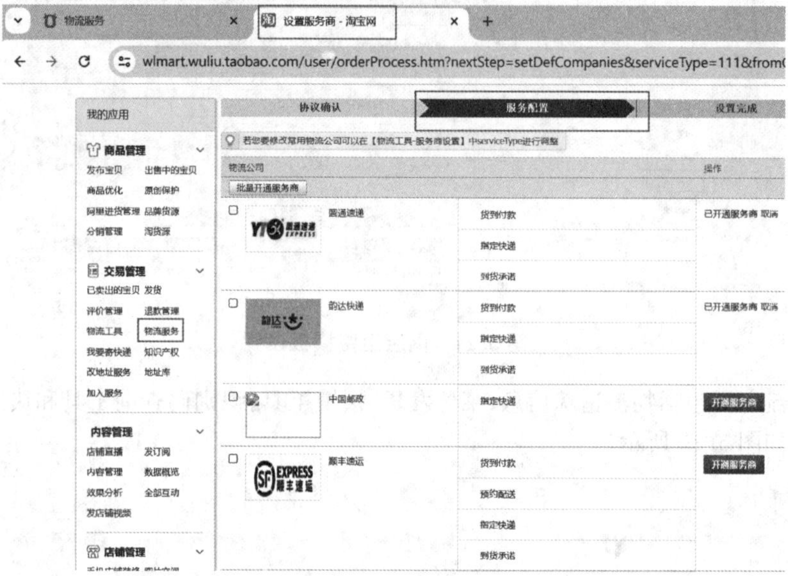

图 3.24　服务商设置

项目实施

项目任务

根据项目内容,本项目为理解网店的建设要素,掌握淘宝 C 店的开店流程。其主要任务如下:

1. 登录淘宝网站卖家中心,完成支付宝实名认证流程。
2. 分析淘宝旺铺和自己 C 店页面的布局差异。

项目要求

1. 浏览淘宝网站,了解淘宝店铺的基本设置及布局。
2. 掌握淘宝网开店流程,能够独立完成 C 店的开设。

实施步骤

任务 1　支付宝实名认证

① 单击"淘宝首页"→"免费开店"→"0 元开店",根据需求选择个人店铺或企业店铺,如

图 3.25 所示。

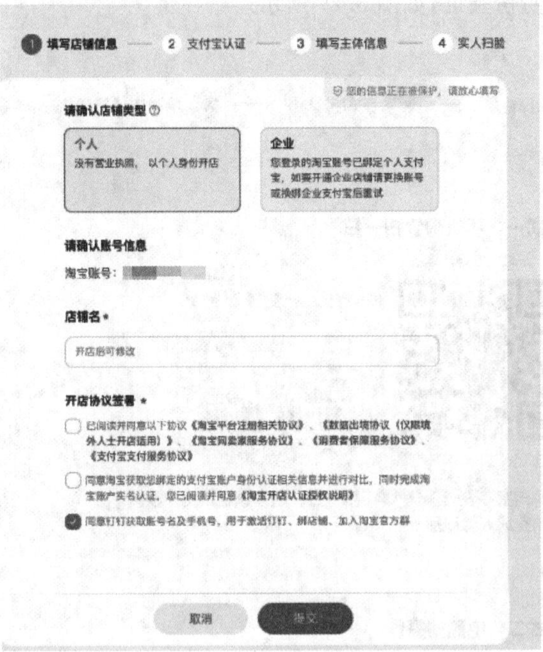

图 3.25　淘宝店铺名称

② 根据页面提示上传证件照，进行支付宝实名认证（见图 3.26）。

图 3.26　个人支付宝实名认证

③ 根据提示进行身份验证,如图 3.27 所示。

图 3.27　身份验证

任务 2　店铺布局差异分析

① 在百度网搜索"淘宝双十一店铺排名",如图 3.28 所示。点击进入后查看这些排名靠前的店铺名称。

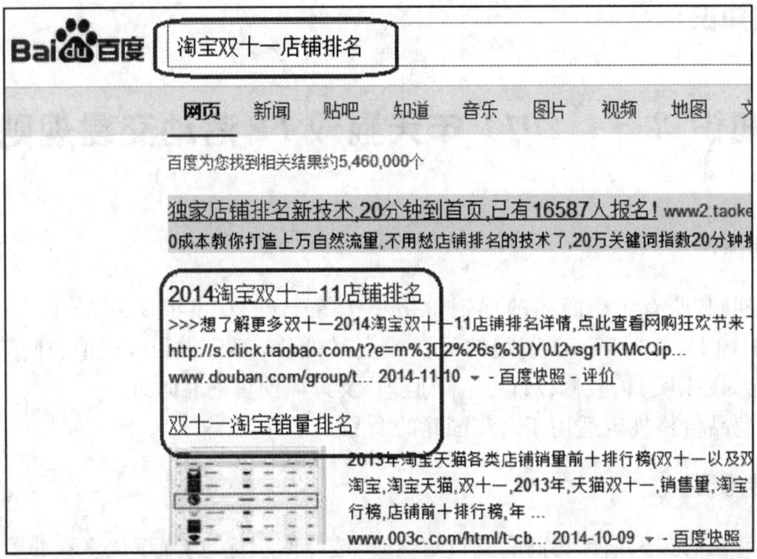

图 3.28　淘宝双十一店铺排名

② 登录淘宝网，在淘宝店铺搜索栏里输入店铺名，如图 3.29 所示，进入该店铺。

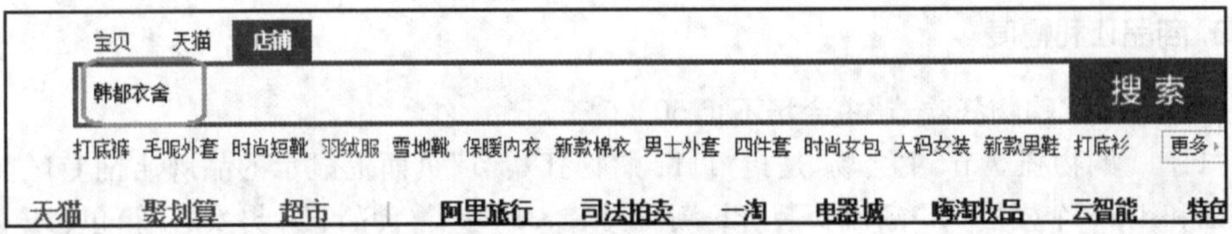

图 3.29　淘宝店铺搜索

③ 搜索三个以上排名靠前的店铺，比较其店铺布局与自己新建网店布局的不同，说明淘宝普通店铺与旺铺的区别，并填入表 3.1。

表 3.1　淘宝普通店与旺铺的比较

	普通店铺	旺铺 1	旺铺 2	旺铺 3
店铺名称				
店招				
店铺简介				
店铺分类				
店铺结构				
其他				

📖 **扩展知识**

知识 3.5　2014 年天猫双 11 活动交易规则

1. 商品价格

① 活动期间,所有活动商品的促销价格小于等于自 2014 年 9 月 15 日　00:00:00 至 2014 年 11 月 10 日　23:59:59 期间的天猫成交最低价,部分类目(充值、通信、手机、合约机、黄金、铂金、图书类目、装修设计/施工/监理)及天猫预售商品除外。
② 以上商品价格规定适用于天猫国际的商品。

2. 优惠券使用

① 消费者在购买天猫预售商品支付定金时,选择使用优惠券(该优惠券处于有效期内),则在支付尾款时抵扣。若在支付定金时未选用优惠券,则在尾款支付时不能抵扣。
② 三阶预售商品是不支持优惠券。
③ 以上优惠券规定适用于天猫国际商品。

3. 商品让利幅度

(1)"11. 11 购物狂欢节"主会场不止 50% OFF
"11. 11 购物狂欢节"主会场,是指"1111 购物狂欢节"页面上显示的品牌店铺专区前 16 个店铺和 1—8 个楼层(1F 潮流女装、2F 潮流男装、3F 母婴/食品、4F 男女鞋/箱包、5F 内衣美妆、6F 运动户外、7F 家纺居家、8F 家装)。除上述页面的指定位置外,其他"11. 11 购物狂欢节"的活动页面或活动位置均为分会场。
除部分美妆品牌和服饰部分品牌店铺外,主会场全场全店商品在专柜价基础上至少让利 50%。
(2)以下分会场全店在专柜价基础上至少让利 50%
居家百货会场("单店最高满 299 减 50":特指使用店铺优惠券可以进一步实现的优惠幅度:即在店铺原促销价格的基础上,还可通过使用店铺优惠券进行满减,单店最大优惠幅度可达满 299 减 50)。
(3)以下分会场全场在专柜价基础上至少让利 50%
家纺会场、布艺会场、家具会场、家具风格秀会场、建材会场、家装会场。
(4)以下分会场全场在专柜价基础上让利最多达 50%
车品配件会场、汽车会场、家装 O2O 会场、美妆会场、美妆奢美会场、美妆职男会场、美妆萌妹子会场、天猫国际会场、电器城会场、大家电会场、小家电会场、手机会场、数码影音会场、电脑办公会场、生活百货会场、母婴会场、食品会场、洗护清洁会场、眼镜配饰会场、运动用品会场、冬靴会场、国际服饰会场;女装会场、男装会场、男鞋会场、女鞋会场、内衣会场、箱包会场、户外会场、运动用品会场、商场同款会场、天猫独家首发会场、羽绒皮衣皮草会场、保暖会场、潮牌会场、珠宝手表会场(全店在专柜价基础上至少让利 50%,黄铂金商品除外;黄铂金商品让利幅度不低于满 500 减 60)。

4. 活动商品发货

① 活动期间付款的活动商品,以及订单付款时间在 2014 年 11 月 11 日—11 月 17 日期间的其他商品,商家将在 2014 年 11 月 20 日 23:59:59 前发货。

② 家具建材大件类商品,订单付款时间在 2014 年 11 月 11 日—11 月 17 日期间,自消费者付款之日起 20 日内完成发货;

③ 手机类目的合约机商品,订单付款时间在 2014 年 11 月 11 日—11 月 17 日期间,自消费者付款之日起 10 日内完成发货;

④ 定制、预售、家具建材商品设置预约发货时间以商品详情页面的描述为准,其他特殊情况按消费者与商家双方自行协商而定。

5. 退货运费险

活动期间,商家免费赠送所有活动商品的退货运费险,天猫国际商家的商品及以下类目商品除外:虚拟类目、机票、酒店、医药、生鲜、酒水、大家电、厨房电器、家装新车/二手车、轮胎、轮毂、住宅家具、商业/办公家具、家装主材、基础建材、电子/电工(指蓄电池/变压器/电线)、装修设计/施工/监理、珠宝/钻石/翡翠/黄金。

6. 退款申请时限

由于活动期间流量巨大,订单产生数量过大,因此,在 2014 年 11 月 11 日 00:00:00—11 月 11 日 23:59:59 期间,消费者"已买到的宝贝"页面中未发货订单的申请退款功能暂时关闭,该功能将于 2014 年 11 月 12 日 00:00:00 开放。

7. 退款的相关超时规定

① 对于在 11 月 11 日 00:00:00 到 11 月 25 日 23:59:59 期间发起或修改的天猫退款/退货申请,商家应在消费者发起或修改退款申请之日起的 10 日内进行处理,逾期未处理将自动达成退款协议。其中家装分阶段订单除外。

② 对于商家在 11 月 11 日 00:00:00 到 11 月 25 日 23:59:59 期间同意的退货申请,消费者应在商家同意其退货申请之日起的 10 日内填写退货运单号,逾期未填写的,退货申请将自动关闭。

③ 如果消费者在 11 月 11 日 00:00:00 到 11 月 25 日 23:59:59 期间填写退货物流信息,并且消费者使用快递方式退货的,商家应在消费者填写退货运单号之日起的 15 日内确认收货,逾期未确认的且未拒绝的,将自动退款给消费者。

④ 对于在 11 月 11 日 00:00:00 到 11 月 25 日 23:59:59 期间发起的天猫退款及退货申请,消费者在发起退款申请之日起的 5 日后可"申请天猫客服介入"。

⑤ 在 11 月 11 日 00:00:00—11 月 17 日 23:59:59 期间付款的天猫订单,在 11.11 00:00 至 11.20 日 23:59:59 期间,消费者无法选择【缺货】或【未按约定时间发货】作为申请退款的理由;11 月 21 日 00:00 后上述理由可以选择。设置预约发货时间商品的订单除外。

⑥ 在 2014 年 11 月 11 日—11 月 17 日期间付款成功的天猫订单,商家使用快递、EMS

方式发货的,消费者应在商家填写发货单号之日起的 15 日内确认收货,逾期未确认的且未申请退款的,将自动打款给商家。如果当前订单买家确认收货超时时间大于等于 15 天,仍适用原超时规定。

⑦ 2014 年 11 月 10 日 9:00:00 至 11 月 12 日 16:00:00 期间,天猫所有商品,不支持货到付款服务。

⑧ 消费者在享受附送赠品的优惠时,若订单主商品发生退款退货行为,赠品须一并退回,除非商家同意赠品不退回。

(资料来源:www.taobao.com)

案例分析

开淘宝店生意很差的两个案例

1. 网店销量不如地摊

创业者:小丽　主营:女装、情侣休闲装

在淘宝网开店的门槛很低,不但不需要任何花费,淘宝还会给新店赠送 30 M 的免费空间,供新店主上传商品照片。小丽的淘宝服装店铺就是在这样的便利下,于今年三月顺利开张了。

正当小丽摩拳擦掌要干一番事业时,困难接踵而至。首先是货源问题。她本想去实体店批发,但考虑到不认识人,砍不下价钱。于是,她就从阿里巴巴网上批发,阿里巴巴网是国内最大的网上采购批发市场,通过网络功能对比价格也容易。本以为可以批发到最便宜的货源,可事后她才发现,一样的货,在淘宝网上的卖价竟然可以比她的进货价还要便宜。这在以价格竞争为主的淘宝上,就没有竞争力了。

在网上,怎样让你的商品更容易被消费者搜索到,这是很重要的方面。小丽发现,如果按照"女装""情侣装"等大类来搜索,搜索出的结果成千上万,当中根本找不到自己商品的影子。小丽说,淘宝网设置了"直通车""旺铺"等收费项目,店主每年交几百至上万不等的金额以后,淘宝网会自动把缴费商家在搜索结果中的位置往前面排。尽管有此等便利,但是小丽是小本生意,不敢轻举妄动,更重要的是,"有时花点小钱还不一定卖得动,因为总有卖家比你舍得砸更多的钱"。

尽管如此,小丽也有不花钱的推广办法,她的大部分单子都是这样得来的:"淘宝网上有论坛,开设了各种讨论区,比如说'淘江湖''帮我挑',我经常到上面发帖、回帖,一方面帮助网友,一方面在帖子里附带商品信息。"

小丽的网店投入两千多元,开业半年,真正用心投入大概是两个月,总共成交 17 单生意,相当惨淡。后来为了回本,她趁着黄金周,将存货拿到市中心摆地摊。"短短两天时间,摆了六个小时,我就卖了一千多元,净赚四百多元,有些衣服售价比网店还贵都能卖得出去。"相比之下,网上开店的这段经历真是令小丽哭笑不得,耐人寻味。

2. 兼职不易干脆关门

创业者:小易　主营:动漫模型

小易在大学里的专业是法律,是一位动漫迷,经常参加各种动漫活动,也喜欢收藏动漫模型。刚毕业那会,他没有固定工作,在一家律师事务所里做律师助理,说白了就是跑腿的工作,赚得不多,花费的时间不少。"那时,我就琢磨着自己既然喜欢动漫、了解动漫,何不开在网上开一家动漫模型商店?"

小易开店都是一个人忙前忙后,所有工作自己全包。网店工作时间很长,从早上九时到晚上十二时,必须随时准备回答访客的提问。网络推广更有做不完的活,光是他在各个论坛上使用的 ID 就不下几十个,每天都得想怎么发广告帖而不被删掉。再加上进货发货,一个月下来,小易头昏脑涨,本职工作没顾上,网店的发展也很缓慢。

后来,与同行交流后才知道,一个人撑起一家网店的时代早已远去,现在,有竞争力的网店都是依靠团队作战的。"据我所知,一般都有两三个人吧,除了采购、发货、客服需要专人负责之外,网店的装修、推广都需要有专业能力的成员负责才行。开网店,开得好的会好上加好,开得差的会越来越差,就连与快递公司的合作也体现了规模效应。"小易发现,有些网店连快递费也赚,这就要考验向快递公司砍价的能力以及自己的订单量了。"比如,我跟快递公司谈下的价钱是广西区内 1 千克以内是 6 元钱运费,但是有些大的卖家可以砍低至广西区内 1 千克以内 3 元,省外首重也不超过 10 元。一般网店的快递费都是 12 元钱首重,其实常常没那么高的。"

动漫模型是小众娱乐,销量本来就不高,两个月里,小易没做成几单生意,宣告放弃。现在,他连网店的地址都忘得一干二净,老老实实将心放在本职工作上。

(资料来源:www.nz86.com)

案例思考:
1. 这两家网店的货源选择是否合理? 还可以如何完善?
2. 在网上开店前除了相机外还需要做好哪些准备?

课后习题

一、选择题

1. 在淘宝网开店,必须至少发布(　　)件商品。
   A. 5 件　　　　　B. 10 件　　　　　C. 9 件　　　　　D. 6 件

2. 布局管理是在(　　)页面中设置的。
   A. 图片空间　　B. 宝贝分类管理　　C. 店铺基本设置　　D. 店铺装修

3. 淘宝店铺的基本设置,包括(　　)。
   A. 店标　　　　B. 店铺名称　　　　C. 店铺简介　　　　D. 店铺美化

4. 店招的图片大小需控制在(　　)以内。
   A. 80 kB　　　B. 100 kB　　　　C. 120 kB　　　　D. 150 kB

5. 在淘宝平台,发布商品有(　　)方式。
   A. 一口价　　　B. 拍卖　　　　　C. 个人闲置　　　　D. 二手买卖

6. 淘宝卖家后台提供的物流服务有(　　)。
   A. 保障速递　　B. 货到付款　　　C. 生鲜配送　　　　D. 指定快递

7. 商品图片拍摄中对相机像素的要求是(　　)。
   A. 100 万　　　B. 200 万　　　　C. 500 万　　　　D. 越高越好

8. 对于防震要求比较高的商品可以采用(　　)包装。

A. 快递公司提供的塑料袋　　　　　B. 相应大小的木箱

C. 相应大小的纸箱　　　　　　　　D. 纸箱加泡沫填充

9. 货到付款的物流服务方式有（　　）特点。

A. 展示的"123 时效"服务标识更能促进买家下单

B. 能使新买家转化率高达 30%

C. 提升店铺转化率

D. 提高店铺客单价

二、简答题

1. 简述网上开店的一般流程。

2. 简述淘宝平台商品发布的流程。

3. 简述个人网店的货源选择方式。

4. 简述指定快递的服务内容及订购要求。

电子商务网店运营

本项目介绍网店运营的必备知识,包括网店运营流程、网店客户关系管理、网店客户数据搜集、网店客户等级设置与客户分类、客户关怀与营销、网店店内推广(店内促销)、网店站内推广、网店站外推广、网店数据分析、网店流量数据、网店服务指标和网店单品数据指标。

项目内容

通过对网店运营流程的梳理和分析,了解网店运营的整个操作流程和关键节点;从网店运营流程中寻找出关键节点——客户关系管理、网店推广及数据分析,并对其进行详细分解。

知识要求

熟悉网店运营的整个流程及其关键节点;了解网店客户关系管理的必要性;掌握网店客户关系管理的步骤;掌握网店客户数据搜集的方法;熟悉网店客户等级设置与客户分类的方法及客户关怀、客户营销的方法;了解网店推广的方向和分类;掌握网店店内、站内、站外推广的方法;了解网店数据分析的必要性和网店运营的关键指标;学会解读网店流量数据、服务、单品的关键指标,掌握应对关键指标变动的方法,进而在网店运营策略的制定中熟练运用网店数据。

思政要求

查阅《中华人民共和国电子商务法》相关内容;将社会主义核心价值观体现于电子商务网店运营全过程。

相关知识

知识 *4.1*　网店运营流程

根据网络交易的一般流程,一家电商网店运营的流程如图4.1所示。根据网店经营领域、网店的规模、网店所售商品的不同,网店运营的流程稍有区别。

微课

① 生产/采购。如果是具备制造部门的网店,则需要设计、生产适合消费者需求的商品;如果网店不具备制造部门,则需要摸清消费者的需求,寻找并采购合适的商品。

② 入库。采购到货以后,仓管要对照商品清单进行审核确认工作,并验货入库。商品入库之后,仓管要对商品进行入库、报损登记,对每一类新商品进行编码和信息录入。然后,仓

管要根据仓库存放标准将商品逐一摆放。

③ 商品图片/视频拍摄。入库、存货等工作完成以后,由拍摄人员对所有商品进行焦点图、细节图等的拍照工作,做到每个商品的实物、外观、功能细节、包装、外观都能在照片里反映。

④ 商品图片/视频后期处理。拍好所有图片以后,美工要对商品图片进行批量处理,调整图片尺寸、美观度、清晰度。

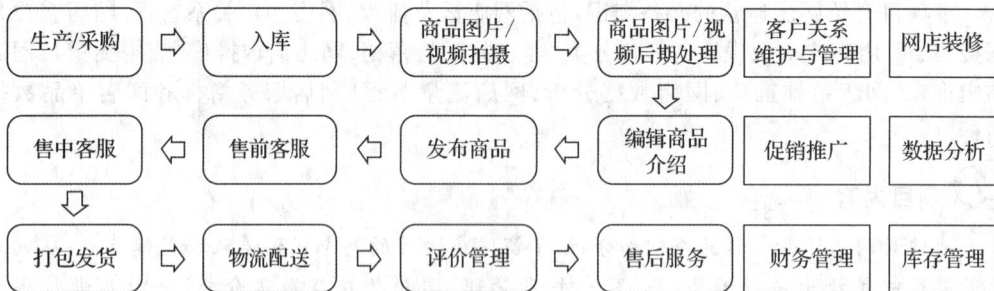

图 4.1　网店运营的流程与职能

⑤ 编辑商品介绍。文案写作人员需要根据商品清单在相关网站搜索图片和商品属性资料,编辑商品描述。商品描述包括功能、外观、材质、尺寸、颜色等,根据不同商品的性质,商品描述有所区别。

⑥ 发布商品。按照网店所属平台的要求,网店根据商品信息进行相关商品的发布。

⑦ 售前客户服务。售前客户服务是指在产品交易之前销售者向购买者提供的服务,主要包括客服接受客户的售前咨询,在咨询中获取各种信息,推荐一些关联商品,并促成订单完成。

⑧ 售中客户服务。售中客户服务是在产品交易过程中销售者向购买者提供的服务,主要包括对客户下单行为进行跟进并在必要时进行指导;下单后向客户核对收货地址、商品规格、数量、邮编、物流、联系方式等信息;推送知识并引导付款。

⑨ 打包发货。根据顾客的订单进行配货、包装、打印物流单据。

⑩ 物流配送。网店委托第三方物流进行货物配送或自行配送。

⑪ 评价管理。顾客收到货后,引导顾客对所购商品进行评价,咨询顾客对商品的意见并进行反馈。

⑫ 售后服务。对顾客进行安装、使用、维修等方面的指导和技术支持;协助顾客退换货;处理顾客对商品的投诉。

除根据网络商品购买流程设置的网店运营职能之外,网店还需要具备几项基本职能:客户关系管理与维护、网店装修、网店推广、数据分析、财务管理、库存管理。本项目将对网店的客户关系管理、网店推广和数据分析进行详细讲解。

知识 *4.2*　网店客户关系管理

微课

1. 网店客户关系管理的必要性

网店客户交易的过程是：潜在客户受到网店各类推广活动的吸引访问网店，再通过网店的店铺介绍、商品描述、网店客服提供的咨询服务了解商品，最终购买商品，转化成正式购买客户。在此过程中，每一个客户的产生都要耗费大量的广告成本与人力成本。一旦该客户成为该网店的购买客户，而且有顺畅的购物体验，就极有可能在此网店重复购买。图 4.2 所示是网店客户成长路径图。

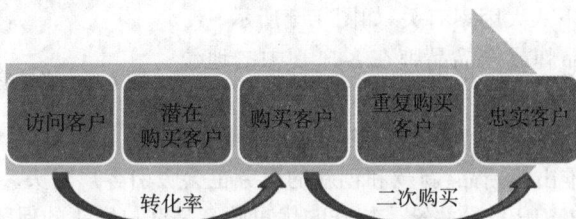

图 4.2　网店客户成长路径

很多网店非常注重开发新客户，在广告投放、活动策划等环节投入巨大，往往忽略了对老客户的维护与挖掘，从而使得网店资源大量消耗而不能产生持续效果。如何让客户带来持续的价值，是网店客户关系管理要重点学习和讨论的内容。

新客户一般是通过搜索或广告进入网店的，因为第一次购买时顾虑会比较多，所以进店之后要查看信誉级别，浏览产品样式，比较产品价格，翻阅销售记录及客户评价，然后咨询、砍价，最后才成交购买。如果网店在某一个环节服务不到位或与客户沟通不畅，很容易与新客户产生纠纷。老客户一般通过收藏或网址直接进入网店，因为之前有过在网店内购买的经历，所以会比较看重样式与店内活动，经过简单咨询或不咨询就直接拍下付款，收货之后产生的纠纷也会比较少，客户满意度较高。

新客户和老客户的购买流程如图 4.3 和图 4.4 所示。显而易见，老客户比新客户购物的过程更加简化、服务成本更低。据测算，维护一个老客户再次购买的成本是开发一个新客户成本的 1/7。

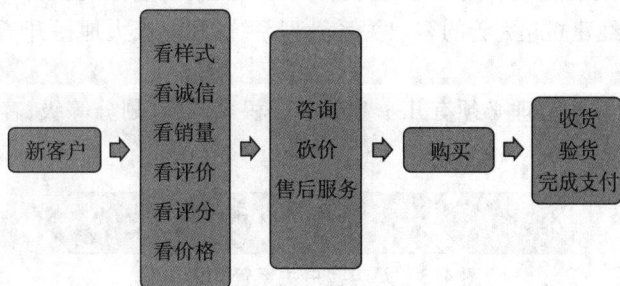

图 4.3　网店新客户购买流程

图 4.4　网店老客户购买流程

与新客户相比，网店促成老客户重复购买的开发成本更低，而且老客户对网店品牌和产品认同度高；很多老客户一次会购买更多的产品，即客单价高；由于对网店认同，所以老客户与客服沟通会更加顺畅；老客户一般给网店的评分也较高；还有很多老客户愿意写详细的分享或晒单，从而给网店带来很好的口碑传播效果。

那么，老客户重复购买与哪些因素有关呢？经过总结，客户回头率与以下八大因素有关，如图 4.5 所示。

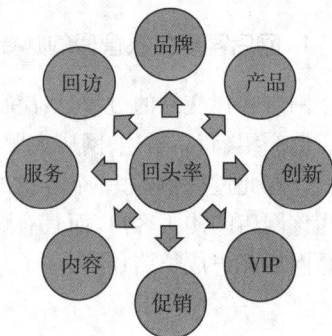

图 4.5　影响客户回头率的相关因素

① 品牌。网店品牌或产品品牌在客户心中的地位在很大程度上影响着客户回头率。

② 产品。产品的品质和性价比是客户回头的重要因素。

③ 创新。不断推出的新品、新款和创新的服务也会吸引客户回头。

④ VIP。给客户 VIP 身份并给予特殊的优惠政策是客户回头的保障之一。

⑤ 促销。不断变化的促销方案及对老客户的回馈，会刺激客户回头。

⑥ 内容。提供丰富有效的产品资讯、专业知识等内容能提升客户黏度。

⑦ 服务。每一个环节优异的服务品质及使客户舒心的购物体验会让客户流连忘返。

⑧ 回访。不定期的电话、短信、邮件回访会让客户加深印象，多次重复购买。

在影响顾客回头率的八大因素中，品牌、产品和创新属于网店的硬实力范畴，而 VIP、促销、内容、服务、回访等属于网店的软实力范畴，也正是客户关系管理的范畴。

2. 网店客户关系管理的相关概念

客户关系管理(Customer Relationship Management, CRM)是通过对客户详细资料的深入分析来提高客户满意度，从而提高网店竞争力的一种手段。

客户关系管理的核心是客户价值管理，通过"一对一"营销原则，满足不同价值客户的个性化需求，提高客户忠诚度，实现客户价值持续，从而全面提升网店盈利能力。

网店需要了解客户的性别、年龄、收入状况、性格、爱好、家庭状况、购物时间、购买记录等，并进行统一的数据库管理，然后对他们进行有针对性的关怀和营销。一些大型的网上商城和 B2C 网店，已经建立起完善的客户关系管理系统，因此极大地提升了客户回头率，使利润成倍增长。

网店做好客户关系管理必须有几个步骤——积累资料、划分等级、客户分类、客户关怀与营销，如图 4.6 所示。

图 4.6　网店客户关系管理的流程

① 积累资料。一个客户在网店完成交易后，除了给网店留下了交易资金，还有手机号

码、地址、邮箱和生日等信息。除此之外,客服在与客户沟通的过程中,还要注意搜集客户的兴趣、爱好、身高、体重等资料,形成个人档案。网店对客户的资料掌握得越准确,后期的管理越有成效。

② 划分等级。根据网店的情况,设置相应的会员等级制度,并设置针对不同会员等级的优惠政策。

③ 客户分类。要了解现在的客户是不是休眠客户,进一步根据他们的购买金额、频次、周期、客单价等进行分类管理。

④ 客户关怀与营销。通过邮件、IM 工具、短信、电话回访或其他方式进行客户关怀和营销推广,包括生日与节假日关怀、售后关怀、购买提醒、促销活动提示等。

3. 网店客户数据搜集

客户关系管理的基础是客户数据。通过网店后台,网店可以查看到最基本的客户资料,如手机号码、邮箱、地址等信息。但是更多的客户资料,如生日、兴趣、爱好、肤色、身高、体重、三围等数据是需要网店的客服在与客户的沟通过程中不断搜集和整理的。客户数据的来源如图 4.7 所示。

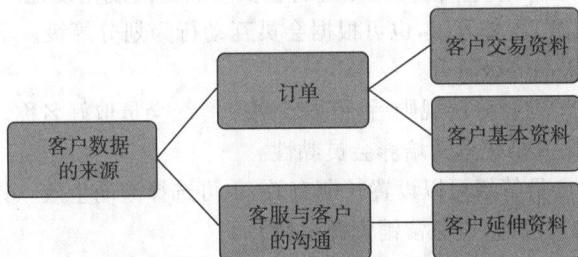

图 4.7　网店客户数据的来源

知识 4.3　网店客户等级设置与客户分类

1. 网店会员管理

随着流量红利时代过去,品牌运营的核心已从流量运营转变为用户运营。在用户运营中,会员作为品牌忠诚用户,为品牌贡献更多收益,投入产出比更高。据统计,当企业挽留客户的比率增加 5% 时,活力可提升 25% 至 100%。高效的会员运营能够帮助品牌保持用户活跃度,也可以获取更多对店铺有价值的高潜力新客户。因此,建立网店客户等级及分类制度,保持会员忠诚是网店客户关系管理非常重要的任务。

淘宝的会员运营只需要登录千牛平台左侧栏私域工作台中的会员运营即可开通,店铺可以自行设置会员等级功能,如图 4.8 所示,在完成入会引导页、入会页面等的装修后可实现会员运营功能。

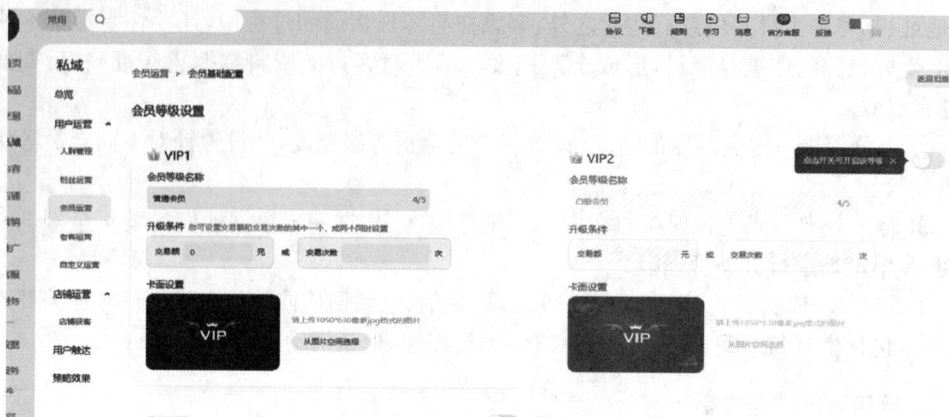

图 4.8　会员等级设置

会员管理可设置会员等级、会员积分和会员权益等。

(1) 会员等级

① 等级分层规则:根据商家业务策略进行会员等级分层规则设置,可根据会员消费行为(即消费金额、消费次数)划分等级,也可根据会员互动行为划分等级。不同等级配合差异化权益,可激励会员向更高等级晋升。

② 等级名称:有了等级分层规则后,可以给每个等级会员取好名称。等级名称可以跟品牌调性相结合,可利用人格化运营培养会员黏性。

③ 等级有效期:会员等级可以设置长期有效,也可选择滚动生效。具有时效性的会员等级可帮助商家准确触达沟通,避免营销资源浪费。

④ 会员等级的计算:以用户在店铺累计订单金额计算,与入会行为无关。例如,在 A 店先购买 100 元订单,再加入会员,入会后再购买 100 元订单,那么会按照 200 元计算该用户会员等级。

(2) 会员积分

① 积分规则:分为积分获取、积分消耗。其中,积分获取主要有消费、互动两种渠道。商家可针对不同等级的会员,设置不同的积分规则。

② 积分名称:有了积分规则后,与等级规则一样,可以给积分取个名称。

③ 积分有效期:会员积分可以设置长期有效,也可选择定期失效。时效性可增强积分流转,帮助商家锁定和节约营销资源。

④ 积分的计算:以用户入会后在店铺累计订单金额计算。例如,在 A 店先购买 100 元订单,再加入会员,入会后再购买 100 元订单,假设该店设置购买 1 元－1 积分,那么该用户将获取 100 积分,入会前发生购买的订单金额将不会被计入积分。

(3) 会员权益

① 权益类型:商品优惠类权益(如优惠券/专享价)、营销互动类权益(如积分兑换/积分加钱购)、服务关怀类权益(如会员 15 天无理由退换货/线下体验活动)。

② 权益体系:健康的会员体系,需结合等级体系实现权益定向分层,塑造会员体系差异度。等级越高,会员权益越丰富。

2. 会员等级设置规则与原理

这种客户分类是按照客户的贡献度来进行等级分类的,但是这样的会员等级设置是否科学? 会员等级设置遵循什么样的规则? 客户的价值由哪些因素确定?

下面介绍客户关系管理的 RFM 模型。

在众多的客户关系管理(CRM)的分析模式中,RFM 模型是应用最广泛的一个。RFM模型是衡量客户价值和客户创利能力的重要工具和手段。该模型通过某客户的近期购买行为、购买的总体频率和消费总额 3 项指标来描述该客户的价值状况。

在 RFM 模型中,R(Recency)表示客户最近一次购买的时间距今有多久;F(Frequency)表示客户在最近一段时间内购买的次数;M(Monetary)表示客户在最近一段时间内消费的总额。

① 最近一次消费(Recency)是指上一次购买的时间。理论上,上一次消费时间离现在越近的顾客应该是优质顾客,对网店近期提供的商品或服务也最有可能产生良性反应。最近购买网店商品、服务或近期光顾网店的消费者,是最有可能再在网店购买商品的顾客。要吸引一个几个月前光顾网店的顾客购买,比吸引一个一年多以前光顾网店的顾客要容易得多。

② 消费频率(Frequency)是顾客在限定期间购买的次数。经常在网店购物的顾客,也往往是对网店满意度最高的顾客。

③ 消费金额(Monetary)是所有数据库报告的支柱。对网店消费金额的统计,往往能够验证"二八法则"——公司 80% 的收入来自 20% 的顾客。通常,一个网店排名前 10% 的顾客的消费金额比下一个等级的顾客消费的金额多出至少 2 倍,占公司所有营业额的 40% 以上。

网店把 RFM 三个指标分别分为 5 个等级,这样总共可以把顾客分成 125(=5×5×5)类。网店可以对这些类别进行数据分析,以此制定网店的顾客管理策略。以一年作为会员分类的考核期,网店可将 3 个指标的打分标准做如表 4.1 所示的规定。

表 4.1　网店 RFM 指标设计示例

分　数	Recency	Frequency	Monetary
5	$R \leqslant 1$ 个月	$F \geqslant 6$ 次	$M \geqslant 2\,000$ 元
4	1 个月 $< R \leqslant 3$ 个月	4 次 $\leqslant F \leqslant 5$ 次	1 000 元 $\leqslant M \leqslant 1\,999$ 元
3	3 个月 $< R \leqslant 4$ 个月	$F = 3$ 次	500 元 $\leqslant M \leqslant 1\,000$ 元
2	4 个月 $< R \leqslant 7$ 个月	$F = 2$ 次	300 元 $\leqslant M \leqslant 499$ 元
1	7 个月 $< R \leqslant 1$ 年	$F = 1$ 次	$M \leqslant 299$ 元

根据 RFM 值计算公式(RFM 分值 = 1R + 3F + 4M)和客户关系管理系统(CRM)可以计算出每个客户的 RFM 得分,再根据得分将客户分成 4 个等级。现在很多客户关系管理软件都是以 RFM 模型为基准来自动进行 RFM 值计算与客户分类的,如表 4.2 所示。

表 4.2　网店 RFM 值计算与会员级别分类

RFM 值	会员级别	RFM 值	会员级别
43～36	至尊 VIP 会员	25～17	高级会员
35～26	VIP 会员	16～1	普通会员

如果网店使用第三方客户关系管理软件,对 RFM 模型应该进行深入了解。

知识 4.4 客户关怀与营销

微课

在掌握和了解所有的客户信息之后,网店就可以利用这些信息与客户进行互动了。只有与客户建立起情感上的信任关系与交流机制,客户才会成为网店的忠实客户。

1. VIP 会员维护

VIP 会员是网店最大的财富,他们虽然人数较少,但是购买力强大。将这些客户群体维护好,使其成为网店的忠实客户是网店客户关系管理中的头等大事。

为了与 VIP 会员建立起直接联系,网店可以建立一个 VIP 会员的 QQ 群或微信群,通过这个群来交流感情、发布促销信息,维护 VIP 会员群体;或者通过建立店铺微博,把客户变为店铺的粉丝,通过微博的交流拉近与客户的距离;网店也可以通过建立公众号、服务号或开设微信号,与店铺顾客进行多对一或一对一的沟通和交流。

2. 生日与节假日关怀

客户关系管理的核心是关怀。对客户进行生日关怀、节假日关怀是拉近与客户的关系,提升网店黏度和品牌影响力的重要手段。

在客户生日的时候发送生日祝福的短信或邮件,在节假日来临之际给客户发送节假日祝福短信,在客户购买 7 天后发短信提醒客户使用,在购买 28 天后询问客户的产品使用效果,在会员卡到期前发送提醒短信等,都是非常有效的客户关怀方式。

如果网店使用的客户关系管理系统功能足够强大,那么在准确搜集客户信息的基础上,可以开展更加深入的客户关怀。例如,母婴网店通过了解客户孩子的大小和购买奶粉的数量,能准确地计算出下次需要购买的时间,并且在奶粉即将吃完的时候,自动给客户发送提醒再次购买的短信。这样的关怀与营销效果会特别好。

3. 客户关怀与营销的手段

网店与客户进行沟通主要有这样几种方式:电话、短信、EDM、邮件、IM、MIM、社会化媒体,如图 4.9 所示。不同的方式适合不同的对象,也有不同的效果。

① 电话。电话是顾客接受度最好的营销方式之一,准确率和转化率也非常高,但平均成本也最高,因而这种方式使用率比较低。该方式适合网店和 VIP 客户之间进行沟通,这会让客户感觉受到重视。但如果电话不是用来回访,而是推销性质的,次数过多就会引起客户反感。

② 短信。此方式成本较低,且准确度较高。一般短信的送达率及顾客查看的比率在众多营销方法中是较高的。但这种方法整体的转化率偏低,具体是否转化需要看网店

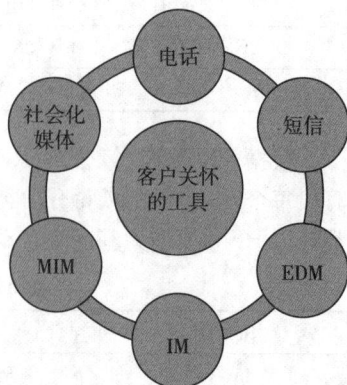

图 4.9 网店客户关怀的主要工具

活动的力度。短信营销要注意控制字数,另外发送频率不要过高,否则也会被视为骚扰短信。

③ EDM 营销(E-mail Direct Marketing,电子邮件营销)。此方式成本较低,而且可以直接单击页面,活动转化率比较高,顾客查看的概率也较高。EDM 营销需要提前进行广告跳转网页设计。

④ IM 工具(Instant Messaging,即时通信工具)。这是目前互联网上最为流行的通信方式。应用于网店与客户沟通的主要是 QQ、千牛工作台和京东咚咚等,有及时性强和用户黏性高的优点。

⑤ MIM 工具(Mobile Instant Messaging,移动即时通信工具)。市面上流行的主要是微信、QQ 等安装在智能手机中的即时通信工具。

⑥ 社会化媒体(Social Media)。社会化媒体是指允许人们撰写、分享、评价、讨论、相互沟通的网站和技术,是彼此之间用来分享意见、见解、经验和观点的工具和平台。现阶段主要包括微博、微信,以及以抖音、快手为首的短视频应用、小红书、大众点评、简书等社交媒体及其他论坛、社区等。社会化媒体的两大构成要素是自发传播和人数众多。社会化媒体营销是利用社会化网络、在线社区、博客、百科或其他互联网协作平台媒体来进行营销、销售、公共关系和客户服务维护开拓的一种方式。

知识 4.5　网店店内推广

即使网店的设计、建设、管理、客服再专业,如果缺乏推广,不能引来客流,也就缺乏销量的来源。因此,网店需要用各种方式进行推广,并将其作为一项日常运营活动。

本书以淘宝网店运营为例,将网店推广分为店内推广、站内推广和站外推广 3 类,并分别加以详细阐述。网店推广的方向如图 4.10 所示。在网店的线上购物模式中,有很多商家通过各种灵活的方式开展促销活动,如各种折扣活动、秒杀活动,以及一些抽奖活动等吸引消费者购买,使网店销售额在一天之内上升数倍甚至数十倍。网店促销活动是网店销量的一个重要来源,也是网店推广的一个重要入口。

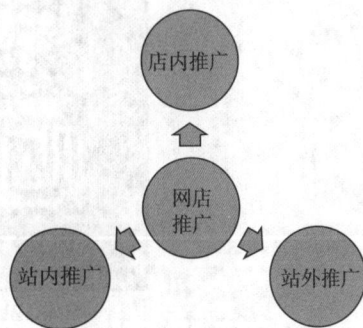

图 4.10　网店推广的方向

1. 店内促销的活动类型

店内促销的活动类型如图 4.11 所示。

(1) 节日促销活动

消费者素来喜爱在节日期间进行购物,而线下商场商家也常在节日期间进行促销,吸引消费者,如五一假期、国庆黄金周等节日都是线下商场做大型促销活动的经典时间。利用节日气氛及消费者期待促销活动的心理,网店在节日做促销活动必然能带来很好的效果。

(2) 话题促销

在没有节日等促销缘由的时候,网店也可以制造一些话题来进行促销,如店庆、生日、冲钻、一些网络热点事件等,都可以作为促销活动的话题来源。

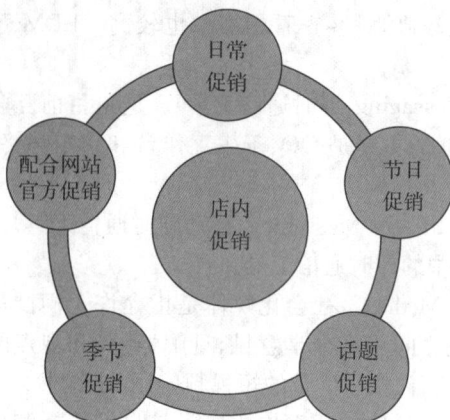

图 4.11　店内促销的活动类型

(3) 季节促销

季节促销是网店或销售商家根据产品季节性的特点,采取旺季促销或淡季促销的促销方法。

(4) 配合网站平台促销

为了营造购物气氛,提高成交量,电商网站往往会组织举办一些大型的促销活动,如网站店庆、某一品类的产品促销等。电商网站最大型的促销活动之一要数"双十一",如图4.12、图4.13所示。

图 4.12　天猫"双十一"狂欢购物节活动 Logo

图 4.13　施华蔻参加天猫"双十一"购物狂欢节活动平面广告

"双十一"购物狂欢节,是指每年11月11日的网络促销日,源于淘宝商城(天猫)2009年11月11日举办的网络促销活动,当时参与的商家数量和促销力度有限,但营业额远超预想的效果,于是11月11日成为天猫举办大规模促销活动的固定日期。目前,"双十一"已成为中国电子商务行业的年度盛事,并且逐渐影响到国际电子商务行业。2023年11月10日,为规范促销经营行为,维护"双十一"期间网络交易市场秩序,保护消费者合法权益,国家市场监督管理总局向电商平台企业发出《"双十一"网络集中促销合规提示》。2023年11月12日,国家邮政局监测数据显示,2023年11月1日至11日,全国邮政快递企业共揽收快递包裹52.64亿件,同比增长23.22%,日均业务量是平日业务量的1.4倍;11月11日当天,共揽收快递包裹6.39亿件,是平日业务量的1.87倍,同比增长15.76%。

2. 店内促销活动的方式

以淘宝网为例,淘宝网店的店内促销活动主要有以下几种:

① 直接折扣。直接折扣包括秒杀、团购等类型的促销活动,是对商品价格的直接打折。

② 满就减。满就减是指设定条件为满若干件或满若干元,就可享受打折或订单金额直减的优惠。

③ 满就送。满就送是指设定条件为满若干件或满若干元,就可享受赠送商品的优惠。

④ 包邮活动。包邮活动是指设定条件为满若干件或满若干元,就可享受免邮费的优惠。

⑤ 搭配套餐。搭配套餐是将几种商品组合在一起设置成套餐来销售,通过促销套餐可以让买家一次性购买更多的商品。

⑥ 抽奖活动。在店内可以设置"抽奖工具"或"抽奖大转盘"等工具,实施抽奖活动。它能够吸引消费者的关注,提高店铺的知名度和销售额。

3. 店内促销的注意事项

在促销活动中,网店多半会采用折扣等让利方式,这样虽然能够提升顾客的购买欲望,但其本身也是对网店价格体系和品牌的一次折损。

网店在开展促销活动时,要尽可能地提升流量,从而形成最大化的销售。在活动期间,商家也应极力维护好客户的购物体验,尤其在流量涌入时,网店的大部分流量均是新客户,对网店的认知度和忠诚度都是0,所以网店从客服接待、页面展示、商品质量、售后服务等各方面都要以客户体验为第一要素。要通过促销活动的体验使顾客对网店产生好感,成为忠诚顾客,即网店粉丝,这样网店才能够获得持续增长,才是促销活动的最终目的。

在电商平台的网站内部,会设置一些商家可利用的推广方式。一般网站平台有3种主要的推广方式:硬广告、平台内搜索优化和站内精准营销。

① 硬广告是指根据展示的时间来进行计费(Cost Per Time,CPT)的一种广告模式,其推广效果好,但收费昂贵。

② 平台内搜索优化是一种免费的提高平台内推广效果的优化方法,主要是根据平台规则完善商品描述、商品标题等,以获得更好的搜索排名和站内引流效果。

③ 站内精准营销是各个电子商务平台目前都在推广的一种面向站内乃至全网的定向竞价广告模式。它主要采用的模式为RTB(Real Time Bidding),是一种利用第三方技术在数以百万计的网站上针对每一个用户展示行为进行评估及出价的竞价模式。RTB是一种以技术

为主的精准营销手段——当一位用户在全网浏览过某种商品,或者点击过特殊类目的广告后,其浏览痕迹都会通过 Cookie 记录在案,这样通过广告交易平台,在他下一次浏览网页的时候,将被推送符合其偏好的广告。RTB 相关技术的不断发展使得商家投放的广告更精准、更有价值。

知识 *4.6*　淘宝网店的站内推广

淘宝网店目前站内推广的方式可以分为直播引流、短视频引流和付费引流三类。

1. 直播引流

淘宝直播可以为店铺带来流量,分析淘宝直播流量的来源,直播间用户(UV)首次访问可以通过如下渠道:

图 4.14　淘宝直播间用户首次访问渠道

① 直播—关注:通过关注直播关注频道进入直播间;

② 推荐:包括直播频道、首页猜你喜欢直播 TAB、直播间切换等场景的直播推荐流量;

③ 广告:包括超级推荐、超级直播、超级互动等淘内商业推广渠道的流量(数据仅供参考,精准流量请以广告投放后台为准);

④ 店铺:通过店销页的直播入口展现进入直播间;

⑤ 宝贝详情页:通过商品详情页、商品微详情页的直播入口展现进入直播间;

⑥ 活动奖励:淘宝直播官方平台活动奖励进入到直播间的流量;

⑦ 订阅:通过淘宝订阅进入直播间;

⑧ 主播主页:通过主播个人主页入口展现进入直播间;

⑨ 淘金币:通过开通淘金币抵扣工具,从金币庄园进入直播间的奖励流量(不含付费广告推广流量);

⑩ 搜索:通过搜索结果页进入直播间;

⑪ 分享回流:通过直播间分享链路进入直插间;

⑫ 视频:通过淘宝短视频、点淘短视频引导进入直播间;

⑬ 群：通过群内对话引导进入直播间；

⑭ 其他：未归属上述渠道的其他来源。

2. 短视频引流

淘宝站内还可以用短视频进行引流。短视频内容可以由商家自制、达人制作、买家提供。这些引流短视频可能出现在首页推荐、逛逛、搜索和购中推荐中，其中引流效果"推荐＞搜索＞逛逛"。用户看完短视频后进店或进直播，点击商品查看详情后，加购物车或加收藏，最终下单购买形成转化。这个由短视频引流的过程如图4.15所示。

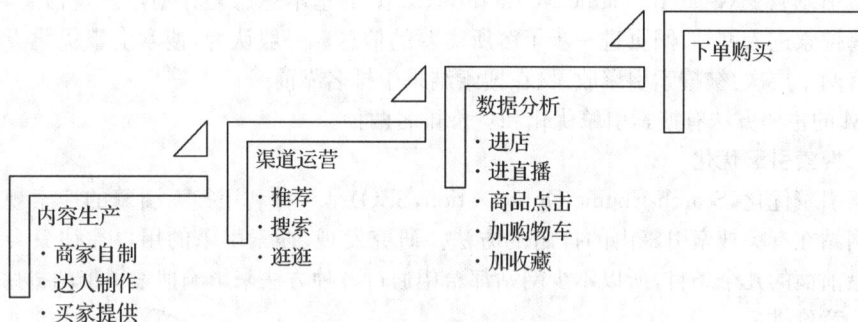

图4.15 短视频站内引流过程

和其他短视频平台的引流或推广效果相比，淘宝短视频的内容红利大、生命周期长，引流效果好的短视频可以维持3～6个月的流量。

3. 付费推广

淘宝目前将所有付费推广渠道都归总在"万相台（无界版）"应用中，万相台（无界版）是一款向商家提供场景化、智能化站内投放的软件服务系统。其中营销场景主要有关键词推广（原直通车）、精准人群推广（原引力魔方）、货品运营、店铺运营、内容营销、消费者运营、活动场景等几类站内推广。与之前的淘宝站内付费推广相比，该应用打破了直通车、引力魔方、万相台推广工具的投放流量壁垒，帮助平台卖家简单、高效、多元、精准地经营店铺，实现店铺销量增长。

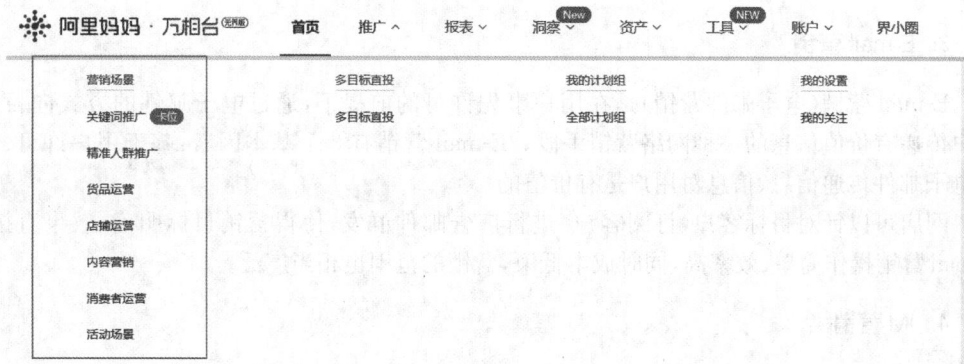

图4.16 淘宝站内付费推广[万相台（无界版）]

知识 4.7　网店站外推广

除了在网店所在的平台进行站内推广之外，网店还可以进行站外（全网）推广。几种站外推广方式如图 4.17 所示。

1. 搜索引擎营销（SEM）

搜索引擎营销（Search Engine Marketing，SEM）的基本思想是让用户发现信息，并通过搜索引擎搜索进入网站/网页进一步了解所需要的信息。一般认为，搜索引擎优化设计的主要目标有两个层次：被搜索引擎收录、在搜索结果中排名靠前。

SEM 的主要方法有搜索引擎优化和竞价排名两种。

（1）搜索引擎优化

搜索引擎优化（Search Engine Optimization，SEO）是一种利用搜索引擎的搜索规则来提高目的网站在有关搜索引擎内的排名的方法。研究发现，搜索引擎的用户往往只会留意搜索结果最前面的几个条目，所以不少网站都希望通过各种方法来影响搜索引擎的排序。

（2）竞价排名

竞价排名是由全球最大的互联网服务商雅虎在全球首创的网络推广方式。它可以让网店的产品和服务出现在搜索引擎的搜索结果中，让正在互联网上寻找网店的产品和服务的潜在客户主动找到网店，并向他们免费展示网店的产品和服务。竞价排名仅按实际的潜在客户访问数量支付推广费用。

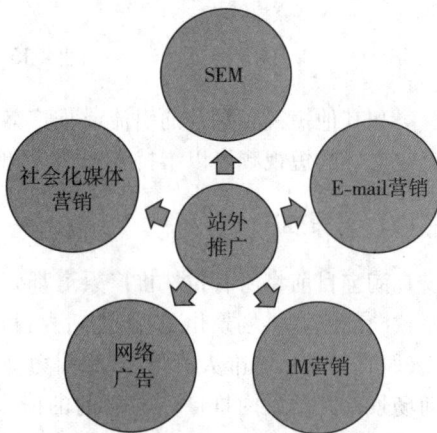

图 4.17　网店站外推广的方式

2. 网络广告营销

所谓网络广告，顾名思义就是在网络上做的广告，是指网店利用网站上的广告横幅、文本链接、多媒体在互联网上发布广告，通过网络将广告传递到用户的一种高科技广告运作方式。

3. E-mail 营销

E-mail 营销（电子邮件营销）是在用户事先许可的前提下，通过电子邮件的方式向目标用户传递有价值信息的一种网络营销手段。E-mail 营销有 3 个基本因素：基于用户许可、通过电子邮件传递信息、信息对用户是有价值的。

网店可以针对目标客户（订阅客户）进行广告邮件群发，使得营销目标明确，效果直接。E-mail 营销操作简单、效率高，同时成本低廉，营销的范围也相当广泛。

4. IM 营销

IM 营销又叫即时通信（Instant Messager）营销，是网店通过即时工具 IM 推广产品和品牌,以实现目标客户挖掘和转化的网络营销方式。网店可以注册 IM 账号(如 QQ、微信等),通过 IM 工具进行客服、推广和病毒营销。IM 营销具有互动性强、营销效率高、传播范围广的优势。

5. 社会化媒体营销

社会化媒体营销就是利用社会化网络、在线社区、博客、百科或其他互联网协作平台和媒体来传播与发布资讯,从而形成的营销、销售、公共关系处理和客户关系服务维护及开拓的一种方式。一般社会化媒体营销工具包括论坛、微博、微信、博客、SNS 社区、图片和视频,通过自媒体平台或组织媒体平台进行发布和传播。

网店使用社会化媒体可以精准定向目标客户;利用社会化媒体的互动特性可以拉近网店与用户的距离;社会化媒体的大数据特性可以帮助网店低成本地进行舆论监控和市场调研;社会化让网店获得低成本组织的力量;社会化媒体使用在网店推广上可以提升搜索排名,带来高质量的销售机会,减少整体营销预算投入,促进具体业务成交。

目前网店常用的社会化媒体有以微信为代表的移动即时通信工具(Mobile Instant Messager, MIM)、以微博为代表的微博客、以豆瓣网为代表的社交网站、以小红书为代表的网络分享社区、以 B 站(bilibili)为代表的社会化视频平台,以及近年来飞速发展的以抖音、快手等为代表的短视频平台等。网店可以按照社会化媒体的热门程度、网店顾客的喜好来选择合适的社会化媒体进行站外推广和引流。

知识 *4.8*　网店服务指标

DSR(Detailed Seller Ratings,详细卖家评分)系统是独立于淘宝卖家信用等级之外的另一个网店运营参考指标。买家在交易完成后,除了可以对卖家做好评、中评和差评的信用评价之外,还可以通过匿名的方式为卖家留下更加详细的卖家服务评级,即 DSR 评分。无论作为卖家还是买家,他们都只能看到卖家评级分数的平均值,因此卖家无法分辨是由哪位特定买家留下的评级。

如图 4.18 所示,DSR 三项评分分别是商品与描述相符、卖家的服务态度和卖家发货的速度。如果网店希望 DSR 评分提升,其中一项工作便是针对这 3 项做好相应的基础工作。

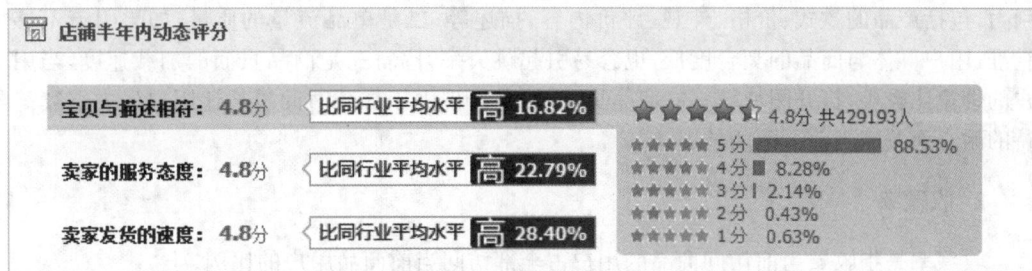

图 4.18　某网店动态评分

知识 4.9　网店单品数据指标

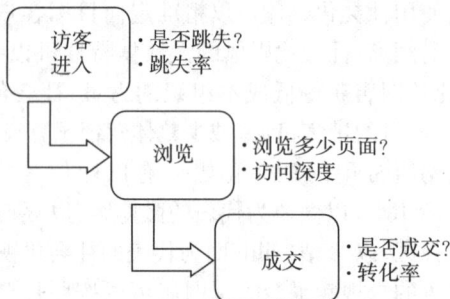

单品也就是单独的某一件商品。在淘宝网中,大部分流量都是从单品进入网店的。许多人对网店的第一印象,往往也来自单独的某个商品,而且很多网店的销售额完全由某个或某几个单品所支撑。

网店单品数据关键指标有跳失率、收藏率和转化率,如图 4.19 所示。如图 4.20 所示,这张图还原了一位用户访问网店的行为路线图,表明了引发用户跳失、访问深度和转化率的几个节点。

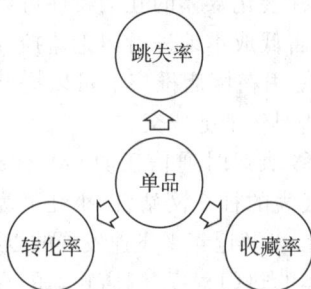

图 4.19　网店单品数据指标 　　　图 4.20　用户访问网店行为流程

1. 跳失率

跳失率是指顾客通过相应入口进入,只访问了一个页面就离开的访问次数占该入口总访问次数的比例。

跳失率＝顾客通过相应入口进入只访问一个页面就离开的次数÷该入口总访问次数

单品跳失率是指顾客从相应入口进入,只访问了当前商品页面就离开的人数占总访问人数的比例。

单品跳失率＝顾客只访问了单品页面就离开的人数÷总访问人数

对于重点推广的产品,网店应对其单品跳失率进行长期跟踪,因为单品跳失率在很大程度上反映了当前产品的受欢迎程度。影响单品跳失率的因素主要有 3 点:一是产品本身的吸引力,包括产品的款式、价格、外观、评价内容、描述等;二是单品流量的质量,如果引流不够精准,用户群体与商品的契合度低,也容易引起跳失率升高;三是商品页面的加载速度,当用户的带宽比较小,打开图片较多的商品页面时,易出现由于加载时间过长让用户失去继续等待的耐心而关闭当前页面的情况。

2. 收藏率

收藏率是指收藏当前访问商品的用户占全部访问当前商品用户的比例。

商品收藏率＝商品收藏人数÷商品访客数

根据一些网店的实际测算,从收藏夹单击进来的用户,实际成交购买的比例会相对比较高,因此单品的收藏率也成为网店运营的重要指标。

可以通过几种方法提高收藏率:有意识地引导用户收藏当前商品;在商品页面的头部或底部添加收藏链接,方便用户直接点击收藏当前商品;在店内举办一些收藏有奖的活动,提升单品的收藏率。

3. 转化率

转化率是指所有访问当前商品页面并产生购买行为的人数占所有访问当前商品页面人数的比例。

毫无疑问,转化率已经取代流量大小成为网店最为关心的数据指标。

图4.21所示为影响网店转化率的因素。

影响转化率的因素				
店铺页面因素	具体商品因素	自然流量因素	付费流量因素	分类页设计因素

图4.21　影响网店转化率的因素

① 店铺页面。网店的装修、商品页面的装修(页面的优化)都属于店铺页面因素。网店分析首页和商品页面可以利用现有的工具做页面数据分析——量子恒道统计中有页面装修分析功能、首页热点图功能和首页到分类页到详细页的功能。

② 具体商品。每一种商品的转化率都是不一样的,这里的转化率是指该商品页面的交易记录和它的访客比值,即单个商品页面转化率。

③ 自然流量。自然流量主要是指站内搜索,属于免费流量,如标题、关键词的引流。

④ 付费流量。付费流量指的是在网店平台上,通过付费方式获得的访问量。

⑤ 分类页设计。许多普通网店都没有意识到该因素,即网店整体商品的布局、定位、价格体系等设计因素。

项目实施

项目任务

根据项目内容,本项目要求学生掌握网店促销活动的策划,掌握店内促销的方法,根据客户的消费数据,评估客户价值,分析客户消费情况统计表,分析客户的注册、购买行为及对公司的贡献,寻找出公司的核心客户及VIP客户。

项目要求

1. 确定网店促销活动的目标人群、确定网店促销时间、确定网店促销类型,以及如何为本次活动进行推广和预热,提出店内促销的策划方案。

2. 对客户消费情况统计表进行分析,分析客户的注册、购买行为、对公司贡献之间的关系。

3. 通过上述数据对公司客户进行分级分类。

实施步骤

任务1　网店促销活动策划

1. 确定活动目标人群

网店通过确定活动的目标人群,可以了解目标人群的特点;分析他们的特点,可以了解目标人群的利益追求,是追求性价比,还是追求款式,或者追求别的效果。通过定位目标人群特性及利益诉求点,能够做到熟知网店的目标市场,知己知彼。这样,在进行活动时就能投其所好,激活目标人群的购买欲望,同时满足客户的情感需求,从而不仅能够提升销售额,也能够提升客户回头率。

2. 确定活动时间

确定了活动目标人群后,接下来就要确定活动时间,即从什么时间开始到什么时间结束。这主要通过以下几点来确定:

① 活动类型。如果是节日促销,那么就需要提前开始,因为不少顾客购物是为了在节前送礼,所以会提前购买。节日促销活动提前时间最好为 5 天。

② 广告排期。网店申请的广告排期要与活动时间相配合。

③ 工作日/休息日。目前普遍情况是工作日转化率、销售额都比休息日高,故应该把活动时间安排在工作日。

④ 店铺承受能力。根据店铺的客服、库存、物流的工作能力确定活动时间,以免活动时间过长,超出店铺承受能力,造成工作效率低下。

3. 确定活动内容

以淘宝网为例,淘宝网店的店内促销活动主要有 6 种,即直接折扣、满就减、满就送、包邮、搭配套餐和抽奖活动。

4. 推广和预热方案的制定

在上面 3 点确定了之后,接下来就要制定推广和预热方案,让更多的顾客能够参与到活动中来。

5. 撰写店内促销的策划方案

把以上的方案形成文字,撰写一份××网店的店内促销策划方案,字数在 1 500 字以上。

任务 2　客户价值评估

1.某 B2C 网站对一段时间内的客户消费情况进行统计,如表 4.3 所示。

表 4.3　客户消费情况统计表

购买次数	人　数	百分比	人均贡献/元	总计贡献金额/亿元
0 次	185 773	52.88%	0	0
1 次	71 859	20.45%	548.49	0.394
2 次	28 060	7.99%	1 094.03	0.307
3 次	15 496	4.41%	1 584.46	0.246
4 次	10 304	2.93%	1 990.09	0.205
5 次	7 425	2.11%	2 551.32	0.189
6 次	5 273	1.50%	3 235.61	0.171
7 次	4 520	1.29%	3 655.12	0.165
8 次	3 255	0.93%	4 318.95	0.141
9 次	2 717	0.77%	4 597.85	0.125

续　表

购买次数	人　数	百分比	人均贡献/元	总计贡献金额/亿元
10 次	2 152	0.61%	5 182.04	0.112
10 次以上	14 474	12%	13 622.08	1.972
总　计	351 311	100%		4.026

2. 你作为该网站的运营经理,对客户消费情况进行了定量分析。请你说一说客户注册、购买行为、贡献金额之间有什么关系。

你的回答：_____

_____

_____

3. 请将客户按照一定的标准进行分级分类,并填写表 4.4。

表 4.4　客户分级分类统计表

客户级别	行为分类标准	本级别客户百分比	客户贡献

📖 **思政园地**

将社会主义核心价值观体现于运营全过程

　　社会主义核心价值观是社会主义核心价值体系的内核,体现了社会主义核心价值体系的根本性质和基本特征,反映了社会主义核心价值体系的丰富内涵和实践要求,是社会主义核心价值体系的高度凝练和集中表达。党的十八大以来,以习近平同志为核心的党中央高度重视培育和践行社会主义核心价值观,做出一系列重大部署,采取一系列重大举措,推动社会主义核心价值观在全社会广泛弘扬和践行。2023 年 10 月,习近平总书记对宣传思想文化工作做出重要指示,提出"七个着力"的要求,其中一个重要内容就是"着力培育和践行社会主义核心价值观"。党的二十届三中全会提出"完善培育和践行社会主义核心价值观制度机制"。

　　"倡导富强、民主、文明、和谐,倡导自由、平等、公正、法治,倡导爱国、敬业、诚信、友善,积极培育社会主义核心价值观。"是社会发展不可脱离的核心体系。

　　在电商运营的整个过程中,我们更应该坚持践行社会主义核心价值观,将社会主义核心价值观的各项要义充分体现在运营的方方面面,无论是进行流量管理、商品管理,还是供应链管理,都应该将时代的精神和文化的精髓融入,争做时代的弄潮儿,践行正确的价值观。

🔲 微课

案例分析

从"京东农特产购物节"看电商平台的数字化农业之路

习近平总书记在中国共产党第二十次全国代表大会上的报告中指出"构建优质高效的服务业新体系,推动现代服务业同先进制造业、现代农业深度融合。加快发展物联网,建设高效顺畅的流通体系,降低物流成本。加快发展数字经济,促进数字经济和实体经济深度融合,打造具有国际竞争力的数字产业集群"。

2022年,首届"京东农特产购物节",从9月7日开始,持续到9月25日结束,历时共19天。而在上线首日就实现开门红,4小时内整体成交额同比增长97%,全渠道订单量同比增长44%。在此次购物节期间,京东联合多地政府部门向消费者发放10亿元"助农券",上线30万款高品质农特好物,覆盖全国2 336个农特产地及产业带,国家地理标志农产品超12万个。同时联合合作伙伴,打造多场溯源直播,通过镜头带领粉丝观众亲临农特产原产地,近距离接触产地好物,领略产地风貌。

同时,针对参与到"京东农特产购物节"中的相关企业,京东推出了一系列优惠政策,如服务费及平台使用费减免、阶梯式质保金等,并且全程一对一专业运营指导和免费专业知识培训,预计全年累计为农特上行企业节约10亿元相关费用。双向惠及消费者及农户,同时助推万千农特产触达全年销售高峰。

京东表示,多地农特产品存在品牌知名度低、缺乏完善的品控体系、供应链基础设施落后等问题。京东协同当地政府和合作伙伴,从品牌建设、产业规范化和基础设施赋能三个方面着手,帮助农特产业解决难题,帮助当地农特产业实现了全面升级。

以江苏宿迁霸王蟹为例,京东与宿迁市农业农村局合作,提供超大量专项营销资源扶持,全渠道精准营销,发布"大闸蟹品控标准",在宿迁建立自营产地协同仓,供应链基础设施下沉,实现了宿迁霸王蟹的规模化养殖。在日照,京东农场通过大数据、人工智能等前沿科技,实时收集土壤、气象、虫情、药肥等数据,在方便农场主管理大田的同时,也将蓝莓的质量与标准提高,从而达到提质、降本、增效、减损的效果。此外,京东还帮助贵州修文猕猴桃、福建宁德大黄鱼、云南小粒咖啡、宁夏盐池滩羊等众多地方特色农产品向标准化、现代化、规模化和数智化迈进,不仅市场份额、产品销量获得大幅提升,品牌知名度不断攀升,农民也实现了大幅增收。

此次"京东农特产购物节"围绕农特产上、中、下游全链路多项举措,链接优质地标农产品与消费者多元化消费场景,输送高质量、高性价比地标农产品。在京东助力下,众多地方特色农产品实现了质的发展,也让更多的优质农特产走向千家万户。

从阿里、京东、拼多多"三巨头"的农业布局来看,各企业虽然具有差异化,但最想实现的目标,都是通过数字化技术改造整个农业产业链。产业数字化,是未来十年最大的机遇。作为第一产业的农业,其数字化过程是未来十年确定的增长机会。但是在整个数字化的过程中还有不少难题。

从行业角度来看,阿里、拼多多、腾讯、京东等企业提出新技术、新模式、新计划,为农业装上智慧大脑,扩大了科技手段在农业生产端的应用。但是目前,AI、物联网、大数据等技术在精准生产、病虫害预警等方面的应用还处于初级层面。而在生产端,除了"无人农场""智慧大脑"，对农户和新农人的教育更为关键。不仅需要掌握数字化技术，实现生产迭代，更要改变生产目标，实现更符合新时代的规模化和标准化生产，彻底改变农产品"非标品"的传统印象。从这些难点来看，除了帮助农产品上行之外，加大技术研发投入和新农人的培育或许更加重要。这样来看，京东的培育 1 000 万新农人计划、拼多多的百亿农研计划，踩在了行业痛点上。

除了难题，市场上还涌现出新的机遇。以抖音为例，抖音走出一条不太一样的农产品上行之路。平台陆续发起"山货上头条""山里 DOU 是好风光""智美乡村"等项目，他们从优质内容、流量扶持、运营培训等方面，实现了内容电商与农产品之间的有机结合。比如最近爆火的东方甄选直播间，就多次做起户外直播，将直播间搬到农场、桃园、稻田等地，走出直播间，走到田间地头，通过好内容加持，让农产品面向更多用户。

总的来看，拼多多发力农产品上行，京东打造一整条供应链体系，阿里数字化技术改造农业产业链，抖音借助内容拉近农产品距离。巨头们发力农产品电商的计划既有差异，又有统一。在巨头们的差异化布局背后，我们看到一个共同点，那就是集体入局"农产品电商"，发力农产品上行，扩大农产品的销量。

案例思考：

1. 以"京东农特产购物节""山货上头条""山里 DOU 是好风光""智美乡村"等作为电商购物平台站内推广的切入点，体现了电商平台站内推广怎样的趋势？

2. 电商平台可以从哪些方面助力数字化农业的发展？

课后习题

一、选择题

1. 以下哪一项不属于网店运营的流程？（　　）。
   A. 商品图片拍摄　　B. 售后服务　　　　C. 发布商品　　　　D. 卖场货品陈列

2. 网店客户回头率与以下哪些因素有关？（　　）。
   A. 网店品牌　　　　B. 网店产品　　　　C. 网店装修　　　　D. 网店促销

3. 网店需要客服在与客户沟通的过程中得到哪方面的顾客信息？（　　）。
   A. 客户基本资料　　B. 客户交易资料　　C. 客户延伸资料　　D. 客户财务资料

4. RFM 模型是衡量客户价值和客户创利能力的重要工具与手段。在 RFM 模型中，对于 RFM 所代表的客户行为，下列哪一种说法是正确的？（　　）。
   A. R（Recency）表示客户最近一次购买的时间距今有多久，F（Frequency）表示客户在最近一段时间内购买的次数，M（Monetary）表示客户在最近一段时间内购买的金额
   B. R（Recency）表示客户在最近一段时间内购买的次数，F（Frequency）表示客户最近一次购买的时间距今有多久，M（Monetary）表示客户在最近一段时间内购买的金额
   C. R（Recency）表示客户在最近一段时间内购买的次数，F（Frequency）表示客户最近一段时间内购买的金额，M（Monetary）表示客户最近一次购买的时间距今有多久
   D. R（Recency）表示客户最近一次购买的时间距今有多久，F（Frequency）表示客户在最近一段时间内购买的金额，M（Monetary）表示客户在最近一段时间内购买的

次数

5. 以下哪一个不是网店客户关怀的常规手段？（　　）。

    A. 微信　　　　　　　B. QQ　　　　　　　C. 上门拜访　　　　D. 短信

6. 利用节日气氛及消费者期待促销活动的心理，网店在节日做促销活动时会使用以下哪一种促销手段？（　　）。

    A. 季节促销　　　　　　　　　　B. 折扣促销

    C. 话题促销　　　　　　　　　　D. 配合平台活动促销

7. 利用微信为网店进行引流和推广属于（　　）。

    A. 店内促销　　　　B. 站内促销　　　　C. 站外促销　　　　D. 线下促销

8. 下列网店流量比例（付费流量占网店总流量比例），哪一个适合成熟期的网店？（　　）。

    A. 10%　　　　　　B. 30%　　　　　　C. 50%　　　　　　D. 70%

9. 以下哪一个不是一家网店的关键绩效指标？（　　）。

    A. 顾客来源地　　　B. 网店流量　　　　C. 网店服务评分　　D. 顾客访问深度

10. 顾客通过相应入口进入，只访问了一个页面就离开的访问次数占该入口总访问次数的比例是（　　）。

    A. 转化率　　　　　B. 收藏率　　　　　C. 跳失率　　　　　D. 浏览回头率

二、简答题

1. 网店进行客户关系管理有哪些主要活动？

2. 网店可以进行哪些方式的店内促销活动？

3. 在网店推广时，可以利用哪些社会化媒体工具，如何使用？

4. 在网店运营过程中，要时刻监控哪些店铺指标？

5. 有哪些因素影响网店转化率？

三、实践题

1. 登录淘宝店铺的"生意参谋"，实践操作并分析"生意参谋"的各个模块的数据。

2. 下载淘宝店铺的"流量来源"，并与竞争对手店铺的"流量来源"进行分析对比。

3. 登录阿里指数平台进行商品的分析。

项目 5

电子商务营销

本项目介绍了网络营销的内涵、网络营销的基础理论、网络市场调查、网络商务信息的搜集与发布、网络广告、网络营销环境分析、网络营销战略、网络营销的产品策略、网络营销的定价策略、网络营销的渠道策略、网络营销的服务策略、网上促销策略、搜索引擎。

项目内容

根据企业业务特点选择合适的综合网站、行业网站和搜索引擎进行产品信息查询,并从合适的查询信息中获取有效信息;具备熟练运用信息查询的方法在网站上查询、比较、获取信息的能力,为企业寻找合适的供货渠道。

知识要求

了解网络营销的基本概念和特点;熟悉网络营销战略、网络营销的产品策略、网络营销的定价策略和网络营销的渠道策略;掌握网上市场调查的方法和信息的发布方法;掌握营销环境分析及报告的撰写;掌握网络营销策略的分析与制定方法。

思政要求

了解社会化网络时代的特征,在营销活动中坚持正确的道德观。

相关知识

知识 5.1   网络营销的内涵

微课

1. 网络营销的定义

网络营销(Cyber Marketing 或 Online Marketing)是在计算机互联网技术和电子商务系统出现后所产生的新型营销方式。网络营销的实践应用远远超前于其理论研究,到目前为止,对网络营销还没有一个统一的、权威的定义。

一般来说,从营销的角度出发,将网络营销定义为:网络营销是企业整体营销战略的一个组成部分,是建立在互联网基础之上的,借助于互联网相关技术来实现一定营销目标的一种营销手段。它的核心思想在于通过合理利用互联网资源,实现网络营销信息的有效传递,为最终增加企业销售、提升品牌价值、提高整体竞争力提供支持。

2. 网络营销的特点

① 跨时空。营销的最终目的是占有市场份额。通过互联网进行交易,突破了营业场所

大小、地域、距离、营业时间的限制,使企业能有更多的时间和更多的空间进行营销,可每周 7 天,每天 24 小时地提供遍及全球的服务。

② 多媒体性。互联网可以传输多种媒体的信息,如文字、声音、图像等,可以充分发挥营销人员的创造性和能动性。

③ 交互性。通过互联网可以展示商品目录、连接数据库、提供有关商品信息的查询,可以进行产品测试与消费者满意度调查等。

④ 拟人化。互联网上的促销是一对一的、理性的、消费者主导的、非强迫性的、循序渐进式的,而且是一种低成本与人性化的促销,避免了推销员强行推销的干扰。

⑤ 成长性。互联网使用量快速增长并遍及全球,使用者多数年轻,受过良好的教育,因此是一个极具开发潜力的市场。

⑥ 整合性。网络营销可从发布商品信息至收款、售后服务一气呵成,是一种全程的营销渠道。

⑦ 超前性。互联网同时兼有渠道、促销、电子交易、互动顾客服务及市场信息分析等多种功能。它所具备的一对一营销能力恰好符合定制营销的未来趋势。

⑧ 高效性。计算机可存储大量的信息供消费者查询,可传送的信息量与精确度远远超过其他媒体,并能及时更新产品或调整价格,所以能及时有效地了解并满足顾客的需求。

⑨ 经济性。通过互联网进行信息交换,代替以前的实物交换,一方面可以减少印刷与邮递等方面的成本,另一方面可以减少因多次交换带来的损耗。

⑩ 技术性。网络营销是建立在以高技术作为支撑的互联网的基础上的,企业实施网络营销必须有一定的技术投入和技术支持。

3. 网络营销的内涵

① 网络营销是手段而不是目的。网络营销具有明确的目的和手段,但网络营销本身不是目的。网络营销是营造网上经营环境的过程,也就是综合利用各种网络营销方法、工具、条件并协调其间的相互关系,从而更加有效地实现企业营销目的的一种手段。

② 网络营销不是孤立的,而是企业整体营销战略的一个组成部分。网络营销活动不可能脱离一般营销环境独立存在,在很多情况下,网络营销理论是传统营销理论在互联网环境中的应用和发展。无论网络营销处于主导地位还是辅助地位,都是互联网时代市场营销中必不可少的内容。

③ 网络营销不是网上销售。网上销售是网络营销发展到一定阶段产生的结果。网络营销是为实现产品销售目的而进行的一项基本活动,但网络营销本身并不等于网上销售。

④ 网络营销不等于电子商务。网络营销本身并不是一个完整的商业交易过程,而只是促进商业交易的一种手段。电子商务主要是指交易方式的电子化,强调的是交易行为和方式;网络营销是电子商务的基础,开展电子商务离不开网络营销,但网络营销并不等于电子商务。

⑤ 网络营销不是虚拟营销。所有的网络营销手段都是实实在在的,相比传统营销方法,网络营销更容易跟踪、了解消费者的行为。

4. 网络营销的主要内容

作为实现企业营销目标的一种新的营销方式和营销手段,网络营销有着较为丰富的内容。网络营销的主要内容有网络营销环境分析、网上市场调查、网上消费者行为分析、网络目标市场的选择、网络营销策略制定、网上产品和服务策略、网上价格策略、网上渠道选择与直销、网上促销与网络广告、网络推广、网络营销的管理和控制。通过网络实现的营销职能主要有品牌的建立与维护、网站的推广、网上信息的发布、销售的促进、客户关系的建立与维护、为客户提供服务和网上调研等。

知识 5.2　网络营销的基础理论

网络营销区别于传统营销的根本之处在于网络本身的特性和消费者需求个性的回归,这导致传统营销理论不能完全胜任对网络营销的指导。网络营销的理论基础依托于网络的特征和消费者需求变化。

1. 网络整合营销理论

麦卡锡教授提出了 4P 组合,即产品(Product)、价格(Price)、渠道(Place)和促销(Promotion)。这种理论的出发点是企业的利润,而没有将客户的需求放到与企业的利润同等重要的地位上来。

网络整合营销理论认为,网络的发展使得客户可以直接与产品和服务的生产或提供者进行沟通,因此客户在营销过程中的地位得到提升,客户对营销活动的参与性增强。这要求企业改变以企业自身利润为出发点的 4P 模式,改为以客户为中心的 4C 模式。所谓 4C 模式,是指从客户需求的角度出发研究市场营销理论而提出的 4C 组合理论,即消费者的需求和欲望(Consumer's Wants and Needs)、成本(Cost)、便利(Convenience)和沟通(Communication)。

网络营销首先要求把客户整合到整个营销过程中来,从他们的需求出发开始整个营销过程。不仅如此,在整个营销过程中还要不断地与客户交互,每一个营销决策都要从消费者出发,而不是像传统营销理论那样主要从企业自身的角度出发。企业如果从与 4P 对应的 4C 出发(而不是从利润最大化出发),在此前提下寻找能实现企业利益最大化的营销决策,则可能同步达到利润最大和满足客户需求两个目标。这应该是网络营销的理论模式,即营销过程的起点是消费者的需求,营销决策(4P)是在满足 4C 要求的前提下的企业利润最大化,最终实现的是消费者满足和企业利润最大化。

2. 网络直复营销理论

从销售的角度来看,网络营销是一种直复营销。直复营销的"直"来自英文 direct,即"直接"的缩写,是指不通过中间分销渠道而直接通过媒体连接企业和消费者,网上销售产品时,客户可通过网络直接向企业下订单付款;直复营销中的"复"来自英文 response,即"回复"的缩写,是指企业和客户之间的交互——客户对这种营销有一个明确的回复,企业可以统计到这种明确回复的数据,不仅可以以订单为测试基础,还可获得客户的其他数据甚至建议。由此,可对以往的营销效果做出评价。

网络营销的这个理念基础的关键作用是要说明网络营销是可测试、可度量、可评价的。

有了及时的营销效果评价,就可以及时改进以往的营销方法,从而获得更满意的结果。

3. 网络软营销理论

网络软营销理论认为,客户购买产品不仅是为了满足基本的生理需求,还需要满足高层次的精神和心理需求。传统的营销策略在满足顾客基本需求的前提下更多考虑的是企业自身营销目标的需要,所以在很多方面表现出"强势营销"的特征,如传统广告与人员推销。传统广告通过在各种媒体上的连续出现,企图以一种信息灌输的方式在消费者心中留下深刻印象,根本就不考虑受众需要不需要这类信息;人员推销也是一样,根本就不事先征求推销对象的允许或请求,而是企业推销人员主动地"敲"开客户的门。而网络的交互性和虚拟性为企业和顾客之间提供了便捷的渠道,顾客可以主动有选择地与企业沟通,因而企业必须改变传统的以自我为主的方式,以加强企业内涵,增强企业吸引力,使消费者在某种个性化需求的驱动下自己到网上寻找相关的信息、广告。在这种条件下,消费者要求成为主动方,而网络的互动特性又使这种要求成为可能。

网络的信息共享、交流成本低廉、传递速度快,形成了网上信息自由这一优势,但是,如果没有良好的控制机制,又有可能造成信息泛滥,如个人的电子邮件信箱中经常会收到一大堆未经同意就发送过来的广告。网络的这个具有"双刃剑"的特点决定了在网上提供信息必须遵循一定的规则。这就是网络礼仪(Netiquette),是指在网上交流信息时被允许的各种行为,网络营销也不例外。软营销的特征主要体现在"遵守网络礼仪的同时通过对网络礼仪的巧妙运用获得一种微妙的营销效果"。

4. 网络关系营销理论

关系营销是20世纪90年代以来受到重视的营销理论,是指企业与消费者、分销商、经销商、供应商等建立、保持并加强关系,通过相互交换及共同履行诺言,使有关各方面达到各自的目的。由于争取一个新顾客的营销费用是维系老顾客费用的5倍,因此关系营销的核心是保持顾客,为顾客提供满意度高的产品和服务价值,通过加强与顾客的联系,提供有效的顾客服务,保持与顾客的长期关系,从而开展营销活动,实现企业的营销目标。

互联网作为一种有效的双向沟通渠道,企业和顾客之间可以实现低成本的沟通与交流,进而实现个性消费需求,与消费者保持密切联系。因此,网络关系营销理论为企业与顾客建立长期、稳定和持久的关系提供了有效的保障。

知识 5.3 网络市场调查

基于互联网系统地进行营销信息的搜集、整理、分析和研究的过程称为网络市场调查。网上调查是企业网络营销前期工作中重要的环节之一。通过调查可以获得竞争对手的资料,摸清目标市场和营销环境,为经营者细分市场、识别受众需求、确定营销目标等提供相对准确的决策依据。网络市场调查可以分为网上直接调查和网上间接调查。网上直接调查是为特定目的利用互联网直接进行问卷调查等方式搜集一手资料或原始信息的过程;网上间接调查是指利用互联网的媒体功能,从互联网搜集二手资料。

1. 网上直接调查

(1) 网上直接调查的方法

网上直接调查的方法较多,从不同的角度出发,可以把这些调查方法分为不同类型。根据采用调查方法的不同,网上直接调查可以分为网上问卷调查法、网上实验法和网上观察法。其中,常用的是网上问卷调查法;根据调查者组织调查样本的不同行为,网上直接调查可以分为主动调查法和被动调查法;根据网上调查采用的不同技术类型,网上直接调查可以分为站点法、电子邮件法、随机 IP 法和视频会议法等。

网上直接调查方法主要是问卷调查法,所以设计网上调查问卷是网上直接调查的关键。由于 Internet 交互机制的特点,网上调查可以采用调查问卷分层设计。这种方法适合过滤性的调查活动,因为有些特定问题只限于一部分调查者,所以可以借助层次的过滤寻找适合的回答者。

(2) 网上直接调查的步骤

与传统调查类似,网上直接调查必须遵循一定的步骤。

① 确定网上直接调研目标。Internet 作为企业与顾客有效的沟通渠道,企业可以充分利用该渠道直接与顾客进行沟通,了解企业的产品和服务是否满足顾客的需求,同时了解顾客对企业潜在的期望和改进的建议。在确定网上直接调研目标时,需要考虑的是被调查对象是否上网、网民中是否存在着被调查的群体及规模有多大。只有网民中的有效调查对象足够多时,网上调查才可能得出有效结论。

② 确定调研方法和设计问卷。网上直接调查方法主要是问卷调查法,所以设计网上调查问卷是网上直接调研成败的关键。由于 Internet 交互机制的特点,网上调查可以采用调查问卷分层设计。这种方式适合过滤性的调查活动,因为有些特定问题只限于一部分调查者,所以可以借助层次的过滤寻找适合的回答者。

③ 选择调研方式。网上直接调查时采用较多的方法是被动调查法,即将调查问卷放到网站上等待被调查对象自行访问和接受调查。因此,吸引访问者参与调查是关键。为提高受众参与的积极性,可提供免费礼品和查阅调查报告等。另外,必须向被调查者承诺有关个人隐私的任何信息不会被泄露和传播。

④ 分析调研结果。这一步是市场调查能否发挥作用的关键,与传统调查的结果分析类似,也要尽量排除不合格的问卷,因此需要对大量回收的问卷进行综合分析和论证。

⑤ 撰写调研报告。撰写调研报告是网上调查的最后一步,是调查成果的体现。撰写调研报告主要是在分析调查结果的基础上对调查的数据和结论进行系统的说明,并对有关结论进行探讨性的说明。

(3) 网上直接调研应注意的问题

① 注意信息采集的质量监控。对采集信息实施质量监控,可以采用"IP＋若干特征标志"的办法作为判断被调查者填表次数唯一性的检验条件。同时,在指标体系中所有可以肯定的逻辑关系和数量关系都应充分利用,并列入质量监控程序。

② 答谢被调查者。给予被调查者适当的奖励和答谢,对于网上调查来说是十分必要的,这既有利于调动网上用户参与网上调查的积极性,又可以弥补因接受调查而附加到被调查者身上的费用,如网络使用费、市内电话费等。答谢的有效办法是以身份证编号为依据进行

计算机自动抽奖,获奖面可以适当大一点,但奖品价值可以尽量小一些。

③ 了解市场需求。设想自己就是顾客,从客户的角度来了解客户需求。调查对象可能是产品直接的购买者、提议者、使用者,对他进行具体的角色分析。

④ 网上直接调查的局限性。如果是有关具体产品的调查,则往往采用详细调查的方式。详细调查针对小的客户群体,调查时需要面对面地进行访谈,这样得到的信息更准确。调查包含的多是"为什么"的问题,因此目前还不适合采用网上调查的方法。

2. 网上间接调查

网上间接调查方法主要是利用互联网搜集与企业营销相关的市场、竞争者、消费者及宏观环境等方面的信息。这是一种介于二手资料调查和网上直接调查之间的调查方法。相对于二手资料调查,网上间接调查的资料是零散的、分散的,需要后期投入人力、物力进行整理。与网上直接调查相比,网上间接调查不直接面对被调查者,而是通过间接的、侧面的方法来了解顾客的想法及市场的变化。

企业用得最多的还是网上间接调查方法,因为通过这种方法获取的信息广泛,能满足企业管理决策的需要。网上间接调查渠道主要有 WWW、Usenet、BBS 和 E-mail,其中 WWW 是最主要的信息来源。采用网上间接调查法进行信息搜集的主要方法如下:

① 利用搜索引擎搜集资料。

② 利用公告栏搜集信息。

③ 利用新闻组搜集信息。

④ 利用 E-mail 搜集信息。

在网上间接调查中,搜索引擎既是十分常用的一项网络服务,也是网上间接调查最常使用的调查工具。一般是通过搜索引擎检索有关站点的网址,然后访问想查找的信息。搜索引擎是互联网上使用最普遍的网络信息搜索工具。国内常用的综合性搜索引擎包括百度(http://www.baidu.com)等;国外常用的综合类搜索引擎有如图 5.1 所示的 Excite(http://www.excite.com)等。除此以外,还可以访问相关专题性的网站和数据库进行有关资料的查找。

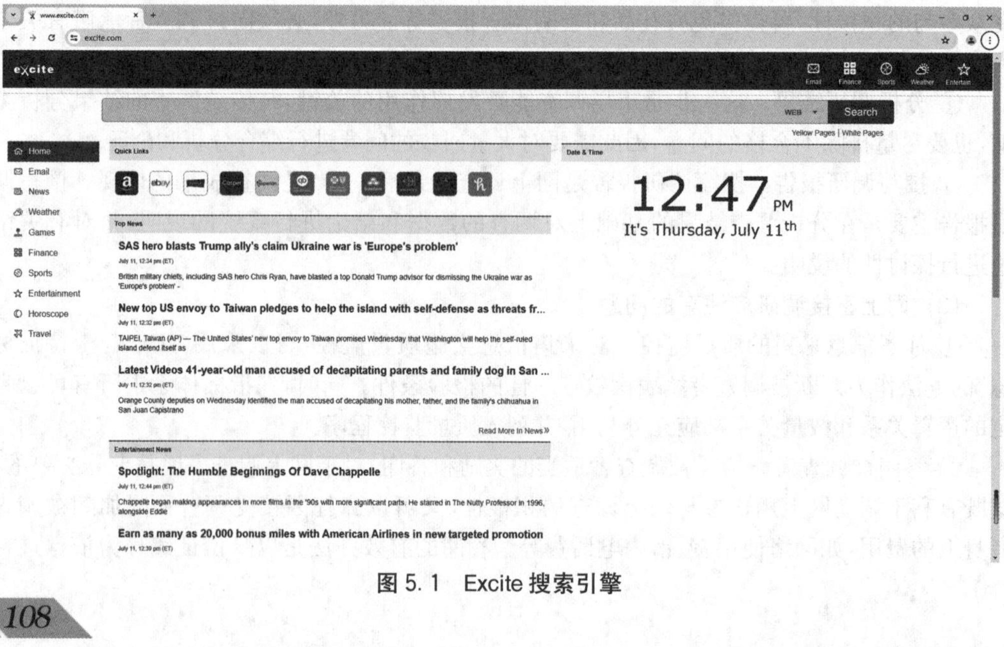

图 5.1 Excite 搜索引擎

利用搜索引擎进行调查的特点是:基本操作简单易学;网络信息质量存在差异,劣质信息混杂其中;各种搜索引擎使用方法不统一,容易给调查者造成混淆。

知识 *5.4*　网络商务信息的搜集与发布

1. 网络商务信息的搜集策略

(1) 竞争对手的信息搜集
首先识别竞争者,其次选择搜集信息的途径,最后建立有效的信息分析处理体系。

(2) 市场行情信息的搜集
企业搜集市场行情资料,主要是搜集产品价格变动、供求变化方面的信息。搜集信息时,首先通过搜索引擎找出所需要的商情信息网站地址,然后访问该站点,登记注册。可以根据需要信息的重要性和可靠性选择是否访问收费信息网。一般说来,不同商情信息网侧重点不一样,最好是能同时访问若干家相关但不完全相同的站点,以求掌握最新、最全面的市场行情。

(3) 消费者信息的搜集
通过互联网了解消费者的偏好,主要是采用网上直接调查法来实现的。了解消费者偏好,也就是搜集消费者的个性特征,为企业细分市场和寻求市场机会提供基础。

(4) 市场环境信息的搜集
企业仅仅了解一些与市场紧密关联的信息是不够的,特别是重大决策时,还必须了解一些政治、法律、文化、地理环境等方面的信息。这有助于企业从全局高度综合考虑市场变化因素,寻求市场商机。利用搜索引擎可在网上找到全部信息,关键是如何快速、准确地寻找到有用的信息。

2. 网络商务信息的发布策略

(1) 网络商务信息发布的特点
在互联网上发布企业的相关商务信息是网络营销的重要任务之一。合理利用互联网资源有效传递商务信息,为企业营造有利的经营环境是网络营销的基本目的。网络商务信息发布具有发布效率高,发布方式和渠道多样,交互性强,以及面临诸多障碍等特点。因此,发布网络商务信息应该提供详尽而有效的信息源,通过多渠道发布和传递信息,尽可能地缩短信息传递渠道,保持信息传递的交互性,减少信息传递中噪声和屏障的影响,让信息可以及时、完整地传递给目标用户。

(2) 网络商务信息的发布工具与方法
① 网络商务信息发布系统。目前,很多商务信息发布系统,如环球商务信息发布系统、信息发布网、全球网络电子商务信息发布系统等都具有搜集网站多、专业性强、分类详细、发布成功率高等特点,可在几分钟内将信息发布到全球各大商贸网站及众多商机网、创业网、各类论坛中,以最小的成本宣传产品及公司信息。
② 企业网站。企业可以充分利用自己的网站发布商务信息,不过该方式可发挥作用的

前提是企业网站在消费者和客户群中具有一定的知名度。

③ 第三方网站。可以选择知名度高的门户网站及其相关频道、专业信息发布网站、行业商务网站等发布信息,如新浪网科技频道、阿里巴巴网上贸易平台(http://www.alibaba.com.cn)、中国商务信息网(http://www.ecchn.com)等。

④ 邮件列表。企业可以通过创建邮件列表,为用户提供有价值的信息,并在邮件内容中加入适量的商务信息,实现营销目的。由于它的原则是基于用户自愿加入,通过为用户提供有价值的信息获取用户的信任,从而实现营销目的,因此又是许可营销和个性化服务的主要手段。

⑤ 企业博客。目前,互联网上出现了许多企业博客平台,如企博网(http://www.bokee.net)和中国企业博客网(http://www.cnqy168.cn)等。在这些平台上建立博客,可以使企业以更加自主、灵活、有效和低投入的方式自主发布信息。

⑥ 其他工具和方法。可以用来发布网络商务信息的工具和方法还有网络社区(论坛、BBS)、新闻组、电子邮件等。这些工具既是信息搜集的工具,也是信息发布的工具。

知识 5.5 网络广告

随着电子商务的发展,越来越多的企业意识到网站已经成为其展示产品并进行营销活动的主体。网络广告就是在 Internet 站点上发布的以数字代码为载体的经营性广告,主要以图片、文字、动画和视频来展示自身的商业信息。

1. 网络广告的特点

网络广告是广告主以付费方式,运用网络媒体传播企业或产品信息,宣传企业形象的活动。与传统广告相比,网络广告具有以下几个特点。

(1) 传播范围广

网络广告的传播不受时间和空间的限制。互联网使企业能够 24 小时不间断地将广告信息传播到世界各地,只要具备上网条件,任何人在任何地点都可以看到这些信息。这是其他广告媒体无法实现的。

(2) 交互性强

网络广告的载体基本上是多媒体、超文本格式文件,这种交互式的页面能够使访问者对广告信息进行详细、深入的了解。对于感兴趣的产品,消费者还可以通过在线提交表单或发送电子邮件等方式向厂家请求特殊咨询服务。同时,消费者可以根据兴趣和需要主动搜索并选择网络广告信息,这样的消费者往往带有明确的目的性,从而提高了广告的促销效果。

(3) 成本低廉

网络媒体的收费远低于传统媒体,网络广告有专业的工具进行制作和管理,能够随时按照需要调整广告的内容。与报纸广告、电视广告相比,网络广告的投入费用低。通过互联网,企业能够及时展示商务信息,可以较低的营销成本取得较好的营销效果。

(4) 感官性强,实时性好

网络广告的内容非常丰富,其承载的信息量大大超过传统印刷宣传品。采用多媒体技术制作的网络广告,可以以图、文、声、像等多种形式生动形象地将产品信息展示给顾客。同时,网络广告可以根据企业的需要及时变更内容,而不会产生诸如在传统媒体上发布广告后因修改付出的高昂成本。

(5) 准确统计

网络广告的发布者不仅可以借助网络监控工具获得庞大的用户跟踪信息库,从中找到各种有用的反馈信息,还可以利用服务器端的访问记录软件,获得访问者的详细记录和行为资料。例如,点击的次数、浏览的次数及访问者的身份、查阅的时间分布和地域分布等。这些精确的统计有助于企业评估广告发布的效果,并找出无效广告的原因,以便及时采取措施改进广告的内容、版式,加快更新速度,进一步提高广告的效率,并据此调整市场策略和广告策略。

2. 网络广告的类型

随着网络技术的日趋发达,网络广告的类型也越来越多、越来越丰富,既有基本的网络广告形式,也有在基本网络广告形式基础上的创新形式。各种各样的新型广告不断出现在各类网络营销站点上。常见的形式主要有以下几种:

① 旗帜广告。旗帜广告又称标牌广告或横幅广告,是网络营销中最为传统的广告表现形式。旗帜广告通常置于页面顶部,最先映入网络浏览者的眼帘。创意绝妙的旗帜广告对于建立并提升企业品牌形象具有重要的促进作用。目前,旗帜广告的制作已经可以通过HTML、Flash、DHTML、Java 等多种技术来完成,如图 5.2 所示。

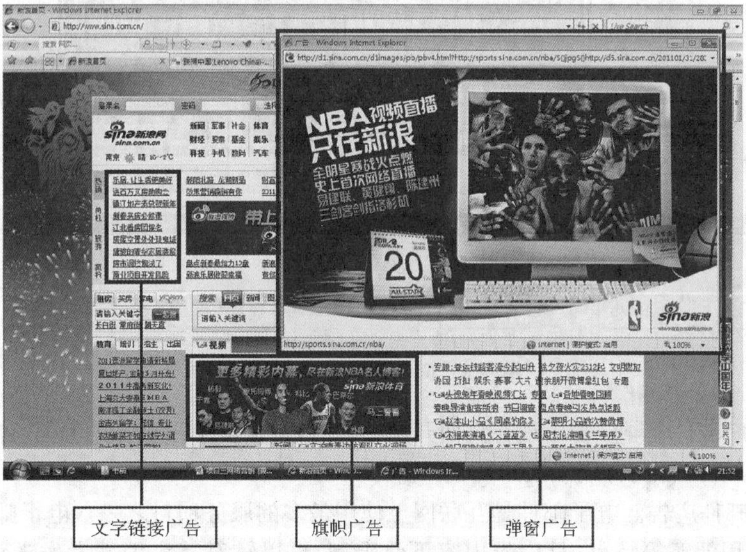

图 5.2　网络广告的应用之一

② 弹窗广告。弹窗广告是伴随主页的打开弹出小窗口,以独立的页面展示产品信息。它降低了其他信息的干扰,能够获得较好的传播效果,但是容易引起浏览者的反感。

③ 文字链接广告。文字链接广告一般采用文字标识的方式,往往放置在热门站点的分类栏目中,其标题显示相关的关键词。由于宣传效果良好且成本较低,因此这种广告非常适

合中小企业。

④ 图标广告。图标广告也称按钮广告，也是网络广告中最为常见的形式之一。它以企业的产品或标志为主体，放置在 Web 页面上，用鼠标单击时可链接到企业的站点或相关信息页面上。按钮广告通常有 4 种规格（单位为像素），即 125×125（方形按钮）、120×90、120×60、88×31（小按钮）。

⑤ 浮动广告。相比静态的文字广告和图标广告，浮动广告更能吸引浏览者的目光。浮动广告有两种常见的表现形式：一种是沿着某一固定曲线飘动；另一种是随着浏览者拖动页面的滚动条而做直线式的上下浮动。浮动广告突破了传统广告的定式，不再固定于某一指定位置，因而能够在一定程度上提高广告的吸引力。

⑥ 通栏广告。与旗帜广告比较类似，通栏广告横贯页面、尺寸较大、视觉冲击力强，能够给浏览者留下深刻的印象，特别适合活动信息发布、产品推广、庆典等，如图 5.3 所示。

图 5.3　网络广告的应用之二

⑦ 全屏广告。全屏广告出现在页面开始下载时，占据整个浏览器的幅面，停留几秒钟后自动消失。全屏广告拥有最强大的视觉冲击力。

⑧ 电子邮件广告。电子邮件是互联网上使用最多的服务项目之一。电子邮件广告具有针对性强、费用低廉等特点，且广告内容不受限制，可以针对特定消费者发送特定的广告。电子邮件广告一般采用文本格式或 HTML 格式，支持多媒体传输，信息容量较大。由于其具有较好的针对性，因此被网络营销企业广泛采用。

⑨ 电子杂志广告。电子杂志广告是专业人员精心编辑制作的，具有很强的时效性、可读性和交互性，能够给用户提供最新、最全面的行业信息。电子杂志由用户根据兴趣与需求主动订阅。

知识 *5.6*　网络营销环境分析

微课

1. 网络营销环境分析的基本程序

网络营销环境的分析是指运用各种调研方法,取得网络购物行为的数据和结果,进行网络环境分析。环境分析是营销活动的开端和前提,因此需要制定一种对这些因素进行持续研究和分析的程序与方法。因为影响环境的各种因素是不断变化的,所以营销环境分析是一个永不终止的过程。

网络营销环境分析的基本步骤和过程如图 5.4 所示。

2. 网络营销环境分析报告的内容

网络营销环境分析通过上述程序和方法,最终要形成环境分析报告。环境分析报告就是要在复杂多变的环境中,分析市场的机会与威胁、优势与劣势,并提出分析结论和相应对策。

图 5.4　环境分析的基本
步骤和过程

环境分析报告的内容一般有任务说明、市场状况分析、消费者购买行为分析、竞争对手分析、宏观环境分析和营销机会与对策分析。

① 市场状况分析。市场状况分析主要是微观环境因素在企业要进入的市场中的状况,包括产品特点的分析、市场规模的分析和市场供求状况的分析。

② 消费者购买行为分析。消费者购买行为分析的主要内容有消费者构成的分析、购买特点的分析、购买动机的分析、影响购买因素的分析、使用感受的分析。

③ 竞争对手分析。竞争对手分析主要是找出对比基准,把自己与类似企业比较,找出优势劣势,确定自己的市场位置,有针对性地制定竞争策略。它包括的内容有竞争对手的确定分析、竞争对手的营销实力分析及竞争对手的营销战略和策略分析。

④ 宏观环境分析。宏观环境分析的主要内容有:对人口环境的分析(人口总数、人口结构、家庭状况);对经济环境的分析(人均 GDP、消费者收入水平、消费结构、储蓄状况);对社会文化环境的分析(社会教育、宗教信仰、价值观念、风俗习惯);对政治法律环境的分析(政治体制、方针政策、政治局势、法律法规);对科技环境的分析和对自然地理环境的分析。

⑤ 营销机会与对策分析。营销机会与对策分析是分析企业在市场的机会与威胁、优势与劣势、问题和对策。这是分析报告的最后部分,也是核心部分。

在分析报告的最后,可以采用 SWOT 分析方法来分析:企业的优势与劣势;市场的机会与威胁。

分析报告的基本要求是:结构合理、层次清楚、逻辑性强、数据完整、观点正确。

知识 5.7 网络营销战略

微课

网络营销战略为组织的电子营销活动提供持续的方向指引。这些活动与其他营销活动整合到一起,共同支持公司的总体目标。对于许多公司而言,首次进行网络营销并非源自一个经过很好定义和整合的战略。相反,它们是对快速市场发展的必然反应,或者是对顾客需求做出的反应。以网站设立为标志的电子商务活动开展一年左右后,公司的中高层人员自然会质疑它的效率。于是,对实施网络营销战略的需求也就应运而生了。因此,网络营销战略计划与实施的条件在于它是从面向未来的增长角度出发探讨即将建立或已建立的电子商务活动。

1. 网络营销战略概述

企业战略是指企业为了形成和维持竞争优势,谋求长期生存与发展,在外部环境和内部条件分析的基础上,以正确的指导思想对企业的主要发展目标、达成目标的途径和手段所进行的整体谋划。所谓网络营销战略,是指企业利用现代信息网络资源开展营销活动的一种战略谋划。它是企业战略的重要组成部分,直接关系到企业的利益和发展。

在以消费者需求为中心的营销时代,网络的迅速普及和广泛应用,以及消费者个性化需求程度的提高,使得网络营销可以在控制成本费用方面、市场开拓方面和与顾客保持关系等方面具有很大的竞争优势,成为现代市场营销新的延伸。网络营销是借助互联网来实现营销目标的新型营销方式。国外一份权威调查结果显示:企业在获得同等收益的情况下,对网络营销工具的投入是传统营销工具投入的1/10,而信息到达速度是传统营销工具的5～8倍。但网络营销并不只是一种营销工具,而是一个关系到多个层面的系统工程,涉及网络品牌、网站推广、信息发布、销售促进、销售渠道、顾客服务、顾客关系、网上调研及企业网站建设等多方面的内容,每一种职能的实现都有相应的策略和方法,因此企业应该且必须将网络营销提升到总体营销战略的层面。

2. 网络营销战略实施与控制

网络营销作为信息技术的产物,具有很强的竞争优势,但并不是每个公司都能进行网络营销的。公司实施网络营销必须考虑到公司的业务需求和技术支持两个方面:业务方面需要考虑的有公司的目标、公司的规模、顾客的数量和购买频率、产品的类型、产品的周期及竞争地位等;技术方面需要考虑的有公司是否能支持技术投资、决策时技术发展状况和应用情况等。互联网作为大众型的信息平台,它的使用发展非常迅猛,而网络营销技术作为专业性技术依赖于公司的技术力量。

网络营销战略的制定要经历3个阶段:首先确定目标优势,分析网络营销是否可以通过促进市场增长、改进实施策略的效率来增加收入,同时分析是否能通过改进目前营销策略和措施降低营销成本;其次是分析、计算网络营销的成本和收益,需要注意的是计算收益时要考虑战略性需要和未来收益;最后是综合评价网络营销战略。公司在决定采取网络营销战略后,要组织战略的规划和执行。

知识 5.8　网络营销的产品策略

微课

产品是企业从事生产经营活动的直接而有效的物质成果。现在市场上的产品不是每一种都可以用网络营销的方式来销售的。企业想通过网络营销把产品推向市场,就必须了解网上销售产品的整体概念、分类及方式等。如果企业很少或根本不对网络营销商品的属性进行研究,只靠主观臆测,凭借传统市场的营销经验匆匆入网,要想拓展网络上的市场是非常困难的。

1. 网上产品的特点

一般而言,适合在网络上销售的产品通常具有以下特性:

① 产品特点。产品拥有高技术或与计算机、网络有关,无形化产品或适于通过网络传送。

② 产品质量。由于网络购买者在购买前无法体验或只能通过网络来体验产品,所以为了增加消费者的信心,网络上销售的商品必须能保持稳定的质量。

③ 产品式样。通过国际互联网对全世界的国家和地区进行营销的产品,需要符合该国或地区的风俗习惯、宗教信仰和教育水平。

④ 产品品牌。在网络营销中,生产商与经销商的品牌同样重要,要在网络浩如烟海的信息中引起浏览者的注意,就必须拥有明确、醒目的品牌。品牌是质量的保证,当网络上的商品质量不一致时,品牌就显得非常重要了。

⑤ 产品包装。作为通过国际互联网经营的产品,其包装必须符合网络营销的要求。通过网络传送的软件、游戏、信息等无形产品可以没有任何包装,其他的实体性的产品,则应采用适合专业递送的包装。

⑥ 产品的目标市场。这是指产品所面临的市场是以网络用户为主要目标的产品,或者是需要覆盖广大的地理范围的产品。

⑦ 产品的经营成本核算。通过互联网进行销售的成本低于通过其他渠道销售的产品。

互联网上卖得好的产品通常有如表 5.1 所示的实体产品特性。

表 5.1　易于互联网销售的实体产品特性

实体产品特点	适合互联网的特性
类型	看得到、听得到、想象得到
特性	消费风险小,容易通过联想得到实体感受
质量	质量稳定
品牌	品牌知名度高
包装	包装易于运输

2. 选择产品时应注意的问题

① 要充分考虑产品自身的性能。一般来说,可鉴别性产品或标准化较高的产品易于在网络营销中获得成功,而经验性产品或个性化产品难以实现大规模的网络营销。因此,企业在进行网络营销时,可适当地将可鉴别性高的产品或标准化高的产品作为首选的对象和应用的起点。

② 要充分考虑实物产品的营销区域范围及物流配送体系。虽然网络营销消除了地域的概念与束缚,但是在实际操作中,企业仍然必须考虑自身产品在营销上的覆盖范围,以取得更好的营销效果。

③ 产品市场生命周期策略。这是指产品从上市到下市的时间间隔。产品市场生命周期的长短主要取决于产品上市后,市场对产品的需求变化和新产品的更新换代程度。因此,企业在网络营销中,应特别重视产品市场的生命周期中的试销期、成长期和成熟期营销策略的研究。在这几方面,可以采用传统市场营销中相对应的营销策略。

知识 5.9 网络营销的定价策略

价格无疑是企业销售的重要因素。在 4P 理论中,只有价格是收入,其他都是成本。价格也是最灵活的营销组合,随着市场的变化,价格一直都处于变化之中。网络经营也不例外,企业在做一份商业计划书时,就必须明确价格。网上商品价格便宜已深入人心,但便宜只是网上经营的一个现象,还有更多问题亟待解决。

在实际业务中,可采取以下相关定价策略。

1. 低于进价销售

由于采取这种定价方式能吸引很多消费者,所以供货商乐于在网站做广告以图多销商品。这如同传统的大型超级市场收供货商的"上架费"一样。而且,由于网上经营的高度自动化和网上商场的虚拟性,网上销售的经营成本极低,只要销售到一定规模,靠广告收入就足以抵销开支,甚至有所盈余。这种定价方式主要适用于价格弹性较大的日用品。

2. 差别定价策略

这是指针对不同的人定不同的价格。传统上,如果为一台计算机定价 7 000 元,可能会有 10 个人买,定价 6 000 元可能会有 100 个人买,定价 5 000 元可能会有 1 000 个人买。如果希望销售 1 000 台的话,那么只能按统一的价格 5 000 元出售,虽然有人愿意出更高的价钱,但这部分的利润是挣不到的。在网上,对不同的人定出不同的价格,把能挣的钱都挣到却可能成为现实。通过"黑箱操作",厂家与每一顾客的交易价格都可以是不透明的。这样,就可能差别定价了。

3. 高价策略

由于网上商品价格的透明度比传统方式要高,因此普遍来说,网上商品的价格会比传统方式低。不过,有时也有部分商品价格高于传统方式的情况,这主要出现在一些独特商品或对价格不敏感的商品上。例如,艺术品在传统方式中由于顾客群相对小,价格上不去,在网上却可以面向全球的买主销售,能卖出好价。

4. 竞价策略

网络使日用品也能采用拍卖的方式销售。厂家可以只规定一个底价,然后让消费者竞价。厂家所花费用极低,甚至免费。除销售单件商品外,也可以销售多件商品。目前,我国已有多家网上拍卖站点提供此类服务,如雅宝、网猎、易趣等。

5. 集体砍价

集体砍价是网上出现的一种新还价方式。随着每一个新的竞标者加入,原定价格就会下跌一格,竞买的人越多,价格越低,呈递滑曲线。简单地说,就是参加竞买的人越多,商品的价格就会越低。这种由于购买人数的增加,价格不断下降的趋势,是典型的网络需求方向。

总之,虽然网上商务中普遍采取低价策略,但这并不是唯一的定价方式,企业应根据自己的实际情况和竞争对手的情况选择适合自己的策略。

知识 *5.10*　网络营销的渠道策略

网络营销渠道策略是整个市场经营组合策略的重要组成部分。合理的分销渠道,一方面可以最有效地把产品及时地提供给消费者,满足需要;另一方面有利于扩大销售,加速物资和资金的流转速度,降低营销费用。有些企业的产品质量好,价格也合理,但缺乏分销渠道或分销渠道不畅,所以无法扩大销售。这种例子是很常见的。

1. 完善的网络营销渠道的功能

(1) 订货功能

订货功能为消费者提供产品信息,同时方便厂家获取消费者的需求信息,以达到供求平衡。一个完善的订货系统可以最大限度地降低库存,减少销售费用。订货功能通常由购物车完成,消费者在结算后生成订单,订单数据进入企业的相关数据库,为产品生产、配送提供依据。

(2) 结算功能

消费者在购买产品后,可以用多种方式方便地付款,所以厂家(商家)应有多种结算方式。目前,国外流行的方式有信用卡、电子货币、网上划款等,国内的付款结算方式主要有邮局汇款、货到付款、信用卡、网上转账等。

(3) 配送功能

对于无形产品,如服务、软件、音乐等可以直接在网上配送,而对于有形产品的配送,由于涉及运输和仓储问题,所以大多采用邮寄或送货上门两种方式。配送时间一般在一两个工作日内,并实行有条件的免费配送。

2. 网络营销的两种渠道

(1) 网上直接销售渠道(零级渠道)

与传统的直接营销渠道一样,网上直接销售渠道也没有营销中间商,商品直接从生产者转移给顾客。生产企业可以通过建设网络营销站点,使顾客直接从网站订货,并与一些电子商务服务机构(如网上银行)和专业物流公司合作,直接提供支付结算和物流配送等服务。

网络直销的特点主要如下:

① 网络直销促成产需直接见面。企业可以直接从市场上搜集到真实的第一手资料,合理安排生产。

② 网络直销对买卖双方都有直接的经济利益。由于网络直销大大降低了企业的营销成本,因此企业能够以较低的价格销售自己的产品,消费者也能够买到大大低于现货市场价格的产品。

③ 营销人员可以利用网络工具,如电子邮件、公告牌等随时根据用户的愿望和需要开展各种形式的促销活动,迅速扩大产品的市场占有率。

④ 企业能够通过网络及时了解到用户对产品的意见和建议,并针对这些意见和建议提供技术服务,解决疑难问题,提高产品质量,改善经营管理。

网络直销的缺点如下:

① 面对大量分散的企业域名,网络访问者很难有耐心一个个去访问制作平庸的企业主页。

② 对一些不知名的中小企业网站,大部分网络漫游者不愿意在此浪费时间或只是在路过时看一眼。

③ 我国目前建立的企业网站除个别行业和部分特殊企业外,大部分访问者寥寥,营销收效不大。

(2) 网络间接销售渠道(一级渠道)

网络间接销售又称网络销售,是指企业通过电子中介(融入了互联网技术)这一新型的中间商环节,把产品销售给最终用户。在这种交易的过程中,购买方、供应方和中间商以Internet为基础紧密地联系起来,为客户提供市场信息、商品交易、仓储配送、货款结算等全方位的服务。

网络商品交易中介机构的基本功能是连接网上推销商品或服务的卖方和在网络上寻找商品或服务的买方,成为连接买卖双方的枢纽。商品和服务的推销者不直接面对消费者,消费者也不直接面对推销者,商品和服务通过网络商品交易中介机构完成向消费者的转移。

利用网络间接销售渠道销售商品和服务,必须谨慎地选择网络商品交易中介商,这关系到网络营销的基本效果。在选择网络中介服务商时,要考虑功能、成本、信息、覆盖、特色和连续性六大因素,这六大因素是网络间接营销能否成功的关键所在。

知识 *5.11* 网络营销的服务策略

网络顾客服务的最大优势就是能够与客户建立起持久的"一对一"的服

务关系。

1. 顾客服务

面对日益激烈的市场竞争,越来越多的企业在营销中开始关注人的因素,最大限度地满足顾客需求。顾客服务是指企业通过营销渠道,为满足顾客的需求,提供的包括售前、售中、售后等一系列服务。顾客服务的目的是满足顾客的服务需求,顾客是否满意是评价企业顾客服务成败的唯一指标。只有顾客满意才能引发顾客对企业的忠诚,才能长期保留顾客。研究表明,顾客所需服务按顺序划分有 4 个层次。

① 为满足个性化的需求,顾客需要了解产品和服务信息。企业应在网站提供详细的产品和服务资料,利用网络信息量大、查询方便、不受时空限制的优势,满足顾客的需求。

② 顾客在进一步研究产品和服务时,可能会遇到问题需要在线帮助。选购产品时或购买产品后,顾客还会遇到许多问题需要企业帮助解决。这些问题主要包括产品的安装、调试、试用和故障排除等。

③ 对于难度更大或网络营销站点未能提供答案的问题,顾客希望能与企业人员直接接触,寻求更深入的服务,解决更复杂的问题。

④ 顾客不仅仅需要了解产品和服务信息、需要在线帮助、进一步与企业人员接触,还有可能愿意积极参与到产品的设计、制造、配送、服务的整个过程,追求更符合个性要求的产品和服务。

顾客需求服务的 4 个层次之间相互促进,低层次的需求满足得越好,越能促进高一层次的服务需求。顾客得到满足的层次越高,满意度就越高,与企业的关系就越密切。顾客需求层次的提高过程,正是企业对顾客需求的理解逐步提高的过程,也是顾客对企业关心支持程度逐步提高的过程。

2. 信息提供

对于一个成功的网上商务运作来讲,资料搜集都是至关重要的环节,有关访问者和顾客行为的资料更是分析投资收益的基础。不过,顾客的经验也会随着资料的增加而增加。随着时间的推移,网上商务相互影响的经验也在不断提高。这个过程促使企业不断提高为客户服务的价值,并且优化同每个顾客关系的收益。由于这个过程是渐进的,所以有时被称为渐进的个性化服务。

3. 信息反馈

网络时代使信息渠道变得畅通无阻,信息的反馈也变得更加及时、准确。在传递信息的手段上,经常采用的是电子邮件。电子邮件是企业和网络顾客之间双向互动的根源,是实现企业与顾客对话的双向走廊。顾客根据自己的问题可将邮件发至相应的部门。电子邮件自动应答器给电子邮件发出者回复一封预先设置好的信件,这样做的目的是让发出者放心电子邮件已收悉,并引起了公司的关注。网络顾客服务不仅能实现由公司到顾客的双向服务,还可以实现顾客和顾客之间的交流与帮助。顾客对话的主要场所是各种新闻组、网络论坛、邮件清单等。对顾客之间的谈话,公司的态度应是积极鼓励,而不是消极敷衍。

知识 *5.12* 网上促销策略

网络促销是指利用现代通信网络,特别是互联网向市场传递有关产品和服务的信息,以启发需求,引起消费者的购买欲望和购买行为的各种活动。其目标与传统促销是一致的。但由于网络的普遍存在性和交互性,网络促销与传统促销相比,在时间和空间上、在信息传播模式上及在客户参与程度上都发生了较大的变化。

因此,一方面要从技术、方式及手段等角度去认识这种依赖现代网络技术、与客户不见面、完全通过电子化手段交流思想和意愿的产品促销形式;另一方面应当通过与传统促销的比较去体会两者之间的异同。网络促销的主要内容有站点推广、网络广告、网上销售促进和网上公共关系。

1. 网络营销促销的相关知识

网络营销站点推广就是利用网络营销策略扩大站点的知名度,吸引网上流量访问网站,起到宣传和推广企业及企业产品的效果。

销售促进就是企业利用可以直接销售的网络营销站点,采用一些销售促进方法,如价格折扣、有奖销售、拍卖销售等方式宣传和推广产品。

关系营销是借助互联网的交互功能吸引顾客与企业保持密切关系,培养顾客忠诚度,提高顾客的收益率。

2. 网络营销促销的实施

对于任何企业来说,如何实施网络促销都是一个新问题。每一位营销人员都必须深入了解产品信息在网络上传播的特点、分析网络信息的接收对象、设定合理的网络促销目标,通过科学的实施程序,打开网络促销的新局面。

根据国内外网络促销的大量实践,网络促销的实施程序可以由以下6个方面组成。

(1) 确定网络促销对象

网络促销对象是针对可能在网络虚拟市场上产生购买行为的消费者群体提出来的。随着网络的迅速普及,这一群体也在不断扩大。这一群体主要包括3部分人员:产品的使用者、产品购买的决策者、产品购买的影响者。

(2) 设计网络促销内容

网络促销的最终目标是希望引起购买。这个最终目标是要通过设计具体的信息内容来实现的。消费者的购买过程是一个复杂的、多阶段的过程,促销内容应当根据购买者目前所处的购买决策过程的不同阶段和产品所处的寿命周期的不同阶段来决定。

(3) 决定网络促销组合方式

网络促销活动主要通过网络广告促销和网络站点促销两种促销方法展开。由于企业的产品种类不同、销售对象不同,促销方法与产品种类和销售对象之间将会产生多种网络促销的组合方式。企业应当根据网络广告促销和网络站点促销两种方法各自的特点与优势,根据自己产品的市场情况和顾客情况合理组合,以达到最佳的促销效果。

（4）制定网络促销预算方案

在网络促销实施过程中，使企业感到最困难的是预算方案的制定。所有的价格、条件的设定都需要在实践中不断学习、比较和体会，不断地总结经验。只有这样，才可能用有限的精力和有限的资金达到尽可能好的效果，做到事半功倍。

（5）衡量网络促销效果

这一阶段，必须对已经执行的促销内容进行评价，衡量促销的实际效果是否达到了预期的促销目标。

（6）加强网络促销过程的综合管理

综合管理对于保障促销活动的效果和合法性、提升消费者体验以及维护企业的声誉都具有重要意义。制定明确的促销策略和计划、遵守法律法规、价格管理、促销信息管理、客户服务支持、数据监测与分析等，提高网络促销活动的质量和效果，实现企业和消费者的双赢。

知识 *5.13*　搜索引擎

1. 搜索引擎的定义

搜索引擎（Search Engine）是一类运行特殊程序的、专用于帮助用户查询 Internet 上 WWW 服务信息的 Web 站点。同时，搜索引擎也是通过获得网站网页资料，建立数据库并提供查询的系统。它以一定的策略在 Internet 中搜集、发现信息，对信息进行理解、提取、组织和处理，并为用户提供检索服务，从而起到信息导航的目的。

常见的搜索引擎有两类：一类是纯技术性的全文搜索引擎，通过机器手（spider 程序）到各个网站中搜集、存储信息，按照一定的规则分析整理形成索引数据库供用户查询，如 Google、百度等；另一类是分类目录，利用各网站登录信息时填写的关键词和网站描述等资料，经过人工审核编辑后形成数据库以供查询，如雅虎、搜狐、新浪等。

2. 搜索引擎的工作特点

① 搜索引擎使用自动索引软件来发现、搜集并标引网页，建立数据库。
② 搜索引擎以 Web 形式提供给用户一个检索界面，供用户输入检索关键词、词组或短语等检索对象。
③ 搜索引擎代替用户在数据库中查找出与提问匹配的记录，并返回结果且按相关度顺序排列。

目前 Internet 上有多种语言的搜索引擎工具，都是由信息查询系统、信息管理系统和信息检索系统 3 个部分组成的。在工作过程中，由自动索引软件生成数据库，搜集、加工整理信息的范围广、速度快，能够及时地向用户提供新增的信息。

3. 搜索引擎的分类

搜索引擎按其工作方式主要可分为 3 种，分别是全文搜索引擎（Full Text Search Engine）、目录索引类搜索引擎（Search Index/Directory）和元搜索引擎（Meta Search Engine）。

(1) 全文搜索引擎

全文搜索引擎国外具有代表性的有 Google、Fast/AllTheWeb、AltaVista、Inktomi、Teoma、WiseNut 等,国内著名的有百度,如图 5.5 所示。它们都是通过从互联网上提取的各个网站的信息(以网页文字为主)而建立的数据库中检索与用户查询条件匹配的相关记录,然后按一定的排列顺序将结果返回给用户。

图 5.5　全文搜索引擎

从搜索结果来源的角度,全文搜索引擎可细分为两种:一种是拥有自己的检索程序(indexer),俗称"蜘蛛"(spider)程序或"机器人"(robot)程序,并自建网页数据库,搜索结果直接从自身的数据库中调用,如上面提到的 7 个引擎;另一种则是租用其他引擎的数据库,并按自定义的格式排列搜索结果,如 Lycos 引擎。

(2) 目录索引搜索引擎

目录索引虽然有搜索功能,但在严格意义上算不上是真正的搜索引擎,仅仅是按目录分类的网站链接列表而已。用户完全可以不用进行关键词(keywords)查询,仅靠分类目录也可找到需要的信息。目录索引中最具代表性的是雅虎,其他著名的还有 Open Directory Project(DMOZ)、LookSmart、About 等,国内的搜狐、新浪、网易搜索也都属于这一类,如图 5.6 所示。

图 5.6　目录搜索引擎

(3) 元搜索引擎

元搜索引擎在接受用户查询请求时,同时在其他多个引擎上进行搜索,并将结果返回给用户。著名的元搜索引擎有 InfoSpace、Dogpile、Vivisimo 等,中文元搜索引擎中具有代表性的是搜星搜索引擎。在搜索结果排列方面,有的直接按来源引擎排列搜索结果,如 Dogpile;有的则按自定义的规则将结果重新排列组合,如 Vivisimo。

除上述三大类引擎外,还有几种非主流形式:集合式搜索引擎,如 HotBot 在 2002 年年底推出的引擎,该引擎类似于 Meta 搜索引擎,区别在于不是同时调用多个引擎进行搜索,而是由用户从提供的 4 个引擎当中选择;门户搜索引擎,如 AOL Search、MSN Search 等,虽然提供搜索服务,但自身既没有分类目录也没有网页数据库,其搜索结果完全来自其他引擎;免费链接列表(Free For All Links,FFA),这类网站一般只简单地滚动排列链接条目,少部分有简单的分类目录,不过规模比 Yahoo 等目录索引要小很多。

4. 搜索引擎的工作原理

了解搜索引擎的工作原理对日常搜索应用和网站提交推广都会有很大的帮助。

(1) 全文搜索引擎

在搜索引擎分类部分提到过全文搜索引擎从网站提取信息建立网页数据库的概念。搜索引擎的自动信息搜集功能分为两种。一种是定期搜索,即每隔一段时间(如 Google 一般是 28 天),搜索引擎主动派出"蜘蛛"程序,对一定 IP 地址范围内的互联网站进行检索,一旦发现新的网站,会自动提取网站的信息和网址加入自己的数据库中。

另一种是提交网站搜索,即网站拥有者主动向搜索引擎提交网址,它在一定时间内(2 天到数月不等)定向向网站派出"蜘蛛"程序,扫描网站并将有关信息存入数据库,以备用户查询。由于近年来搜索引擎索引规则发生了很大变化,主动提交网址后并不保证网站能进入搜索引擎数据库,因此目前最好的办法是多获得一些外部链接,让搜索引擎有更多的机会找到并自动将网站收录。

当用户用关键词查找信息时,搜索引擎会在数据库中进行搜寻,如果找到与用户要求内容相符的网站,便采用特殊的算法——通常根据网页中关键词的匹配程度,出现的位置/频次、链接质量等——计算出各网页的相关度及排名等级,然后根据关联度高低,按顺序将这些网页链接返回给用户。

(2) 目录索引

与全文搜索引擎相比,目录索引有许多不同之处。

首先,搜索引擎属于自动网站检索,目录索引则完全依赖手工操作。用户提交网站后,目录编辑人员会亲自浏览网站,然后根据一套自定的评判标准甚至编辑人员的主观印象,决定是否接纳网站。

其次,搜索引擎收录网站时,只要网站本身没有违反有关的规则,一般都能登录成功;目录索引对网站的要求则高得多,有时即使登录多次也不一定能成功,尤其像 Yahoo 这样的超级索引,登录更是困难。此外,在登录搜索引擎时,一般不用考虑网站的分类问题;登录目录索引时则必须将网站放在一个最合适的目录(Directory)中。

最后,搜索引擎中各网站的有关信息都是从用户网页中自动提取的,所以以用户的角度看拥有更多的自主权;目录索引则要求必须手工另外填写网站信息,且还有各种各样的限制。更有甚者,如果工作人员认为提交网站的目录、网站信息不合适,可以随时对其进行调整,事先是不会与拥有者商量的。

目录索引,顾名思义就是将网站分门别类地存放在相应的目录中,所以用户在查询信息时,既可以选择关键词搜索,也可按分类目录逐层查找。如果以关键词搜索,返回的结果与搜索引擎一样,也是根据信息关联程度排列网站,只不过其中人为因素要多一些;如果按分层目录查找,某一目录中网站的排名则一般是由标题字母的先后顺序决定的。

目前,搜索引擎与目录索引有相互融合渗透的趋势。原来一些纯粹的全文搜索引擎现在也提供目录搜索,如 Google 就借用 Open Directory 目录提供分类查询,像 Yahoo 这些老牌目录索引则通过与 Google 等搜索引擎合作扩大搜索范围。在默认搜索模式下,一些目录类搜索引擎首先返回的是自己目录中匹配的网站,如国内搜狐、新浪、网易等;另外一些则默认的是网页搜索,如 Yahoo。

5. 搜索引擎的选择

在电子商务领域中,如何选用全球范围内若干搜索引擎工具,一般来说可以按以下几个标准进行选择。

(1) 速度

要求查询的速度要快,无论是关键词还是短语,都要求查询显示结果的速度要快,同时信息的更新速度也要快。这就要求搜索引擎数据库中搜集整理的信息应该是最新的。

（2）返回的信息量

这是一个衡量搜索引擎数据库内容大小的重要指标。如果它返回的有效信息量多，就说明这个站点收录的信息范围广、数据容量大，能给用户提供更多的信息资源。

（3）信息的相关度

要求搜索引擎工具返回给用户的信息准确可靠，与用户输入的关键词、词组或短语的信息关联度高。

（4）易用性

这是指搜索引擎提供的查询操作的方式简便易行，用户对查询的结果能够实时控制和选择，显示的方式和数量可以改变等。

（5）稳定性

优秀的搜索引擎提供的服务器和数据库应当非常稳定，才能保证给用户提供安全可靠的查询服务。

项目实施

项目任务

根据项目内容，本项目要求根据企业业务特点选择合适的综合网站、行业网站和搜索引擎进行产品信息查询，并从合适的查询信息中获取有效信息，具备熟练运用信息查询的方法在网站上查询、比较、获取信息的能力和网络市场产品信息的发布能力，熟悉整个市场产品信息的搜集和发布的过程。这主要有以下两个任务：

1. 网络市场商业信息的搜集。
2. 商业信息的发布。

项目要求

1. 掌握通过行业网站、综合网站和搜索引擎进行网络市场产品信息的搜集方法。
2. 掌握在阿里巴巴上进行企业产品信息发布的方法。

实施步骤

任务 1　网络市场商业信息搜集

① 分别打开中国化妆品网（http：//www.zghzp.com）、中国美容化妆品网（http：//www.cn-cosmetic.com）和中国化妆品贸易中心（http：//www.cck-a.cn）。

② 分别查找行业动态、行业政策、媒体报道、新闻咨讯、流行趋势、供需状况、新品讨论等相关的市场信息，如图 5.7 所示。

图 5.7　中国化妆品贸易中心商机信息页面

③ 登录阿里巴巴网站(http://china.alibaba.com)，在产品栏内以"空气增湿器"为关键词进行搜索，如图 5.8 所示。

图 5.8　产品关键词搜索

④ 在适用对象栏内选择"车载"，得到车载空气增湿器的信息，如图 5.9 所示。

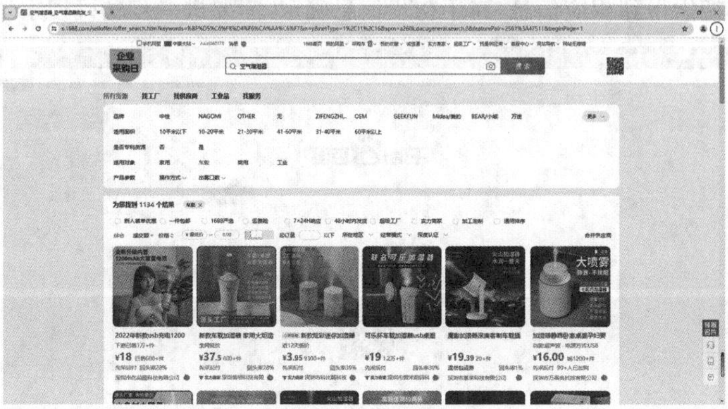

图 5.9　产品关键词搜索结果

根据提供商品的企业的地区、回头率、付款方式、价格、款式、颜色、服务等信息进行挑选。

⑤ 进入产品的详细信息页面，如图 5.10 所示。

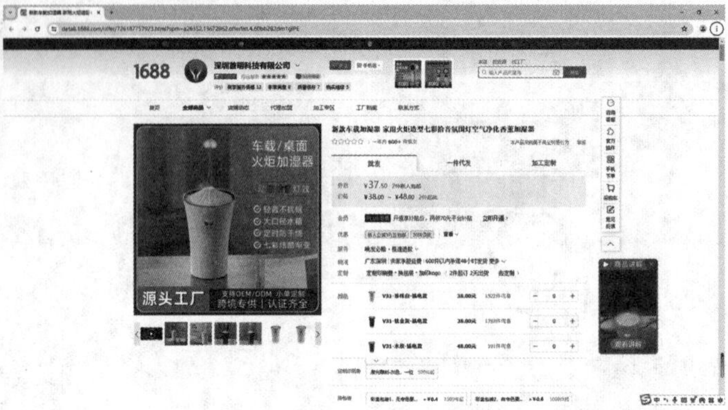

图 5.10　搜索结果筛选

⑥ 详细查看该产品的价格、款式、性能参数、生产厂家、联系方式等信息,最终确定是否购买或最后与该供货商联系,如图 5.11 所示。

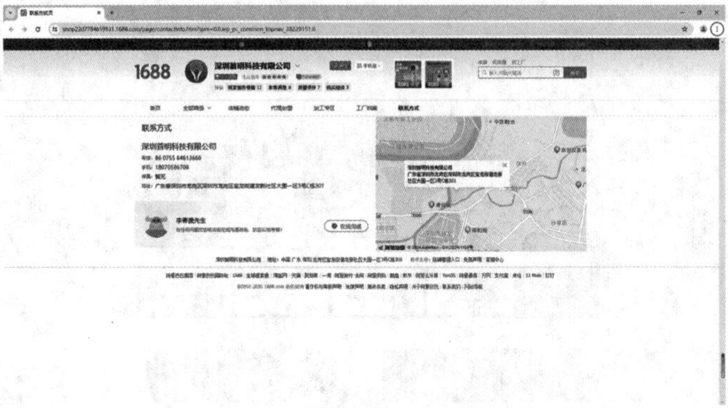

图 5.11　查看商家信息

⑦ 登录百度网站(http://www.baidu.com),在文本框中输入"山东苹果",进行搜索,如图 5.12 所示。搜索得到相应信息,属于初步信息确定,需要进一步精确搜索。

图 5.12　百度初步信息搜索

⑧ 在文本框中,将关键词"山东苹果"改为"山东烟台苹果",单击"搜索"按钮再次搜索,

如图 5.13 所示。

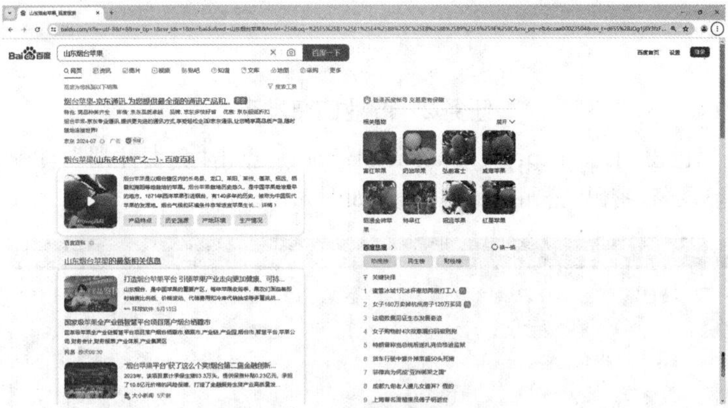

图 5.13　百度精确信息搜索

⑨ 为了进一步确定信息,在文本框中将关键词"山东烟台苹果"改为"供应山东烟台苹果",点击搜索按钮再次搜索,如图 5.14 所示。

图 5.14　百度精确信息搜索

⑩ 此时得到的信息基本上就属于比较精确的信息了,如果还需要进一步确定搜索信息,可以点击高级搜索。如果希望搜索到最近供应商发布的信息,可以在日期下拉列表中进行设置,然后点击"搜索"按钮,如图 5.15 所示。

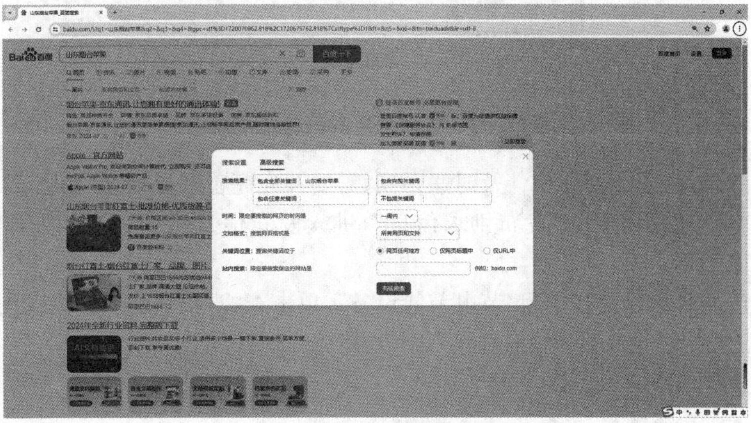

图 5.15　百度高级搜索

⑪ 得到一周内供应商发布的信息页面的链接。在页面中进行筛选,分别进入相关的页面进行信息的搜集。

任务2　商业信息发布

① 登录阿里巴巴网站(http://china.alibaba.com),点击"免费注册",注册用户信息。按要求填写会员登录名、密码、公司名称等信息,如图5.16所示。

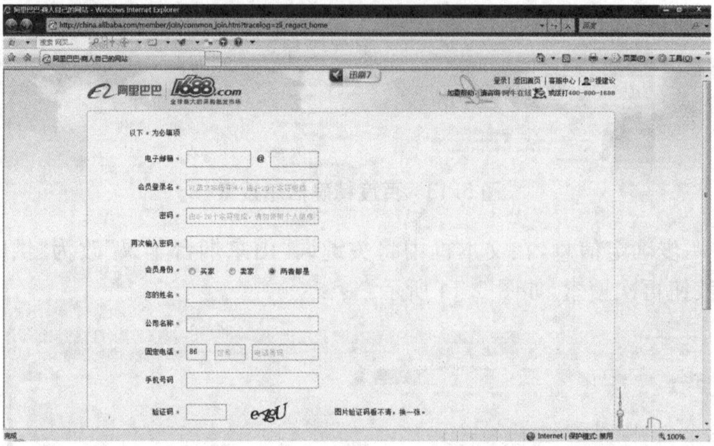

图5.16　阿里巴巴免费注册

② 提交注册信息成功,选择使用邮箱进行登录验证,如图5.17所示。

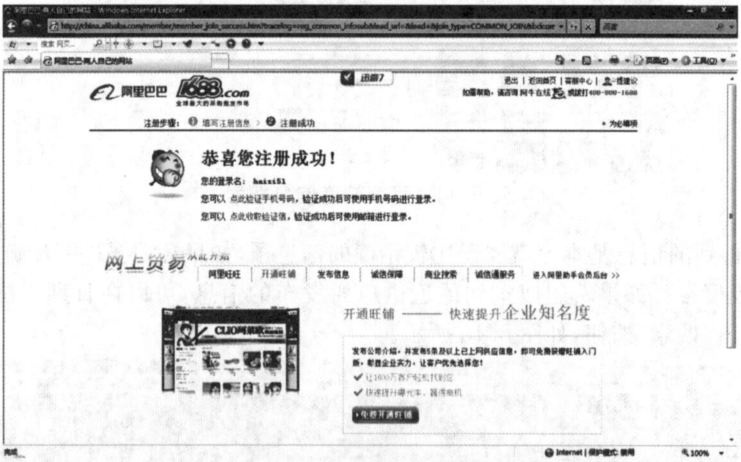

图5.17　注册信息邮箱验证成功

③ 重新登录,为了让商业伙伴及时联系到,需要补充完善联系信息,如图5.18所示。

④ 单击"阿里助手"中的"发布供求信息",进入发布信息窗口,选择"发布产品供应信息",如图5.19所示。

⑤ 输入产品名称以查找类目"节电节能设备",单击查找,根据输入的关键词确定查找的类目。然后点击"下一步,填写信息详情"按钮,如图5.20所示。

图 5.18　补充注册联系信息

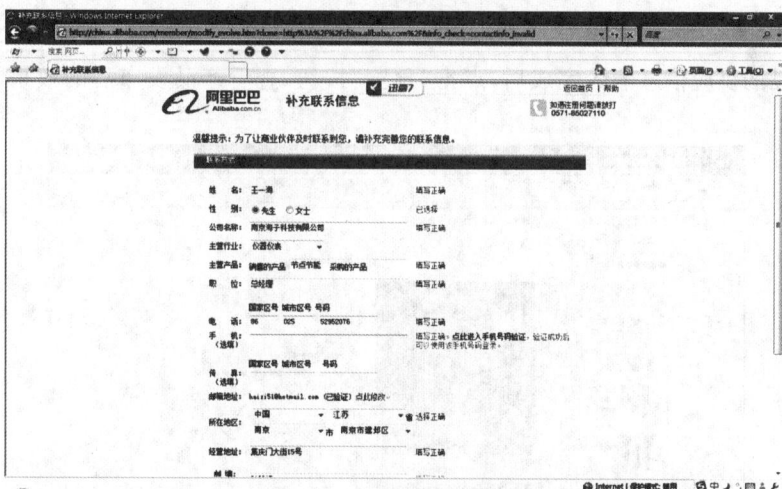

图 5.19　发布产品供应信息

图 5.20　选择发布信息的类目

⑥ 详细填写产品发布的供应信息，主要有产品类目、产品属性、信息标题、产品图片、产品说明、交易信息、物流运费信息、信息有效期等，如图 5.21 所示。

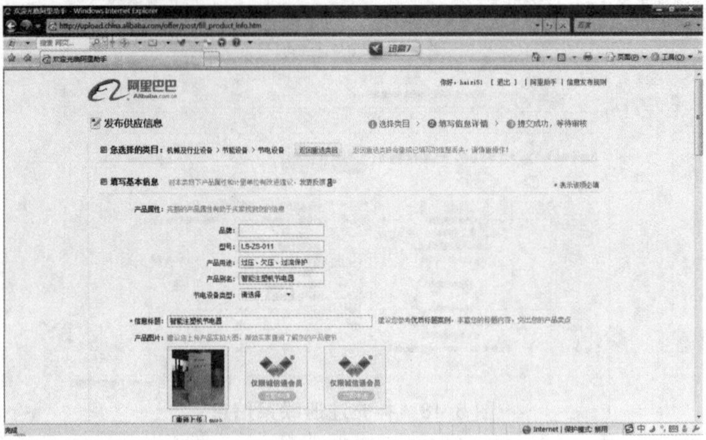

图 5.21　填写产品发布的供应信息

⑦ 产品的供应信息输入完成后，点击"预览"按钮，查看产品发布后的效果，如图 5.22 所示。

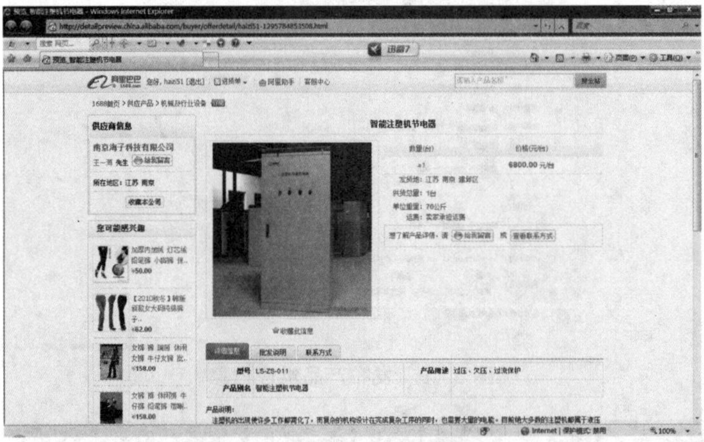

图 5.22　预览产品发布效果

⑧ 信息发布成功后，发布的信息需要经过阿里巴巴工作人员的编辑和审核。在正常工作日发布信息，2 小时内就可以在网站上正式发布。如果发布信息审核不通过，会给客户发邮件说明理由，如图 5.23 和图 5.24 所示。

图 5.23 发布成功等待审核

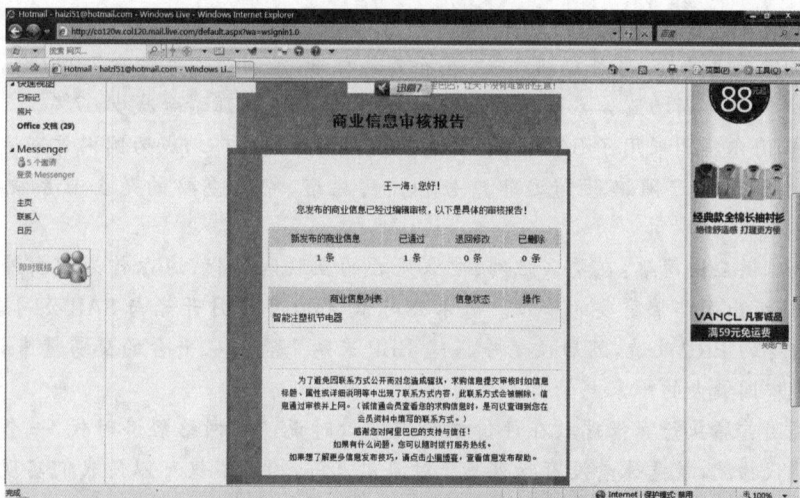

图 5.24 产品发布商业信息审核报告

思政园地

在营销活动中坚持正确的道德观

营销道德是用来判定市场营销活动正确与否的道德标准,即判断企业的营销活动是否符合消费者及社会的利益,能否给广大消费者及社会带来最大幸福。市场营销道德是市场经济的伴生物。在市场经济条件下,现代企业在开展营销活动时必须遵循营销道德,进行诚信营销。

营销道德是调整企业和所有利益相关者之间关系的行为规范的总和,是客观经济规律及法制以外制约企业行为的另一要素。

遵循营销道德的营销行为,使营销人员个人、企业与顾客利益保持一致,有利于实现企业的经济效益和社会效益。违背营销道德的营销行为,使企业的利益与顾客的利益相悖,虽然能使企业一时受益,但不利于企业的长远发展,更有损社会公众的利益。因此,使营销行为沿着营销道德的轨道进行,对企业和社会双方都是大有裨益的。

在当今世界,营销可以说是无时、无处不在,已成为企业最重要的职能之一。营销从业人员越来越多,营销手段五花八门,营销活动对公众和社会的影响日益加深。然而,在人们享受有益营销活动所带来的好处的同时,营销活动也受到了越来越多的非议。特别是每年的"3·15"晚会,揭露了许多企业在营销活动中的不道德行为,引发了全社会的信任危机。因此,现代营销必须讲究道德,进行诚信营销,企业只有在消费者心目中树立起良好的形象,才能够持续发展。

案例分析

网络经济时代的海尔营销策略

早在 2002 年,海尔就建立起了网络会议室,在全国主要城市开通了 9999 客服电话。在"非典"时真正体现出了它巨大的商业价值和独有的战略魅力,海尔如鱼得水般地坐在了视频会议桌前调兵遣将。

通过 BBP 交易平台,每月接到 6 000 多个销售订单,定制产品品种逾 7 000 个,采购的物料品种达 15 万种。新物流体系降低呆滞物资 73.8%,库存占压资金减少 67%。

几年前,海尔集团采用了 SAP 公司为之搭建的国际物流中心,成为国内首家达到世界领先水平的物流中心。"网络营销远非广告和销售渠道,它更重要的是企业系统化的网络体制。"

赢得全球供应链网络:在要么触网、要么死亡的互联网时代,海尔作为国内外一家著名的电器公司,迈出了非常重要的一步。海尔公司于 2000 年 3 月开始与 SAP 公司合作,首先进行企业自身的 ERP 改造,随后便着手搭建 BBP 采购平台。从平台的交易量来讲,海尔集团可以说是中国最大的一家电子商务公司。

海尔集团首席执行官张瑞敏在评价该物流中心时说:"在网络经济时代,一个现代企业如果没有现代物流,就意味着没有物可流。对海尔来讲,物流不仅可以使我们实现 3 个零的目标,即'零库存'、零距离和零营运资本,更给了我们能够在市场竞争中取胜的核心竞争力。"在海尔,仓库不再是储存物资的水库,而是一条流动的河,河中流动的是按单来采购生产必需的物资,也就是按订单进行采购、制造等活动,这样从根本上消除了呆滞物资,消灭了库存。海尔集团每个月平均接到 6 000 多个销售订单,这些订单的定制产品品种达 7 000 多个,需要采购的物料品种达 15 万余种。新的物流体系将呆滞物资降低了 73.8%,仓库面积减少了 50%,库存资金减少了 67%。

海尔通过整合内部资源,优化外部资源,使供应商由原来的 2 336 家优化至 978 家,国际化供应商的比例却上升了 20%,建立了强大的全球供应链网络,有力地保障了海尔产品的质量和交货期。不仅如此,更有一批国际化大公司已经以其高科技和新技术参与到海尔产品的前端设计中,目前可以参与产品开发的供应商比例已高达 32.5%,实现了 3 个 JIT(Just In Time,即时),即 JIT 采购、JIT 配送和 JIT 分拨物流的同步流程。

目前通过海尔的 BBP 采购平台,所有的供应商均在网上接受订单,并通过网上查询计划与库存,及时补货,实现 JIT 采购;货物入库后,物流部门可根据次日的生产计划利用 ERP 信息系统进行配料,同时根据看板管理 4 小时送料到工位,实现 JIT 配送;生产部门按照 B2B、B2C 订单的需求完成订单以后,满足用户个性化需求的定制产品通过海尔全球配送网络送达用户手中。海尔在中心城市实行 8 小时配送到位,区域内 24 小时配送到位,全国 4 天以内到位。

在企业外部,海尔 CRM(客户关系管理)和 BBP 电子商务平台的应用架起了与全球用户资源网、全球供应链资源网沟通的桥梁,实现了与用户的零距离。目前,海尔 100%的采购订单由网上下达,使采购周期由原来的平均 10 天降低到 3 天;网上支付已达到总支付额的20%。在企业内部,计算机自动控制的各种先进物流设备不但降低了人工成本,提高了劳动效率,还直接提升了物流过程的精细化水平,达到质量零缺陷的目的。计算机管理系统搭建了海尔集团内部的信息高速公路,能将电子商务平台上获得的信息迅速转化为企业内部的信息,以信息代替库存,达到零营运资本的目的。

案例思考:
1. 网络营销的意义从哪些方面体现?
2. 如何提高网络营销的优越性?
3. 在实际的工作中,对于网络营销应注意的问题有哪些?

课后习题

一、选择题

1. 属于网络广告优势的是(　　)。
　　A. 网络广告的效果评估困难
　　B. 网络广告表现形式灵活,界面具有交互性
　　C. 可供选择的广告位置有限
　　D. 网络广告创业困难

2. 网络信息的搜集绝大部分是通过(　　)获得的。
　　A. 聊天程序　　　B. 新闻组　　　　C. 搜索引擎　　　D. BBS

3. 关于网络营销和传统营销的说法准确的是(　　)。
　　A. 网络营销暂时还是一种不可实现的营销方式
　　B. 网络营销不可能冲击传统营销方式
　　C. 网络营销最终将与传统营销相结合
　　D. 网络营销将完全取代传统营销的一切方式

4. "企业可以借助因特网将不同的营销活动进行统一规划和协调,以统一的资讯向消费者传达信息"。这体现了网络营销的(　　)特点。
　　A. 互动性　　　　B. 整合性　　　　C. 跨时空性　　　D. 成长性

5. 网上市场调研的主要内容有(　　)。
　　A. 市场需求研究　　B. 营销因素研究　　C. 竞争对手研究　　D. 组织内部环境

6. 网络消费的心理动机包括(　　)。
　　A. 理智动机　　　B. 追求自由的动机　C. 感情动机　　　D. 惠顾动机

7. 对网络营销 4C 理论中的 4C 的理解正确的是(　　)。

A. 顾客、成本、方便、促销　　　　　B. 顾客、价格、方便、沟通

C. 顾客、成本、方便、沟通　　　　　D. 产品、价格、地点、促销

8. 下面产品不适合在网上销售的是(　　　)。

　　A. 计算机软、硬件　　　　　　　　B. 规格明确、价格统一的产品

　　C. 知名品牌产品　　　　　　　　　D. 贵重产品,如金饰、珠宝等

9. 在选择网络广告时,一般首先考虑网站的(　　　)。

　　A. 受众群体　　　B. 网页设计　　　C. 经营策略　　　D. 网页浏览次数

10. 最经典、最常用的网站推广的手段是(　　　)。

　　A. 在搜索引擎上注册　　　　　　　B. 建立关键词列表

　　C. 充分利用友情链接　　　　　　　D. 在媒体上做广告

二、简答题

1. 简述网络市场调查的基本方法。

2. 简述网络营销的定价策略。

3. 简述网络广告的特点。举例说明各种类型的网络广告及其应用。

4. 网络营销与传统营销有哪些区别?

5. 简述搜索引擎的分类及工作原理,以及如何选择搜索引擎。

三、实践题

1. 上网查询并实际体验微博的营销模式。

2. 上网搜寻有关 Web 3.0 技术的探讨及其在营销中的实际案例。

3. 上网查找韦博国际英语的邮件营销模式,并对其进行分析和探讨。

4. 在互联网上借助各种营销手段对自己进行营销,并撰写营销报告。

项目 *6*

电子商务单证

本项目阐述电子商务中的单证与合同的相关知识,包括电子商务单证,电子商务合同的定义、特征、分类、订立,以及电子合同的生效、监管、条款和签订注意事项,电子商务贸易洽谈的方式,电子签章技术,电子数据交换技术。

项目内容

熟练掌握电子商务单证和电子商务合同的相关知识;学会电子商务网上询价、网上报价、贸易洽谈的方式;掌握电子商务单证的使用;了解电子商务合同的特点及内容;熟悉电子商务合同洽谈和签订的整个过程。

知识要求

掌握电子商务单证的定义、分类、特征和设计方法;掌握电子合同的定义、特征和分类;熟练使用电子商务中常用的洽谈工具;理解电子签章的原理和应用;了解电子商务合同的签订以及监管;理解电子数据交换技术的原理和应用。

思政要求

了解电子合同的法律效应;熟悉电子合同的应用生态环境。

相关知识

知识 *6.1*　电子商务单证概述

👆微课

1. 网上单证的概念

所谓网上单证,就是在电子交易中使用的表格和单证。它是计算机网络中的数据库与用户之间的联系界面,是电子交易信息流的逻辑载体。它可以通过网页的形式来表现和传播,向用户搜集和传递必要的商务信息。从表面形式上看,它与纸质单证没有区别,但实际上,它通过计算机程序与数据库紧密相连,并可通过计算机根据不同的需求进行不同的处理,从而实现交易的自动化。阿里巴巴会员注册使用的单证如图6.1所示。

2. 网上单证的分类

(1) 身份注册类型

网上单证一般用于各网站搜集用户信息和确认用户身份。例如,在进行网站会员注册、申请电子邮件或个人主页空间时,都需要用户的个人信息,以确认用户身份,赋予用户相应

135

的角色和权限。

图 6.1 阿里巴巴会员注册使用的单证

（2）普通信息交流类型

网上单证的内容包括姓名、主题、电子邮件、地址、电话和留言信息等，用于网站自身、为第三方客户进行需求调查或搜集用户反馈信息。

（3）信息发布类型

网上单证一般用于网站提供给用户发布信息的工具。信息发布类型网上单证的内容包括单位名称、邮编、电子邮件、地址、电话、联系人、信息主题和信息内容（主要是与产品相关的信息，如产品规格、数量及价格等）。

3. 网上单证的设计方法

（1）设计网上单证的种类和格式内容

按照一般网上商店、网上超市卖场在网上销售时交易双方信息互动的需要，列出所需的网上单证种类的名称，如客户注册单证、商品信息表、购物车等；列出各种单证的有关数据项并确定项目名称及定义其数据类型和长度等；画出各种单证的表格样张；确定客户在填写单证时各种数据项的特征是必需的或是可选的。

（2）设计网上单证的风格

列出各种网上单证为方便客户所需要的提示语内容，确定本店铺网上单证的统一风格，包括色彩、字体和字形等，确定各单证中问候语和广告语的内容。

（3）设计网上单证的功能和链接

确定各网上单证应出现哪些相关网页及其具体位置；设计各网上单证之间的相互关系，包括数据调用和链接关系；设计各网上单证的有关功能，如购物车中商品的确认和删除等；设计对客户输入数据的核对功能。

知识 6.2 电子合同的定义

微课

合同也称契约,反映了双方或多方意思表示一致的法律行为。在市场经济条件下,绝大多数交易活动都是通过缔结和履行合同来进行的,而交易活动是市场活动的基本内容,无数的交易构成了完整的市场,因此,合同关系是市场经济社会最基本的法律关系。

随着电子技术的发展,电子商务正在被越来越多的商家采用,于是在电子交易中就产生了电子合同。电子合同(Electronic Contract),也称电子商务合同,目前我国对电子合同尚未做出明确的法律定义,世界各国在其有关电子商务的立法中也没有一个权威性的统一解释。

根据联合国《电子商务示范法》及世界各国所颁布的电子商务(交易)法,同时结合我国《中华人民共和国民法典》(简称《民法典》)的有关规定,可以给出如下定义:电子合同是当事人以电子数据交换、电子邮件等方式能够有形地表现所载内容,并可以随时调取查用的数据电文。如图 6.2 所示。

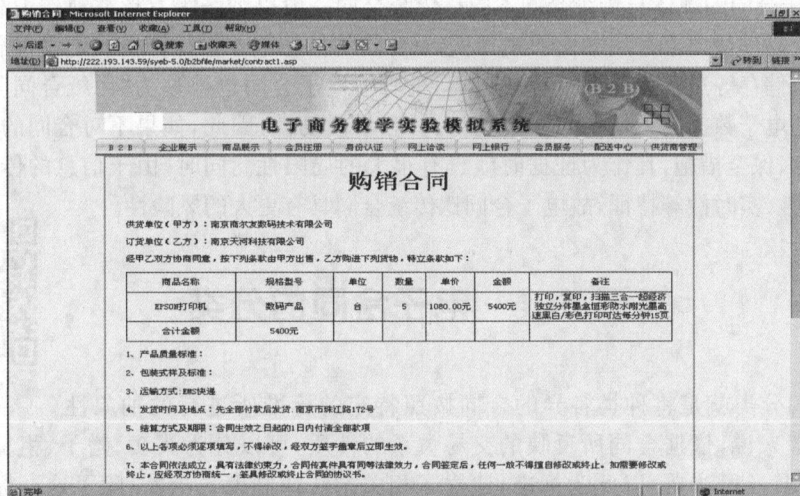

图 6.2 电子商务交易中的购销合同

知识 6.3 电子合同的特征

微课

电子合同作为一种崭新的合同形式,与传统合同所包含的信息大体相同,即同样是对签订合同各方当事人的权利和义务做出确定的文件。在订立电子合同的过程中,合同的意义和作用并没有发生改变,但其签订过程和载体已不同于传统的书面合同,其形式也发生了很大的变化。电子合同与传统合同相比,主要有以下几个特点:

① 电子合同是通过计算机互联网,以数据电文的方式订立的。在传统合同的订立过程

中,当事人一般通过面对面的谈判或通过信件、电报、电话、电传和传真等方式进行协商,并最终缔结合同。这是电子合同有别于传统书面合同的关键。

② 电子合同交易的主体具有虚拟性和广泛性的特点,订立合同的各方当事人通过网络运作,可以互不谋面。电子合同的交易主体可以是世界上的任何自然人、法人或其他组织,合同当事人的身份依靠密码辨认或认证机构的认证。这就必然需要提供一系列的配套措施,如建立信用制度、让交易的相对人在交易前知道对方的信用状况等。

③ 电子合同中的意思表示具有电子化的特点。在电子合同订立的过程中,合同当事人可以通过电子方式来表达自己的意愿。电子合同的要约与承诺不需要传统意义上的协商过程和手段,其文件的往来也可通过互联网进行。

④ 电子合同生效的方式、时间和地点与传统的合同有所不同。传统的合同一般以当事人签字或盖章的方式表示合同生效,而在电子合同中,表示合同生效的传统的签字盖章方式被电子签名所代替。合同成立的时间和地点对于确定当事人的权利和义务及合同应适用的法律具有重要意义,但各国合同法对承诺生效的时间的规定并不一致。一般认为,电子合同采取到达生效的原则更为合理,联合国《电子商务示范法》也采取此种做法。传统合同的生效地点一般为合同成立的地点;没有主营业地的,经常以居住地为合同成立的地点。

⑤ 电子合同的载体与传统合同不同。传统合同一般以纸张等有形材料作为载体,同时对于大宗交易一般要求采用书面形式,而电子合同的信息记录在计算机或磁盘等载体中,其修改、流转、储存等过程均通过计算机进行。因此,电子合同也被称为"无纸合同"。电子合同所依赖的电子数据是无形物,具有易消失性和易改动性,因此,如果不对合同的信息采用一定的加密、保全措施,其作为证据时就具有很大的局限性。同时,由于信息的传递具有网络化、中介性、实时性等特征,故电子合同比传统合同具有更大的风险性。

知识 6.4 电子合同的分类

合同的分类就是将种类各异的合同按照特定的标准所进行的抽象性区分。一般来说,依据合同所反映的交易关系的性质,可以分为买卖、赠予、租赁、承揽等不同的类型。《民法典》以此为标准,建立了相关的法律制度。当然,除了这一标准之外,还有以双方权利义务的分担方式,分为双务合同与单务合同;以当事人是否可以从合同中获取某种利益,分为有偿合同与无偿合同;以合同的成立是否需要交付标的物,分为诺成合同与实践合同;以合同的成立是否以一定的形式为要件,分为要式合同与不要式合同等。

对电子合同进行科学的分类,一方面有利于法学研究,使研究更加深入;另一方面也可以使电子合同法律制度的建设更具针对性和全面性。电子合同作为合同的一种,也可以按照传统合同的分类方式进行划分,但基于其特殊性,还可以将其分为以下几种类型:

① 从电子合同订立的具体方式的角度,可分为利用电子数据交换订立的合同和利用电子邮件订立的合同。

② 从电子合同标的物的属性的角度,可分为网络服务合同、软件授权合同、需要物流配送的合同等。

③ 从电子合同当事人的性质的角度,可分为电子代理人订立的合同和当事人亲自订立的合同。

④ 从电子合同当事人之间的关系的角度,可分为 B2C 合同、B2B 合同和 B2G 合同。B2C 合同,即企业与个人在电子商务活动中所形成的合同;B2B 合同,即企业之间从事电子商务活动所形成的合同;B2G 合同,即企业与政府进行电子商务活动所形成的合同。

知识 6.5　贸易洽谈的方式

传统商务受到时域地域的限制,交易双方一般是面对面地协商并进行交易;而电子商务充分利用 Internet,其贸易伙伴的选择范围很大,互不见面地利用很多有效的方式进行咨询洽谈,整个过程不受时域和地域的限制。常用的贸易洽谈工具有非实时的电子邮件(E-mail)、实时的讨论组(Chat)、网上的聊天室、电子公告系统(BBS)、新闻组(News Group)以及网上白板会(Whiteboard Conference)等。

1. 电子邮件

电子邮件的操作处理方法一般有两种。一种是采用 WWW 方式,即登录到注册邮件账号的电子邮件服务商的网站上,输入用户名和密码,单击相应的链接进行操作。例如,电子邮件地址为 haizijk@163.com,登录 http://www.163.com 网站,输入用户名 haizijk 和设置的密码后就可以进行电子邮件的相关操作,如图 6.3 所示。

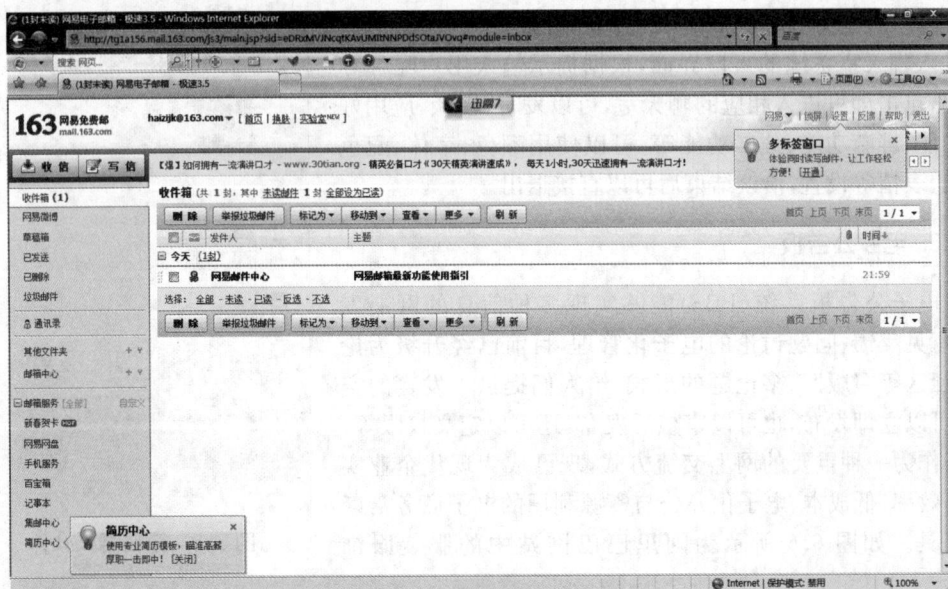

图 6.3　163 网易电子邮箱

电子商务理论与实务

对于从事电子商务行业的人员，拥有很多客户和邮箱，每天需要处理多个邮箱的邮件，就可以选择使用客户端邮件处理软件高效率地处理大量邮件。常用的客户端邮件处理软件有 Windows Mail（见图 6.4）、Outlook Express、Foxmail 等。

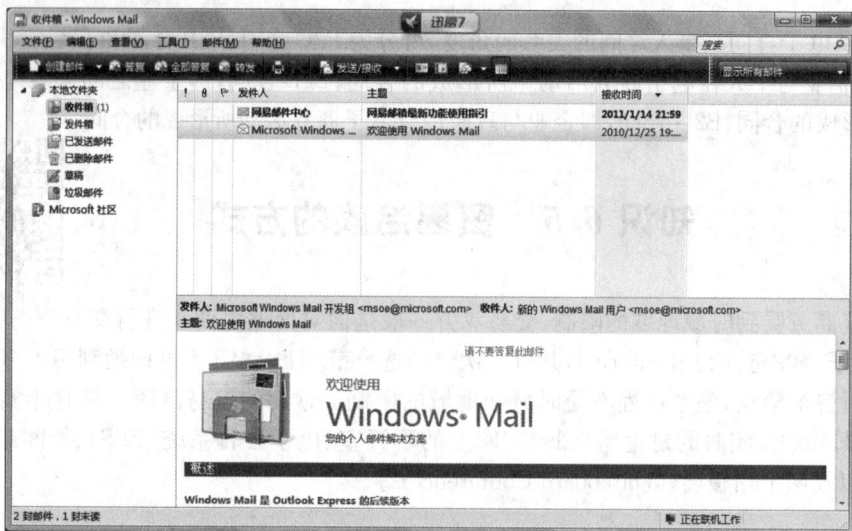

图 6.4　Windows Mail 电子邮件客户端软件

2. 聊天室

利用网上聊天室进行洽谈有两种。一种是在客户端下载安装聊天软件，如千牛工作台、腾讯 QQ、微信（见图 6.5）等。另一种是某些电子商务交易平台开发出来的系统，用户进入聊天室系统的入口界面，根据提示输入用户昵称和密码，点击即可进入相应的聊天室，可以发言、密谈，应用好友功能、屏蔽功能、分屏功能等，可以使用颜色、字体、配色方案、表情等设置，洽谈结束后可以直接退出。

3. 电子公告板

电子公告板系统（BBS）能够实现多种信息的网上发布、意见反馈、问题讨论的电子化管理，目前已经升级为论坛、社区等多版区、多论题的形式，给人们提供了发言的空间，可以立即发布，也可以审核后发布，还可以定义权限等。BBS 作为一种重要的网上交流方式，现已成为现代企业实现高效率、低成本、电子化办公与资源利用的电子商务洽谈的工具。如图 6.6 所示为阿里巴巴网站中的服装服饰论坛。

图 6.5　微信聊天软件

图6.6 阿里巴巴网站的服装服饰论坛

知识 6.6 电子签章

电子签章(Electronic Signature)泛指所有以电子形式存在,依附于电子文件并与逻辑相关,可以辨别电子文件签署者身份,保证文件的完整性,并表明签署者同意电子文件所陈述事项的内容。电子签章技术包括数字签章和逐渐普及的用于身份验证的生物识别技术,如指纹、面纹、DNA技术等。

目前最成熟的电子签章技术就是数字签章(Digital Signature),是以公钥及密钥的"非对称型"密码技术构成的电子签章。它的使用原理大致为:由计算机程序将密钥和需传送的文件浓缩为信息摘要予以运算,得到数字签章,将数字签章并同原交易信息传送给交易对方,交易对方可用来验证该信息确实由前者传送,查验文件在传送过程中是否遭他人篡改,并防止对方抵赖。由于数字签章技术采用的是单向不可逆运算方式,要想对其破解非常困难。文件传输是以乱码的形式显示的,他人无法阅读或篡改。因此,从某种意义上讲,使用电子文件和数字签章,要比使用经过签字盖章的书面文件安全得多。

1. 数字签章的过程

数字签章的过程为:利用某种数学方程式杂凑算法将交易资料转换为"信息摘要",再利用私钥(电子印章)对"信息摘要"进行乱码运算,即可得到此笔交易资料的数字签章。在这个过程中有以下3点要特别注意:

① 所使用的杂凑算法具备"单向不可逆运算"的特性,即仅能由交易资料推算出信息摘要,而无法由信息摘要反向推算出交易资料的内容,因此交易资料与信息摘要的内容具备关联性,且不同的交易资料内容不会运算出相同的信息摘要。

② 为节省签章所需运算时间,对较为简短的信息摘要进行签章,而不对原交易资料进行签章。只要信息摘要与原交易资料内容完全相关,对信息摘要签章即相当于对原交易资料签章。

141

③ 乱码化运算是一个相当复杂的运算过程,由于其破解难度非常高,只要私钥不外泄,他人就无法伪造代表交易资料的数字签章,因此,数字签章可实现传统印章的身份识别功能。

2. 验证签章的过程

公钥与私钥具有配对关系,经某私钥签章的资料,只能由与其配对的公钥才能正确完成验证。认证机构证明公钥的拥有者,并将公钥置于电子证书中公开,供交易对方使用。

验证签章的过程为:当交易对方收到交易资料及数字签章后,依其接收的交易资料经杂凑运算产生"信息摘要1",然后利用发送方的配对公钥将数字签章以乱码化运算还原为原来的"信息摘要2",对比这两个信息摘要,若两者相同即表示交易资料或数字签章正确无误。

通过数字签章机制可以实现下列安全保护功能:交易身份确认,防止不法者冒名交易;确认接收资料的正确性,防止不法者篡改交易资料内容;签章者无法否认交易内容;对资料进行加密,确保机密资料不会外泄。

知识 6.7 电子合同的监管

网上广告、网上购物、网上合同、网上支付等新型网络交易活动给工商行政管理机关提出了新的要求。工商行政管理机关是国家主管市场监督管理和有关行政执法的职能部门。工商行政管理部门监管的市场是社会主义市场经济下的大市场,工商行政管理机关对电子合同进行监督管理责无旁贷,该项职能是由法律赋予的。工商部门对电子合同监管能促进网络市场交易的公平性、安全性、经济性,能有效地保护消费者和经营者的合法权益,能减少合同争议和违法合同,提高合同的履约率,维护市场交易安全,促进经济的发展。

1. 我国现阶段的电子合同监管主要存在的问题

① 电子合同的实体法和监管的程序法等立法不能适应现阶段的要求。对电子合同的监管是一个技术性很强的工作,没有相关的规章制度是无法开展的。

② 相关的技术与配套工程没有确立,从而无法保证电子合同的监督与管理工作。电子合同交易的开展需要一系列的配套措施,是一个系统的工程,如市场主体制度的认证,电子合同效力、电子合同交易的安全性与真实性问题,电子证据、电子合同争议的管辖权等。目前的立法严重滞后,影响电子合同的交易和监管力度。

③ 现有的工商登记制度无法对网络交易主体进行监管,没有统一的认证机构。

④ 工商行政管理机关执法人员的水平和能力有限,执法的手段单一。目前,我国基层工商机关自动化办公水平有待提高,计算机知识、网络技术有待加强。执法人员对网络交易行为不了解,不能快速地对网络市场信息进行有效的搜集、分析和整理,从而影响了电子合同监管的力度。

工商行政管理机关对电子合同的监管是对电子合同交易的整个过程的监管,包括电子合同要约、电子合同的订立、电子合同的交付、电子合同的签证、电子合同争议的处理等。根据等同法则,电子合同具有书面合同的形式与性质,现阶段不能用原有的方法来对电子合同进行监管。电子合同的监管是对签约前、签约过程及签约后电子合同的履行等进行监管。电子合同签约前的阶段主要是对买卖信息的检索,对整个交易行为做充分的准备工作,这就需要政府和职能部门提供一系列的配套措施。作为政府职能部门的工商行政管理机关,应该对网络市场予以规范和管理,为电子合同的广泛使用提供良好的网络环境,保障网络交易的安全性、公正性,促进网络交易行为,提高履约率。

2. 工商部门对电子合同的监管应注重的方面

① 建立电子合同监管平台。工商行政管理机关应该按照所辖区域设立电子合同监管平台,各级工商行政管理机关应该对所辖区域的经济主体经济情况对公众公开,以备市场相关人员进行查询和了解。这种信息包括企业的信用、资金、产品质量,有无违规经营等一切公众资料,涉及企业的商业秘密未经权利人同意不能公开。

② 对电子合同的监管应该是对电子合同是否违反法律法规、规章进行审查,纠正电子合同中的违法行为,查处利用电子合同进行违法交易的行为,以及对违约处罚。

③ 完善我国物流配送体系,加强电子合同依法履行的监管工作,促进电子合同交易的成功率。

④ 建立电子合同签订网。电子合同签订是对合同签订的延伸,电子合同签订网的建立能有效地弥补书面签订的缺陷,减少人力、物力和财力方面的支出,提高工作效率。

⑤ 建立网上电子合同监管投诉中心,及时反映合同监管中的问题,保护消费者的合法权益。

⑥ 加强电子合同的法律法规的研究制定工作,建立有效的网络监管体制,维护市场经济的安全。

⑦ 加强执法人员的培训工作,提高执法人员的水平。电子合同监管是一项技术性很强的工作,涉及的知识面广泛,执法人员需要不断学习和更新知识结构。

知识 6.8　电子合同签订注意事项

1. 违约及违约责任条款

实践中很多人在签合同时,对违约情形即什么情况下构成违约没有说清楚,或者只约定违约情形却没有约定违约方在违约后应承担的具体责任,使合同对当事人之间的制约力减弱,从而造成合同当事人有意不履约或故意悔约。另一方面,一些当事人将违约情形定得过多过细,同时希望违约方承担的违约责任越重越好,这容易使合同变得不公平,影响双方交易的进行。

2. 签约双方的名称应是全称而不是简称

我方或对方是集团公司的成员(如子公司或分公司)时,更应写明全称,明确交易方式,即究竟是代理还是经销,是独家代理或经销还是其他方式的代理或经销,是否允许国外公司代理或经销其他方的产品等。

3. 指定地区范围

合同中应当根据交易的具体情形和我方意图、对方拓展市场的能力,将国外公司代理或经销的区域予以明确约定,以免造成我方产品在不同市场因销售者的不同而相互进行价格竞争。同时,约定产品的范围和数量或金额,即国外公司代理或经销的具体产品,以及在一定的期间应当代理或经销的产品数量或金额。还要约定报酬及支付结算的方式,即根据交易方式是代理或经销,明确报酬的计算方式和支付方式。

4. 国外公司对产品在当地市场营销推广的义务

合同中应当约定:广告宣传、展览、市场信息的提供,以及因这些营销推广产生的费用承担问题;合同终止的情形,即应当约定合同在哪些情形下将自动终止,哪些情形下为提前终止合同,这对于保护我方利益以及控制交易的主动权相当重要;违约责任,由于各国法律规定不同,最好预先约定违约金及损害赔偿的计算方式,以免发生争议后双方难以协商解决违约金或损害赔偿的金额。

5. 适用法律

在国际贸易中,一定要在合同中预先约定合同适用的法律,在代理或经销交易中也不例外。这直接决定了今后争议解决的难度和方式,也涉及争议解决方案与决议的执行问题。鉴于仲裁是国际贸易中普遍接受的方式,且容易并方便在各国执行,建议采用仲裁方式,同时要约定仲裁机构和仲裁地点。

项目实施

项目任务

根据项目内容,本项目应学会电子商务网上询价、网上报价、贸易洽谈的方式,掌握电子商务单证的使用,了解电子商务合同特点及内容,以及熟悉电子商务合同洽谈和签订的整个过程。这主要有下面几个任务:

1. 贸易洽谈的方式及应用。
2. 电子签章的制作。
3. 电子合同签订的操作。

项目要求

1. 理解电子商务所使用的几种贸易洽谈方式,学会使用并熟练掌握。
2. 掌握电子签章软件的安装过程和电子签章的制作过程。
3. 熟知电子商务合同的格式内容,全面掌握电子商务合同的签订过程。

实施步骤

任务 1　贸易洽谈

① 进入网易(http://www.163.com)，免费申请邮箱，申请成功以后，两个同学一组扮演贸易的双方，就某一产品的销售、价格、服务、质量、合同等交易内容互发邮件进行沟通，掌握贸易洽谈中电子邮件的使用方法，如图 6.7 所示。

图 6.7　电子邮件工具在贸易洽谈中的应用

② 下载安装千牛工作台、腾讯 QQ、微信 3 个软件，两个同学一组扮演贸易的双方，就某一产品的销售、价格、服务、质量、合同等交易内容进行洽谈沟通，掌握贸易洽谈中客户端聊天软件的使用方法。

③ 进入海尔商城(http://www.ehaier.com)，浏览热卖产品、最新上市、精品推荐和自选套餐 4 个栏目中的海尔产品。单击屏幕右侧在线导购、销售咨询和售后服务的链接，进入海尔在线客服中心，如图 6.8 所示。

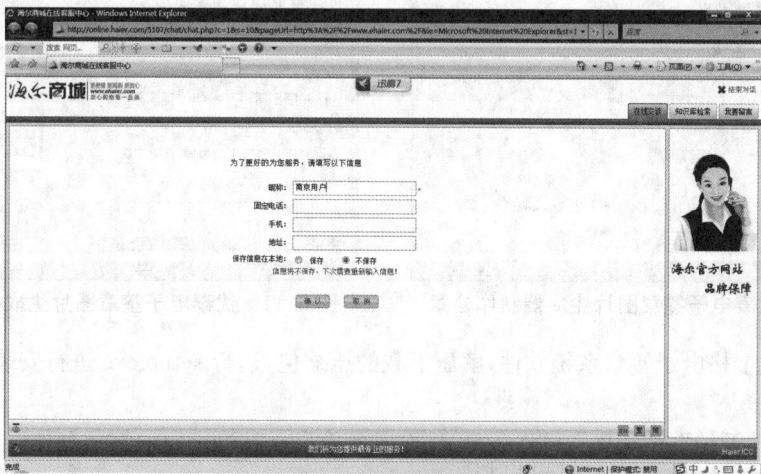

图 6.8　海尔商城在线客服中心

输入昵称或固定电话、手机和地址，就某一型号的海尔产品进行在线沟通咨询，内容包括销售、价格、服务、质量、性能、活动等，掌握电子商务在线客服中心所提供的商务洽谈室的使用方法，如图 6.9 所示。

图 6.9 海尔商城客服中心在线交谈

任务 2 电子签章制作

① 下载优泰电子签章图片生成器软件，解压下载的压缩包，运行 setup.exe 进行安装，运行优泰电子签章图片生成器。

② 熟悉优泰电子签章图片生成器的参数界面，设置适当的参数制作南京天河科技发展有限公司合同专用章，保存为"天河科技合同章.gif"，如图 6.10 所示。

③ 进行适当的参数设置，制作南京天河科技发展有限公司法人郭东升私章，保存为"法人私章.gif"，如图 6.11 所示。

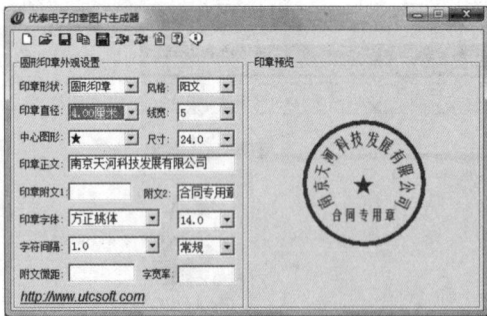

图 6.10 优泰电子签章图片生成器制作公章

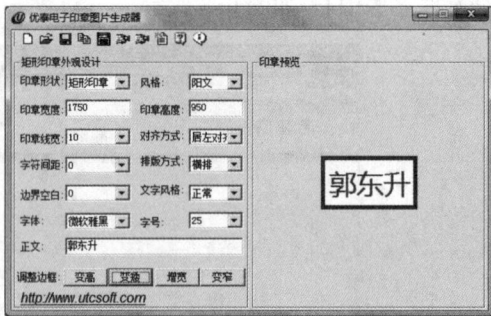

图 6.11 优泰电子签章图片生成器制作私章

④ 下载金格电子签章系统软件，解压下载的压缩包，运行 setup.exe 进行安装，如图 6.12 所示。

⑤ 单击"开始"→"程序"→"iSignature 电子签章"→"iSignature 签章制作"，进入签章制作界面。

⑥ 单击"签章导入",选择"天河科技合同章.gif",设置用户名称、签章名称和签章密码,然后单击"确定"按钮,如图 6.13 所示。

图 6.12　iSignature 电子签章系统的安装

图 6.13　天河科技合同章导入设置

⑦ 单击"签章导入",选择"法人私章.gif",设置用户名称、签章名称和签章密码,然后单击"确定"按钮。

任务 3　电子合同签订

① 打开 Word 软件,编辑一份购销合同,签约双方填写相关合同信息并确认,如图 6.14 所示。

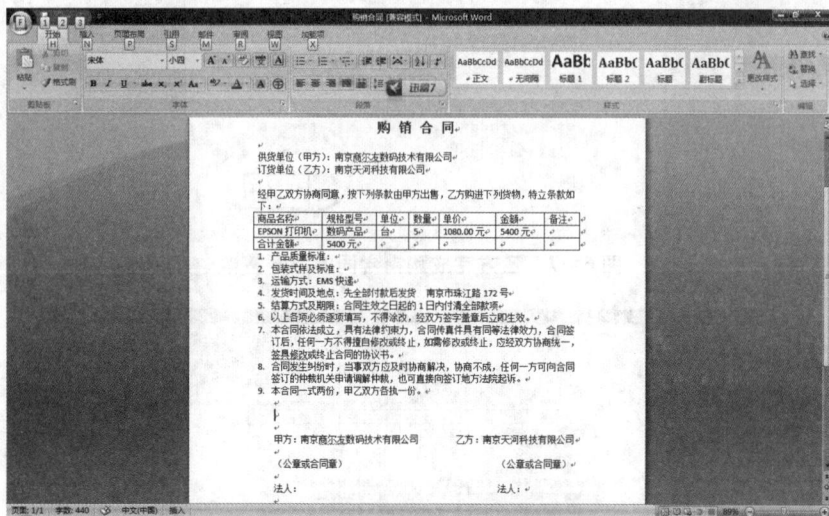

图 6.14　用 Word 软件编辑购销合同

② 乙方进行电子签章。单击 Word 软件的"加载项"菜单,将光标放在乙方后面,单击屏幕左上角的"电子签章",进入参数设置,选择签章文件"C:\Program Files\iSignature_V5\iSignature\南京天河科技有限公司\南京天河科技有限公司.key",如图 6.15 所示。

③ 选择签章名称为合同专用章,输入钥匙密码,进行乙方公司电子签章,如图 6.16 所示。

④ 用相同的方法选择签章名称为法人私章,输入钥匙密码,进行乙方公司法人签章,如

图 6.17 所示。

⑤ 乙方在电子签章之后，若想再修改合同内容，如将结算方式改为 2 日内，则合同内容一旦被修改过，应在印章上单击鼠标右键，选择"文档验证"命令后，将看到印章被加上两条线，表示印章无效，如图 6.18 所示。

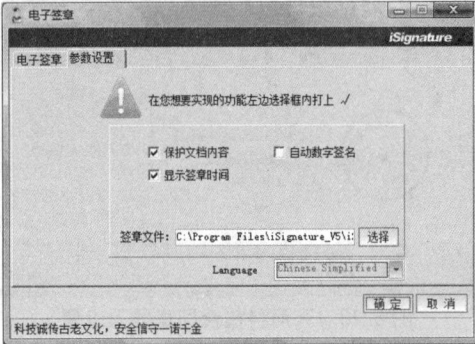

图 6.15　乙方进行电子签章参数设置

图 6.16　乙方对购销合同进行电子签章

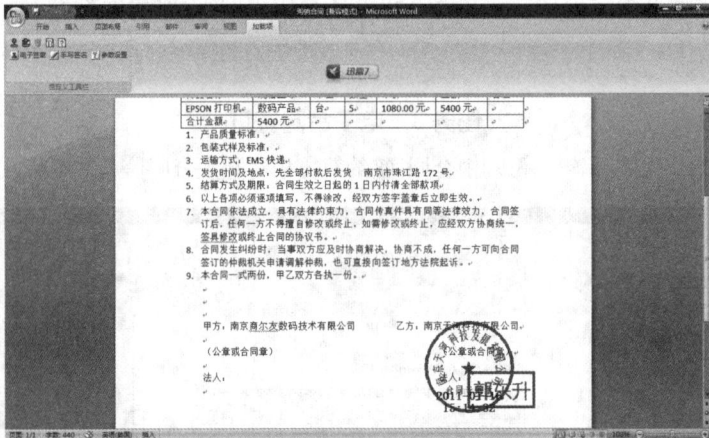

图 6.17　乙方完成购销合同的电子签章

图 6.18　购销合同的内容遇到修改

⑥ 乙方在电子签章之后,需要将电子合同以邮件等方式传给甲方签章,在传送之前需要对合同进行锁定——在"文档锁定"窗口输入钥匙密码,如需要对合同进行修改,需要使用"解除锁定"功能,在传送过程中还可以加入数字证书,如图6.19所示。

⑦ 甲方收到乙方的电子合同之后,首先要判断电子合同在传输过程中有没有被修改——可以使用"文档验证"功能,如果没有遭到破坏和修改,在窗口中会显示"文件完好无损"的信息,否则就会显示如图6.20所示的鉴定结果。

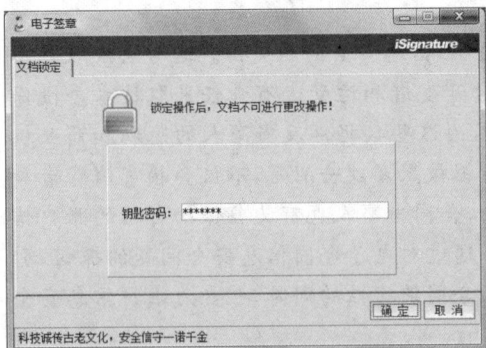

图6.19 购销合同进行文档锁定

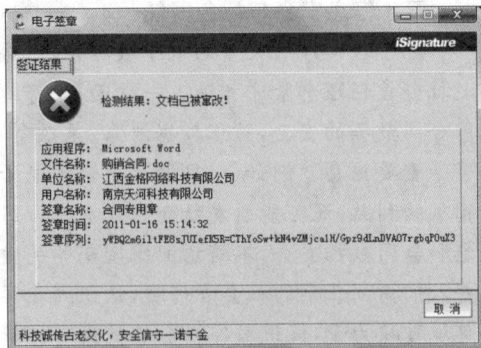

图6.20 购销合同传输鉴证结果

⑧ 甲方用相同的方法完成电子合同的电子签章,这样就完成了电子合同的签订。电子合同的签订,现在很多都集成到电子商务系统平台中。

思政园地

电子合同打造新零售时代下的契约新生态

在当今数字化浪潮汹涌澎湃的时代,企业数字化转型已成为提升竞争力、实现可持续发展的关键。电子合同在这一进程中扮演着极为重要的助力角色。倡导技术创新与时代担当,积极鼓励利用区块链、人工智能等前沿技术优化电子合同的流程与保障机制,在推动电子合同领域科技进步的同时,要确保创新遵循伦理道德与法律规范,以促进电子合同在新时代背景下健康、有序、可持续地发展,为社会经济数字化转型提供坚实支撑并彰显时代赋予的责任与使命。

一、诚信与契约精神

电子合同与传统合同一样,是当事人之间达成的具有法律约束力的约定。在电子合同的签订与履行过程中,诚信原则至关重要。这体现了思政教育中的契约精神培养。无论是企业还是个人,一旦签署电子合同,就有责任和义务按照合同条款履行承诺。例如,在电子商务交易中,商家承诺提供特定品质和规格的商品,消费者则需按时支付款项。通过电子合同的实践,强化人们对诚信价值的认知,让参与者明白违背契约不仅会面临法律制裁,更损害了社会信任体系。在教学中,可以列举因不诚信履行电子合同导致企业声誉受损、个人信用受影响的案例,引导学生树立诚信意识,理解契约精神是市场经济和社会和谐稳定运行的基石。

二、法律法规意识

电子合同的合法性建立在相关法律法规的框架之上。了解和遵守《中华人民共和国电

子签名法》等法律法规是电子合同有效运行的前提。这有助于培养人们的法治观念。在思政教育中，强调电子合同相关法律知识，让学生或从业者认识到法律对电子合同各个环节的规范作用，从合同的订立形式（如电子签名的合规性）到合同的效力认定、纠纷解决等。通过案例分析，如因电子合同签订时未遵循法定程序而导致合同无效引发的经济纠纷等，使受教育者明白只有在法律的轨道上运用电子合同，才能保障自身权益，维护市场秩序，进而增强他们对法治社会建设的理解和尊重，提升依法办事的意识。

三、信息安全与社会责任

电子合同涉及大量的电子数据传输、存储与处理，信息安全问题突出。这与思政教育中的社会责任理念紧密相连。一方面，电子合同平台开发者和运营者有责任采取技术手段保障合同数据的安全，防止数据泄露、篡改等问题，因为这些数据涉及当事人的隐私和商业机密等重要信息。例如，一旦电商平台的电子合同数据被黑客攻击泄露，不仅会损害消费者和商家的利益，还可能引发社会信任危机。另一方面，合同当事人也有义务保护自己的账户信息和合同数据安全，不随意泄露密码等关键信息。通过对电子合同信息安全问题的探讨，引导人们树立正确的社会责任观，认识到在享受电子合同便捷性的同时，也要为维护信息安全环境贡献力量，促进数字社会的健康可持续发展。

四、技术创新与时代担当

电子合同是信息技术创新发展的产物，其不断演进反映了科技进步对社会经济生活的深刻影响。在思政教育中，可以将电子合同的发展历程作为案例，激发学生或从业者的时代担当精神。鼓励他们积极关注科技前沿，如区块链、人工智能等新兴技术在电子合同领域的应用趋势，培养勇于创新、敢于探索的精神。让他们认识到在数字化时代，通过技术创新可以提高电子合同的效率、安全性和便捷性，从而更好地服务社会经济发展。同时，也要引导他们思考如何在技术创新过程中遵循伦理道德和法律规范，确保创新成果造福人类，增强他们对推动时代进步和社会发展的责任感与使命感。

案例分析

千牛工作站

千牛工作站是阿里巴巴官方推出的一款一站式店铺管理服务平台，主要包括PC版和手机版。千牛工作站的上线经历了多个重要阶段和功能更新，最初上线时，就致力于为淘宝和天猫卖家提供一个便捷、高效的店铺管理平台，其基础功能包括商品管理、订单管理、客服沟通等核心模块，帮助卖家能够在一个平台上完成大部分的日常店铺运营工作。

千牛工作站功能主要有店铺管理、交易管理、客户管理、营销推广。店铺管理可进行商品的上下架、库存管理、价格调整等操作，还能查看店铺的各项基础运营数据，如订单量、销售额、访客数、转化率等，帮助卖家全面了解店铺的经营状况，以便及时调整经营策略。交易管理支持待付款订单的备注、改价、关闭，待发货订单的扫码发货、改地址及售后订单的同意或拒绝、延长收货时间、申请客服介入等操作，方便卖家对交易流程进行全程跟踪和管理。客户管理能够查看客户的基本信息、购买记录、历史聊天记录等，卖家可以据此对客户进行分类和标签管理，实现精准营销和个性化服务，还可设置自动回复，提高客服接待效率。营销推广提供官方优惠券工具,支持管理店铺券、商品券,卖家可直接从手机端报名大促活动、提报商品,同时整合多渠道营销玩法,助力商家获取更多流量和客户。

2024年9月3日更新的千牛工作台v7.26.05版本,主要优化了登录速度、内存消耗以及账号安全等性能,登录界面更加简洁,工具条内容更加丰富,还新增了一些实用功能,如商业资讯、金融服务、货源采购、服务外包等。2024年12月2日更新的千牛工作台手机版v9.8.330版本,优化了一些体验问题,新增了"品类机会"功能,为中小商家提供"趋势商品"的孵化计划及额外资源与流量扶持。

千牛工作站的特点和优势主要体现在性能稳定、操作便捷、数据精准、功能丰富、服务完善。千牛工作站服务器和网络环境经过严格保障,能够确保用户数据的安全和稳定使用,即使在业务高峰期也能流畅运行,不会出现卡顿或掉线等问题。千牛界面简洁直观,易于上手,各项功能布局合理,用户可以快速找到所需的操作入口。同时,支持多账号登录管理,方便卖家同时管理多个店铺。千牛实时更新店铺的各项数据,数据准确性高,为卖家提供可靠的决策依据,帮助卖家及时把握市场动态和店铺经营情况,制定更加科学合理的经营策略。功能涵盖了店铺运营的各个环节,从商品管理、订单管理到客户管理、营销推广等,应有尽有,满足了卖家的多样化需求,真正实现了一站式管理。千牛提供丰富的电商知识和权威的行业资讯,帮助卖家了解最新的平台动态和行业趋势,提升经营能力。此外,它还整合了优质服务商的供应能力,为卖家提供货源、金融服务、企业采购等全方位的商务服务。

案例思考:

1. 千牛工作站在店铺商品管理方面有哪些主要功能及作用?

2. 千牛工作站如何助力电商卖家进行营销推广活动?

3. 在客户服务方面,千牛工作站有哪些功能特点及优势?

课后习题

一、选择题

1. 电子合同按照自身的特点分类,可以分成(　　　)。

　A. 信息产品合同与非信息产品合同

　B. 有形信息产品合同与无形信息产品合同

　C. 信息许可使用合同与信息服务合同

　D. 有价合同与无价合同

2. 电子合同中用(　　　)表示电子合同生效。

　A. 银行确认　　　　B. 数字证书　　　C. 数字签名　　　D. 厂商确认

3. 在电子商务中,电子化是指(　　　)。

　A. 技术手段　　　B. 为商务服务　　　C. 核心和目的　　　D. 以上都不对

4. 在订单尚未进入配送程序前,应该允许客户直接在网页上取消订单,但(　　　)状态不可以取消订单。

　A. 未处理　　　B. 已联系　　　C. 已收款　　　D. 已配送

5. 为保护消费者的权益,许多国家的法律赋予消费者具有在一定期间内试用商品,并无条件解除合同的权利。这个无条件退货或解除合同的期间,被称为(　　　)。

   A. 解除合同期　　　　B. 变更合同期　　　　C. 撤销合同期　　　　D. 冷却期

6. 电子商务对以纸质文件为基础的传统法律规范带来的冲击表现在（　　　）。

   A. 书面形式问题　　B. 主体资格问题　　C. 签名问题　　　　D. 证据效力问题

7. 为防止他人对传输的文件进行破坏，需要（　　　）。

   A. 数字签名及验证　B. 对文件进行加密　C. 身份认证　　　　D. 时间戳

8. 在电子商务中，所有的买方和卖方都在虚拟市场上运作，其信用依靠（　　　）。

   A. 现货付款　　　　　　　　　　　　B. 密码的辨认或认证机构的认证

   C. 双方订立书面合同　　　　　　　　D. 双方的互相信任

9. 以下关于电子签名的说法，正确的是（　　　）。

   A. 电子签名仅指使用数字证书进行的签名

   B. 可靠的电子签名与手写签名或者盖章具有同等的法律效力

   C. 电子签名不需要任何第三方认证即可生效

   D. 只要是电子形式的签名都具有法律效力

二、简答题

1. 什么是电子商务单证？电子商务单证的功能特点有哪些？

2. 什么是电子商务合同？电子合同与传统合同有什么区别？

3. 简述 EDI 的应用及工作过程。

4. 什么是电子签章？电子签章有什么作用？

5. 谈谈电子合同签订时要注意的问题。

三、实践题

1. 根据互联网资料，归纳总结电子签名在中国的应用。

2. 通过网络搜索并评价国内外的三大数字签名提供商。

3. 分析国内电子合同的技术背景和发展动态。

4. 访问电子签章供应商的网站，对比分析供应商提供的产品和解决方案。

电子商务支付

本项目阐述电子商务交易中电子支付的相关技术;电子支付工具的种类和支付过程;网上银行业务、特点和应用;第三方支付平台的特点、产品类型及支付过程;移动支付的特点、发展、支付过程及应用。

项目内容

对电子支付的各种技术深入了解,掌握电子商务中各种支付技术的功能和应用;熟悉网上银行的注册及基本业务操作,学会使用第三方支付平台;培养学生熟练运用银行卡、支付宝进行网上支付,熟练运用个人网上银行进行转账等业务的操作。

知识要求

在电子商务的交易过程中,必须理解电子商务支付系统的基本构成、功能和特点;掌握主要的网上支付的方式;熟悉网上银行的概念、类型和特点;能够使用网上银行的主要功能;能够使用第三方支付平台完成支付活动。

思政要求

查阅我国金融业传统现金和电子支付的问题;熟悉数字货币对我国金融业支付业务的意义;熟悉我国支付业的现状及发展。

相关知识

知识 7.1 电子支付

微课

1. 电子支付的概念及特征

所谓电子支付,是指电子商务交易的当事人,包括消费者、厂商和金融机构,使用安全电子支付手段通过网络进行的货币支付或资金流转。电子支付系统是电子商务活动的基础,人们只有在建立可行的电子支付系统的基础上,才能真正开展电子商务活动。同时,电子支付系统也是关系到国家金融体制、经济管理及每一个人经济活动方式的重要事物。

与传统的支付方式相比较,电子支付具有以下几方面的特征:

① 电子支付是采用先进的技术通过数字流转来完成信息传输的,各种支付方式都是采用数字化的方式进行款项支付的;传统的支付方式是通过现金的流转、票据的流转及银行的汇兑等物理实体的流转来完成款项支付的。

② 电子支付基于一个开放的系统平台(即 Internet);传统支付是在较为封闭的系统中运

行的。

③ 电子支付使用的是先进的通信手段,如因特网,而传统支付使用的是传统的通信媒介。电子支付对软、硬件设备的要求很高,一般要求有联网的计算机、相关的软件及其他一些配套设施,而传统支付没有这么高的要求。

④ 电子支付具有方便、快捷、高效、经济的优势,用户只要拥有一台上网的计算机,便可以足不出户,在很短的时间内完成整个支付过程,支付成本仅相当于传统支付的几十分之一,甚至几百分之一。

⑤ 电子支付目前还存在一些需要解决的问题,主要是安全问题,如防止黑客入侵、防止内部作案、防止密码泄露等涉及资金安全的事项。

2. 电子支付系统

电子支付系统是指客户、商家、银行或其他金融机构、商务认证管理部门之间使用安全电子手段交换商品或服务,即把支付信息通过网络安全地传送到银行或相应的处理机构,实现电子支付的过程,是融购物流程、支付工具、安全技术、认证体系、信用体系及现在的金融体系为一体的综合系统。面向 Internet 网络的电子支付系统的基本结构如图 7.1 所示。

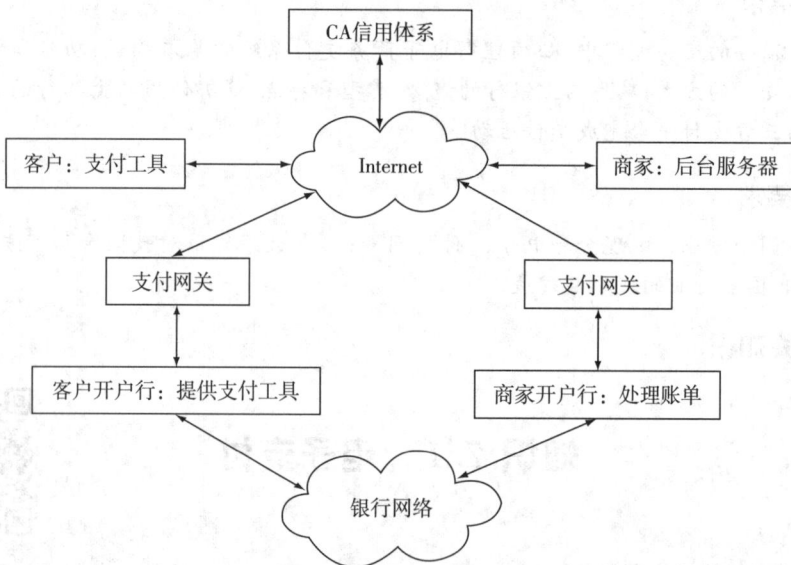

图 7.1　电子支付系统的结构

① 客户。一般是指互联网上与某企业或商家有商务交易关系且存在未清偿的债权、债务关系的单位和个人。客户用自己拥有的网络支付工具(电子钱包、信用卡、电子支票等)进行支付,是电子商务支付体系运作的原因和起点。

② 商家。这是指拥有债权的商务交易的除客户之外的另一方。商家可以根据客户发出的支付指令向中介金融机构请求结算。商家一般有专用服务器来处理这一过程,包括身份认证及对不同网络支付工具的处理。

③ 客户开户行。这是指客户在其中拥有资金账户的银行,客户所拥有的网络支付工具主要是由开户行提供的。客户开户行在提供网络支付工具的时候,同时提供一种银行信用,

即保证支付工具是真实的并可以兑付的。在利用银行卡进行网络支付的体系中,客户开户行又被称为发卡行。

④ 商家开户行。这是指商家在其中开设资金账户的银行,其账户是整个支付与结算过程中资金流向的目的地。商家将收到的客户支付指令提交开户行后,就由开户行进行支付授权的请示,并且进行商家开户行与客户开户行之间的清算工作。商家开户行是依据商家提供的合法账单(客户的支付指令)来工作的,所以又被称为收单行或接收行。

⑤ 支付网关(Payment Gateway)。这是 Internet 和银行专用网络之间的接口,支付信息必须通过支付网关才能进入银行支付系统,进而完成支付的授权和获取。支付网关的主要作用是完成两者之间的通信、协议转换和进行数据的加密、解密,以及保护银行专用网络的安全。

⑥ 金融专用网。这是银行内部及各个银行之间进行沟通的专用网络,不对外开放,所以有极高的安全性。在我国国家金融专用网络上,运行着中国国家现代化支付系统、中国人民银行电子联行系统、中国工商银行电汇兑系统、银行卡授权系统等。我国传统商务中的电子支付与结算应用,如信用卡 POS 支付结算、ATM 现金存取、电话银行系统,均运行在金融专用网络上。

⑦ CA 认证中心。这是网上商务中的一个第三方公证机构,主要负责为参与网上电子商务活动的各方发放与维护数字证书,以确认各方的真实身份。它也发放公共密钥和提供数字签名服务等,以保证电子商务支付与结算安全有序地进行。

3. 电子支付的方式

电子支付的方式随着计算机技术的不断发展也越来越多,尽管有许多新的支付方式出现,但仍然可以把电子支付方式分为三大类:一类是电子货币类,主要有电子现金、电子钱包等;另一类是电子信用卡类,主要有智能卡、借记卡、电话卡等;还有一类是电子支票类,主要有电子支票、电子汇款等。从目前的使用情况来看,它们各有各的特点和运作模式,适合于不同的交易过程。

知识 7.2　电子现金

电子现金(E-cash)是一种以数据形式流通的货币,也称为数字现金、数字货币。通俗地说,就是以数字化形式存在的货币。电子现金与智能卡不同,智能卡仅仅是一种结算支付手段,最终还是通过结算机构银行来兑现。而电子现金同货币一样,本身就是钱。它通过一个适合于在 Internet 上进行的实时支付系统,把现金数值转换成一系列的加密序列数,通过这些序列数来表示现实中各种金额的币值。用户在开展电子现金业务的银行开设账户并在账户内存钱后,就可以在接受电子现金的商店购物了。当用户拨号进入网上银行,使用一个口令和个人识别码来验证身份,直接从其账户中下载成包的小额电子“硬币”时,此时电子现金就开始发生作用。然后,这些电子现金被存放在用户硬盘中,直到用户从网上商店进行购买活动时为止。在电子现金系统中,货币仅仅是一连串的数据位,银行可以发行这样的货币,或者在验证密码后直接从用户的账户上划拨出与货币价值相等的等值数字,可称之为代币,就像纸币代替贵金属货币一样。为了保证交易安全,计算机还为每个硬币建立随时选择的序号,并把这个号码隐藏在一个加密的信封中,以免他人知道谁提取和使用了这些电子现金。这种购买方式实际上可以让买主无迹可查,保证了个人的隐私权。

电子现金的特点主要有以下几个方面:

① 银行与商店具有授权关系,事先签有协议,并且用户、商店和电子现金银行都使用电子现金的软件。

② 电子现金银行负责用户与商店之间资金的转移。

③ 身份验证工作是由电子现金系统自身来完成的。电子现金银行在发放电子货币时使用了数字签名。商店在每次交易中,将电子货币传送给电子现金银行,由电子现金银行验证用户支付的电子货币是否有效。

④ 具有现金特点,可以存、取、转让,适用于小数额的交易,具有匿名性。

电子现金在电子商务的交易过程中仍然存在很多不足,主要有以下几点:

① 成本较高。电子现金对软件和硬件的技术要求都较高,如需要一个大型数据库存放用户完成的交易和电子现金序号以防止重复消费。

② 存在货币之间的兑换问题。各国发行自己的货币,在跨国交易中就会出现兑换的问题,需要使用特殊的兑换软件。

③ 风险较大,如果某个用户的硬盘损坏,电子现金丢失,钱就无法恢复,这个风险是许多消费者不愿意承担的。

④ 有可能出现电子伪钞。

电子现金的支付过程见图7.2:用户在电子现金银行开设电子现金账号,用现金服务器账号中预先存入的现金来购买电子现金证书,也就是购买电子现金代币,这些电子现金就有了价值,并被分成为若干包"硬币",可以在商业领域流通了;使用计算机电子现金终端软件从电子现金银行中取出一定数量的电子现金,存放在计算机的硬盘中,一般一次不取太多,以防止丢失;用户与同意接受电子现金的商店协商,签订订货合同,使用电子现金支付所购商品的费用;接收电子现金的商店与电子现金发放银行之间进行清算,银行将用户购买商品的钱支付给商店,一笔交易至此完成。

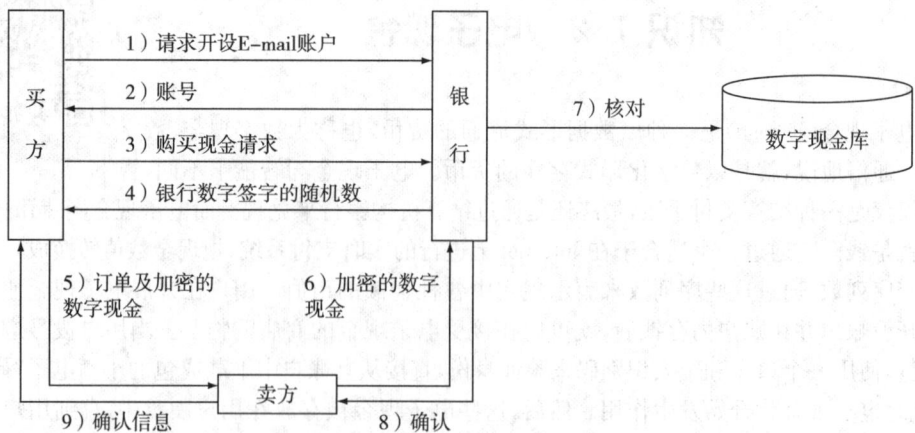

图7.2 电子现金的支付过程

知识 7.3 电子钱包

微课

电子钱包（E-wallet）是顾客在电子商务购物活动中常用的一种支付工具，是在小额购物或购买小商品时常用的新式钱包。以智能卡为电子现金支付系统，可应用于多种用途，具有信息存储、电子钱包、安全密码等功能，安全可靠。在电子钱包内只能装电子货币，即可以装入电子现金、电子零钱、电子信用卡、在线货币、数字货币等。使用电子钱包购物，通常需要在电子钱包服务系统中进行，使用电子钱包的顾客通常在银行都有自己的账户。在使用电子钱包时，将有关的应用软件安装到电子商务服务器上，利用电子钱包服务系统就可以把自己的各种数字货币或电子金融卡上的数据输入进去。在发生收付款时，如果顾客要用电子信用卡付款，只要单击一下相应项目或相应图标即可以完成。人们也把这种电子支付方式称为单击式支付方式。这种方式彻底改变了传统的面对面交易和"一手交钱一手交货"的购物方式，是一种很有效且非常安全可靠的支付方式。

1995 年 7 月，英国西敏寺（National-Westminster）银行开发的电子钱包 Mondex（世界上最早的电子钱包系统）在有"英国的硅谷"之称的斯温顿（Swindon）市开始使用。开始时，并没有为大多数人所接受，但很快就在斯温顿打开了局面，被大量应用在超市、酒吧、珠宝店、宠物商店、餐饮店、食品店、停车场、电话间和公共交通车辆中。它能够得到广泛应用，主要是因为使用起来十分简单，只要把 Mondex 卡插入终端，经过几秒钟时间，收据便从设备中出来了，一笔交易便告结束，读取器将从卡中所有的钱款中扣除本次交易的花销。电子钱包自出现以来，已经在多个国家和地区使用。

电子钱包主要有以下几个功能：

① 个人资料管理。消费者成功申请钱包后，系统将在电子钱包服务器中为其开立一个属于个人的电子钱包档案，消费者可在此档案中增加、修改、删除个人资料。

② 网上付款。消费者在网上选择商品后，登录到电子钱包，选择入网银行卡，向支付网关发出付款指令来进行支付。

③ 交易记录查询。消费者可对通过电子钱包完成支付的所有历史交易记录进行查询。

④ 银行卡余额查询。消费者可通过电子钱包查询个人银行卡余额。

⑤ 商户站点链接。电子钱包内设众多商户站点链接，用户可通过链接直接登录商户站点进行购物。

Mondex 卡终端支付只是电子钱包的早期应用，从形式上看，它与智能卡十分相似。而今天电子商务中的电子钱包已经完全摆脱了实物形式，成为真正的虚拟钱包了。网上购物使用电子钱包，需要在电子钱包服务系统中进行。这种电子钱包服务系统通常都是免费的，用户可以直接使用与自己银行账号相连接的电子商务系统服务器上的电子钱包软件，也可以通过各种保密方式使用 Internet 上的电子钱包软件。同时，还要求顾客在有关的银行开设有资金账户，利用电子钱包的服务系统可以把自己的各种电子货币或电子金融卡上的数据输入进去。在电子商务服务系统中设有电子货币和电子钱包的功能管理模块，叫作电子钱包管理器（Wallet Administration），顾客可以通过它来改变保密口令或保密方式，用它来查看自己银行账号上的收付往来的电子货币账目、清单和数据。电子商务服务系统中还有电子交易记录器,顾客通过查询记录器,可以了解自己都买了一些什么物品,购买了多少,可以把查询结果打印出来。

电子钱包的使用如图 7.3 所示,主要有以下几个步骤:

① 顾客使用浏览器在商店的 Web 主页上查看在线商品目录浏览商品,并对需要购买的商品进行选择,包括对所购商品的价格与商店进行协商,并通过电子化方式从商店传来订单,或者由顾客自己的电子购物软件建立好购物的订单。

② 顾客确认订单后,选定用电子钱包付款,将电子钱包装入系统,点击电子钱包的相应项目或电子钱包图标,电子钱包立即打开。然后,顾客输入自己的保密口令,在确认是自己的电子钱包后,从中取出一张电子信用卡来付款。

③ 电子商务服务器对此信用卡号码采用某种保密算法算好并加密后,发送到相应的银行,同时销售商店也收到了经过加密的购货账单,商店将自己的顾客编码加入电子购物账单后,再转送到电子商务服务器上。在这个过程中,商店对顾客电子信用卡上的号码是看不见的,不可能也不应该知道,也无权处理信用卡中的钱款。因此,只能把信用卡送到电子商务服务器上去处理。经过电子商务服务器确认这是一位合法顾客后,将其同时送到信用卡公司和商业银行。在信用卡公司和商业银行之间要进行应收款项和账务往来的电子数据交换的结算处理。信用卡公司将处理请求再送到商业银行请求确认并授权,商业银行确认并授权后送回信用卡公司。如果经商业银行确认后拒绝并且不予授权,则说明顾客的这张电子信用卡上的钱数不够或根本就没有钱了,或者本身就已经透支。银行拒绝后,顾客可以再次单击电子钱包的相应项打开电子钱包,取出另一张电子信用卡重复上述操作。

④ 如果经过银行证明这张信用卡有效并授权后,商店就可以交货了,并将整个交易过程中发生往来的财务数据记录下来,出示一张电子收据发送给顾客。

⑤ 上述交易成功后,商店就按照顾客提供的电子订货单将货物通过配送中心或运输公司送到指定地点、指定的人手中,一笔交易就此结束。

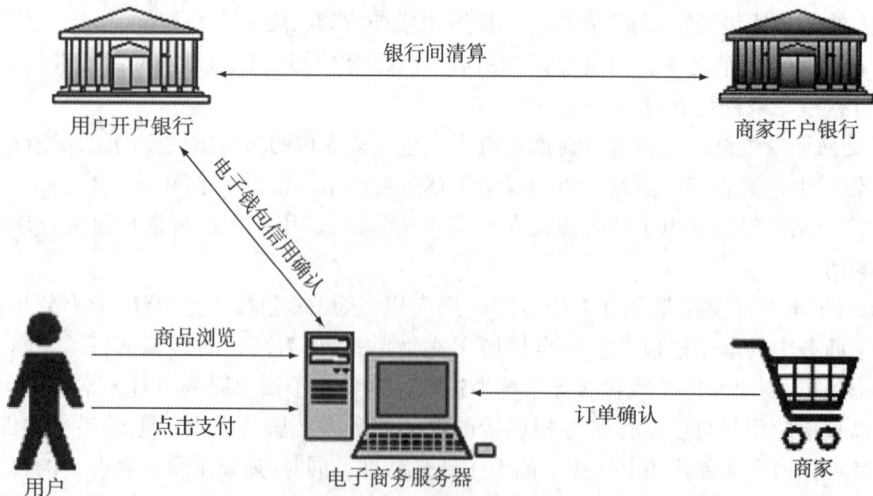

图 7.3　电子钱包使用过程

在上述使用电子钱包购物的过程中,经过信用卡公司和银行多次身份确认、银行授权、各种财务数据交换和账务往来等许多环节,看来有些复杂,其实这一切都是在极短的时间内完成的。在实际运用过程中,从顾客输入订单后开始到拿到商店开出的电子收据为止的整个过程仅用时 5～20 秒,省时、省力、省事,安全可靠性能也十分高,既可以保证顾客信用卡上的信息不会被别人看到,也可以保证顾客购物的商店是一个真实的商店而不是一个假冒的商店,保证顾客付款后可以放心地买到自己满意的物品。

知识 7.4　电子支票

　　电子支票(Electronic Check)是一种借鉴纸质支票转移支付的优点,利用数字传递将资金从一个账户转移到另一个账户的电子支付形式。它通过排除纸质支票,最大限度地利用了当前银行系统的自动化潜力。例如,通过银行自动柜员机网络系统进行一定范围的普通费用的支付,通过跨省市的电子汇兑和清算,实现全国范围内的资金传输;大额资金在世界各银行之间的资金传输。利用电子支票进行支付,消费者可以通过电脑网络将电子支票发向商家的电子信箱,同时把电子付款通知单发送到银行,银行随即把款项转入商家的银行账户。这一支付过程在几秒钟之内就可以完成,处理费用较低,而且银行也能为参与电子商务的商店提供标准化的资金信息,因而电子支票是一种最有效率的支付手段。

　　电子支票有以下几个优点:

　　① 电子支票可为新型的在线服务提供便利。它支持新的结算流,可以自动证实交易各方的数字签名,增强每个交易环节上的安全性,与基于 EDI 的电子订货集成来实现结算业务的自动化。

　　② 电子支票的运作方式与传统支票相同,简化了顾客的学习过程。电子支票保留了纸质支票的基本特征和灵活性,又扩展了纸质支票的功能,因而易于理解,能迅速得到采用。

　　③ 电子支票非常适合小额结算;电子支票的加密技术使其更容易处理。收款人和收款人银行、付款人银行能够用公钥证书证明支票的真实性。

　　④ 电子支票可为企业市场提供服务。企业运用电子支票在网上进行结算,可比现在采用的其他方法降低成本;由于支票内容可附在贸易伙伴的汇款信息上,电子支票还可以方便地与 EDI 应用集成起来。

　　⑤ 电子支票要求建立准备金,而准备金是商务活动的一项重要要求。第三方账户服务器可以通过向买方或卖方收取交易费来赚钱,它也能够起到银行的作用,提供存款账户并从中赚钱。

　　⑥ 电子支票要求把公共网络同金融结算网络连接起来,这样就充分发挥了现有的金融结算基础设施和公共网络的作用。

　　电子支票交易的过程如图 7.4 所示,消费者与商店达成购销协议并选择使用电子支票方式来进行支付;消费者通过网络向商店发出电子支票,同时向银行发出付款通知书;商店通过验证中心对消费者提供的电子支票进行验证,验证无误后将电子支票送交银行索付;银行在商店索付时通过验证中心对消费者提供的电子支票进行验证,验证无误后即向商店兑付或转账。

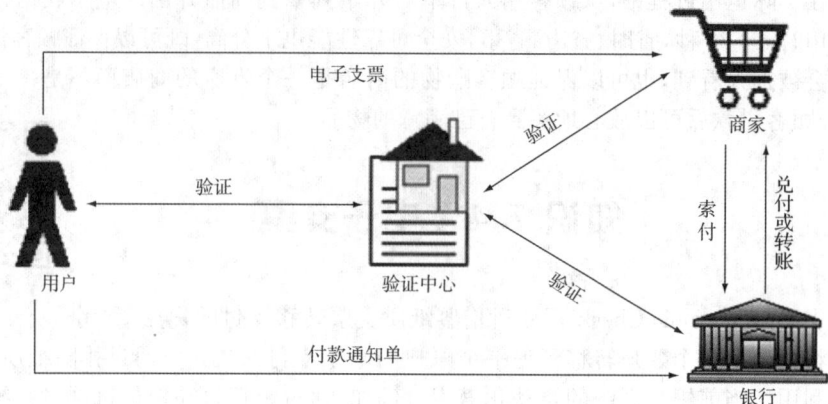

图 7.4　电子支票使用过程

目前，电子支票的支付一般是通过专用网络、设备、软件及一套完整的用户识别、标准报文、数据验证等规范化协议完成数据传输的，确保了安全性。电子支票发展的主要方向是逐步过渡到在公共互联网上进行传输。

知识 7.5　第三方支付

1. 第三方支付的概念

所谓第三方支付，就是一些与产品所在国家及国外各大银行签约，并具备一定实力和信誉保障的第三方独立机构提供的交易支持平台。简单说来，第三方支付平台是独立于银行、网站及商家之外来做支付的服务型中介机构，主要为电子商务企业提供电子商务基础支撑与应用支撑的服务，不直接从事具体的电子商务活动。也就是说，在通过第三方支付平台的交易中，买方选购商品后，使用第三方平台提供的账户进行货款支付，由第三方通知卖家货款到达、进行发货，买方检验物品后，就可以通知付款给卖家，第三方再将款项转至卖家。

第三方支付较好地解决了制约电子商务发展的诚信和资金流的问题，具有安全、快捷的优势，目前正逐渐发展成为电子商务中广泛采用的一种支付模式。

2. 第三方支付的特点

第三方支付主要是围绕双方都信任的第三方机构来进行的，客户可以在第三方支付平台开设账号，银行卡信息不会在公共网络上多次传输而导致信用卡被窃，在网络传输的只是第三方支付账号，除了第三方代理机构外，其他人无法看见客户的银行卡信息。第三方支付具有以下几个特点：

① 第三方支付平台提供一系列的应用接口程序，将多种银行卡支付方式整合到一个界面上，负责交易结算中与银行的对接，使网上购物更加快捷、便利。消费者和商家不需要在不同的银行开设不同的账户，从而可以帮助消费者降低网上购物的成本，帮助商家降低运营成本，同时还可以帮助银行节省网关开发费用，并为银行带来一定的潜在利润。

② 较之 SSL、SET 等支付协议,利用第三方支付平台进行支付操作更加简单而易于接受。SSL 是现在应用比较广泛的安全协议,在 SSL 中只需要验证商家的身份。SET 协议是目前发展的基于信用卡支付系统的比较成熟的技术。但在 SET 中,各方的身份都需要通过 CA 进行认证,程序复杂,手续繁多,速度慢且实现成本高。有了第三方支付平台,商家和客户之间的交涉由第三方来完成,使网上交易变得更加简单。

③ 第三方支付平台本身依附于大型的门户网站,且以与其合作的银行的信用作为信用依托,所以第三方支付平台能够较好地突破网上交易中的信用问题,有利于推动电子商务的快速发展。

3. 第三方支付平台的产品类型

目前我国的第三方支付产品主要有微信支付、支付宝、银联商务、财付通、京东金融、银联在线、易宝支付、百度钱包、快钱、拉卡拉等,其中用户数量最大的是微信支付和支付宝。截至 2024 年第二季度,微信月活跃账户已达 12.6 亿,这一数据反映了微信支付在中国的广泛使用和普及程度。微信作为中国最大的社交媒体平台之一,其月活跃用户数量巨大,为微信支付提供了庞大的用户基础。支付宝的实名用户数量在 2024 年也已经突破了十亿大关。随着数字经济的发展,越来越多的小微企业和个体商户选择通过支付宝进行交易,这进一步推动了用户规模的扩大和业务范围的拓展。

此外,还有一些其他的第三方支付平台,如翼支付(天翼电子商务有限公司)、通联支付、环迅支付、杉德支付、随行付等,它们也在不同的领域和场景中为用户提供支付服务。在选择第三方支付平台时,用户和商户可以根据自身需求、支付场景、手续费、安全性等因素进行综合考虑。

(1) 支付宝(http://www.alipay.com)

支付宝网站是国内先进的网上支付平台,由阿里巴巴公司创办,致力于为网络交易用户提供优质的安全支付服务。如图 7.5 所示,支付宝服务自 2003 年 10 月 18 日在淘宝网推出以来,在短短的几年时间内,迅速成为会员网上交易不可缺少的支付方式,深受淘宝会员的喜爱。经过不断改进,支付宝服务日趋完善。为了更好地运营支付宝,为用户提供更优质的服务,成立了支付宝公司,并于 2004 年 12 月 30 日推出了支付宝账户系统。

图 7.5　支付宝

（2）贝宝（http：∥www.paypal.com）

贝宝是由上海网付易信息技术有限公司与世界领先的网络支付公司——PayPal 公司通力合作，为中国市场量身定做的网络支付服务。贝宝网站如图 7.6 所示。贝宝利用 PayPal 公司在电子商务支付领域先进的技术、风险管理与控制及客户服务等方面的能力，通过开发适合中国电子商务市场与环境的产品，为电子商务的交易平台和交易者提供安全、便捷和快速的交易支付支持。

图 7.6　贝宝

（3）快钱（http：∥www.99bill.com）

快钱是国内领先的独立电子支付及清结算企业，专注于为各类行业和企业提供安全、便捷的综合电子支付服务。它推出的基础支付产品包括人民币支付、外卡支付、神州行卡支付、联通充值卡支付、VPOS 支付等，支持互联网、手机、电话和 POS 等多种终端，提供充值、收款、付款、提现、对账、交易明细查询等功能，满足各类企业和个人的不同支付需求。同时，快钱全面的解决方案覆盖航空、教育、保险、物流、数字娱乐、网上购物、零售等多个行业，可协助企业提升财务管理效率、拓展营收渠道。快钱产品和服务的高度安全性及严格的风险控制体系深受业内专家和众多企业的好评。快钱网站如图 7.7 所示。

图 7.7　快钱

（4）财付通

财付通是腾讯公司 2005 年 9 月创办的在线支付平台，致力于为互联网用户和企业提供安全、便捷、专业的在线支付服务。财付通支持全国各大银行的网银支付，为用户提供提现、收款、付款等配套账户功能，还为广大用户提供了手机充值、游戏充值、信用卡还款、机票专区等特色便民服务。针对企业用户，财付通构建全新的综合支付平台，业务覆盖 B2B、B2C 和 C2C 各领域，提供卓越的网上支付及清算服务，如图 7.8 所示。

图 7.8　财付通

（5）拉卡拉

拉卡拉是联想控股旗下的高科技金融服务企业，依托遍布全国的拉卡拉支付终端，为用户提供安全、简单、方便、灵活的全方位便民金融服务。在拉卡拉，用户可以轻松地完成很多原本需要去银行、邮局及社区店才能完成的业务，包括还款、缴费、充值、账单号付款、订阅期刊、购买票务、积分兑换等。同时，拉卡拉促进了电子商务的发展，依托拉卡拉的系统，各类产品销售、票务预订、积分兑换等电子商务用拉卡拉一刷即付，极大地拓展了支付渠道，真正实现了无处不能支付的电子商务。拉卡拉网站如图 7.9 所示。

图 7.9　拉卡拉

4. 第三方支付流程

第三方支付平台的工作流程：一是将买方货款转拨到买方在第三方平台的账户；二是当转账成功后通知卖方发货；三是接受买方确认货物信息后，货款转拨到卖方账户。具体流程如图 7.10 所示。

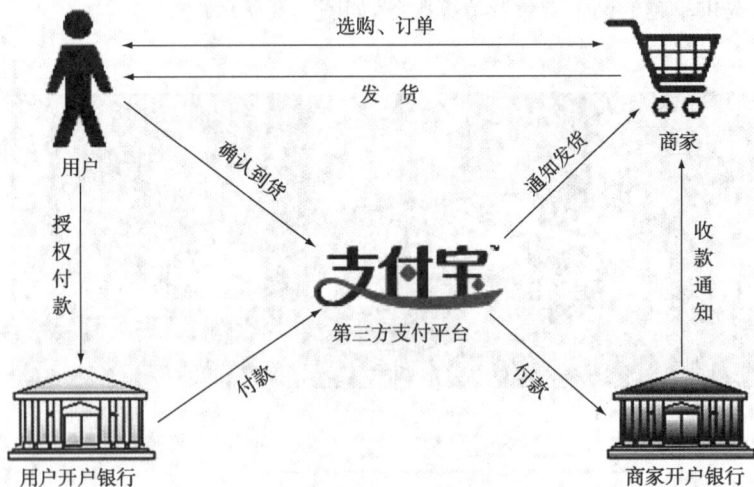

图 7.10　第三方电子支付平台的交易流程

① 网上消费者浏览检索商户网页，选择好想购买的商品，并与卖方商定好价格，双方在网上达成交易意向。

② 网上消费者在商户网站下订单，商户通知消费者进行第三方支付。

③ 网上消费者选择第三方支付平台，直接链接到其安全支付服务器上，在支付页面上选择自己适用的支付方式，点击后进入支付页面进行支付操作。

④ 第三方支付平台将网上消费者的支付信息按照各银行支付网关的技术要求传递到各相关银行。

⑤ 由相关银行(银联)检查网上消费者的支付能力，实行冻结、扣款或划账，并将结果信息传至第三方支付平台和网上消费者本身。

⑥ 第三方支付平台将支付结果通知商户。

⑦ 对支付成功的，由商户向网上消费者发货或提供服务。

⑧ 消费者收到商品后向第三方支付平台确认到货信息。如果未收到货或商品有质量问题，可以向第三方支付平台申请退款。

⑨ 各个银行通过第三方支付平台向商户实施清算。

知识 7.6　储值卡和虚拟卡

储值卡(Value Card)，又称预付卡、消费卡、智能卡、积分卡等，是发卡银行或其他经中国人民银行认可有权发卡的企业单位将持卡人预先支付的货

币资金转至卡内储存,交易时直接从卡内扣款的电子支付卡片。

随着电子商务的使用领域越来越广,储值卡的支付在不断发展与创新。按储值卡的发卡主体,可以分为银行发行的储值卡,电信行业发行的储值卡,商场、超市、餐饮、娱乐、美容等商业机构发售的优惠卡、购物卡、会员卡、加油卡等,公共事业单位发行的如公交 IC 卡、社保卡等储值卡,不销售商品或提供服务的机构发行的第三方机构储值卡。

按储值卡的存在形式划分,可以分为智能卡、磁条卡、纸凭证和互联网账户储值卡等;按储值卡的支付方式划分,可以分为网上支付的、网下支付的、网上网下均可支付的储值卡;按储值卡是否记名划分,可以分为记名卡和非记名卡,记名卡可以挂失。储值卡应用范围广泛、灵活多样,但是安全措施较差,对发行计划、管理模式、风险控制等监管还不规范,如果发卡方倒闭,消费者权益会受到损害。

虚拟卡是互联网服务提供商为了方便消费者网上购物而设立的虚拟账号,是代替实物卡片的一种支付工具。近几年,几乎每家知名的网络服务商都推出了虚拟货币,如腾讯的 Q 币、百度的百度币、新浪的 U 币等。虚拟卡作为网络虚拟货币的载体,使用账户中的虚拟货币进行网上消费。

按照虚拟卡发行主体的业务类型,虚拟卡可分为 B2C 型虚拟卡和 C2C 型虚拟卡。B2C 型虚拟卡的发行主体为 B2C 服务提供商,如腾讯、盛大、新浪。这类虚拟卡主要解决企业在网络上销售商品或提供服务时消费者的支付问题,以支付的便捷性来促进其商品的销售。目前 B2C 型企业既可以向用户提供各类互联网增值服务,也可以向用户销售各种实体商品。B2C 型虚拟卡属于封闭式,局限于各企业内部使用,相互之间尚未形成正式的交换机制。C2C 型虚拟卡的发卡机构为 C2C 服务提供商,如淘宝、易趣。这类虚拟卡主要解决消费者之间在平台上交易时的支付问题,以支付的便捷性和安全性来提高平台的竞争力。随着电子商务的发展,进入虚拟卡市场的企业越来越多,目前国内市场的虚拟卡发卡机构已经超过400 多家。

知识 7.7　移动支付

1. 移动支付的定义

移动支付是指用户以手机、PDA 等移动终端为工具,通过移动通信网络,实现资金由支付方转移到受付方的支付方式。

目前移动支付的运营方式中,一部分由网络运营商独立运营。运营商推出的移动支付业务大多可以提供 3 种账户设置方式:手机账户、虚拟银行账户和银行账户。除银行账户外,消费者可以选择手机,即账户与手机进行绑定,支付款项从手机话费中扣除,也可以选择虚拟银行账户,这是一种过渡时期的账户形式,适用于在发展初期,尤其是还没有得到多银行的支持的时候,虚拟账户在小额度的移动支付业务上发挥其作用。

另外,银行也可以借助移动运营商的通信网络,独立提供移动支付服务。银行有足够的个人账户管理和支付领域的经验,以及庞大的支付用户群和他们对银行的信任,移动运营商不参与运营和管理,由银行独立享有移动支付的用户,并对他们负责。

而应用比较多的是网络运营商与金融组织联合运营,移动电信运营商与金融组织进行互补,发挥各自的优势,共同运营移动支付服务。在国内,中国移动和中国银联共同投资创办联动优势科技有限公司,共同推出移动支付业务并参与运营;韩国 SK Telecom 联合 5 家卡类组织(KORAM Bank、Sumsung Card、LG Card、Korea Exchange Card、Hang Card)共同推出了移动支付业务品牌 MONETA;日本的 NTT DoCoMo 推出的 i-mode Felica 是与 VISA 合作的结果,让手机也同时拥有信用卡的功能。

2. 移动支付的优点

移动支付结合了移动通信和电子货币的服务,丰富了现代支付手段,使人们不仅能在固定场所享受各种便利的支付方式,同时也可以在出差、旅行、参观中便利地进行各种支付。

移动支付作为一种崭新的支付方式,具有方便、快捷、安全、低廉等优点,将会有非常大的商业前景,而且会引领移动电子商务和无线金融的发展。手机付费是移动电子商务发展的一种趋势,它包括手机小额支付和手机钱包两大内容。手机钱包就像银行卡,可以满足大额支付,是中国移动近期的主打数据业务品牌,通过把用户银行账户和手机号码进行绑定,就可以通过短信息、语音、GPRS 等多种方式对自己的银行账户进行操作,实现查询、转账、缴费、消费等功能,并可以通过短信等方式得到交易结果通知和账户变化通知。

3. 移动支付的过程

从技术构成来看,手机支付主要涉及消费者、商家和无线运营商,所以手机支付系统大致可以分为 3 个部分,即客户端系统、商家管理系统和无线运营商综合管理系统。客户端系统主要是保证客户购买到所需的产品和服务,并可随时查看交易记录、余额等信息;商家管理系统可以使商家随时查看销售数据及利润分成情况;无线运营商综合管理包括鉴权系统和计费系统两个重要子系统,既要对客户的权限、账户进行审核,又要对商家提供的服务和产品进行监督,并为利润分成的最终实现提供保证。下面就以利用移动支付购买一般商品为例讲述整个过程,如图 7.11 所示。

① 消费者通过互联网进入消费者前台系统选择商品。

② 将购买指令发送到商家管理系统。

③ 商家管理系统将购买指令发送到无线运营商综合管理系统。

④ 无线运营商综合管理系统将确认购买信息指令发送到消费者前台消费系统或消费者手机上请求确认,如果没有得到确认信息,则拒绝交易。

⑤ 消费者通过消费者前台消费系统或手机将确认购买指令发送到商家管理系统。

⑥ 商家管理系统将消费者确认购买指令转交给无线运营商综合管理系统,请求缴费操作。

⑦ 无线运营商综合管理系统缴费后,告知商家管理系统可以交付产品或服务,并保留交易记录。

⑧ 商家管理系统交付产品或服务,并保留交易记录。

⑨ 将交易明细写入消费者前台消费系统,以便消费者查询。

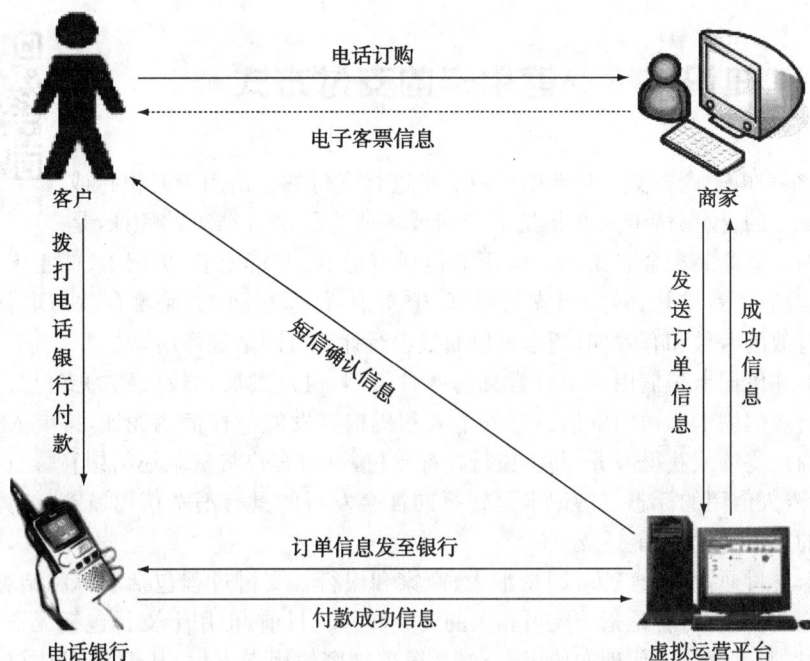

图 7.11　手机支付过程

4. 移动支付技术的发展

我国的移动支付技术前后经历了 3 个发展阶段。

第 1 阶段是将手机短信与后台账户捆绑在一起的支付模式。它主要是将用户的手机号和后台中用户的支付账号实行关联,从而来完成支付过程。虽然这种方式使用门槛很低,但是存在安全性欠缺、操作烦琐复杂、无法即时支付等问题。

第 2 阶段是基于 WAP 和 Java 方式,利用移动终端的客户端或 WAP 浏览器,通过 4G、5G 网络实行支付。这种方案既可以采用后台账户绑定模式,也可以采用在支付过程中记录账户信息的模式,如让用户输入银行卡号和密码。这种移动支付模式与第 1 阶段移动支付有同样的缺点,还受到网络速度的制约。

第 3 阶段是一种非接触式移动支付模式,目前已经有 NFC、SIMpass 及 RFSIM 三种比较成熟的技术。NFC 和 SIMpass 使用 13.56 MHz 频率,该频率和协议已经广泛地在交通、金融等多个行业应用,是世界公认的标准。RFSIM 技术是将包括天线在内的 RFID 射频模块与传统 SIM 卡功能集成在一张 SIM 卡上,在实现普通 SIM 卡功能的同时也能通过射频模块完成各种移动支付。

从技术和应用上来讲,这 3 种支付方式仍然存在缺点。例如,使用 SIMpass 不用更换手机,运营商项目启动的成本小,但是占用了用于 OTA 业务的 C4/C8 接口,只具备被动通信模式,不具有点对点通信的功能,而且产业链单薄;NFC 具有工作稳定、支持主/被动通信模式、支持点对点通信、支持高加密、高安全性、产业链完整等特点,但是用户需要更换手机,推广成本高;RFSIM 更容易控制产业链,且用户使用门槛低,但是采用 2.4 GHz 通信频率,推广的难度较大。

知识 *7.8* 信用卡的支付方式

目前,很多电子商务交易是使用信用卡来进行支付的。信用卡是银行或金融公司发行的、授权持卡人在指定的商店或场所进行消费结算的凭证,是一种特殊的金融商品和金融工具。信用卡包括贷记卡、准贷记卡、借记卡、储蓄卡、提款卡、支票卡等,具有消费结算、转账与支付结算、透支信贷、通存通兑、储蓄存款与取款等功能。用户提供有效的卡号和有效期,商家可以通过银行计算机网络进行结算。

贷记卡和借记卡是信用卡中最常见的两种类型,也是发展比较成熟的支付方式。贷记卡是由银行或信用卡公司向资信良好的个人和机构签发的一种信用凭证,持卡人可以在规定的特约商户购物或获得服务,并由银行先行支付,再由客户将贷款还给银行。贷记卡可以透支,是持卡人信用的标志。借记卡是银行向社会发行的具有消费信用、转账结算、存取现金等功能的支付工具,不能透支。

信用卡支付通常涉及三方,即持卡人、商家和银行。支付过程包括清算和结算,前者是指支付指令的传递,后者是指与支付相关的资金转移。目前,信用卡支付包括无安全措施的信用卡支付、通过第三方代理的信用卡支付、简单加密信用卡支付、基于 SET 协议的安全信用卡支付等类型。

1. 无安全措施的信用卡支付

无安全措施的信用卡支付是:客户从商家订货,并选择信用卡支付,信用卡直接通过电话、传真等非网上传输手段进行传输,或者通过网络进行传输,但无安全措施,商家与银行之间使用各自的授权来检查信用卡的合法性。其流程如图7.12所示。

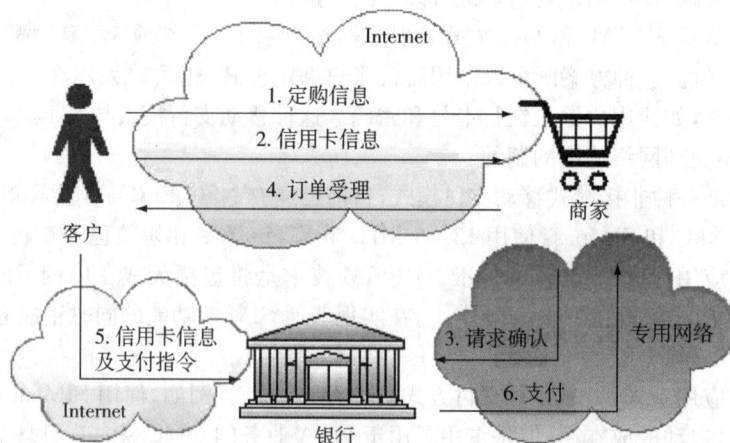

图 7.12 无安全措施的信用卡支付流程

无安全措施的信用卡支付的风险由商家承担。由于商家没有得到客户的签字,如果客户拒付或否认购买行为,商家将承担一定的风险。同时,客户(持卡人)将承担信用卡信息在传输过程中被截获或篡改的风险。

2. 通过第三方代理的信用卡支付

在采用无安全措施的信用卡支付模式中,由于商家完全掌握客户的银行账户信息,存在信用卡信息在网上多次公开传输而导致信用卡被窃取的风险。为降低这一风险,可以采取在买方和卖方之间启用第三方代理来协助完成支付的方式。

在这种方式下,客户在第三方代理人处开设账户,第三方代理人持有客户的账号和信用卡号。客户用该账号从商家订货,并把客户账号传送给商家。商家将客户账号、交易资金、支付条款等信息提供给第三方代理人。第三方代理人验证商家身份和客户账号信息,同时给客户发送电子邮件,要求客户确认购买和支付,之后再将确认信息返给商家。第三方代理人收到商家交易确认的信息后,按照支付条款要求与银行之间办理资金转拨手续,完成支付过程。其流程如图 7.13 所示。

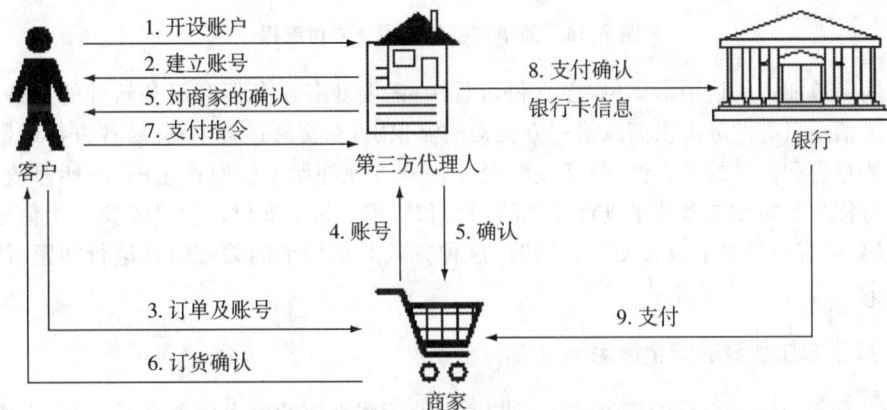

图 7.13　通过第三方代理的信用卡支付流程

通过第三方代理的信用卡支付的特点是:客户账号的开设不通过 Internet;信用卡信息不在开放的网络上传送;使用电子邮件来确认客户的身份,防止伪造;商家自由度大,无风险;支付是通过双方都信任的第三方代理人完成的,安全性相对较高;交易双方都对第三方有较高的信任度,风险由第三方承担,保密等功能由第三方实现。

3. 简单加密信用卡支付

简单加密信用卡是目前较为常用的一种电子支付方式。使用这种方式支付时,客户的信用卡信息采用 SHTTP、SSL 等技术进行加密,这种加密的信息只有业务提供商或第三方付费处理系统能够识别,从而保障客户信用卡信息的安全。

在该支付方式下,客户在发卡银行开设一个信用卡账户,并获取信用卡卡号。客户向商家订货后,把加密的信用卡信息和订单信息一起传送给商家服务器。商家服务器检验接收信息的有效性和完整性后,将客户加密的信用卡信息传给业务服务器,这时商家服务器无法看到客户的信用卡信息。经业务服务器验证商家身份后,将客户加密的信用卡信息转移到安全的地方解密,然后将客户信用卡信息通过安全专用网传送到商家银行。商家银行与客户发卡银行联系,确认信用卡信息的有效性,得到证实后,将结果传送给业务服务器。

业务服务器通知商家服务器交易完成或拒绝,商家再通知客户。其具体流程如图 7.14 所示。

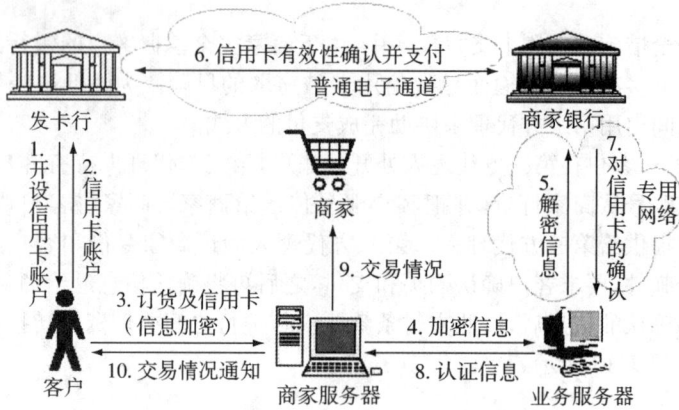

图 7.14　简单加密的信用卡支付流程

使用简单加密的信用卡支付,在支付过程中,需要业务服务器和服务软件的支持,加密的信用卡信息只有业务提供商或第三方机构能够识别;在交易过程中,交易各方都以数字签名来确认身份和信息的真实性,数字签名是交易双方在注册系统时产生的,不能修改,交易中使用对称和非对称加密技术进行信息的加密和解密。整个支付过程只需要一个信用卡账号和密码,给客户带来了极大便利。同时,这种方式对信用卡的关键信息进行加密,使支付更加安全。

4. 基于 SET 协议的安全信用卡

SET 是安全电子交易的简称,是一种安全的、逻辑严密的网上信息交互机制,主要针对信用卡的网络支付应用。SET 最初由 VISA 和 MasterCard 两大信用卡公司合作开发完成。所谓基于 SET 协议机制的信用卡支付模式,是在电子商务交易过程中使用信用卡支付时,遵循 SET 协议和安全通信与控制机制,以实现信用卡的即时、安全可靠的在线支付。它提供了客户、商家和银行之间的认证,确保了交易数据的安全性、完整性和交易的不可否认性。

使用基于 SET 协议的安全信用卡支付时,持卡客户选中商品后请求订货,并验证商家身份,商家返回空白订单,并传送商家的数字认证证书。客户发送给商家一个完整的订单及支付指令,订单和支付指令由客户进行数字签名,同时利用双重数字签名技术来保证商家看不到客户的账号信息。支付指令包含信用卡信息,说明客户已经做出支付承诺,这是 SET 协议的核心。商家接收订单后,利用其中的客户证书审核其身份,并将经双重签名的订单和支付指令通过支付网关送往银行专用网,向发卡银行请求支付认可,批准交易,发卡行返回确认信息给商家。批准即意味着银行承诺为客户垫付货款,但货款并未划转。商家将支付批准信息返回客户,确认其购买并组织送货,完成订购服务。商家可请求银行将支付款项划转到商家账号,也可以成批处理。其支付流程如图 7.15 所示。

基于 SET 协议的安全信用卡支付,需要在客户的计算机上安装客户端软件(电子钱包客户端软件),在商家服务端安装商家服务器端软件(电子钱包服务器端软件),在支付网关安装对应的网关转换软件等。交易过程中必须确认交易双方及其他机构身份的合法性,要求建立专门的电子认证机构(CA),并需要交易双方申请安装数字证书验证真实身份。由于使用了对称加密技术、非对称加密技术、数字摘要、电子信封、数字签名等技术,因此安全性较好,但支付处理较复杂。

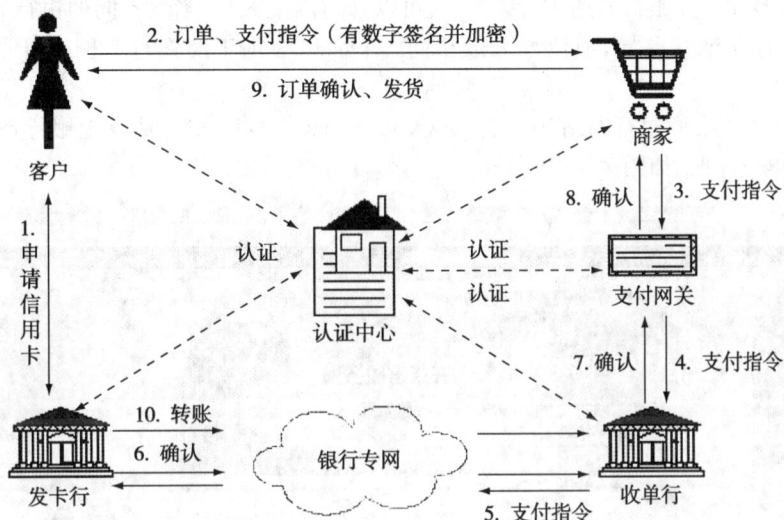

图 7.15　基于 SET 协议的安全信用卡支付流程

项目实施

项目任务

根据项目内容,本项目为电子商务支付,了解电子商务中各种支付的功能和应用,以及各种支付技术的应用过程,熟悉网上银行的注册及基本业务操作,学会使用第三方支付平台。这主要有下面 3 个任务:

1. 工商银行个人网上银行的使用。
2. 第三方支付平台支付宝的操作。
3. 网上充值的操作。

项目要求

1. 掌握工商银行个人网上银行的注册过程、基本业务和安全服务。
2. 掌握支付宝的注册、安全设置和实名认证的操作过程及方法。
3. 熟悉网上营业厅的业务,掌握网上充值的操作过程。

实施步骤

任务 1　网上银行的使用

（1）网上银行的开通

用户只要在商业银行开通银行账户，就可以开通网上银行，当然不同的银行其网上银行的开通方式存在某些差异，但流程大致相同。下面以中国工商银行为例来开通个人网上银行。

① 登录中国工商银行网站（http：//www.icbc.com.cn），点击"个人网上银行登录"栏目下的"注册"，申请注册，如图 7.16 所示。

图 7.16　中国工商银行首页

② 阅读网上自助注册须知，点击"注册个人网上银行"按钮，如图 7.17 所示。

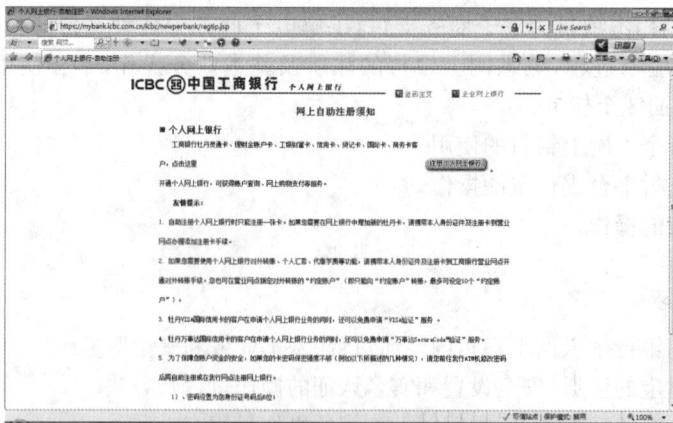

图 7.17　网上自助注册须知

③ 阅读开户信息提示，输入注册卡账号、账号密码和验证码，点击"提交"按钮，如图 7.18 所示。

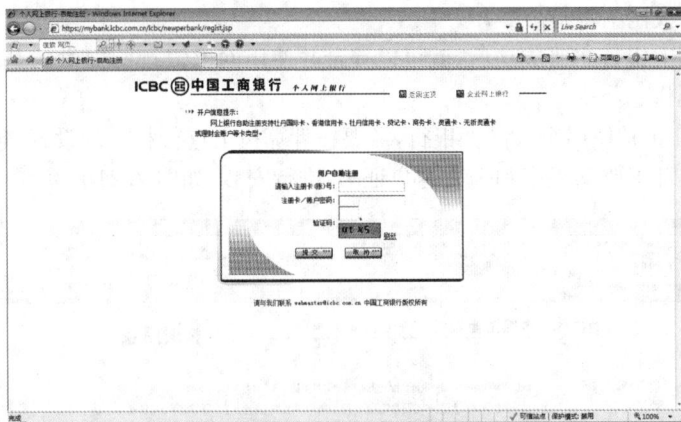

图 7.18 输入银行卡账号和密码

④ 显示"中国工商银行电子银行个人客户服务协议",仔细阅读后点击"接受此协议",如图 7.19 所示。

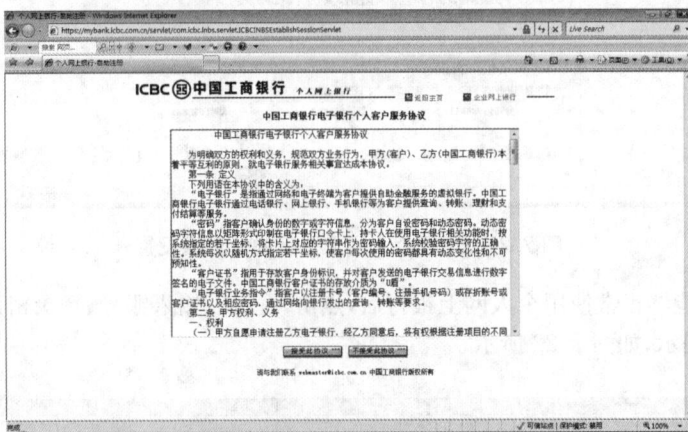

图 7.19 中国工商银行电子银行个人客户服务协议

⑤ 根据自助注册操作提示,按要求填写注册信息,然后点击"提交"按钮,如图 7.20 所示。

图 7.20 填写注册信息

（2）使用个人网上银行

用户个人网上银行注册成功后，就可以登录并使用网上银行所提供的基本业务，对个人网上银行进行操作。

① 为了保证正常使用个人网上银行，需要在计算机上进行相关的设置，包括下载安全控件、工行根证书、证书驱动程序和个人客户证书，进行安装，如图 7.21 所示。

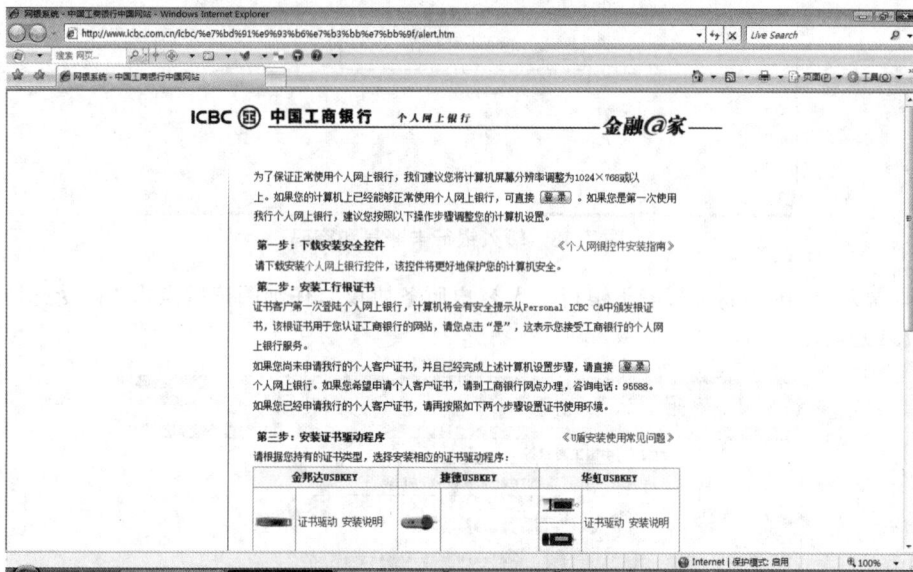

图 7.21　运行个人网上银行的计算机设置

② 计算机能够正常使用个人网上银行后，点击"登录"，输入账号、登录密码及验证码，阅读下方的风险提示，如图 7.22 所示。

图 7.22　个人网上银行用户登录

③ 登录成功后进入个人网上银行首页,点击"我的账户",对账户的余额和明细账进行查询。熟悉定期存款、通知存款、转账汇款、网上挂失、网上保险、网上基金、缴费等网上银行的基本业务,如图 7.23 所示。

图 7.23　工商银行个人网上银行首页

任务 2　支付宝的使用

(1) 注册支付宝账号

① 登录支付宝首页(http://www.alipay.com),点击"立即免费注册",选择 E-mail 注册,也可以使用手机注册,如图 7.24 所示。

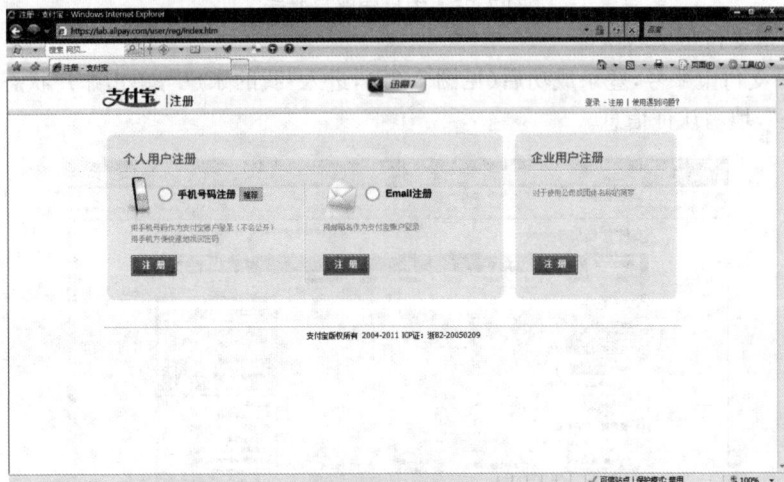

图 7.24　支付宝个人用户注册

② 填写 E-mail、真实姓名、登录密码、校验码，同时仔细阅读支付宝服务协议，然后点击"同意以下协议并提交"，如图 7.25 所示。

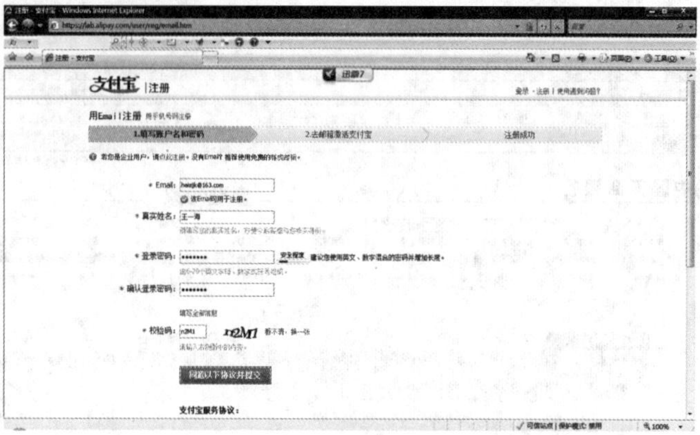

图 7.25　支付宝用 E-mail 注册的用户信息

③ 打开电子邮箱，使用邮件激活支付宝账号，支付宝账号激活如图 7.26 所示。

图 7.26　支付宝账号激活

（2）申请支付宝实名认证

① 登录支付宝账号，登录成功后（见图 7.27），进入"我的账户"，单击账户状态右侧的"申请实名认证"，填写认证信息。

图 7.27　我的支付宝

② 仔细阅读支付宝实名认证服务协议后,点击"我已经阅读并同意接受以上协议"按钮,进入支付宝实名认证。

③ 有两种进行实名认证的方式可选,可选择其中一种,这里选择"支付宝卡通"来进行实名认证,然后点击"立即申请"按钮,如图 7.28 所示。

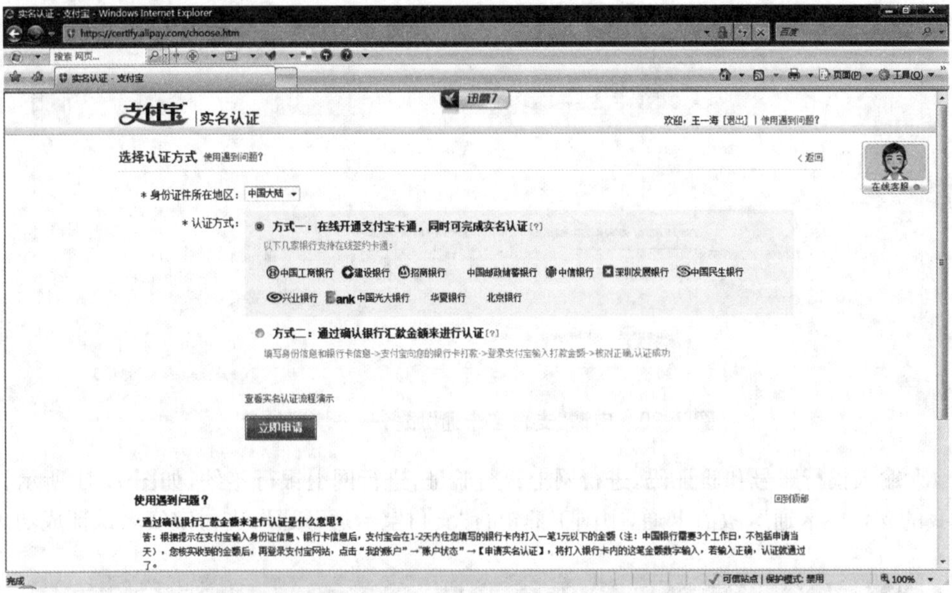

图 7.28　支付宝实名认证方式的选择

④ 选择银行,确认信息,正确填写姓名、身份证号码、支付密码等信息,然后点击"提交"按钮,如图 7.29、图 7.30 所示。

图 7.29　申请"支付宝卡通"服务——选择银行

图 7.30 申请"支付宝卡通"服务——填写信息

⑤ 输入银行账号和验证码,进行网上银行验证,进行网上银行签约,如图 7.31 所示。进入"我的支付宝卡通",激活卡通,中国工商银行"支付宝卡通开通",支付宝实名认证成功。

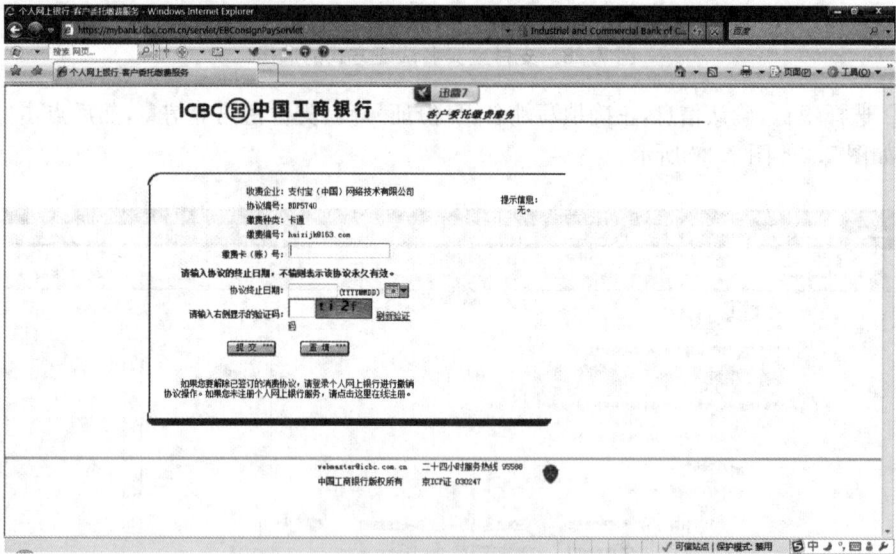

图 7.31 网上银行验证、签约

任务 3 网上充值

(1) 进入网上营业厅

登录中国江苏移动的主页(https://www.js.10086.cn/),点击"网上营业厅",选择"交话费"的"在线充值",如图 7.32 所示。

图 7.32　中国移动网上营业厅

（2）选择充值金额

江苏移动网上营业厅支持不同金额在线充值,也支持充值卡充值、物联网充值、流量充值、爱心充值、生活缴费。选择相应的充值金额,打开中国移动客户端扫码登录或输入手机号码及验证码登录,输入充值号码,选择充值金额,点击"开始充值",如图 7.33 所示。

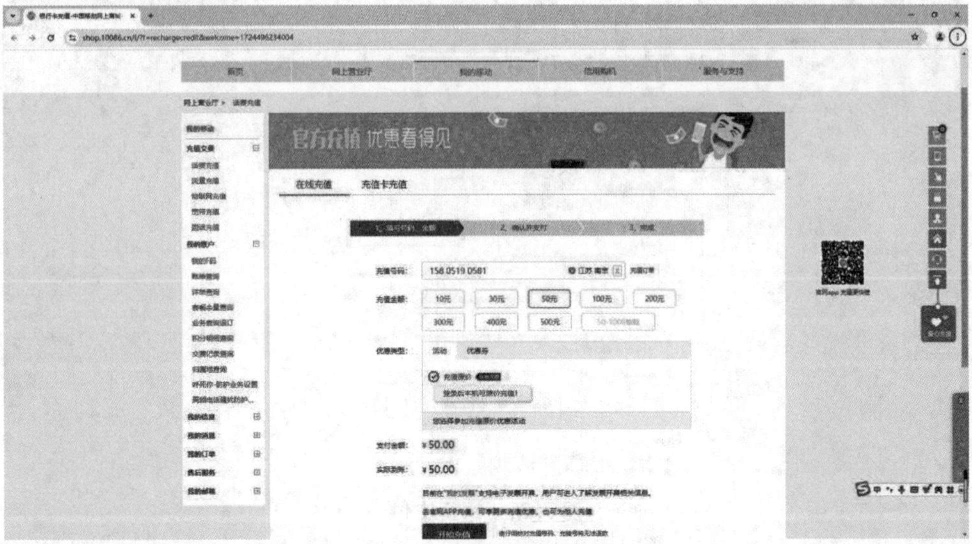

图 7.33　充值号码和金额的设置

（3）选择支付方式

支付方式有平台支付和银行支付,平台支付支持和包支付、银联在线支付、支付宝、微信支付等几种方式,银行支付支持常用各大银行支付。确认充值号码和金额无误,选择平台支付中的微信支付,点击"确认支付",如图 7.34 所示。

图 7.34 平台支付

　　如果选择银行支付中的中国农业银行,则进入中国农业银行的在线支付平台,可以选择农行掌银扫码支付,也可以输入银行卡号,根据系统提示完成支付,如图 7.35 所示。

图 7.35 银行支付

思政园地

中国支付业务发展现状分析

中国支付业务发展现状呈现出全面、科学监管的趋势,旨在推动非银行支付服务的健康发展,有效防范化解风险,并切实服务实体经济,形成高质量发展格局。

首先,《非银行支付机构监督管理条例》的出台为支付行业的规范发展提供了重要的法治保障。该条例明确了非银行支付机构的定义和业务类型,重新划分了业务类型,根据能否接收付款人预付资金,将非银行支付业务分为储值账户运营和支付交易处理两种类型。这一变化旨在适应市场发展和监管需要,具有良好的扩展性,有利于防范监管空白,避免监管套利,促进公平竞争。

在保护用户合法权益方面,"条例"强调了持牌经营和严格准入门槛,确保了支付服务的安全和可靠性。此外,中国人民银行通过发布 2023 年支付体系运行总体情况,展示了中国支付体系的稳健运行。数据显示,银行账户数量、非现金支付业务量、支付系统业务量等总体保持增长,电子支付尤其是移动支付业务增长迅速,显示出中国支付体系的活力和效率。进入 2024 年,《非银行支付机构监督管理条例》的正式实施,进一步引导支付机构提升服务实体经济的质效。"条例"强调了支付机构服务实体经济的核心定位,要求适当提高注册资本要求,坚持"回归支付业务本源",鼓励与银行合作,致力于维护公平竞争秩序,明确了监管红线,以促进行业的良性发展。

综上所述,中国支付业务发展现状呈现出积极向上的态势,通过法规的完善和技术的进步,不断优化服务实体经济的方式,提高服务质量和效率,确保支付行业的健康、有序发展。

案例分析

一卡通

"一卡通"是招商银行向社会大众提供的、以真实姓名开户的个人理财基本账户。它集定活期、多储种、多币种、多功能于一卡,多次被评为消费者喜爱的银行卡品牌,是国内银行卡中独具特色的知名银行卡品牌。招行从 1995 年 7 月发行"一卡通"以来,凭借高科技优势,不断改进其功能,不断完善综合服务体系,创造了个人理财的新概念。

"一卡通"可以通过互联网或其他公用信息网,将客户的计算机终端连接至银行,实现将银行服务直接送至办公室、家中和手中的服务系统,拉近银行与客户的距离,使客户不再受限于银行的地理环境、上班时间,突破了空间距离和物流媒介的限制,足不出户就可以享受到招商银行的服务。"一卡通"包括"个人银行""企业银行""网上支付""网上证券"和"网上商城"等,如图 7.36 所示。网上支付系统向客户提供网上消费支付结算服务,招商银行 Internet 网站已通过国际权威认证并且采用了先进的加密技术,客户在使用网上支付时,所有数据均经过加密后才在网上传输,因此是安全可靠的。凡在招商银行办理"一卡通"业务的客户都可享受此项服务。"一卡通"的服务特色是集定活期、多储种、多币种、多功能于一卡,具有"安全、快捷、方便、灵活"的特点。

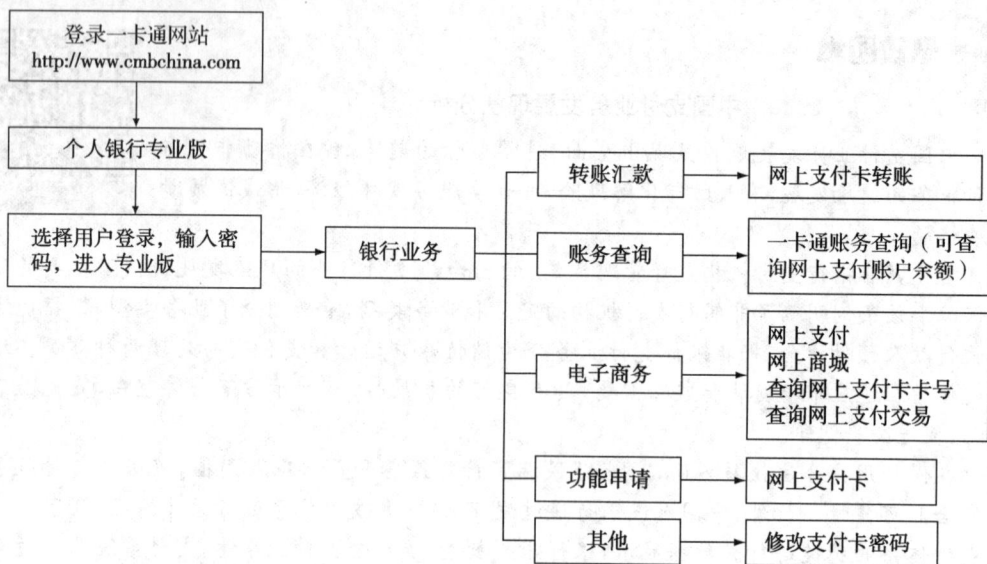

图 7.36　一卡通的业务功能

案例思考：

1. 电子支付的形式有哪些？"一卡通"属于哪种形式？

2. 简述电子支付相对于其他支付手段所具有的优势。

课后习题

一、选择题

1. 网上支付属于电子商务交易过程中的（　　）阶段。

　　A. 交易前准备　　　　　　　　　B. 洽谈和签订合同

　　C. 办理合同履行前手续　　　　　D. 交易合同的履行

2. 电子支付是指电子交易的当事人，使用安全电子支付手段，通过（　　）进行的货币支付或资金流转。

　　A. 网络　　　　　B. 发卡银行　　　　C. 开户银行　　　　D. 中介银行

3. 不属于传统支付方式的是（　　）。

　　A. 现金　　　　　B. 票据　　　　　　C. 信用卡　　　　　D. 智能卡

4. 当前电子支付中存在的主要问题之一在于（　　）。

　　A. 货币兑换问题　　　　　　　　B. 经济问题

　　C. 支付票据格式的统一问题　　　D. 跨国交易中的关税问题

5. 网上银行提供的服务可分为三大类，不包括（　　）。

　　A. 提供即时资讯服务　　　　　　B. 为在线交易的买卖双方办理交割手续

　　C. 颁发信用等级证书　　　　　　D. 办理银行一般交易

6. 网上购物使用电子钱包需要在（　　）系统中进行。

　　A. 电子商务系统　　　　　　　　B. 无线遥控系统

C. 电子钱包服务系统　　　　　　　D. 金融服务系统

7. 由 VISA 和 MasterCard 两大信用卡公司于 1997 年 5 月联合推出的是(　　　)。

A. SET　　　　　　B. PIN　　　　　C. S_HTTP　　　　D. SSL

8. 电子现金的特点包括(　　　)。

A. 银行和商家之间应有协议和授权关系

B. 电子现金实名制

C. E-Cash 银行负责用户和商家之间资金的转移

D. 用户、商家和 E-Cash 银行都需要使用 E-Cash 软件

9. 智能卡国际标准包括(　　　)。

A. ISO 9002　　　　　　　　　　B. 全球 PC/SC 计算机与智能卡联盟

C. 欧洲电信工业智能卡规范　　　　D. EMV 集成电路卡规范

10. (　　　)说法是正确的。

A. 使用电子支票进行支付,消费者必须把电子付款通知书发到银行

B. 使用电子支票进行支付,消费者可通过计算机网络,将电子支票发往商家的电子邮箱

C. 使用电子支票进行支付,银行确认后即将款项转入商家的银行户头

D. 使用电子支票进行支付,消费者也可通过电传将电子支票发往商家

二、简答题

1. 常用的电子支付方式有哪些? 分别简述其流程。

2. 什么是第三方支付? 常用的第三方支付系统有哪些?

3. 什么是支付网关? 支付网关有哪些功能?

4. 简述网上银行的特点并说明网上银行的业务有哪些。

5. 简述信用卡支付的方式。

三、实践题

1. 利用支付宝平台,体验阿里巴巴提供的不同的金融业务服务。

2. 上网了解第三方支付行业的发展现状并进行分析。

3. 了解阿里巴巴和腾讯在移动支付领域的发展,实际体验其不同的支付平台。

4. 登录我国几家商业银行的相关网站,了解并体验不同商业银行提供的金融服务。

5. 选择几家股份制银行、地方商业银行和农村信用社,对它们当前网络金融的发展情况进行对比分析。

项目 8
电子商务安全

本项目阐述电子商务的安全技术及应用,包括电子商务的安全性要求、电子商务安全体系结构、电子商务安全技术及协议、电子商务安全中的基本方法和技能。

项目内容

电子商务交易中数字证书的申请和安装的方法,包括数字证书的导入、导出和查看;用 Outlook Express 发送数字签名电子邮件,用 Outlook Express 发送加密电子邮件。

知识要求

了解电子商务安全性需求;掌握网络安全技术,包括防火墙技术、虚拟专用网络技术、网络反病毒技术;了解信息加密技术、密码基础知识、密钥加密技术、信息认证技术、数字签名、数字时间戳;掌握数字证书与 CA 认证中心。

思政要求

了解电子商务数据泄露的风险;熟悉电子商务数据的自我保护和防备;熟悉国家新颁布的《中华人民共和国电子商务法》有关交易安全的相关内容;理解保密数据是新时代电商发展的要求。

相关知识

知识 8.1 电子商务的安全威胁

电子商务是建立在 Internet 之上的,所以 Internet 的安全问题同样是电子商务所面临的安全问题。电子商务的安全问题主要体现在交易双方及信息传递过程中产生的威胁。传统的交易是面对面的,比较容易保证交易双方的信任关系和交易过程的安全性,而电子商务活动中的交易行为是通过网络进行的,买卖双方互不见面,因而缺乏传统交易中的信任感和安全感。一个安全的电子商务系统,首先要解决网络安全问题,保证交易信息的安全;其次要保证数据库服务器的绝对安全,防止信息被篡改或盗取。电子商务交易过程中买卖双方都可能面临的安全威胁有以下 6 个方面。

1. 系统的中断

这是对系统可用性的攻击,使得系统不能正常工作,从而中断或延迟正在进行的交易,对交易双方的数据产生很大的破坏,直接导致交易失败。

2. 信息的截获和盗取

攻击者通过电话线监听、Internet 截获数据包、搭线等非法手段获取个人、企业或国家的商业机密，如消费者的银行账号、密码及企业的交易信息机密等，使得不该享用交易信息的实体通过非法手段盗取交易信息，致使机密信息泄露。

3. 黑客攻击

黑客攻击一般分为两种：一种是主动攻击，它以各种方式有选择地破坏信息的有效性和完整性，如拒绝服务攻击、内部攻击等；另一种是被动攻击，它是在不影响网络正常工作的情况下，进行截获、窃取破译以获得重要的机密信息。

4. 信息的篡改

非法授权实体不但存取资源，而且对资源进行修改，这就是所谓的篡改攻击。例如，某人修改数据库中的数据，或者修改程序使之具有额外的功能，或者修改正在传输的数据。

5. 信息的伪造

非法实体伪造计算机系统中的实体或信息，掌握了网络信息数据规律或破解交易信息后，可以假冒合法的用户或发送虚假的信息给交易方用来欺骗双方。

6. 交易抵赖

当交易一方发现交易行为对自己不利的时候，就有可能否认电子交易的行为。交易抵赖包含很多方面，如商家否认曾发布过某些商品信息、购买者下了订单而不予承认等。

知识 8.2　电子商务的安全性需求

电子商务的安全性需求可以分为两个方面：一方面是对计算机及网络系统安全性的要求，表现为对系统硬件和软件运行安全性及可靠性的要求；另一方面是对电子商务信息安全的要求。

基于 Internet 的电子商务系统技术使在网上购物的客户能够极其方便地获得商家和企业的信息，但同时也增加了对某些敏感和有价值的数据滥用的风险。买方和卖方都必须保证在 Internet 上进行的一切金融交易运作都是真实可靠的，并且要使客户、商家和企业等交易各方都具有绝对的信心。因此，Internet 电子商务系统必须保证具有十分可靠的安全保密技术，也就是说，必须保证具有网络安全的五大要素，即信息的有效性、机密性、完整性、可靠性、审查能力。

1. 有效性

电子商务以电子形式取代了纸张，保证这种电子形式的贸易信息的有效性则是开展电子商务的前提。电子商务作为贸易的一种形式,其信息的有效性将直接关系到个人、企业或国家的经济利益和声誉。因此,要对网络故障、操作错误、应用程序错误、硬件故障、系统软件错误及计算机病毒所产生的潜在威胁加以控制和预防,以保证贸易数据在确定的时刻、确定的地点是有效的。

2. 机密性

电子商务作为贸易的一种手段,其信息直接代表着个人、企业或国家的商业机密。传统的纸贷贸易都是通过邮寄封装的信件或通过可靠的通信渠道发送商业报文来达到保守机密的目的。电子商务是建立在一个较为开放的网络环境上的(尤其 Internet 是更为开放的网络),维护商业机密是电子商务全面推广应用的重要保障,要预防非法的信息存取和信息在传输过程中被非法窃取。

3. 完整性

电子商务简化了贸易过程,减少了人为干预,也带来了维护贸易各方商业信息的完整、统一的问题。数据输入时的意外差错或欺诈行为,可能导致贸易各方信息的差异。此外,数据传输过程中信息的丢失、重复或信息传送的顺序差异也会导致贸易各方信息的不同。贸易各方信息的完整性将影响到贸易各方的交易和经营策略,保持贸易各方信息的完整性是电子商务应用的基础。因此,要预防对信息的随意生成、修改和删除,同时要防止数据传送过程中信息的丢失和重复,并保证信息传送顺序的统一。

4. 可靠性(不可抵赖性或鉴别)

电子商务可能直接关系到贸易双方的商业交易,确定要进行交易的贸易方正是所期望的贸易方这一问题是保证电子商务顺利进行的关键。在传统的纸贷贸易中,贸易双方通过在交易合同、契约或贸易单据等书面文件上手写签名或印章来鉴别贸易伙伴,确定合同、契约、单据的可靠性并预防抵赖行为的发生。这也就是人们常说的"白纸黑字"。在无纸化的电子商务方式下,通过手写签名和印章进行贸易方的鉴别已是不可能的,因此,要在交易信息的传输过程中为参与交易的个人、企业或国家提供可靠的标识。

5. 审查能力

根据机密性和完整性的要求,应对数据审查的结果进行记录。对交易数据的审查能力能够保证交易信息的完整性。为以后更好地开展多方的交易做好记录,是进一步发展电子商务的基础。

知识 *8.3* 电子商务的安全体系结构

👆 微课

电子商务的安全体系是保证电子商务系统安全的一个完整的逻辑结构。电子商务的安全体系由网络服务层、加密技术层、安全认证层、安全协议层和应用系统层组成,如图 8.1 所示。

电子商务系统是依赖网络实现的商务系统,需要利用 Internet 基础设施和标准,所以构成电子商务安全架构的底层是网络服务层。它提供信息传送的载体和用户接入的手段,是各种电子商务应用系统的基础,为电子商务系统提供了基本的网络服务。通过 Internet 网络服务层的安全机制,如入侵检测、安全扫描、防火墙等,保证网络服务层的安全。在此基础上,为保证电子交易数据的安全,电子商务系统还必须拥有完善的加密技术和认证机制,即构筑加密技术层、安全认证层和安全协议层,为电子商务系统提供安全协议、数字签名、认证和加密等多种安全技术。为安全电子商务交易的实现提供技术平台的关键是应用系统层。它是加密技术层、安全认证层和安全协议层的安全控制技术的综合运用和完善,也是实现电子商务交易中的机密性、完整性、有效性,以及不可抵赖性和交易者真实性等安全要求的基础平台。

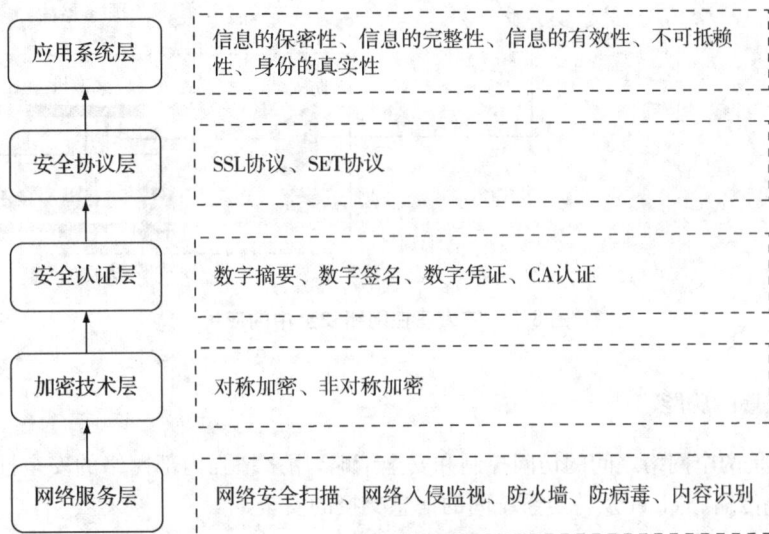

应用系统层	信息的保密性、信息的完整性、信息的有效性、不可抵赖性、身份的真实性
安全协议层	SSL协议、SET协议
安全认证层	数字摘要、数字签名、数字凭证、CA认证
加密技术层	对称加密、非对称加密
网络服务层	网络安全扫描、网络入侵监视、防火墙、防病毒、内容识别

图 8.1　电子商务的安全体系结构

知识 8.4　防火墙技术

1. 防火墙的概念

古时候,人们常常在寓所之间砌一道墙,一旦发生火灾,能够防止火势蔓延到其他的寓所。这种墙因此而得名"防火墙",主要是进行火势隔离。在当今信息社会里,则存在着某种程度的信息隔离的要求。于是人们就借用了古代防火墙的概念,只不过信息世界中的"防火墙"是由先进的计算机硬件和软件系统构成的,如图 8.2 所示。

防火墙(Firewall)是指设置在不同网络(如可信任的企业内部网和不可信任的公共网)或网络安全域之前的一系列不可视的组合。它是不同网络或网络安全域之前信息的唯一出入口,能根据企业的安全政策控制(允许、拒绝、检测)出入网络的信息流,且本身具有较强的抗攻击能力。它是提供信息安全服务,实现网络和信息安全的基础设施,其目的如同一个安全门,为门内的部门提供安全,控制那些可被允许出入该受保护环境的人或物,就像工作在门前的安全卫士,控制并检查站点的访问者。

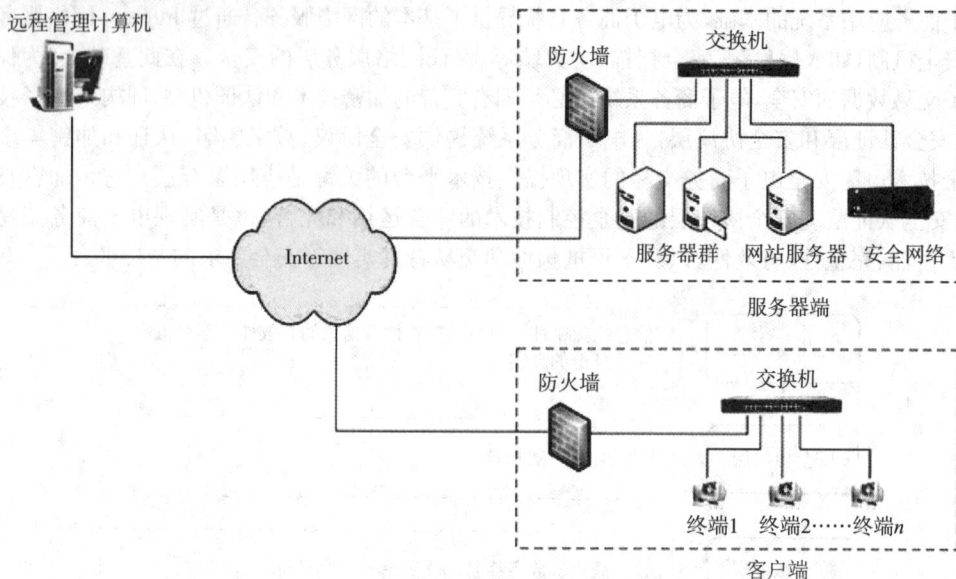

图 8.2　防火墙在网络安全中的应用

2. 防火墙的功能

防火墙是两个网络之间的访问控制和安全策略,用来增强内部网络的安全性,能够保证E-mail、文件传输、Telnet 及特定系统间的信息交换的安全。

防火墙的主要功能有以下几个方面:

① 过滤不安全的数据。防火墙能对进出的数据包进行检测与筛选,阻止那些带有病毒或木马程序的数据通过,保护网络避免基于路由的攻击。

② 控制不安全的服务和访问。防火墙可以限制他人进入内部网络,过滤不安全的服务和非法的用户,使得内部网络免于遭受来自外界的攻击。同时,防火墙也提供了对特殊站点的访问控制,允许或禁止某些外部网络能够访问内部网络的某些主机或服务器。

③ 对网络存取和访问进行监控。防火墙能够记录所有经过的访问并进行日志记录,同时提供网络的使用情况统计数据。当发生可疑行为时,防火墙进行适当的报警,并提供网络是否受到监测和攻击的详细信息。

④ 防止内部信息外泄。利用防火墙对内部网络的划分,可以实现对内部网络重点网段的隔离,从而限制局部重点或敏感网络安全问题对全局网络造成的影响。同时,使用防火墙可以阻止攻击者获取、攻击网络系统的有用信息,如 DNS 等,从而堵住内部网络的某些安全漏洞。

⑤ 强化网络安全策略。防火墙对企业内部网络实现集中安全管理,在防火墙中定义的安全规则可以运行于整个内部网络系统。以防火墙为中心的安全方案配置,用户可以将口令、身份认证等安全信息配置在防火墙上,无须在内部网络的每台主机上分别配置安全策略。

3. 防火墙的体系结构

防火墙从体系结构上可以分为 3 种模式：双宿/多宿主机模式（Dual-homed /Multi-homed Host Firewall）、屏蔽主机模式（Screened Host Firewall）、屏蔽子网模式（Screened Subnet Firewall）。

① 双宿/多宿主机模式是一种拥有两个或多个连接到不同网络上的网络接口的防火墙，通常用一台装有两块或多块网卡的主机作为防火墙，或者使用多个网络接口的硬件防火墙。多个网络接口分别与受保护的网络或外部网络相连。图 8.3 所示为双宿/多宿主机模式防火墙体系结构图。

图 8.3　双宿/多宿主机模式防火墙体系结构

② 屏蔽主机模式由包过滤路由器和堡垒主机组成，图 8.4 所示为屏蔽主机模式防火墙体系结构图。在这种模式的防火墙中，堡垒主机安装在内部网络上，通常在路由器上设立过滤规则，并使这个堡垒主机成为从外部网络唯一可直接到达的主机。这确保了内部网络不被未授权的外部用户攻击。屏蔽主机模式防火墙实现了网络层和应用层的安全，因而比单独的包过滤或应用网关代理更安全。在这一方式下，包过滤路由器是否配置正确是这种防火墙安全与否的关键，如果路由表遭到破坏，堡垒主机就可能被越过，而使内部网完全暴露。

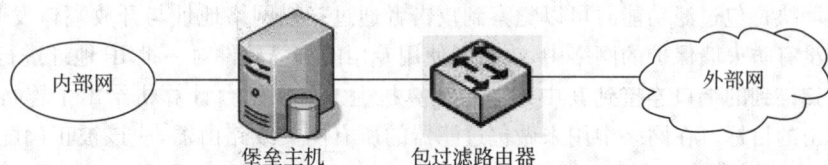

图 8.4　屏蔽主机模式防火墙体系结构

③ 屏蔽子网模式采用了两个包过滤路由器和一个堡垒主机，在内外网络之间建立了一个被隔离的子网，定义为"非军事区"（De-Militarized Zone，DMZ）网络，有时也称作周边网（Perimeter Network）。图 8.5 所示为屏蔽子网模式防火墙体系结构图。网络管理员将堡垒主机、信息服务器等公用服务器放在非军事区网络中。内部网络和外部网络均可访问屏蔽子网，但禁止它们穿过屏蔽子网通信。在这一配置中，即使堡垒主机被入侵者控制，内部网仍受到内部包过滤路由器的保护。

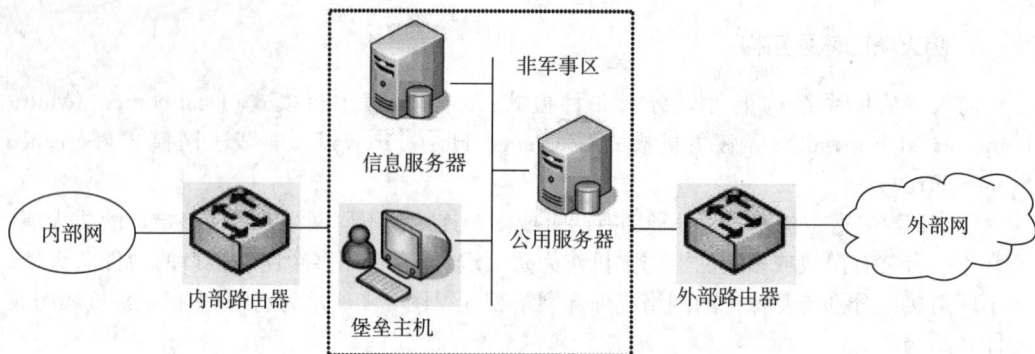

图 8.5　屏蔽子网模式防火墙体系结构

4. 防火墙相关技术

防火墙以多种不同的方式提供网络安全性,如过滤、网络地址转换(NAT)、应用层网关(Application Layer Gateway)、电路级网关(Circuit Gateway)。

(1) 包过滤

包过滤是所有防火墙的核心功能。事实上,包过滤是最早期的一种防火墙,是所有边界安全设置中的一种有效的组件。此外,与代理服务器相比,其优势在于它不占用带宽。数据包过滤器检查数据包报头,把它撕掉,并且用一个新的报头代替原来的报头,再把它送到网络中的特定位置。

包过滤检查报头决定是否拒绝或允许数据包通过防火墙,但网络攻击者会伪造合法用户 IP 地址以穿透包过滤防火墙。包过滤器防火墙一般包括两种:无状态包过滤器防火墙和有状态包过滤器防火墙。无状态包过滤防火墙在检查报头时,不注意服务器和客户机之间的连接状态,只根据报头中的信息来阻断数据包;有状态包过滤器防火墙将检查数据包中包含的数据,而客户机与服务器之间的连接状态保存在磁盘缓存中。

防火墙执行包过滤功能时可以觉察到攻击者通过扫描网络地址与开放端口发起攻击的企图。在没有防火墙保护的网络中,攻击者使用专用的扫描软件对一批 IP 地址进行扫描,并试图通过扫描到的端口连接到其中某一台计算机上。如果这台计算机给出了连接回应,则成为被攻击的目标。在网络中用来做包过滤器的所有网关或路由器,应该被正确配置,以防止攻击者的非法连接。

包过滤器也有其局限性。包过滤功能并没有在过滤器中隐藏主机在过滤器内部网络上的地址,对外的通信中包含这些地址,这使得攻击者可以比较容易地锁定这些处在过滤器后面的主机;包过滤器不会检查通过它的来自内部网的消息的合法性;包过滤器只能根据数据包报头中显示的源 IP 地址进行检查,容易受到 IP 欺骗攻击。所有这些局限性使得单独的包过滤器不能完全胜任防火墙的职责。

(2) 网络地址转换(NAT)

NAT 在一定程度上弥补了包过滤器的缺点,可以隐藏被保护网络中主机的 IP 地址,以阻止攻击者获取被保护网络中的主机地址后,向该主机发送携带病毒的信息或其他有害信息的数据。

NAT 是一个 IETF 标准,允许一个整体机构以一个或多个公用 IP 地址出现在 Internet

上,是一种把内部私用网络地址(IP 地址)翻译成合法网络 IP 地址的技术。NAT 就是在局域网内部网络中使用内部地址,而当内部节点要与外部网络进行通信时,就在网关处将内部地址替换成公用地址,从而在外部公网(如 Internet)上正常使用。NAT 可以使多台计算机共享 Internet 连接,这一功能很好地解决了公共 IP 地址紧缺的问题。通过这种方式,NAT 屏蔽了内部网络,所有内部网计算机对于公共网络来说是不可见的,而内部网计算机用户通常不会意识到 NAT 的存在。

NAT 实际上是起到网络级的代理程序的作用,它可以代表内部网络上的所有主机作为一个单独的主机发出请求,对于 Internet 或外网的其他用户来说,似乎所有信息都来自同一台计算机。因此,受保护网络内部的计算机对外界来说,似乎与运行 NAT 的计算机具有相同的公共的 IP 地址,但是实际上每台计算机都有自己专用的 IP 地址。例如,当配备了 NAT 的防火墙收到来自内部网计算机 A 请求时,它就用自己的 IP 地址代替计算机 A 的地址。

(3) 应用层网关

应用层网关即代理服务器,它运转在应用层,如图 8.6 所示。

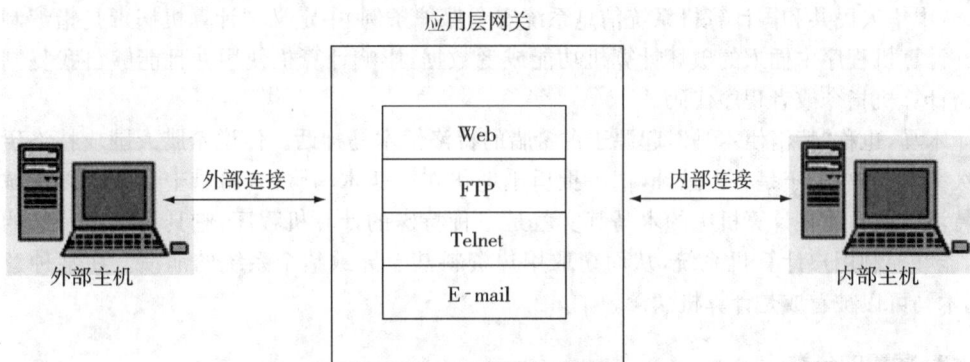

图 8.6　应用层网关

通过设置代理服务器,应用层网关可以控制网络内部的应用程序访问外界。该服务器充当客户端的代理,如代表用户请求 Web 页,或者发送和接收邮件,这样就避免了用户与 Internet 直接连接。这种隐蔽性可以降低病毒、蠕虫、木马等造成的影响。

应用层网关可以识别请求的数据内容,可以允许或拒绝某些特殊内容,如病毒或可执行文件等。应用层网关比包过滤器更安全,它不再去试图处理 TCP/IP 层可能发生的所有事情,而只需要去考虑一小部分被允许运行的应用程序。另外,在应用级上进行日志管理和通信的审查要容易得多。

应用层网关的缺点是在每次连接中有多余的处理开销,因为两个终端用户通过代理取得连接,而代理就必须检查并转发通信中两个终端上的所有数据。

(4) 电路级网关

在电路级网络的传输层上实施访问策略,是在内、外网络主机之间建立一个虚拟电路来进行通信。它相当于在防火墙上直接开了个口子进行传输,不像应用层防火墙那样能严密地控制应用层的信息。

网络级网关只依赖于 TCP 连接,并不进行任何附加的包处理或过滤;电路级网关就像电线一样,只是在内部连接和外部连接之间来回复制字节,从而隐藏受保护网络的有关信息。电路级网关常用于向外连接,这时网络管理员对内部用户是信任的。其优点是堡垒主机可以被设置成混合网关,对内连接支持应用层或代理服务,对外连接支持电路级网关功能。这时,防火墙系统对于要访问 Internet 服务的内部用户来说使用起来很方便,同时又能保护内部网络免于外部攻击。在电路级网关中,可能要安装特殊的客户机软件,用户也有可能需要一个可变用户接口来相互作用。

知识 8.5 病毒和木马防范

1. 病毒和木马的概念

计算机病毒这个概念是借自生物学中病毒的概念,通过分析和研究,计算机病毒和生物学中的病毒有着许多相似之处。一个比较流行的定义为:计算机病毒是一段附在其他程序上的可以实现自我复制的程序代码。这个说法也正好与生物学中的病毒相似——自我复制。《中华人民共和国计算机系统信息系统安全保护条例》中定义:"计算机病毒是指编制或者在计算机程序中插入的破坏计算机功能或者数据,影响计算机使用并且能够自我复制的一组计算机指令或者程序代码。"

木马,也称"特洛伊木马",起源于古希腊的特洛伊木马神话。传说希腊人围攻特洛伊城但久久不能攻下,于是有人献计,把一批勇士埋伏在一匹木马腹内,希腊士兵才得以进城攻下特洛伊城。而在计算机中的木马其实就是一种特殊的计算机程序,它具有某些特殊的功能,能够控制用户计算机系统,从而窃取用户资料甚至导致整个系统的崩溃。在某种意义上,木马可以被看成是计算机病毒。

2. 病毒的分类

病毒的分类有很多种,根据病毒特有的算法可以分为伴随性病毒、"蠕虫"病毒、寄生型病毒。

(1) 伴随性病毒

这类病毒并不改变文件的本身,它们根据自身的算法产生与 EXE 文件具有同样的名字和不同的扩展名的伴随体。例如,xcopy.exe 的伴随体为 xcopy.com。病毒把自身写入 COM 文件,并不改变 EXE 文件,当 DOS 操作系统加载文件时,伴随体优先被执行,再由伴随体加载执行原来的 EXE 文件。

(2) "蠕虫"病毒

这类病毒通过计算机网络传播,它不改变文件和资料信息,通过网络从一台计算机的内存传播到其他计算机的内存,如"红色代码""冲击波"等。

(3) 寄生型病毒

除了以上两种病毒外,其他的病毒都可称作寄生型病毒。计算机寄生型病毒是指病毒码加在主程序上,一旦程序被执行,病毒也就被激活。

3. 病毒和木马的特点

病毒危害性极大,轻者只是占用磁盘空间、内存,对系统运行影响不大;重者则删除系统文件,恶意修改系统,导致系统无法运行甚至崩溃;更有甚者(如 CIH 病毒),会破坏计算机的硬件(如主板、硬盘)。为了更好地防治病毒,首先要认清计算机病毒的特点和行为机理。根据病毒的产生、感染和破坏行为,可总结出病毒的以下几个特点。

(1) 自我复制性

自我复制性是指病毒具有再生性。再生性是判断是不是病毒最重要的依据。这也正是计算机病毒和生物病毒最重要的相似点之一。病毒会把自身的副本放入其他的程序中。

(2) 可执行性

计算机病毒也是一段可执行程序,只有当它在计算机内得以运行时,才具有感染性从而表现出一定的破坏能力。

(3) 潜伏性

一般病毒在感染了文件后并不是马上就发作,而是潜伏在计算机系统中,等满足一定的条件时才会被触发。

(4) 隐蔽性

计算机病毒总是以各种方式来隐蔽自己在计算机中的存在。感染了病毒之后,计算机系统一般仍然能够运行,用户不会感觉到非常明显的异常,这就是所谓的隐蔽性。

(5) 夺取系统控制权

病毒在运行时,与正常程序争夺系统的控制权,其中争夺系统 CPU 的控制权是关键。同一台计算机内病毒程序与正常系统程序或其他病毒程序争夺系统控制权时往往会造成系统崩溃,导致计算机瘫痪。

(6) 不可预见性

不同种类的病毒的代码是千差万别的。与反病毒软件相比,它们永远是超前的。随着计算机技术的不断发展,也给计算机病毒提供了广阔的发展空间,从而使得病毒的预测更加困难。这就要求人们提高防范病毒的意识。

木马有客户端和服务器两个执行程序,客户端就是攻击者远程控制植入木马的计算机,服务器端就是木马程序。木马一旦被植入计算机内,攻击者就好像使用自己的计算机一样可以远程控制中了木马的系统,以监控远程计算机的操作或窃取信息。

4. 病毒和木马的预防

随着个人计算机的普及、Internet 的发展、网民数量的增多,病毒所造成的影响和危害也越来越大。但很多病毒是可以预防的,这样可以减少许多不必要的损失,尽可能地把损失降低到最低程度。病毒的防御主要应该从以下几个方面入手。

(1) 加强病毒教育和宣传工作

首先,要大力宣传计算机病毒的危害,从而引起人们的重视。其次,要普及计算机软件、硬件的基础知识,使人们了解病毒的机理和感染方法。最后,要提高系统管理员及用户的技术素质和防毒意识。

(2) 建立健全的法律规章制度

对计算机病毒的防范不是一两个人、一两家企业的事情,而需要全民参与,利用一切可以利用的资源,建立完善的病毒防范制度和体系,形成一个强大、完善的病毒防范网络。我国目前通用的最新计算机病毒防治管理办法仍是 2000 年 4 月发布施行的《计算机病毒防治管理办法》,国家计算机病毒应急处理中心依据相关法律法规及标准要求,通过互联网监测发现移动 App 存在隐私不合规行为等问题,并提醒广大用户谨慎下载使用违规移动 App,注意保护个人隐私信息。

(3) 使用各种防病毒技术

只有防病毒意识和相应的制度还是不行的,还应该综合使用各种防病毒软件和防病毒技术。

(4) 规范使用计算机的习惯

① 合理地设置杀毒软件。目前的杀毒软件的防毒措施做得非常全面。例如,KASPERSKY 6.0(卡巴斯基)、金山毒霸就有文件保护、邮件保护及 Web 反病毒保护等,尽量将这些功能都开启,并经常更新其病毒库。

② 不要随意点击一些不明链接。在上网的时候,有时会弹出一些莫名其妙的链接,这时一定不要轻易点击,防止链接中有恶意代码,一旦点击就很可能导致中毒。

③ 尽量从大型正规网站下载文件。用户经常要从网络上下载文件,这时尽量从一些大型网站下载,因为很多病毒都是从不知名的网站上开始传播的。大型正规网站有一定的安全措施保证所下载的文件是安全的。

④ 合理地使用 E-mail。邮件是计算机病毒传播的一个重要途径,在平时收发邮件时应该注意。如果使用的是微软自带的 Outlook Express 作为收发邮件的工具,可以通过设置,以纯文本格式发送 E-mail;如果以 HTML 方式发送,邮件中可能会被植入恶意代码。另外,对于邮件的附件也要特别慎重,如果附件中有可执行文件(如.exe、.com)或带有宏的文档(.doc等),最好先把它存在磁盘上,然后使用杀毒软件查杀一遍后再打开。不要随意打开扩展名为 SHS、VBS 或 PIF 的附件,因为这种文件经常被病毒或木马利用。邮件系统发信时需要用户认证可以减少用户感染病毒后自动发送病毒邮件,而且用户尽量不要将密码自动保存在机器上。

⑤ 设置始终显示文件的扩展名。许多计算机用户不太喜欢在自己的计算机中把文件的扩展名显示出来,但是许多病毒经常会有异常的扩展名,因此可以通过设置始终显示文件的扩展名来发现这种异常现象,尽早地发现病毒的存在。

⑥ 及时升级自己的操作系统。不管使用什么系统都可能会存在一些漏洞,很多病毒(如冲击波)就是针对系统漏洞而存在和传染的,必须及时升级操作系统。

⑦ 不要随意接收文件。在用 QQ、微信等聊天工具进行在线聊天时,不要随意接收陌生人的文件。有时候熟人的文件也不要随便接收,因为对方的计算机可能已中毒,而对方的计算机系统就在对方不知情的情况下自动发送文件。

⑧ 备份重要数据。病毒一旦发作,数据文件很可能受到破坏而不能恢复,对于一些个人非常重要的数据,最好通过刻录光盘或其他方式备份。

知识 *8.6* 数据加密技术

在电子商务活动中,为了实现交易信息及数据在传输过程中的保密性和完整性,防止信息被窃取或修改,必须采用加密技术对数据进行加密。

👆微课

加密技术就是采用合适的加密算法,把原始信息(明文)转换成不可理解的形式或偏离信息原意的信息(密文),从而保障信息的安全。加密的逆过程是解密,即合法接收者使用解密密钥将密文转换为可以理解形式的过程。加密系统包括信息(明文和密文)、算法(加密算法和解密算法)和密钥(加密密钥和解密密钥)3 个部分。其中,加密算法是基于一定的数学方法,将普通文本(可理解的信息)与一串字符串(密钥)相结合,产生不可理解的密文;密钥是在加密过程中,用于对文本进行编码和解码所使用的可变参数。算法是相对稳定的,而密钥是可以改变的。

发送方使用加密密钥,通过加密算法,对需要传输的数据进行加密,得到密文,并将密文传输出去;接收方收到密文后,用解密密钥对密文进行解密,还原为明文。加密和解密的过程如图 8.7 所示。

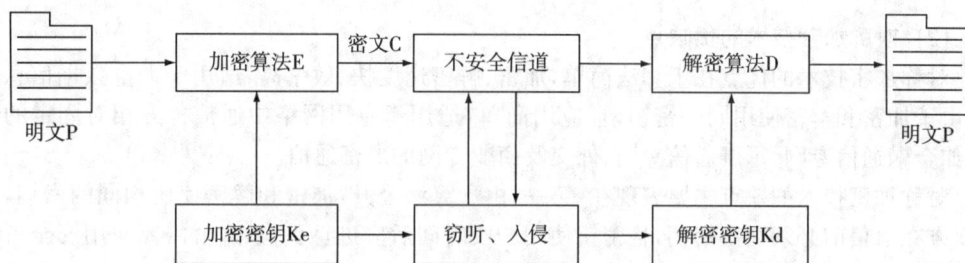

图 8.7　加密和解密的过程示意

例如,采用移位加密法,将英文字母 A、B、C、D、…、X、Y、Z 分别对应变换成 D、E、F、G、…、A、B、C,即字母顺序保持不变,但使之分别与相差 3 个字母的字母对应。若现在有明文"HOW DO YOU DO",则按照该加密算法和密钥,对应的密文为"KRZ GR BRX GR"。如果信息在传输过程中被窃取,窃取者只能得到无法理解的密文,从而实现了保障信息传输的安全。数据加密技术是电子商务采取的主要安全措施,其目的在于提高信息系统及数据的安全性和保密性,防止数据被外部窃取破译。加密技术通常可以分为对称加密技术和非对称加密技术两种。

1. 对称加密技术

对称加密技术(Symmetric Encryption)又称为常规密钥加密、私钥或单钥密钥加密,即信息的发送方和接收方使用同一个密钥对信息数据进行加密和解密的技术。

(1) 对称加密技术的原理

在对称加密技术中,由信息的发送方使用加密密钥对信息进行加密后,通过网络传输到信息的接收方,接收方再使用相同的密钥对密文进行解密,得到原始信息,从而保证信息的机密性和完整性,如图 8.8 所示。在这一过程中,交易双方采用相同的机密算法,只交换共享的加密密钥。如果进行通信的交易双方能够确保加密密钥在密钥交换阶段未发生泄露,就可以通过对方的加密技术处理和发送机密信息。密钥的安全交换是关系到对称加密有效性的核心环节。

目前常用的对称加密算法有 DES、IDEA、3DES、RC4 等。其中,数据加密标准(Data Encryption Standard,DES)是目前使用最广泛的对称加密算法,主要用于银行业的电子资金转账领域,被国际标准化组织(ISO)定为数据加密的标准。

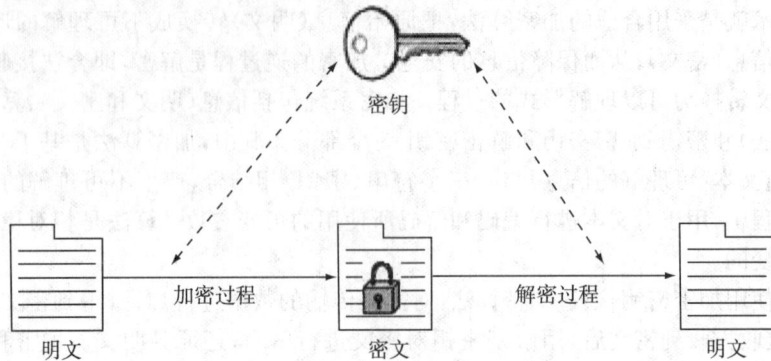

明文　　加密过程　　密文　　解密过程　　明文

密钥

图 8.8　对称密钥加密

(2) 对称加密技术的优缺点

对称加密技术的优点在于算法简单,加密、解密速度快、效率高,适用于大量数据信息传输;由于加密和解密使用同一密钥,且应用简单,适用于专用网络中通信各方相对固定的情况,如金融通信专网、军事通信专网、外交及商业专网的加密通信。

对称加密技术的缺点主要表现在:第一,由于算法公开,加密和解密使用相同的密钥,交易双方在通信前必须交换密钥,且密钥使用一段时间后应进行更换,这就需要使用安全可靠的途径进行密钥的传递,而电话通知、邮件等方式均存在泄密的风险;第二,密钥的管理难度较大,当企业与多个贸易伙伴进行交易时,为了保证数据的安全性,对不同的贸易伙伴必须使用不同的密钥,密钥数量非常多,假设有三方两两通信,需要 3 个密钥,当网络中有 n 个用户两两通信,则需要 $n(n-1)/2$ 个密钥,密钥的分配、管理和保存将面临极大的困难;第三,难以对用户身份的真实性和不可抵赖性进行确认。

2. 非对称加密技术

非对称加密技术(Unsymmetric Encryption)又称为公开密钥加密,是指分别使用公开密钥(加密密钥)、私有密钥(解密密钥)完成信息的加密和解密的加密技术。在非对称加密体系中,用户掌握两个不同的密钥:一个是公开密钥(加密密钥),可以通过非保护方式向他人公开,用于对机密信息进行加密;另一个是私有密钥(解密密钥)需要保密,用于对加密信息进行解密。

(1) 非对称加密技术的原理

采用非对称加密技术对数据进行加密时,需要信息的接收方拥有一对密钥,且这对密钥无法相互推导。信息的接收方首先将其中一个密钥作为公钥,告知各贸易的伙伴,而将另一个密钥作为私钥,由自己妥善保管。在进行信息传输时,发送方使用接收方的公钥对数据信息进行加密并传输,接收方收到密文后,使用自己的私钥进行解密得到原始信息,如图 8.9 所示。与此同时,如果私钥的拥有者利用私钥对数据进行加密,那么只用对应的公钥才能解密,由于私钥只能为特定的发送方拥有,此时就可以采用这种方式确认信息发送者的身份。

目前使用最广泛的非对称加密算法是 RSA(Rivest Shamir Adleman)算法,该算法已被计算机与信息技术委员会(ISO/TC 97)的数据加密技术分委员会(SC20)推荐为非对称密钥数据加密标准。

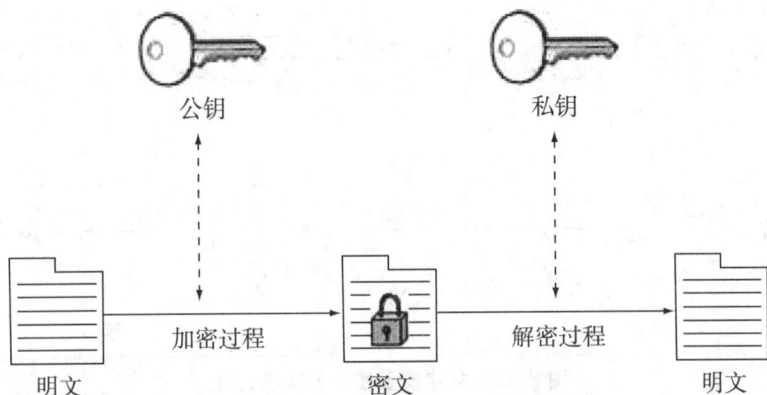

图 8.9　非对称密钥加密

(2) 非对称加密技术的优缺点

非对称加密技术较好地解决了对称加密技术中密钥数量过多、难以管理及无法对身份进行确认等不足，也无须担心密钥在传输中泄露，密钥分配简单，管理方便，能够很好地支持对传输信息的数字签名，解决交易中身份确认及交易信息的否认与抵赖问题，保密性能比对称加密技术好。但是，非对称加密算法复杂，加密、解密花费时间长、速度慢，一般不适合对数据量较大的文件进行加密。在实践应用中，通常将 DES 算法的对称加密和 RSA 算法的非对称加密结合起来使用，在保证数据安全的基础上，提高加密和解密的速度。

知识 *8.7*　数字摘要

数字摘要（Digital Digest）又称为报文摘要或消息摘要，是指发送者通过采用单向散列函数对某个被传输信息的摘要进行加密处理，形成具有密文性质的摘要值，并将此摘要值与原始信息报文一起发送给接收者，接收者应用此摘要值来检验信息报文在传递过程中是否发生改变，并确定报文信息的真实性。数字摘要一般采用安全的 Hash 算法（Secure Hash Algorithm，SHA），即选择一个散列函数或随机函数，用一个与记录相关的值作为函数的参数，生成存放该记录的块地址，从而得到一个摘要值。采用单向Hash 函数将需要加密的明文"摘要"成一串 128 位的密文，这一串密文也称为数字指纹，有固定的长度。由于所得到的摘要值同明文是一一对应的，不同的摘要加密成不同的密文，相同的明文其摘要必然一样，因此，利用数字摘要可以验证通过网络传输的明文是否为初始的、未被篡改过的信息，从而保证数据的完整性和有效性。

数字摘要技术的实现过程如图 8.10 所示，具体包括以下步骤：

① 先提取发送信息的数字摘要，并在传输信息时将之加入文件一同发送给接收方。

② 接收方收到文件后，用相同的方法对接收的信息进行变换运算得到另一个摘要。

③ 将自己的运算得到的摘要与发送过来的摘要进行比较，从而验证数据的完整性。

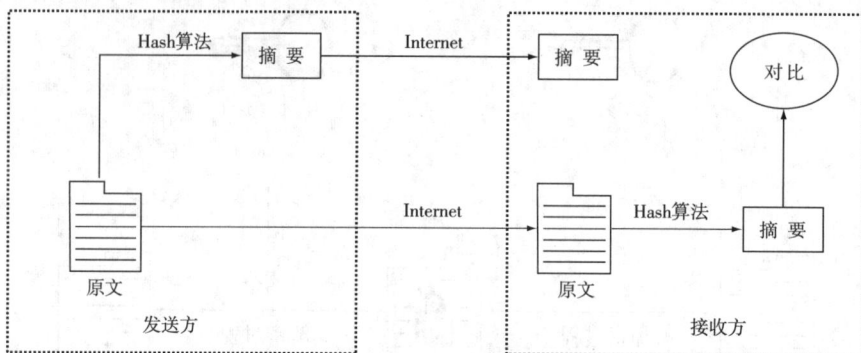

图 8.10   数字摘要技术的实现过程

知识 8.8   数字信封

数字信封是指发送方采用对称加密技术对信息进行加密,然后将此对称密钥用接收方的公钥加密之后,将它和信息一起发送给接收方,接收方先用相应的私钥打开数字信封,得到对称密钥,然后使用对称密钥解开信息。

数字信封技术是为了解决传送、更换密钥问题而产生的,结合了对称加密和非对称加密技术的优点。金融交易所使用的密钥必须经常更换,为了解决每次更换密钥的问题,结合对称加密技术和公开密钥技术的优点,数字信封技术克服了密钥加密中密钥分发困难和公开密钥加密中加密时间长的问题,使用两个层次的加密来获得公开密钥技术的灵活性和密钥技术的高效性。

信息发送方使用密钥对信息进行加密,从而保证只有规定的收信人才能阅读信的内容。采用数字信封技术后,即使加密文件被他人截获,但由于截获者无法得到发送方的通信密钥,也不能对文件进行解密。

数字信封技术的实现过程如图 8.11 所示,具体包括以下步骤。

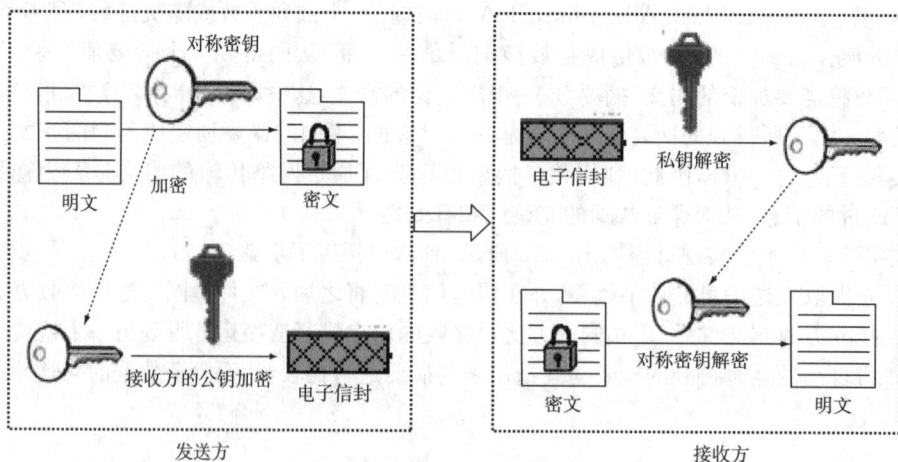

图 8.11   数字信封技术的实现过程

① 发送者使用随机产生的对称密钥加密数据,然后将生成的密文和密钥本身一起用接收者的公开密钥加密(电子信封)并发送。

② 接收者先用自己的私钥解密电子信封,得到对称密钥,然后使用对称密钥解密数据。这样,保证每次传送数据都可由发送方选定不同的对称密钥。

知识 8.9　数字签名技术

1. 数字签名的概念

数字签名(Digital Signature)是公开密钥加密技术的一种应用,是指用发送方的私有密钥加密报文摘要,然后将其与原始的信息附加在一起,合称为数字签名。数字签名是通过某种密码运算生成一系列符号及代码组成电子密码进行签名,来代替书写签名或印章。这种电子式的签名还可以进行技术验证,其验证的准确度是一般手工签名和图章的验证无法比拟的。数字签名是目前电子商务、电子证券中应用最普遍、技术最成熟、操作性最强的一种电子签名方法。它采用规范化的程序和科学化的方法,用于鉴定签名人的身份及对一项电子数据内容的认可。它还能验证出文件的原文在传输过程中有无变动,确保传输电子文件的完整性、真实性和不可抵赖性。

2. 数字签名的实现过程

实现数字签名有很多方法,目前数字签名较多采用公钥加密技术,如基于 RSA Date Security 公司的 PKCS、Digital Signature Algorithm、x.509、PGP。1994 年,美国标准与技术协会公布了数字签名标准而使公钥加密技术广泛应用。公钥加密系统采用的是非对称加密算法。目前的数字签名建立在公共密钥体制基础上,是公用密钥加密技术的另一类应用。

现在应用广泛的数字签名方法主要有 3 种,即 RSA 签名、DSS 签名和 Hash(哈希)签名。这 3 种算法可单独使用,也可综合在一起使用。数字签名是通过密码算法对数据进行加密、解密变换实现的,用 DES 算法、RSA 算法都可实现数字签名。但 3 种技术或多或少都有缺陷,或者没有成熟的标准。下面以 Hash 签名为例介绍签名的主要过程。Hash 签名也称为数字摘要法或数字指纹法。它与 RSA 签名是单独的签名不同,该数字签名方法是将数字签名与要发送的信息紧密联系在一起,比合同和签名分开传递,更增加了可信度和安全性。

数字摘要加密的方法也称安全 Hash 编码法或 MD5,由 Ron Rivest 设计。该编码法采用单向 Hash 函数将需加密的明文"摘要"成一串 128 位的密文,这一串密文也称为数字指纹,它有固定的长度,且不同的明文摘要必定一致。这样,这串摘要便可成为验证明文是不是"真身"的"指纹"了。

只有加入数字签名及验证才能真正实现在公开网络上的安全传输。加入数字签名和验证的文件传输过程如下:

① 发送方首先用 Hash 函数从原文得到 128 位的数字摘要。

② 发送方用自己的私有密钥对数字摘要进行加密,形成数字签名。

③ 发送方将原文和加密的数字摘要一起传给对方。

④ 接收方用发送方的公共密钥对摘要进行解密,同时对收到的原文用 Hash 算法产生摘要。

⑤ 接收方将解密后的摘要与收到的原文用哈希算法产生的摘要相互对比,如果两个摘要一致,则说明在传送过程中信息没有被破坏或篡改过。

整个数字签名的过程如图 8.12 所示,数字签名就是这样通过双重加密的方法来防止原文被修改、冒用别人的名义发送文件、收发文件又加以否认等行为的发生。

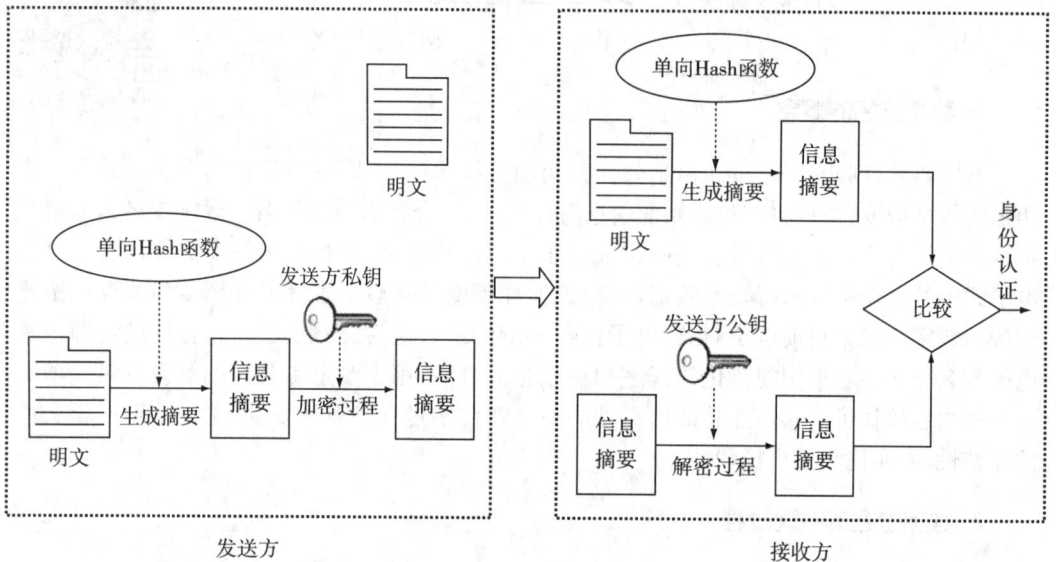

图 8.12　数字签名的过程

知识 8.10　数字时间戳

1. 数字时间戳的定义

在电子商务交易文件中,时间是十分重要的信息。在书面合同中,文件签署的日期和签名一样均是十分重要的防止文件被伪造和篡改的关键内容。在电子交易中,需要对交易文件的日期和时间信息采取安全措施。数字时间戳(Digital Time Stamp,DTS)服务专用于提供电子文件日期和时间信息的安全保护,由专门的机构提供。在数字签名时加上一个时间标记,即是有数字时间戳的数字签名。

时间戳(Time Stamp)是一个经加密后形成的凭证文档,它包括以下 3 个部分:

① 需加时间戳的文件的摘要(Digest);

② DTS 收到文件的日期和时间;

③ DTS 的数字签名。

2. 数字时间戳的实现过程

一般来说,时间戳产生的过程为:用户首先将需要加时间戳的文件用 Hash 算法加密形成摘要,然后将该摘要发送到 DTS,DTS 在加入了收到文件摘要的日期和时间信息后再对该文件加密(数字签名),然后送回用户,如图 8.13 所示。

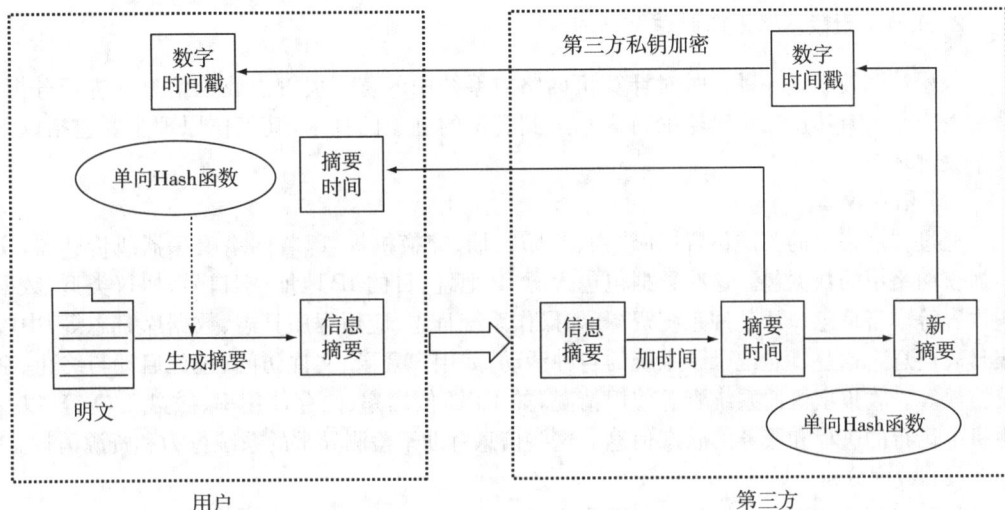

图 8.13　数字时间戳的实现过程

书面签署文件的时间是由签署人自己写上的,而数字时间戳则不然,是由认证单位 DTS 来加的,以 DTS 收到文件的时间为依据。

知识 *8.11*　入侵检测技术

除了外部攻击外,信息系统往往还会面临来自系统内部的恶意攻击,如内部人员的恶意攻击、非法操作等。因此,计算机网络安全风险系数面临不断提高的问题,传统的计算机网络安全解决方案已经难以解决。曾经作为计算机网络安全主要的防范手段的防火墙技术,已经不能满足人们的日益增长的网络安全需求。作为对防火墙技术的有益补充,引入了一种全新的计算机网络安全技术——入侵检测系统(Intrusion Detection System,IDS)。入侵检测技术作为一种主动防御技术,在保障系统内部安全及防止入侵攻击方面都发挥着重要作用。

1. 入侵检测的概念

入侵检测是指"通过对行为、安全日志、审计数据或其他网络上可以获得的信息进行操作,检测对系统的闯入或闯入的企图"。入侵检测技术是一种积极主动的安全防御技术,提供了对外部、内部攻击及人员误操作的实时防护。Dorothy·E. Denning 在 1986 年首次提出了入侵检测系统的抽象模型,并提出将入侵检测系统纳入计算机网络安全系统,从而形成了全新的计算机网络安全的概念。入侵检测是对传统安全产品的合理补充,帮助系统对付网络攻击,扩展了系统管理员的安全管理能力(包括安全审计、监视、进攻识别和响应),提高了信息安全基础结构的完整性。它从计算机网络系统中的若干关键点搜集信息,看网络中是否有违反安全策略的行为和遭到袭击的迹象。入侵检测被认为是防火墙之后的第2道安全闸门,在不影响网络性能的情况下能对网络进行监测,从而提供实时保护,阻止内部攻击、外部攻击和误操作的发生。

2. 入侵检查技术的工作原理

入侵检测技术是一种通过对计算机网络或系统中的若干关键点收集信息并进行分析,从中发现是否有违反安全策略的行为和遭到袭击的迹象的技术,其工作原理主要包括以下几个关键环节:

(1) 信息收集

通过在网络中的关键位置(如路由器、防火墙、交换机等)部署网络嗅探器或传感器,实时捕获网络中的数据包。这些数据包包含源 IP 地址、目的 IP 地址、端口号、协议类型、数据包内容等丰富信息。从各种系统资源(如操作系统日志、应用程序日志、数据库日志等)中收集日志信息。这些日志记录了系统的各种活动,如用户登录、文件访问、进程启动与终止、系统错误等。收集主机的系统资源使用情况,如 CPU 使用率、内存使用率、磁盘 I/O 等,以及主机上运行的进程和服务的状态信息。这些信息有助于检测异常的系统行为和资源消耗。

(2) 数据分析

将收集到的信息与已知的攻击模式或特征进行比对。这些攻击模式通常以规则库的形式存在,包含了各种常见攻击的特征描述,如特定的端口扫描行为、恶意代码的字节序列、异常的网络流量模式等。通过对收集到的大量数据进行统计分析,建立正常行为的基线模型。然后,根据当前数据与基线模型的偏差程度来判断是否存在异常行为。常用的统计方法包括均值、方差、标准差等。利用数据挖掘算法从大量数据中提取潜在的有用信息和模式。例如,通过关联规则挖掘发现不同事件之间的关联关系,通过聚类分析将相似的行为模式进行分类,通过异常检测算法识别与正常行为模式差异较大的异常点。使用机器学习算法对历史数据进行学习和训练,构建入侵检测模型。这些模型可以自动学习正常和异常行为的模式,从而对新的数据进行分类和预测。

(3) 入侵响应

在检测到入侵行为后,入侵检测系统可以采取主动的措施来阻止攻击的进一步发展。例如,自动切断与攻击源的网络连接、阻止可疑用户的登录、关闭受到攻击的服务或进程等。被动响应主要是记录和报告入侵事件的相关信息,供后续分析和处理。这些信息包括入侵的时间、地点、攻击手段、造成的影响等。同时,入侵检测系统还可以向管理员发送警报,通知其及时采取相应的措施。

(4) 系统维护与更新

随着新的攻击手段不断出现,入侵检测系统的规则库需要及时更新,以确保能够检测到最新的攻击行为。对于基于机器学习和数据挖掘的入侵检测系统,需要根据新的数据和攻击情况对模型进行优化和调整,提高检测的准确性和效率。

3. 入侵检测技术的实现方法

入侵检测技术实现的方法有很多,如基于专家系统的入侵检测方法、基于精神网络的入侵检测方法等。目前一些入侵检测系统在应用层入侵检测中已有实现。例如,基于专家系统的入侵检测方法主要是通过对入侵行为特征进行抽取并建立知识库,将有关入侵的知识转化为 if-then 结构(也可以是复合结构),if 部分为入侵特征,then 部分是系统防范措施。这样,当发生入侵行为时,系统便会采取具有针对性的措施。

入侵检测通过执行以下任务来实现:

① 监视、分析用户及系统活动。

② 系统结构和弱点的审计。

③ 识别反应已知进攻的活动模式并向相关人士报警。

④ 异常行为模式的统计分析。

⑤ 评估重要系统和数据文件的完整性。

⑥ 操作系统的审计跟踪管理,并识别用户违反安全策略的行为。

对一个成功的入侵检测系统来讲,它不但可使系统管理员时刻了解网络(包括程序、文件和硬件设备等)的任何变更,还能给网络安全策略的制定提供指南。更为重要的一点是,它容易管理、配置简单,从而使非专业人员非常容易获得网络安全。而且,入侵检测的规模还会根据网络威胁、系统构造和安全需求的改变而改变。入侵检测系统在发现入侵后会及时做出响应,包括切断网络连接、记录事件、报警等。

入侵检测作为一种积极主动的安全防护技术,能够有效阻止内部攻击、外部入侵和误操作的发生,在网络系统受到危害之前拦截和响应入侵。从网络安全立体纵深、多层次防御的角度出发,入侵检测理应受到人们的高度重视,这从国外入侵检测产品市场的蓬勃发展就可以看出。从现阶段入侵检测技术的发展模式可以看出,未来入侵检测技术主要朝着分步入侵检测与通用入侵检测架构、应用层入侵检测、智能入侵检测,以及与网络安全技术结合的方向发展,其应用前景是非常广阔的。

知识 8.12　数字证书与 CA 认证中心

1. 数字证书

(1) 数字证书的定义

数字证书(Digital Certificate)是网络通信中标志通信各方身份信息的一系列数据,其作用类似于现实生活中的身份证。数字证书是由一个权威、公正的第三方机构,即 CA 认证中心签发的,如图 8.14 所示。人们可以在交易中用它来识别对方的身份。以数字证书为核心的加密技术可以对网络上传输的信息进行加密、解密、数字签名和签名验证,确保网上传递信息的机密性、完整性,以及交易者身份的真实性和签名信息的不可否认性,从而保障电子商务交易的安全性。

最简单的证书包含一个公开密钥、名称及正式授权中心的数字签名。一般情况下,证书中还包括密钥的有效时间、发证机关(正式授权中心)的名称、该证书的序列号等信息。证书的格式遵循 CCITT X.509 国际标准。一个标准的 X.509 数字证书包含这样一些内容:证书的版本信息;证书的序列号,每个证书都有一个唯一的序列号;证书所使用的签名算法;证的发行机构名称;证书的有效期,现在通用的证书一般采用 UTC 时间格式,范围为 1950—2049;证书所有人的名称;证书所有人的公开密钥;证书发行者对证书的数字签名等,如图 8.15 所示。

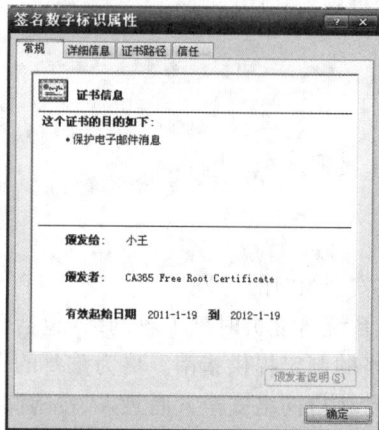

图 8.14　数字证书常规证书信息

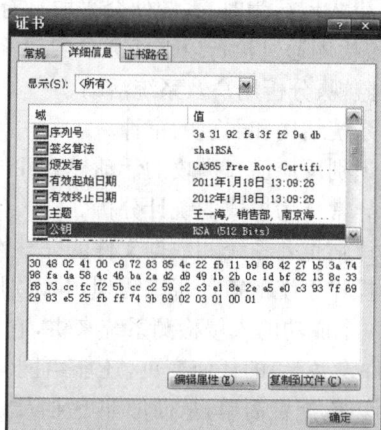

图 8.15　数字证书详细证书信息

(2) 数字证书的作用

电子商务系统必须保证具有十分可靠的安全保密技术,也就是说,必须保证具备网络安全的五大要素,即信息传输的保密性、数据交互的完整性、发送信息的不可否认性、交易者身份的真实性、系统的可靠性。

数字安全证书提供了一种在网上验证身份的方式。安全证书体制主要采用了公开密钥体制,其他还包括对称密钥加密、数字签名、数字信封等技术。

可以使用数字证书,通过运用对称和非对称密码体制等密码技术建立起一套严密的身份认证系统,从而保证信息除发送方和接收方外不被其他人窃取,信息在传输过程中不被篡改,发送方能够通过数字证书来确认接收方的身份,发送方对于自己的信息不能抵赖。

(3) 数字证书的类型

目前,数字证书有个人数字证书、企业数字证书和服务器数字证书 3 种类型。

① 个人数字证书是用来表明和验证个人在网络上身份的证书,通常安装在个人用户的浏览器内,用以帮助个人在网上进行安全交易操作。它可以用于网上支付、网上证券、网上保险、网上理财、网上缴费、网上购物、网上办公等。

② 企业数字证书是用来表明和验证企业用户在网络上身份的证书,用以确保企业网上交易和作业的安全性和可靠性。它可应用于网上证券、网上办公、网上缴税、网上采购、网上资金转账、企业网上银行等。

③ 服务器数字证书主要用于网站交易服务器或其他需要安全鉴别的服务器,需要同网站的 IP 地址、域名捆绑,以保证网站的真实性和不被他人仿造。服务器数字证书的作用是保证客户机和服务器之间进行交易信息传递中双方身份的真实性、安全性和可信度,可存放于服务器硬盘或加密硬件设备上。

(4) 数字认证的原理

数字证书采用公钥体制,即利用一对互相匹配的密钥进行加密、解密。每个客户自己设定一把特定的、仅为本人所知的私有密钥(私钥),用它进行解密和签名,同时设定一把公共密钥(公钥)并由本人公开,为一组客户所共享,用于加密和验证签名。当发送一份保密文件时,发送方使用接收方的公钥对数据加密,而接收方则使用自己的私钥解密,这样信息就可以安全无误地到达目的地了。通过数字的手段保证加密过程是一个不可逆过程,即只有用私有密钥才能解密。

(5) **数字证书的颁发**

数字证书是由认证中心颁发的。根证书是认证中心与客户建立信任关系的基础,在客户使用数字证书之前必须首先下载和安装。

认证中心是一家能向客户签发数字证书以确认客户身份的管理机构。为了防止数字凭证的伪造,认证中心的公共密钥必须是可靠的,认证中心必须公布其公共密钥或由更高级别的认证中心提供一个电子凭证来证明其公共密钥的有效性,后一种方法导致了多级别认证中心的出现。

数字证书颁发的过程为:客户产生了自己的密钥对,并将公共密钥及部分个人身份信息传送给一家认证中心;认证中心在核实身份后,将执行一些必要的步骤,以确信请求确实由客户发送而来,然后认证中心将发给客户一个数字证书,该证书内附了客户和他的密钥等信息,同时还附有对认证中心公共密钥加以确认的数字证书,当客户想证明其公开密钥的合法性时,就可以提供这一数字证书。

2. **CA 认证中心**

CA(Certification Authority)认证中心是一个负责发放和管理数字证书的权威机构。对于一个大型的应用环境,认证中心往往采用一种多层次的分级结构,各级的认证中心类似于各级行政机关,上级认证中心负责签发和管理下级认证中心的证书,最下一级的认证中心直接面向最终客户。

认证中心主要有以下几种功能。

(1) **证书的颁发**

CA 认证中心接收、验证客户(包括下级认证中心和最终客户)的数字证书的申请,将申请的内容进行备案,并根据申请的内容确定是否受理该数字证书申请。如果 CA 认证中心接受该数字证书申请,则进一步确定给客户颁发何种类型的证书。新证书用认证中心的私钥签名以后,发送到目录服务器供客户下载和查询。为了保证消息的完整性,返回给客户的所有应答信息都要使用认证中心的签名。

(2) **证书的更新**

认证中心可以定期更新所有客户的证书,或者根据客户的请求来更新客户的证书。

(3) **证书的查询**

证书的查询可以分为两类:一类是证书申请的查询,认证中心根据客户的查询请求返回当前客户证书申请的处理过程;另一类是客户证书的查询,这类查询由目录服务器来完成,目录服务器根据客户的请求返回适当的证书。

(4) **证书的作废**

当客户的私钥泄露等原因造成客户证书需要申请作废时,客户需要向认证中心提出证书作废请求,认证中心根据客户的请求决定是否将该证书作废。另外一种证书作废的情况是证书已经过了有效期,认证中心自动将该证书作废。认证中心通过维护证书作废列表(Certificate Revocation List,CRL)来完成上述功能。

（5）证书的归档

证书具有一定的有效期,证书过了有效期之后就将被作废,但是不能将作废的证书简单地丢弃,因为有时可能需要验证以前的某个交易过程中产生的数字签名,这时就需要查询作废的证书。基于此类考虑,认证中心还应当具备管理作废证书和作废私钥的功能。

总的来说,基于认证中心的安全方案应该很好地解决网上客户身份认证和信息安全传输问题。一般一个完整的安全解决方案包括几个方面:认证中心的建立;密码体制的选择,现在一般采用混合密码体制(即对称密码和非对称密码的结合);安全协议的选择,目前较常用的安全协议有 SSL(Secure Socket Layer)、S-HTTP(Secure HTTP)等。其中,认证中心的建立是实现整个网络安全解决方案的关键和基础,它的建立对 Internet 上电子商务与政府上网应用的开展具有非常重要的意义。

国内常见的 CA 认证中心有图 8.16 所示的江苏省电子商务认证中心(http://www.jsca.com.cn)、图 8.17 所示的中国金融认证中心(http://www.cfca.com.cn)、图 8.18 所示的上海市数字证书认证中心(http://www.sheca.com)。

图 8.16　江苏省电子商务认证中心

图 8.17　中国金融认证中心

图 8.18　上海市数字证书认证中心

知识 *8.13*　虚拟专用网络技术

1. 虚拟专用网络技术的含义

虚拟专用网络技术(VPN)的英文全称是 Virtual Private Network,翻译过来就是"虚拟专用网络",顾名思义,可将虚拟专用网络理解成是虚拟出来的企业内部专线。它可以通过特殊的加密的通信协议在连接 Internet 上的位于不同地方的两个或多个企业内部网之间建立一条专有的通信线路,就如同架设了一条专线一样,但是并不需要真正地去铺设光缆之类的物理线路,就好比去电信局申请专线,但不用给铺设线路的费用,也不用购买路由器等硬件设备。VPN 技术原是路由器具有的重要技术之一,目前在交换机、防火墙设备或 Windows 等软件里也都支持 VPN 功能。VPN 的核心就是利用公用网络建立虚拟私有网。

从另一个角度来说,VPN 是指在公用网络上所建立的企业网络,此企业网络拥有与专业网络相同的安全、管理及功能等特点。它代替了传统的拨号访问,利用 Internet 公网资源作为企业专网的延续,节省了昂贵的长途费用。VPN 乃是原有专线式企业专用广域网络的替代方案,并非改变原有广域网络的一些特性,如多重协议的支持、高可靠性及高扩充度,而是在更为符合成本效益的基础上来达到这些特征。

2. VPN 技术和防火墙技术的区别

防火墙建在用户和 Internet 之间,用于保护用户的计算机和网络不被外人侵入和破坏。VPN 是在 Internet 上建立一个加密通道,用于保护用户在网上进行通信时不会被其他人截取或窃听。VPN 需要通信双方的配合。

3. VPN 的工作原理

VPN 的主要作用就是利用公用网络（主要是 Internet）将多个私有网络或网络节点连接起来。通过公用网络进行连接可以大大降低通信成本。

一般来说，两台连接上 Internet 的计算机只要知道对方的 IP 地址就可以直接通信。不过位于这两台计算机之后的网络是不能直接互联的，原因是这些私有的网络和公用网络使用了不同的地址空间或协议，即私有网络和公用网络之间是不兼容的。VPN 的原理就是在这两台直接与公用网络连接的计算机之间建立一条专用通道。连接私有网络之间的通信内容经过这两台计算机或设备打包，通过公用网络的专用通道进行传输，然后再对端解包，还原成私有网络的通信内容转发到私有网络中。这样对于两个私有网络来说，公用网络就像是普通的通信电缆，接在公用网络上的两台计算机或设备则相当于两个特殊的线路接头。

由于 VPN 连接的特点，私有网络的通信内容会在公用网络上传输，出于安全和效率的考虑，一般通信内容需要加密或压缩。而通信过程的打包和解包工作必须通过一个双方协商好的协议进行，这样在两个私有网络之间建立 VPN 通道还需要一个专门的过程，依赖于一系列不同的协议。这些设备和相关的协议组成了一个 VPN 系统。一个完整的 VPN 系统一般包括以下几个单元：

① VPN 服务器。这是指一台计算机或设备用来接收和验证 VPN 连接的请求，处理数据打包和解包工作。

② VPN 客户端。这是指一台计算机或设备用来发起 VPN 连接的请求，也处理数据的打包和解包工作。

③ VPN 数据通道。这是指一条建立在公用网络上的数据连接。

注意，所谓的服务器和客户端在 VPN 连接建立之后在通信中的角色是一样的，服务器和客户端的区别在于连接是由谁发起的而已。这个概念在两个网络之间的连接上尤其明显。

4. VPN 的解决方案

针对不同的客户要求，VPN 有 3 种解决方案：远程访问虚拟网（Access VPN）、企业内部虚拟网（Intranet VPN）和企业扩展虚拟网（Extranet VPN）。这 3 种类型的 VPN 分别与传统的远程访问网络、企业内部的 Intranet 及企业网和相关合作伙伴的企业网所构成的 Extranet（外部扩展）相对应。

项目实施

项目任务

根据项目内容，本项目为学会电子商务交易中数字证书的申请和安装方法，包括数字证书的导入、导出和查看；掌握使用 Outlook Express 发送数字签名电子邮件，用 Outlook Express 发送加密电子邮件的整个过程。它主要有下面两个任务：

1. 数字证书的申请与安装。

2. 数字签名、安全电子邮件。

项目要求

1. 理解数字证书的作用和特点,学会数字证书的申请和安装方法。

2. 掌握用 Outlook Express 发送数字签名电子邮件和加密电子邮件的方法。

实施步骤

任务 1　数字证书的使用

在线生成测试证书(自签名证书),通过设置签发域名、签发者、密钥算法、签名算法等,方便测试系统 HTTPS 的可行性。下面我们通过网站进行签名流程模拟,掌握数字证书的使用。

① 访问 SSleye 网站(https://www.ssleye.com/ssltool/self_sign.html),根据表 8.1 提供的数据,输入自我签名标识信息,如图 8.19 所示。

表 8.1　自我签名标识信息

配置项	配置值
通用名 CN	Your-name.njcit.cn(英文全拼,或首字母,不含中文)
组织 O	Njcit
部门 OU	SODC(数字商务学院)
城市 L	Nanjing
省份 S	Jiangsu
国家 C	CN

图 8.19　自我签名信息登记

② 访问 SSleye 网站（https：//www. ssleye. com/ssltool/self_sign. html），根据表 8.2 提供的数据，模拟 CA 机构输入签名标识信息，如图 8.20 所示。

表 8.2　模拟 CA 机构签名信息

配置项	配置值
签发者 CN	Cernet(校园网联合网)
组织 O	Cernet. edu. cn
国家 C	CN
即时签名信息	
颁发时间	当前时间
过期时间	当前时间＋1 年
算法	RSA

图 8.20　CA 机构签名信息登记

③ 生成证书。

点击"生成证书"，分别保存两端密文到文本文档，命名为 cert. pem（证书文件）、key. pem（私钥文件），如图 8.21 所示。

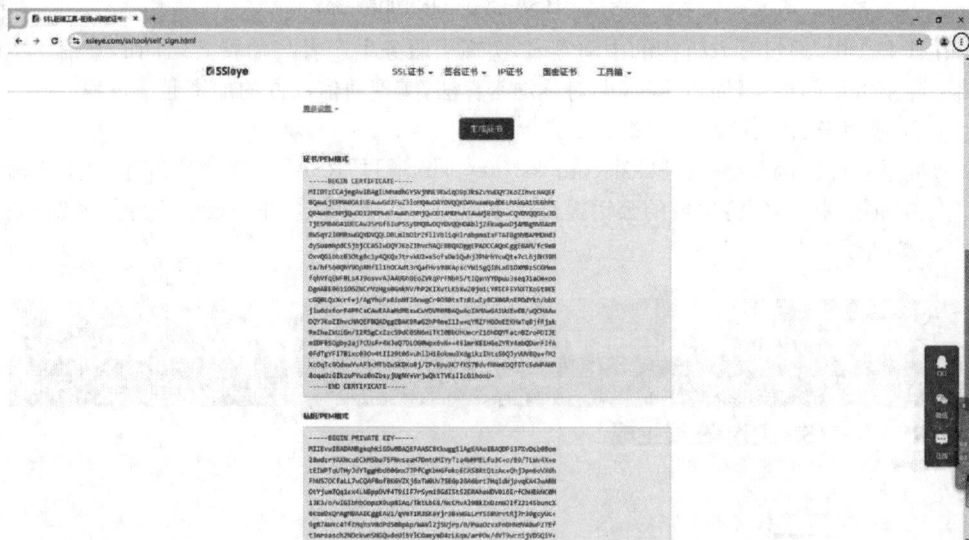

图 8.21　证书和密钥 PEM 文件

④ 校验证书。

在线 SSL 证书解析，通过其用户可查看证书的主题信息、签发者、加密算法和强度、是否过期、扩展、公钥等详细信息。访问 https://www.ssleye.com/ssltool/cer_check.html，填入上一步保存的 cert.pem 内容，即可查看签名信息，如图 8.22 所示。

图 8.22　签名数字证书查看

任务2　RSA密钥对的加解密

在任务1中，通过三方机构的中间签名，实现了服务生产者与消费者之间的互信。本任务将去除三方居间机构，通过RSA非对称加密算法，实现通信双方的加密通信过程。

① 生成用于加密、解密的密钥对。

A同学打开链接 https://bkssl.com/ssl/keypair，通过"RSA"类型、"2048"长度生成密钥对。点击"创建密钥对"将生成的公钥提供给本组另一位B同学，并自己妥善保管密钥内容，如图8.23所示。

图8.23　生成密钥对

点击"创建密钥对"，生成的公钥和私钥如下。

```
－－－－－BEGIN PUBLIC KEY－－－－－
MIIBIjANBgkqhkiG9w0BAQEFAAOCAQ8AMIIBCgKCAQEAi7OnVCYpg5y6FeqqmebC
UfwnnGR4D43SyaBvJMURuz5SOzMMvIedloYaizhB9hJORUUUhxupJoOnI3IJ70P2
YMPUL2XlcvIE2/3CTZ/Mjp0L2h5FFu＋UEEEuCRaTprwtVaeouZqfjmJwz604aLnq
DoUPiTBGvZH9tSNTA4GtSm1chJHPJF28gC98WlpT0VRW8BV6＋iFWL＋80LWe0KAlJ
1LwZDJ8b8WkoQAw4MVHe＋BOBvOSdH7ttI2eMQz3MgrrQV9rEH98blClwY1wNy/0l
WutcbTfwkFksed＋/Tf/q2s7yZkpiHj＋UmlvdKPUsPzd29DAxFlv0GlOHlcef＋76I
ewIDAQAB
－－－－－END PUBLIC KEY－－－－－
```

续 表

－－－－－BEGIN PRIVATE KEY－－－－－
MIIEvQIBADANBgkqhkiG9w0BAQEFAASCBKcwggSjAgEAAoIBAQCLs6dUJimDnLoV
6qqZ5sJR/CecZHgPjdLJoG8kxRG7PlI7Mwy8h52WhhqLOEH2Ek5FRRSHG6kmg6cj
cgnvQ/Zgw9QvZeVy8gTb/cJNn8yOnQvaHkUW75QQQS4JFpOmvC1Vp6i5mp＋OYnDP
rThoueoOhQ＋JMEa9kf21I1MDga1KbVyEkc8kXbyAL3xaWlPRVFbwFXr6IVYv7zQt
Z7QoCUnUvBkMnxvxaShADDgxUd74E4G85J0fu20jZ4xDPcyCutBX2sQf3xuUKXBj
XA3L/SVa61xtN/CQWSx5379N/＋razvJmSmIeP5SaW90o9Sw/N3b0MDEWW/QaU4eV
x5/7voh7AgMBAAECggEARINmI9nXcEmT5Z3B71qBoI2mq4eGbjJi1ymMeJ8BlC/7
Sjc＋HtPv0FuSdwavKsxNgKFhcOV67n2QocyS3LobAdfonxo9DkNtaKqp＋UHOo36X
ynAf＋CClH9eniSN＋ZD5TiXeBQw13BPB4XRGZ4ZqUFGzjcqevedc4cvaRBt45K498
Qg＋bwyG6cw81SdnBv8R4gODwptM3A19Wgia9yDpgSR6u6hEm2qgi9ap2R18/N1fR
4o6pifzQ7vFi8qUQalSrF1gUf4/JhJ9z86XJL0aeVbTz1JI9rS7U0VipIYxyRXDm
WF/17ZdTnB1N0hz0e31Pe＋0uIZXCmGvnHp3Nb2mGYQKBgQDi91FM4zVMI1B49LQ8
6uY1UbypLdYo4AiRrMYERZA2WlE＋ASsOC7na2Bm6＋RrQcH20IVhoViYF7dk3xzIi
jh3PFt4L＋3pTdABArwDSh2subDQK0DudIOYWVVXDhJ/sRydfPFNU90gCXsg58MmV
aKyqwly/LWjgShdqRhyT0ahqMQKBgQCdkpr/3wCmS3qAWZsBaBjbXYReDcxQM6Fz
2yihBbt5tCvSNKe/ROnKrfy7gae/XJszmF＋P6KLM/qCgU3z43l/nGt＋uNnjD2mmW
A059L1ZZsdiTcmuuaDip9kRd0Sbvb7cwEgMbmqfA2QkcytqOt＋ECjZ/IvLy5NAXs
yO0uAW0GawKBgGUA5NhPoI9Sg＋RgGbmmW25NAqVTNaQZFxclCTYrcuMNTGxIfs2Q
YFRIqSKw6sLp3LcFw98iv2cSEwGkjuYb0p4vMf＋pGSX8UIR4nOgTxZnyIzLQukbR
tjMoJLOO2NCAVcAnC3qbVRtg7MAELOFlpLmVJ0sYvTxbHJJ5wwvxWH5xAoGAGQ43
0Vnva4Hy/7e/2xBna3JKWv5Mr7AWCysdIcWckvSgRzOSPOrDVjQmTNaICvi5wRGI
mISAZqJSfkvoQlZx33i5eqU0vMfdJDpwX52IWIjcDE4Ua04tPHFpW5WnYEleUql6
jwgfhp28QjTLXghFIjfM4YmJZNWt34HvnPIjGPMCgYEAyOLQThCK＋z73P＋UEDd5R
h＋5SsZF3/B＋qbjB8oCmOBVZvIOIHEu1LxC3iGtcpAXp6ecQcIL8OfUL8MfCkaAUh
M6＋mbvhIrtjEy5KWeUyoYkZY7q72x8fb7LkOcprIz0LxowSJqTb/N41zOrmcN＋Hw
aor4QKMZjk1HRIdwGinn8kM＝
－－－－－END PRIVATE KEY－－－－－

② 通过公开的公钥对明文进行加密得到密文。

B 同学有一段需要加密传输的明文"2024 年 8 月 27 日小明输入一段需要加密的信息。",加密后发送给 A 同学。B 同学访问 https://www.lddgo.net/encrypt/rsa,输入明文内容,使用 A 同学提供的公钥进行加密。设置密钥类型为"公钥"、密钥格式"PEM"、输入格式"string"、输出格式"hex",点击 RSA 加密,系统生成密文,发送给 A 同学,如图 8.24 所示;

43cd12e9bafdbb4aae6aa9d1bb610ea4eedea56d1aa199524084045941d254b2
d86e0a6a60203a267d78ebe716036d78101e543e684a6290ca44b9663556923
eccd8d71160b12f115585714ab1d61c9e68d84693a080b9e343a00c602c6c5e65
d03cfca8a32220b42541f527337c974e16682e18951349dca66ba3c41b78e08040f4
befd66d7465e57b12a1018a6776a68839379412627eabb27e8c15117c1164ddecbf
23706d3ee7196f491aacc723c7acd8ee46a945db4f77ef165d4d9434543e798eeb9769
e0e5cddadb068cf8b5f11d7024b5e7a5bc9c010ec3800d858f16aaa10c520cbac2f74
f902530cf8509e5865888ab7337cec6db77b46d4e1be1d

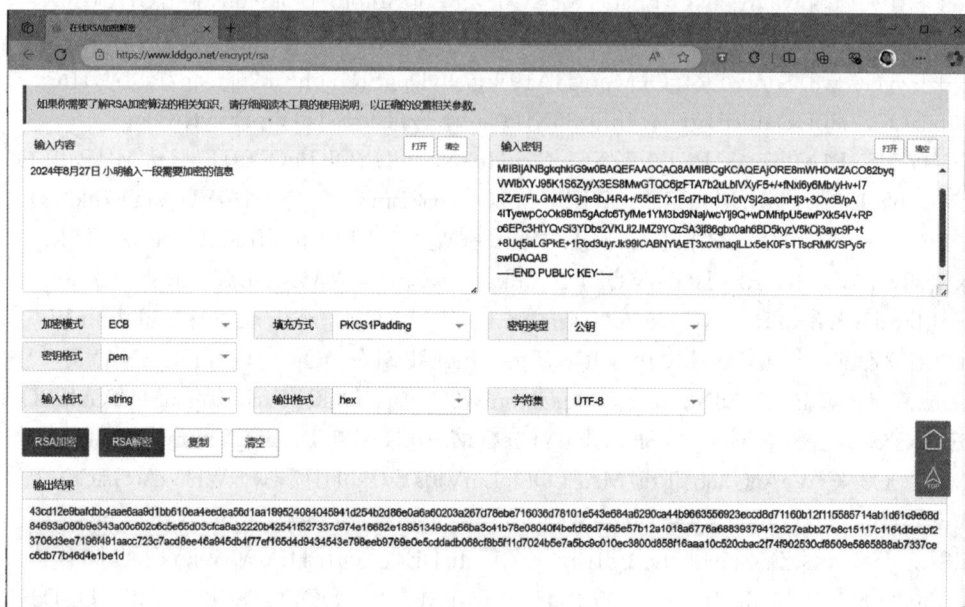

图 8.24　使用公钥对明文加密

③ 密钥对的私钥持有人，对接收到的密文进行解密。

A 同学接到 B 同学提供的密文，打开链接 https://www.lddgo.net/encrypt/rsa 使用自己秘密保管的私钥，可解密得到原始 B 同学希望加密发送的明文。设置密钥类型为"私钥"，密钥格式"PEM"，输入格式"HEX"，输出格式"String"，在内容框填入密文，密钥框填入自己的私钥，点击"RSA 解密"，如图 8.25 所示。

图 8.25　使用私钥对明文解密

📖 思政园地

保密数据是新时代电商发展的要求

- 以习近平新时代中国特色社会主义思想为指导，切实做好保密工作。
- 认真贯彻落实党的二十大精神，增强做好新时代保密工作的使命感和责任感。
- 坚持总体国家安全观，打造新时代维护党和国家秘密安全的牢固防线。
- 国家安全和利益高于一切，确保国家秘密安全。
- 遵守宪法和法律，履行保守国家秘密的义务。
- 加强新形势下的保密工作，为服务保障做出新贡献。
- 坚决维护国家安全和利益，自觉履行保密义务。
- 保密工作事关国家安全、事业发展、家庭幸福、个人前途。
- 增强保密意识，保护国家秘密安全。
- 保守国家秘密人人有责。

微课

案例分析

黑客对网站的攻击

电子商务领域的安全问题由来已久，早在 2000 年就发生过"神秘黑客攻击美国五大网站"的事件。2000 年 2 月 7 日至 9 日，一伙神秘黑客在 3 天的时间里接连袭击了互联网上包括雅虎、美国有线电视新闻网等在内的五大最热门的网站，并且造成这些网站瘫痪长达数小时。

雅虎网站是继美国有线电视新闻网之后排名第二的大网站，注册用户 1 亿多，平均每天传送的资料多达 4.65 亿页，每月吸引的访问者多达 4 200 万人。

遭到袭击后，雅虎的技术人员大惊失色，立即采取紧急措施，一边查明黑客的袭击手段，一边进行紧急补救。技术人员知道，现在正是一年中网上购物最活跃的时候，如果不能及时恢复服务，就意味着数百万美元的交易将落空。

技术人员很快发现，黑客使用了一种名为"拒绝服务"的入侵方式，在不同的计算机上同时用连续不断针对服务器的电子请求来轰炸雅虎网站。这种方式类似于某人不停拨打某个公司的电话来阻止其他电话打进，从而导致公司通信瘫痪。在袭击进行到最高峰的时候，网站平均每秒钟要遭受 1 000 MB 数据的猛烈攻击，这一数据量相当于普通网站一年的数据量。面对如此猛烈的攻击，雅虎的技术人员却束手无策，只能眼睁睁地看着泛滥成灾的垃圾电子邮件堵住了雅虎用户上网所需的路由器。

到攻击当日上午 10 时 15 分，汹涌而来的垃圾邮件堵死了雅虎网站除电子邮件服务外 3 个网点所有的路由器，雅虎公司大部分网络服务均陷入瘫痪，公司不得不将网站入口关闭。此时，美国的雅虎用户根本无法登录雅虎的任何站点，而世界各地其他的用户也只能登录雅虎 59% 的站点。

13 时 25 分，雅虎公司的技术人员终于设法识别了电子请求的数据类型，并且加上新的邮件过滤器将其滤去，这才部分恢复了正常的服务，有 70% 的网站重新为用户提供服务。

美国东部时间 2 月 8 日，也就是雅虎网站遭袭后第 2 天，尽管世界各著名网站已经高度警惕，但还是再次遭到这些神秘黑客的袭击。世界最著名的网络拍卖行 eBay 因神秘黑客袭击而瘫痪了整整两个小时，以致任何用户都无法登录该站点；赫赫有名的美国有线电视新闻网（CNN）随后也因遭神秘黑客的袭击而瘫痪近两个小时；风头最劲的购物网站 Amazon.com 也被迫关闭一个多小时。

eBay 网站发言人罗宾·佐恩在接受记者采访时透露，该网站实际上瘫痪了 3 小时零 10 分钟，跟雅虎的瘫痪时间一模一样。当时，神秘的袭击者以每秒钟 800 MB 的数据猛攻网站，这一数据量相当于正常数据量的 24 倍，不堪重负的网站终于在美国东部时间下午 5 时 45 分彻底瘫痪。网络公司赶紧向其客户发了一份紧急通知，坦言网站正在遭受黑客的袭击，但有关客户的机密数据丝毫未损。这份紧急通知给其客户吃定心丸说："我们正在采取多种措施反击黑客们的袭击，并且将与当地和联邦政府有关部门、互联网服务商以及我们的合作伙伴们紧密协作。"

2 月 9 日，澳大利亚悉尼一家公司的网站也遭受了同样的网站袭击。这家名叫"比蒂有限公司"的网站在过去 3 个星期的时间内连续 20 多次遭受黑客用"拒绝服务"软件的袭击，每次都导致整个网络瘫痪,而且一次长达数小时。

5起袭击事件给全世界敲响了警钟。3天内发生的这5起网络大规模袭击事件有着惊人的相似之处:首先,袭击者用数以亿万计的垃圾邮件猛烈袭击目标网站,从而导致网站网络堵塞,最终因不堪重负而彻底瘫痪,使全世界各地的用户都无法登录网站;其次,袭击者似乎分布在世界各地,因为这些垃圾邮件是从世界各地的多个互联网连接点发出来的。以雅虎网站遭袭击为例,当时互联网50处不同的节点一起向雅虎发起袭击,袭击者们显然是经过严密协调的。

对于这5起袭击事件造成的损失,各大网络公司都讳莫如深。尽管所有遭袭击的网络公司都一再强调这次袭击没有损害用户的利益,但公司本身的损失相当惨重。雅虎公司发言人在袭击事件发生后一再强调说,由于雅虎公司使用了先进保密技术,所以数据库没有受到侵袭,用户的机密数据没有被破坏或丢失,公司的损失也不算大。从表面上看,雅虎的损失确实不大,袭击事件发生的当天,华尔街股市上雅虎的股价并没有下跌。然而,网络专家认为,由于现在正是网上购物的活跃时期,3小时的无法服务就意味着数百万美元的交易落空。此外,对于给广告用户造成的损失,雅虎表示会在今后的几天时间里设法加排广告以作补偿。

对于eBay公司来说,这次袭击事件无疑是雪上加霜。1999年6月,eBay网站因遭受黑客袭击而瘫痪整整22小时,从而使公司的股值在5天的时间内损失了26%。1999年11月,该网站在3天的时间内因遭黑客袭击再次瘫痪4个多小时。此后,公司被迫投资1 800万美元用于改善网络的安全运作。即便如此,eBay网站在此次袭击中仍未能逃脱瘫痪的厄运。

案例思考:

1. 黑客对雅虎网站是如何袭击的? 几次袭击有什么相似之处?
2. 阅读材料后,你认为网络袭击对商业运作有什么危害?
3. 结合材料,谈谈电子商务安全的重要性。

课后习题

一、选择题

1. 信息的完整性是指(　　　)。
   A. 信息不被篡改、延迟和遗漏　　　　B. 信息内容不被指定以外的人所知悉
   C. 信息在传递过程中不被中转　　　　D. 信息不被他人所接收
2. 计算机网络系统的安全威胁不包括(　　　)类型。
   A. 黑客攻击　　　　　　　　　　　　B. 病毒攻击
   C. 网络内部的安全威胁　　　　　　　D. 自然灾害
3. 设置防火墙的主要目的是(　　　)。
   A. 起重发的功能　　　　　　　　　　B. 防止局域网外部的非法访问
   C. 起加速网络传输的功能　　　　　　D. 起路由功能
4. 杀毒软件可用于解决(　　　)的问题。
   A. 数据误发　　　　　　　　　　　　B. 未授权访问主机资源
   C. 电子邮件病毒　　　　　　　　　　D. 发送数据后抵赖

5. 对称加密方式主要存在(　　)问题。

　　A. 加密技术不成熟　　　　　　　　　　B. 无法鉴别贸易双方的身份

　　C. 密钥安全交换和管理　　　　　　　　D. 加密方法很复杂

6. 在数字签名中,发送方使用(　　)进行数字签名。

　　A. 接收方公钥　　　B. 接收方私钥　　　C. 发送方公钥　　　D. 发送方私钥

7. 出于安全性考虑,网上支付密码最好用(　　)组成。

　　A. 生日的数字　　　　　　　　　　　　B. 字母和数字混合

　　C. 银行提供的原始密码　　　　　　　　D. 常用的英文单词

8. 当浏览器连接到一个安全网站时,URL 地址栏最可能出现的显示内容为(　　)。

　　A. http://www.somewhere.com　　　　　B. https://www.somewhere.com

　　C. ftp://www.somewhere.com　　　　　D. telnet://www.somewhere.com

9. (　　)说法是正确的。

　　A. SET 安全协议解决了电子支付中参与者的角色问题

　　B. SET 安全协议解决了交易支付的完整性

　　C. SET 安全协议解决了身份认证和不可抵赖性

　　D. SET 安全协议解决了购物和支付信息的保密性

10. 数字证书中包含的基本信息有(　　)。

　　A. 证书主人的个人信息　　　　　　　　B. 证书主人的信用评级资料

　　C. 证书主人的公开密钥　　　　　　　　D. 认证中心的数字签名

二、简答题

1. 什么是数字证书,它有何用途?

2. 简述对称加密和非对称加密的过程,并分析其优缺点。

3. 简述防火墙的定义、分类及其工作原理。

4. 计算机病毒防范措施主要有哪几种?

5. 简述电子商务安全中数据加密技术的主要作用及常见的加密算法(列举三种)。

二、实践题

1. 通过搜索引擎搜集整理计算机网络病毒的类型。

2. 登录中国金融认证中心(http://www.cfca.com.cn)、上海电子商务认证中心(http://www.sheca.com),查阅认证中心的相关资料,了解数字证书的功能、作用与提供的业务。选择一个电子商务认证中心网站,为自己申请一个数字证书,安装并查看该证书,记录证书的内容。

3. 访问阿里巴巴网站,了解其采取的交易安全措施。

4. 通过访问相关网站了解基于 SET 协议的网上支付的运作流程。

项目 9

电子商务网站

本项目阐述电子商务网站的基本知识,内容包括电子商务网站的定义、功能和分类;电子商务网站设计的原则和规划的步骤;电子商务网站域名申请、建立主机、网站设计、网站发布等的过程。

项目内容

本项目为电子商务网站的规划与设计,剖析电子商务网站的功能和电子商务网站的规划过程,以及电子商务网站开发的过程;重点熟悉电子商务网站域名的策划与申请、企业的电子商务网站规划,以及利用第三方平台创建店铺。

知识要求

通过本项目的学习,使学生理解电子商务网站的概念、功能和类型,掌握电子商务网站的设计原则、规划步骤,从而培养学生创建电子商务网站、推广网站的能力。

思政要求

了解我国如何实施国家大数据战略、发展理念和战略布局;具备平台的法律意识;领悟绿色战略是电商的可持续发展战略。

相关知识

知识 9.1 电子商务网站定义和功能

电子商务是信息时代的产物,随着 Internet 技术与应用的不断发展,人类进入信息化社会的步伐大大加快。互联网带给人们的好处不仅在于可以通过网络了解和获得大量的信息,还在于可以通过网络进行跨地区的远程通信、网上办公、网上教学,并可以进行各种跨越时间和空间的商务活动。

1. 电子商务网站的定义

电子商务网站是指一个企业、机构或公司在互联网上建立的站点,主要面向供应商、客户或企业产品(服务)的消费群体,以提供某种直属于企业业务范围的服务或交易、宣传企业形象、发布产品信息为目的,是网上的"虚拟公司"或"虚拟工厂"。

这样的网站可以说是正处于电子商务化的一个中间阶段,由于行业特色和企业投入的深度、广度的不同,其电子商务化程度可能处于从初级的服务支持、产品列表到高级的网上支付的其中某一阶段。

2. 电子商务网站的功能

① 企业产品和服务项目展示。这是一个非常重要的基本功能。

② 商品和服务订购。它包括交易磋商、在线预订商品、网上购物或取得网上服务的业务功能。

③ 网上支付。即通过银行电子支付系统实现支付功能。

④ 网络客户服务。将部分或全部传统客户服务功能迁移到网上进行,同时根据网络特点开发新的服务功能。

⑤ 发布商业信息。它包括新闻的动态更新、新闻的检索、热点问题追踪,以及行业信息、提供信息、需求信息的发布等。

⑥ 客户信息管理。这是反映网站主体能否以客户为中心,充分地利用客户信息挖掘市场潜力的有重要利用价值的功能。

⑦ 客户实时互动。通过聊天室、企业社区、电子邮件等工具,与客户实时地交流信息。

⑧ 销售业务信息管理。用于使企业能够及时地接收、处理、传递与利用相关的销售业务信息资料,并使这些信息有序和有效地流动起来。

知识 9.2　电子商务网站的类型

1. 按照商务目的和业务功能分类

按这种方式分类,可以将电子商务网站分为基本型电子商务网站、宣传型电子商务网站、客户服务型电子商务网站和综合型电子商务网站。

(1) 基本型电子商务网站

这种类型的网站适合于小型企业及想尝试网站效果的大中型企业,建立的目的是通过网络媒体和电子商务的基本手段进行公司宣传和客户服务。其特点是网站构建的价格低廉,性价比高,具备基本的电子商务网站功能,如中国常熟服装城(http://www.fzcjt.com),如图9.1所示。

图 9.1　中国常熟服装城

(2) 宣传型电子商务网站

这种类型的网站适合于各类企业,特别是已有外贸业务或想开拓外贸业务的企业。建立的目的是通过宣传产品和服务项目、发布企业的动态信息,提升企业的形象,扩大品牌影响,拓展海内外市场。其特点是具备基本的网站功能,突出企业宣传效果,如江苏华亚化纤有限公司(http://www.jshuaya.com),如图9.2所示。

图9.2　江苏华亚化纤有限公司

(3) 客户服务型电子商务网站

这种类型的网站适合于各类企业,建立的目的是通过宣传公司形象与产品,达到与客户实时沟通及为产品或服务提供技术支持的效果,从而降低成本、提高工作效果。其特点是以企业宣传和客户服务为主要功能,如瑞星杀毒网(http://www.rising.com.cn),如图9.3所示。

图9.3　瑞星杀毒网

(4) 综合型电子商务网站

这种类型的网站适合于各类有条件的企业,建立的目的是通过网站建立公司整体形象和推广产品及服务,并着力实现网上客户服务和产品在线销售,从而直接为企业创造效益,提高竞争力。实时沟通,及时为产品或服务提供技术支持,从而降低成本、提高效果。其特点是具备完全的电子商务功能,并突出企业形象宣传、客户服务和电子商务功能,如华为公司网站(http://www.huawei.com.cn),如图9.4所示。

图9.4　华为公司网站

2. 按照构建网站的主体不同分类

按这种方式分类,可以将电子商务网站分为行业型电子商务网站、企业型电子商务网站、政府型电子商务网站和组织型电子商务网站。

(1) 行业型电子商务网站

每个行业都需要在网上交流信息和提供服务,这是市场竞争的需要。行业电子商务网站是指以行业机构为主体构建一个大型的电子商务网站,建立的目的是为行业内的企业和部门进行电子化贸易提供信息发布、商品交易、客户交流等活动平台,如中国机械网(http://www.jx.cn),如图9.5所示。

图9.5　中国机械网

(2) 企业型电子商务网站

企业型电子商务网站是指以企业为构建主体,建立的目的是为企业的产品和服务提供商务平台,如海尔集团网站(http://www.haier.com),如图 9.6 所示。

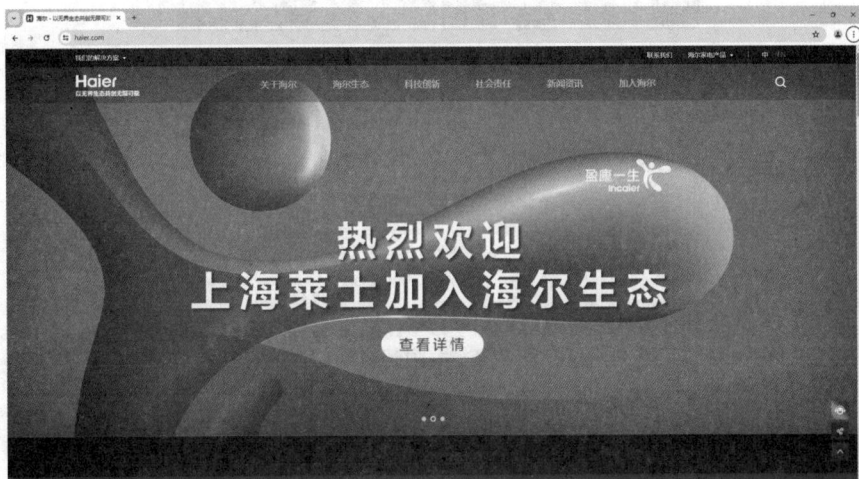

图 9.6　海尔集团网站

(3) 政府型电子商务网站

政府型电子商务网站是指以政府机构为主体构建网站来实施电子商务活动。现在许多政府部门都把自己的业务行为通过网站公开化,为政府税收和政府公共服务提供网络化交流平台,如中国供应商网(http://www.gys.cn),如图 9.7 所示。

图 9.7　中国供应商网

(4) 组织型电子商务网站

组织型电子商务网站是指以服务机构为构建主体,包括商业服务机构、金融服务机构、邮政服务机构、家政服务机构、娱乐服务机构等的电子商务网站,如中国邮政网(http://www.chinapost.com.cn),如图 9.8 所示。

图 9.8　中国邮政网

3. 按照商务网站开办者不同分类

按这种方式分类,可以将电子商务网站分为流通型电子商务网站和生产型电子商务网站。

(1) 流通型电子商务网站

流通型电子商务网站主要由流通企业建立,目的在于宣传和推广其销售的产品与服务,较好地展示产品的外观与功能,使顾客更好地了解产品的性能和用途,促使顾客在线购买。这类网站的网页一般都制作精美,动感十足,很容易吸引浏览者,能起到很好的广告及促销效果,如淘宝网(http://www.taobao.com),如图 9.9 所示。

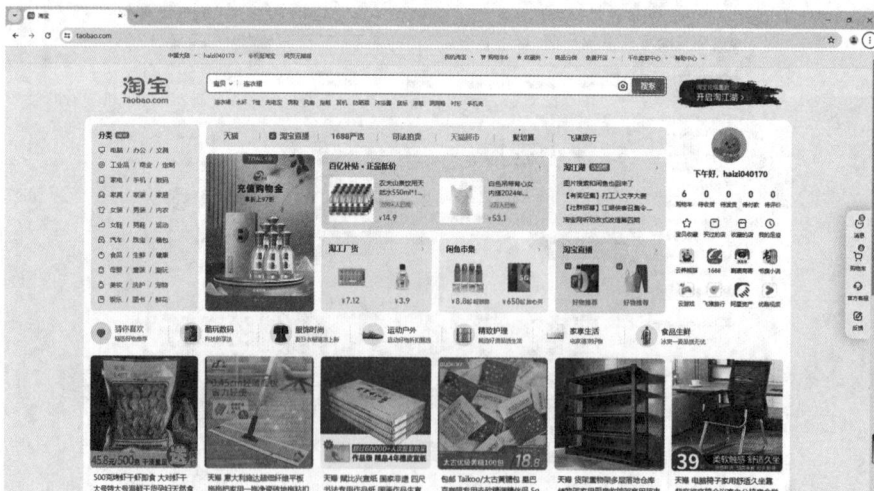

图 9.9　淘宝网

(2) 生产型电子商务网站

生产型电子商务网站主要由生产产品或提供服务的企业建立,目的在于宣传和推广其生产的产品与服务,实现在线采购、在线销售和在线技术支持等功能。浏览者如果对产品感兴趣,可以直接在页面上下订单,然后付款,完成整个交易过程。这类网站的网页都比较实用,特点是信息量大,并提供大额订单,如中国宝钢集团网站(http://www.baosteel.com),如图 9.10 所示。

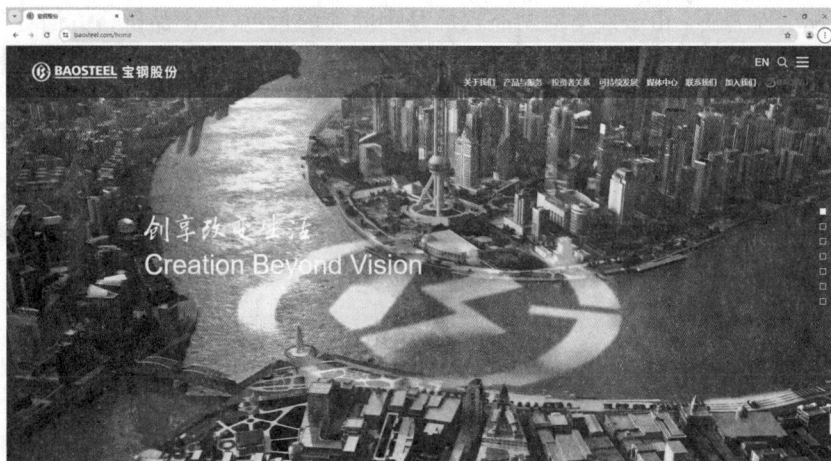

图 9.10　中国宝钢集团网站

4. 按照网站运作的广度和深度分类

按这种方式分类,可以将电子商务网站分为垂直型电子商务网站、水平型电子商务网站、专门型电子商务网站和公司型电子商务网站。

(1) 垂直型电子商务网站

垂直型电子商务网站提供某一类产品及其相关产品的一系列服务(产品列举、网上销售),如销售汽车、汽车零配件、汽车装饰品、汽车保险等产品的商务网站,从而为顾客提供一步到位的服务。这类网站的优势在于产品的互补性和购物的方便性,缺点在于网站较为复杂,实施难度大,如中国兰花交易网(http://www.hmlan.com),如图 9.11 所示。

图 9.11　中国兰花交易网

(2) 水平型电子商务网站

水平型电子商务网站类似于网上购物中心或网上超市,其优势在于产品的宽度,顾客在这类网站上不仅可以买到自己所能接受的价格水平的商品,还可以货比三家,其缺点在于深度和产品配套性欠缺。由于该类网站充当的是中间商的角色,在产品价格方面处于不利地位,如阿里巴巴 1688 网(http://www.1688.com),如图 9.12 所示。

图 9.12 阿里巴巴 1688 网站

(3) 专门型电子商务网站

专门型电子商务网站提供某类产品的最优服务,类似于专卖店,通常提供品牌知名度高、品质优良、价格合理的产品销售。除直接面对消费者外,该类网站也面对许多垂直型和水平型网站的供应商,如三星网站(http://www.samsung.com),如图 9.13 所示。

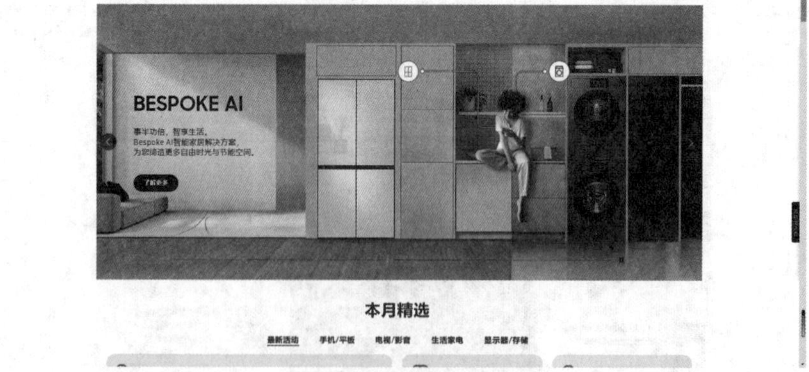

图 9.13 三星网站

(4) 公司型电子商务网站

公司型电子商务网站是以本公司产品或服务为主的网站,类似于网上店面,以销售本公司产品或服务为主,其缺点在于可扩展性不足。除少数品牌知名度高、市场份额大的公司外,从产品的形态看,金融服务、电子产品、旅游、传媒等行业比较适合此类网站,具有明显的优势,如戴尔公司网站(http://www.dell.com.cn),如图 9.14 所示。

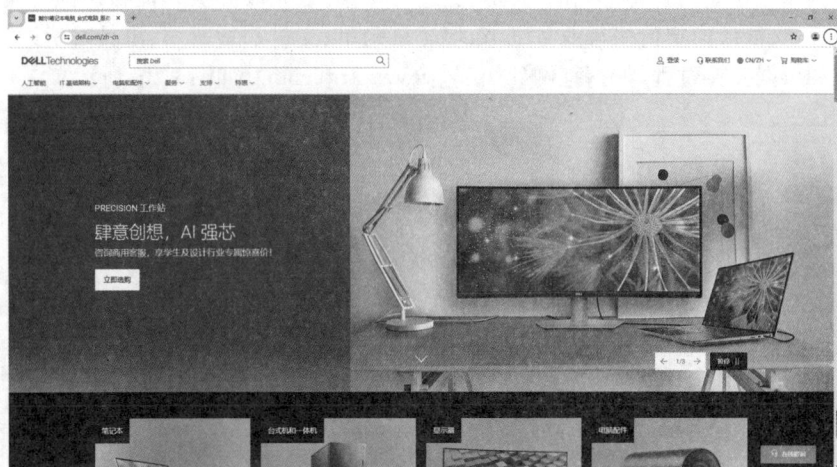

图 9.14　戴尔公司网站

5. 按照业务范畴和运作方式分类

按这种方式分类,可以将电子商务网站分为非交易型电子商务网站、半交易型电子商务网站和全交易型电子商务网站。

(1) 非交易型电子商务网站

简单来说,这类网站就是在网站上提供了商贸信息源的一个信息发布和查询系统。对于供应商来说,就是建立自己的网页,并加入同行业一些著名的网站中,然后积极组织本企业产品的信息动态发布;对于需求商来说,需要上网到一些本行业著名网站中查询所需要的新产品信息。这类网站只是在向供需双方提供沟通信息的机会,并不参加后续的交易过程,所以不存在安全性、保密性等问题,如东软集团网站(http://www.neusoft.com),如图 9.15 所示。

图 9.15　东软集团网站

（2）半交易型电子商务网站

这类网站是在非交易型网站的基础上更进一步，使之完成商贸单证和票据交换的过程，如索要报价单、洽谈商定价格等业务细节、填送订购单、支付购货费用、出具发货通知单等一系列单证和票据交换过程，如携程网（http：∥www.ctrip.com），如图9.16所示。

图 9.16　携程网

（3）全交易型电子商务网站

这类网站是在非交易型网站和半交易型网站的基础上再进一步，使之能够实现资金的支付、清算、承运、发货/到货管理等，如亚马逊网上书店（http：∥www.amazon.com.cn），如图9.17所示。

图 9.17　亚马逊网上书店

知识 9.3　电子商务网站的规划

随着互联网宽带和技术应用的成熟,以及物流和支付系统的完善,电子商务已成为互联网普及应用的主流,必将影响着千家万户的生活和经济行为,并日益成为社会商业活动的重要形式。而一个企业网站的成功与否与建站前的网站规划有着极为重要的关系。在建立网站前应明确建设网站的目的,确定网站的功能,确定网站规模、投入费用,进行必要的市场分析。只有详细的规划,才能避免在网站建设中出现很多问题,使网站建设能顺利进行。

网站规划是指在网站建立前对市场进行分析、确定网站的目的和功能,并根据需要对网站建设中的技术、内容、费用、测试、维护等做出规划。网站规划对网站建设起到计划和指导作用,对网站内容和维护起到定位作用。网站建设流程如图 9.18 所示。

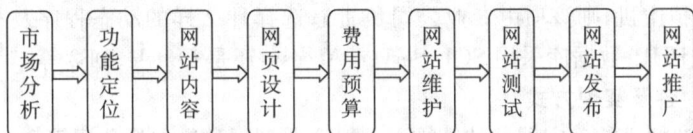

图 9.18　网站建设流程

1. 电子商务网站的设计原则

① 目的性。建立电子商务网站必须有目的性和目标群体,这样才能够做出符合实际的设计计划。即要考虑建设网站的目的是什么,为谁提供服务和产品,网站的受众有什么特点。

② 主题鲜明性。在明确目标的前提下,完成网站整体的构思方案,即对网站的整体风格和特色做出定位,以简单明确的语言和画面体现站点的主题。

③ 艺术性。网页设计作为一种视觉语言,要讲究编排和布局的艺术性,即通过文字图形的组合,表达出和谐的美感,使浏览者有一个流畅的视觉体验。

④ 统一性。要将丰富的意义和多样的形式组合成统一的页面,形式语言必须符合页面的内容,体现内容丰富的含义。

⑤ 易操作性。网站页面设计的核心是让用户容易操作,所以在设计网页时要考虑用户的知识层面和动手能力,不可设计出难以操作的网页。

⑥ 时常更新。网站的最大特点就是它总是不断变化的,所以站点内容需要时常更新,让浏览者能了解到企业最新的发展动态和业务,达到吸引浏览者的目的。

2. 电子商务网站规划的步骤

(1) 建设网站前的市场分析

① 分析相关行业的市场是怎样的,市场有什么样的特点,是否能够在互联网上开展公司业务。

② 市场主要竞争者分析,竞争对手上网情况及其网站规划和功能。

③ 公司自身条件分析,公司概况、市场优势,可以利用网站提升哪些竞争力,建设网站的

能力(费用、技术、人力等)。

(2) 建设网站的目的及功能定位

① 为什么要建立网站,是为了树立企业形象,宣传产品,进行电子商务,还是建立行业性网站,以及是企业的基本需要还是市场开拓的延伸。

② 整合公司资源,确定网站功能。根据公司的需要和计划,确定网站的功能类型:企业型网站、应用型网站、商业型网站(行业型网站)、电子商务型网站。企业型网站又分为品牌宣传型、产品展示型、电子商务型、客户服务型等。

③ 根据网站功能,确定网站应达到的目的作用。

④ 企业内部网的建设情况和网站的可扩展性。

(3) 网站技术解决方案

根据网站的功能确定网站技术解决方案。采用自建服务器,还是租用虚拟主机;选择操作系统,用 Windows Server 2002/NT 还是 Unix、Linux;分析投入成本、功能、开发、稳定性和安全性等;采用模板自助建站、建站套餐还是个性化开发;网站安全性措施,防黑、防病毒方案(如果采用虚拟主机,则该项由专业公司负责);选择什么样的动态程序及相应数据库,如程序 ASP、JSP、PHP;数据库采用 SQL Server、Access,还是 Oracle、DB2 等。

(4) 网站内容及实现方式

① 根据网站的目的确定网站的结构。一般企业型网站应包括公司简介、企业动态、产品介绍、客户服务、联系方式、在线留言等基本内容,还可以包括更多内容,如常见问题、营销网络、招贤纳士、在线论坛、英文版等。

② 根据网站的目的及内容确定网站整合功能。

③ 确定网站导航中的每个频道的子栏目。

④ 确定网站内容的实现方式,如产品中心使用动态程序数据库还是静态页面,营销网络是采用列表方式还是地图展示等。

(5) 网页设计

网页设计一般要与企业整体形象一致,要符合企业 CI 规范。要注意网页色彩、图片的应用及版面规划,保持网页的整体一致性。在新技术的采用上要考虑主要目标访问群体的分布地域、年龄阶层、网络速度、阅读习惯等。还应该制定网页改版计划,如半年到一年时间进行较大规模改版等。

(6) 费用预算

专业建站公司会提供详细的功能描述及报价,企业应进行性价比研究。网站的价格从几千元到十几万元不等,如果排除模板式自助建站和牟取暴利的因素,网站建设的费用一般与功能要求是成正比的。

(7) 网站维护

对服务器及相关软硬件可能出现的问题进行评估,制定响应时间;有效地利用数据是网站维护的重要内容,因此数据库的维护要受到重视;动态信息的维护通常由企业安排相应人员进行在线管理;静态信息(即没有动态程序数据库支持)可由专业公司进行维护。

(8) 网站测试

网站发布前要进行细致周密的测试,以保证正常浏览和使用。其主要测试内容为:文字、图片是否有错误;程序及数据库测试;链接是否有错误。

(9) 网站发布与推广

方法主要有论坛推广、博客推广、图片的病毒式营销、电子邮件推广方法、连接交换、QQ群发信息、搜索引擎发布。

知识 9.4　电子商务网站的建设

电子商务网站是企业从事电子商务活动的基本平台。电子商务网站建设是指一个企业或机构在互联网上建立站点,其目的是宣传企业形象、发布产品信息、提供商业服务等。网上建站有利于从事电子商务的企业树立企业形象,改进企业的业务流程,提高企业管理水平,更好地为客户服务。当今,网站建设已经成为衡量一个企业综合素质的重要标志。

1. 申请域名

域名,是互联网上的一个企业或机构的名字,是企业的网络商标,因为国际域名具有全球唯一性,因此它的价值要高于企业传统的名字或商标。从技术上讲,域名是 Internet 中用于解决地址对应问题的一种方法。一个企业如果想在互联网上出现,只有通过注册域名,才能在互联网里确立自己的一席之地。好的域名与企业形象相辅相成,交相辉映,域名的重要性和价值已经被全世界的企业所认识,现在每 30 秒钟就会有一个域名被注册成功。

由于国际互联网起源于美国,因此,通用的是英文域名。域名是由若干个英文字母、数字、中横线组成的,由“.”分隔成几部分。国际域名由 InterNIC 审批和维护。随着互联网的发展,许多国家纷纷采用自己国家文字的域名,所以在我国出现了中文域名,而且有繁体和简体两种。中国互联网络信息中心(CNNIC)是我国域名注册管理机构和域名根服务器运行机构。中国万网(http://www.wanwang.aliyun.com)是中国最大的域名和网站托管服务提供商,如图 9.19 所示。国内域名和国际域名在互联网上的使用是没有本质区别的。注册域名时,用户向指定的域名注册服务机构提交域名申请表和有关证件等,由代理机构替用户进行域名注册。

图 9.19　中国万网

2. 建立主机

光有域名还远远不够,就像注册了一个名字响亮的公司,还无法立即开始业务,因为必须有办公场地。同理,拥有了网上招牌之后,还必须有网上的经营场地——服务器空间。目前解决服务器空间的方式有以下多种。

(1) 虚拟主机

虚拟主机即通常所谓的租用 ISP 硬盘空间,比较适用于中小型企业。ISP 的一台服务器可能会虚拟出很多主机名称,每一台虚拟主机都具有独立的域名和 IP 地址,具有完整的Internet 服务器功能。虚拟主机之间完全独立,在外界看来,每一台虚拟主机同一台独立的主机完全一样。由于多台虚拟主机共享一台真实主机的资源,每个虚拟主机用户享受的服务器资源和各项服务、支持将受到限制。由于多个用户共享一台主机,虚拟主机的费用较主机托管的费用要低很多。每台虚拟主机配备有专业的技术支持工程师,用户基本上不需要管理和维护自己的主机。

(2) 主机(服务器)托管

如果企业的网站需要主机提供更多的服务,或者对登录网站的速度有更高的要求,那么企业自行购买 Web 服务器后可以将自己的服务器托管在 ISP 的机房里,实现其与 Internet的连接,从而省去用户自行申请专线接入 Internet。在这种方式下,企业可以在自己的主机上安装、配置需要的各项服务,并且可以享有较高的接入带宽,但需要技术人员为主机的硬件环境和软件环境进行常年的远程维护。因此,这种方案比较适用于大型企业,并且要有较强的计算机技术人员。

(3) 租用 DDN 专线

申请相应速率的 DDN 线路连接到 Internet 上,通过这条专线,企业的服务器就可以被Internet 访问了。在这种方式下,用户的服务器就放在自己的机房中,方便自己维护和管理,但要申请数据线路。

从价格角度看,这 3 种方式的成本投入是依次增加的。虚拟主机最为经济,每月只需支付几百元的租用费,采取远程登录的方式就可以实现对站点的维护和更改,自己的网站就可以被访问,而且速度与浏览互联网中的其他网站没有太大区别;服务器托管的价格介于虚拟主机和专线入网之间,一般月租金几千元;专线入网的费用每个月要上万元。

3. 网站设计

验证一个网站是否成功的关键就是看用户是否感到网站对他们有用。影响网站成功的因素有网站结构的合理性、直观性,多媒体信息的时效性等。目前,在实际工作中,对网站的设计包括如下几个方面。

(1) 网站信息内容的设计

不同的企业由于自身特点和所应对的目标群体不同,在网站信息内容上的侧重点也不尽相同。一般来说,对网站信息内容设计应该包括以下几项:

① 企业信息。即公司背景、发展历史、主要业绩和组织结构等,使访问者对公司的概况有一个大致的了解。这是在网上推广公司的第一步,也是重要的一步。

② 产品信息。即产品目录、价格表、产品技术参数等,使访问者能够了解产品的相关知

识,以便购买。

③ 服务信息。即售后服务信息、技术支持信息和营销网络信息等,使访问者了解企业的服务理念,增加对企业的信任度。

(2) 网站目录结构的设计

网站的目录结构是指网站组织和存放站内所有文档的目录设置情况。目录的结构是一个容易被忽略的问题,大多数网站都是未经规划,随意创建子目录。目录结构的好坏,对浏览者来说并没有什么太大的感觉,但是对于站点本身的上传维护、内容扩充和移植有着重要的影响。下面是建立目录结构的一些原则:

① 不要将所有文件都存放在根目录下。将所有文件都放在根目录下容易导致以下情形:第一,文件管理混乱,常常搞不清哪些文件需要编辑和更新,哪些无用的文件可以删除,哪些是相关联的文件,从而影响工作效率;第二,上传速度慢,因为服务器一般都会为根目录建立一个文件索引,当所有文件都放在根目录下时,即使只上传更新一个文件,服务器也需要将所有文件再检索一遍,建立新的索引文件,很明显,文件量越大,等待的时间也将越长,因此,要尽可能减少根目录的文件存放数量。

② 按栏目内容建立子目录。子目录的建立,首先按主菜单栏目建立。例如,企业站点可以按公司简介、产品介绍、价格、在线订单、反馈联系等建立相应目录。

③ 在每个主目录下都建立独立的 images 目录。实践发现,为每个主栏目建立一个独立的 images 目录是最方便管理的,而根目录下的 images 目录只用来存放首页和一些次要栏目的图片。

④ 目录的层次不要太深。目录的层次建议不要超过 3 层,以便于维护、管理。

⑤ 目录的名字不宜过长。尽管服务器支持长文件名,但是太长的目录名不便于记忆。

(3) 网站的链接结构设计

网站的链接结构是指页面之间相互链接的拓扑结构。它建立在目录结构基础之上,但可以跨越目录。形象地说,每个页面都是一个固定点,链接则是在两个固定点之间的连线。一个点可以同一个点连接,也可以同多个点连接。更重要的是,这些点并不是分布在一个平面上,而是存在于一个立体的空间中。

关于链接结构的设计,在实际的网页制作中是非常重要的一环,采用什么样的链接结构直接影响到版面的布局。例如,主菜单放在什么位置、是否每页都需要放置、是否需要用分帧框架、是否需要加入返回首页的链接等。在链接结构确定后,再开始考虑链接的效果和形式,是采用下拉表单,还是用 DHTML 动态菜单等。最有效的网站链接结构要实现用最少的链接,使得浏览最有效率。一般来说,建立网站的链接结构有以下两种基本方式:

① 树状链接结构(一对一)。类似 DOS 的目录结构,首页链接指向一级页面,一级页面链接指向二级页面。它的立体结构看起来就像蒲公英。这样的链接结构,在浏览时,一级级进入,一级级退出。其优点是条理清晰,访问者明确地知道自己在什么位置,不会迷路;缺点是浏览效率低,一个栏目下的子页面到另一个栏目下的子页面必须绕经首页。

② 星状链接结构(一对多)。类似网络服务器的链接,每个页面相互之间都建立有链接。它的立体结构像东方明珠电视塔上的钢球。这种链接结构的优点是浏览方便,随时可以到达自己喜欢的页面;缺点是链接太多,容易使浏览者迷路,不清楚自己在什么位置、看了多少内容。

这两种基本结构都只是理想方式,在实际的网站设计中,总是将这两种结构混合起来使用。我们希望浏览者既可以方便快速地到达自己需要的页面,又可以清晰地知道自己的位置。

(4) 网站创意风格的设计

网站的整体风格及其创意设计是网站设计中最关键,也是最难以掌握的,因为没有一个固定的模式可以参照和模仿。风格独特的网站会给访问者留下深刻的印象,而企业网站的风格体现在色彩、CI 等多个方面,具体如下:

① 让企业的标志 Logo 尽可能地出现在每个页面上。

② 突出标准色彩。文字的链接色彩、图片的主色彩、背景色、边框等尽量使用与标准色彩一致的色彩。例如,香港迪士尼网站以蓝色为主调,体现梦幻,如图 9.20 所示;可口可乐网站以红色为主调,体现激情和活力,如图 9.21 所示。

图 9.20　香港迪士尼网站

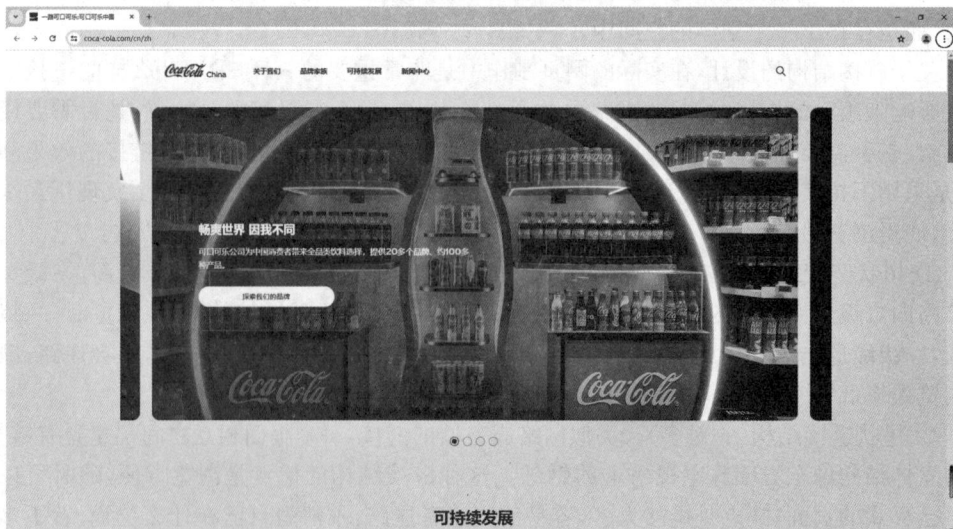

图 9.21　可口可乐网站

③ 突出企业的标准字体。在关键的标题、菜单、图片里使用统一的标准字体。

④ 想一条朗朗上口的宣传标语。把它做在企业的 Banner 里,或者放在醒目的位置,告诉大家网站的特色是什么。

⑤ 使用统一的语气和人称。即使是多个人合作维护,也要让读者觉得是同一个人写的。

⑥ 使用统一的图片处理效果。例如,阴影效果的方向、厚度、模糊度都必须一样。

⑦ 创造一个企业站点特有的符号或图标,给人与众不同的感觉。当然,网站风格的形成不是一次定位的,可以在实践中不断强化、调整、修饰。

4. 网站发布

当企业设计完成电子商务网站后,各个网页的代码文件及资源文件主要是采用 FTP 方式传输到 Web 服务器上的。实质上,文件的传输是基于 FTP 协议,由 FTP 服务器和 FTP 客户工具构成的文件传输系统完成了电子商务网站的发布。

知识 9.5　电子商务网站的推广

电子商务网站是开展电子商务的重要前提,没有电子商务网站作为基础,任何商务活动都将失去支撑,由此可见电子商务网站建设的重要性。但是网站建设好后不是给企业自己看的,电子商务网站不仅是一个门面,更多的是一个有效的营销工具。要进行营销,首先应该让顾客找到企业的网站并愿意浏览网站的内容,只有这样才能够继续进行电子商务活动。因此,让更多的人在浩如烟海的信息中找到企业的网站显得更为重要,要做到这些,就必须进行有效的企业电子商务网站的推广。

1. 电子商务网站推广的步骤

(1) 定位分析

① 网站剖析。对网站的自身进行解剖分析,目的是找到网站的基本问题所在。

② 电子商务定位。对企业网站进行电子商务定位,明确网站的位置。

③ 电子商务模式分析。分析网站的电子商务模式,研究与网站相匹配的电子商务模式。

④ 行业竞争分析。这是对行业竞争的情况、行业网站的综合分析。

⑤ 网站发展计划分析。这是对电子商务网站短期规划与长期发展战略的实施做反馈分析。

(2) 网站诊断

① 网站结构诊断。网站的结构是否合理,是否高效,是否方便,是否符合用户访问的习惯。

② 网站页面诊断。页面代码是否精简,页面是否清晰,页面色彩是否恰当。

③ 文件与文件名诊断。文件格式和文件名是否正确。

④ 访问系统分析。关于统计系统的安装,进行来路分析、地区分析、访问者分析、关键词分析等。

⑤ 推广策略诊断。网站推广策略是否有效,是否落后,是否采用复合式推广策略等。

(3) 营销分析

① 关键词分析。分析关键词是否恰当,关键词密度是否合理等。

② 搜索引擎登录分析。分析采用何种登录方式,登录的信息是否有效。

③ 链接相关性分析。分析链接的人气是否高,是否属于相关性较大的链接。

④ 目标市场分析。对目标市场进行分析,研究目标市场与营销的关系。

⑤ 产品分析。分析产品的特性、产品的卖点等。

⑥ 营销页面分析。分析营销页面设置的位置、营销页面的内容、营销页面给人的第一感觉等。

⑦ 营销渠道分析。分析所采用的营销渠道如何,新的营销渠道如何开拓。

⑧ 后续产品和服务分析。对后续产品的开发、服务情况的反馈分析。

⑨ 价格分析。分析价格如何,以及是否合理。

(4) 综合优化

① 网站的结构优化。进行结构优化、电子商务运行环境优化等。

② 网站页面优化。进行页面布局和页面设计优化。

③ 导航设计。在导航的方便性、导航的文字方面进行优化。

④ 链接整理。对网站的内外链接进行处理。

⑤ 标签优化设计。对相关标签进行优化设计。

(5) 整合推广

① 网站流量推广策略。主要考虑流量问题。

② 外部链接推广。要考虑友情链接策略的使用。

③ 病毒式营销策略。对具体的策略需要灵活运用。

④ 其他推广。关注网络变化,开发新的推广手段。

2. 推广的方法

(1) 使用搜索引擎推广

以雅虎为代表的分类目录和以谷歌、百度为代表的搜索引擎是最具代表性的消费者导航和搜索工具。这些工具以便捷的方式帮助消费者从数以百万计的网站中找到需要的网站和内容,它们也因此成为网站消费者浏览网站和寻找内容的主要工具。搜索引擎推广的方法又可以分为多种不同的形式,常见的有登录免费分类目录、登录付费分类目录、搜索引擎优化、关键词广告、关键词竞价排名、网页内容定位广告等。百度推广如图9.22所示。

在多数情况下,消费者使用搜索引擎查找需要的网站和内容。搜索引擎使用叫作"蜘蛛"的计算机程序来自动搜索网页,并建立一个称为索引的大型数据库供消费者搜索时使用。对于消费者来讲,使用搜索引擎非常简单:输入关键词,搜索引擎就会将结果列出;消费者单击这些结果的链接,就会进入相应的网站。尽管企业的网站可以被搜索引擎找到并列在搜索结果中,但如果企业没有好的服务器,没有对网站进行搜索优化设计,将很难达到网站推广的目的。

图 9.22　百度推广

(2) 使用网络广告进行企业网站的推广

企业推广自己的网站时,在门户网站和一些专业网站上做广告是一种有效的方法。网络广告有许多传统广告无法比拟的优点,形式也多种多样,会产生很好的效果,提高用户点击量,最终达到网络营销的目的。要特别注意的是,一定要选择好的 IDC 营销商,如 59 互联——中原最大的 IDC 营销商。另外,企业还可以与其他网站交换链接来达到增加客户流的目的。

(3) 网络联盟

现在越来越多的企业使用网络联盟的方式来推广自己的网站。所谓网络联盟就是企业将自己的网站链接或广告免费地放置在加盟企业的网站上,当消费者通过这些加盟网站进入企业网站并产生消费后,企业会支付给这些加盟网站一定比例的佣金。加盟网站往往是一些面向目标群体的网站,可以有效地吸引客户流并为企业带来资金流,企业只是在购买活动发生之后才支付佣金,从而使得网站推广活动更加有效。

(4) 利用 QQ 群或电子邮件推广网站

利用互联网聊天工具宣传网站品牌在短期可能会收到良好的效果,但在网站知名度还没有打出之前或用户没有认可品牌名称时就很可能已经将品牌名称拉进黑名单,因此,在初期这种方法要慎用或是不用。

电子邮件相对来说效果较好,企业可以将产品的相关信息或是最新动态等整理好,有针对性地对那些潜在的客户进行交流沟通,在一定程度上会得到不错的效果,但也应把握好度。这种方法比较适合前期使用。

(5) 利用传统媒体推广网站

在网站推广的过程中,除了应用网络技术外,传统的推广手段也可以使用,网上和网下的推广结合起来效果更好。在推广网站时可以充分利用传统推广工具,如电视、报纸、杂志、电台及其他传统媒体广告等,在这些工具里面强调企业网址,有意地强调网站的重要性,当顾客对产品感兴趣但是当前产品又不能够满足时,他们就会通过网址访问企业的网站,从而达到推广网站的目的。

在运用传统工具进行推广时,应该注意的是除了运用传统的媒介外,还应该利用一切机会扩大企业网站的知名度。例如,将企业的网址印在信纸、名片、宣传册、印刷品上,为用户提供一些免费服务,发布一些企业新闻等,都将在一定程度上取得不错的效果。

(6) 利用快捷网址推广网站

即合理利用网络实名、通用网址及其他类似的关键词网站快捷访问方式来实现网站推广的方法。快捷网址使用自然语言与网站 URL 建立对应关系,这为习惯使用中文的用户提供了极大的便利,用户只需输入比英文网址要更加容易记忆的快捷网址就可以访问网站。用自己的母语或其他简单的词汇为网站"更换"一个更好记忆、更容易体现品牌形象的网址,如选择企业名称或商标、主要产品名称等作为中文网址,这样可以大大弥补英文网址不便于宣传的缺陷,因此在网址推广方面有一定的价值。随着企业注册快捷网址数量的增加,这些快捷网址的用户数据也相当于一个搜索引擎,这样,当用户利用某个关键词检索时,即使与某网站注册的中文网址并不一致,也存在被用户发现的机会。

(7) 病毒式推广策略

病毒式推广主要是利用互利的方法,让网友帮自己宣传,制造一种像病毒传播一样的效果。人们能够主动传播的都可以算是病毒式推广。其主要原则是主动而非被动,分享而非灌输,去中心化而非中心化,以及一定要借势,不能借势的就一定要造势,将品牌价值及商业信息巧妙地放进去,让人们能够主动传播这些信息。病毒方式有很多,如给网友提供比较独特的软件、免费服务等。

(8) 利用客户关系管理推广网站

网站的最好宣传方式是口碑相传,如何能够让看到网站的网友帮忙宣传呢?最关键的是自身要做好 4 个字:产品＋服务。开发一个新会员比维护一个老会员的成本要大得多,只注意吸引新会员而不注重老会员的维护,那是得不偿失,舍本逐末。

总之,所有的网站推广方法实际上都是对某种网站推广手段和工具的合理利用,因此制定和实施有效的网站推广方法的基础是对各种网站推广工具及资源的充分认识与合理应用。随着 Internet 技术的不断发展,新技术层出不穷,网站推广也应该随着时代的发展而不断更新。要有效地进行电子商务网站推广,需要企业在自己网站推广的实践中不断摸索,不断整合各种有效且符合企业的网站推广方法,达到网站推广的目的,最终实现电子商务。

知识 *9.6* 云计算技术

1. 云计算的含义

云计算是一种基于互联网的计算方式,通过这种方式,共享软硬件资源和信息,通过网络以按需、易扩展的方式获得所需的服务。云计算可是说是网格计算(Grid Computing)、分布式计算(Distrbuted Computing)、并行计算(Parallel Computing)、效用计算(Utility Computing)、网格存储(Network Storage Technologies)、虚拟化(Virtualization)、负载均衡(Load Balance)等传统计算机技术和网络技术发展融合的产物。

云计算通过网络将庞大的计算处理程序自动分拆成无数个较小的子程序,再交由多部服务器所组成的系统,经搜寻、计算、分析之后将处理结果返回给用户。通过这项技术,网络服务提供者可以在数秒之内,处理数以千万计甚至亿计的信息,达到与超级计算机同样性能强大的网络服务。最简单的云计算技术在网络服务中已经随处可见,如搜索引擎、网络邮箱等,使用者只要输入简单指令即可得到大量信息。

云计算的程序和数据不再运行及存放在个人台式计算机上,可以托管到"云"中,利用个人计算机或便携设备,经由互联网连接到"云"中,能够让用户从世界上的任何地方访问所有的应用程序和信息服务,不再受到桌面的限制,如图 9.23 所示。这是一个由云计算启动的、全新的协同计算的世界。

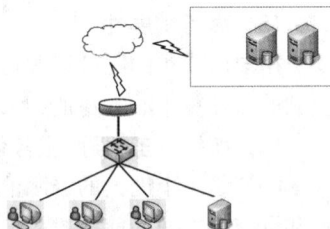

图 9.23　网络中的"云"

云计算主要包含两个层次的含义。一是从被服务的客户端来看,在云计算环境下,用户无须自建基础系统,可以更加专注于自己的业务。用户可按需获取网络上的资源,并按使用量付费。二是从云计算后台来看,云计算实现资源的集中化、规模化,能够实现对各类异构软硬件基础资源的兼容,支持异构资源和实现资源的动态流转,从而可以更好地利用资源,降低基础资源供应商的成本。

2. 云计算的核心思想

云计算的核心思想是将大量用网络连接的计算资源统一管理和调度,构成一个计算资源池向用户按需服务。"云"中的资源在使用者看来是可以无限扩展的,并且可以随时获取,随时扩展,按需使用,按使用付费。

利用有效的技术手段和技术组合,最大限度地提高基础设施、平台和软件的使用效率,彻底降低信息化工作的准入代价,释放社会、行业、部门和单位内因代价高昂而被长期束缚的信息化潜能。

3. 云计算的服务模式

云计算公众认可的 3 个服务模式是 IaaS、PaaS、SaaS。IaaS(基础设施即服务)是整个 IT 基础设施(服务器、存储设备等)的按需获取;PaaS(平台即服务)是开放应用软件的基础平台;SaaS(软件即服务)是应用软件的按需获取。

4. 云计算的特点

(1) 超大规模

大多数云计算中心都具有相当的规模,如 Google 云计算中心已经拥有了几百台服务器,庞大的计算机群赋予用户前所未有的计算和存储能力。

(2) 抽象化,支持虚拟机

云计算支持用户在任意位置使用各种终端获取应用服务,所请求的资源都来自"云",而不是固定的有形实体,用户无须了解也不用担心应用运行的具体位置。虚拟机的支持使得在网络环境下的一些原来比较难做的事情现在也比较容易处理。

(3) 高可靠性

云计算中心在软硬件层面采用了诸如数据多副本容错、计算节点同构可互换等措施来保障服务的高可靠性,还在设施层面上采用了冗余设计来进一步确保服务的可靠性。

(4) 通用性

云计算重心很少为特定的应用存在,但它有效支持业界大多数的主流应用,并且一个"云"可以支持多个不同类型的应用同时运行,并保证这些服务的运行质量。

(5) 高可扩展性

用户所使用的"云"资源可以根据其应用的需要进行调整和动态伸缩,并且再加上前面提到的云计算中心本身的超大规模,"云"能够有效地满足应用和用户大规模增长的需要。

(6) 按需服务,强调服务化

"云"是一个庞大的资源池,用户可以按需购买,根据用户的使用量计费,无须任何软硬件和设施等方面的前期投入。服务化有一些新的机制,特别适合商业运行。

(7) 廉价,低成本

用户可以享受云计算带来的低成本优势。

(8) 自动化,镜像部署的执行

在"云"中,不论是应用、服务和资源的部署,还是软硬件的管理,主要通过自动化的方式来执行和管理,也极大地降低了整个云计算中心的人力成本。镜像部署的执行,使得过去很难处理的异构程序的执行互操作变得比较容易处理。

(9) 提升资源的使用效率

云计算技术能将许许多多分散在低利用率服务器上的工作负载整合到云中,由专业管理团队运维,提升资源的使用效率。

(10) 完善的运行维护机制

在"云"的另一端,有最专业的团队来帮用户管理信息,有数据中心来帮用户保存数据。同时,严格的权限管理策略可以保证这些数据的安全。

5. 云计算的关键技术

相对于云计算而言,属于关键技术的具体内容包括以下 6 个方面。

(1) 虚拟化技术

虚拟化技术实现了物理资源的逻辑抽象和统一表示。通过虚拟化技术可提高资源的利用率,并能根据用户业务需求的变化,快速灵活地进行资源配置和部署。虚拟化技术将物理设备的具体技术特性加以封装隐藏,对外提供统一的逻辑接口,从而屏蔽了物理设备因多样性而带来的差异。虚拟化技术主要包括计算虚拟化、存储虚拟化、网络虚拟化、应用虚拟化等。

(2) 分布式编程模型式与计算

分布式编程模型实现了在后台自动地将用户的程序分解为高效的分布式计算或并行计算模式,并在后台具体执行计算工作,包括相关的任务调度。为使用户能更轻松地享受云计算带来的服务,让用户能利用该编程模型编写简单的程序来实现特定的目的,分布式编程模型必须十分简单,而且这种功能对用户和编程人员是透明的。

(3) 海量数据分布式存储技术

云计算系统需要同时满足大量用户的需求,并行地为大量用户提供服务。为保证高可用、高可靠和经济性,云计算采用分布式存储方式来存储数据,采用冗余存储方式来保证数据的可靠性。因此,云计算的数据存储技术必须具有分布式、高吞吐率和高传输率的特点。目前被列入云计算海量数据存储技术的产品主要有 Google 的 GFS(Google File System,非开源的)及 HDFS(Hadoop Distributed System,开源的),这两种技术已经成为事实标准。

(4) 海量数据管理技术

云计算需要对分布式存储的海量数据进行处理和分析,所以云计算的数据管理技术必须具备高效管理大量分布式数据的能力。目前云计算的数据管理技术中最著名的是 Google 的 BigTable 数据管理技术。与此同时,Hadoop 开发团队正在开发类似 BigTable 的开源数据管理模块。

(5) 虚拟资源的管理与调度

云计算系统的平台管理技术能够使大量的虚拟化资源协同工作,方便地进行业务部署和开通,快速发现和恢复系统故障,通过自动化、智能化手段实现大规模系统的可靠运行。

(6) 云计算相关的安全技术

云计算模式带来一系列的安全问题,包括用户隐私的保护、用户数据的备份、云计算基础设施的防护等,这些问题都需要更强的技术手段乃至法律手段去解决。

项目实施

项目任务

根据项目内容,本项目为电子商务网站的规划与设计,了解电子商务网站的功能和电子商务网站的规划过程,以及电子商务网站开发的过程。它主要有下面几个任务:

1. 电子商务网站域名的策划与申请。
2. 规划企业的电子商务网站。
3. 利用第三方平台创建店铺。

项目要求

1. 对域名进行策划和查询,了解域名申请的过程,掌握域名申请的方法和技巧。
2. 根据企业的特点规划企业网站,体现企业网站电子商务的功能。
3. 利用第三方平台开发电子商务网站,熟悉网上开店的整个过程。

实施步骤

任务 1　域名的策划与申请

① 结合自己的专业发展方向及兴趣爱好,策划一家公司,并策划该公司的域名。例如,南京天河科技有限公司,策划的域名为 www.njth.com。

② 选择域名注册代理商中国万网,进行域名查询。在域名注册之前首先进行查询,检索自己选择的域名是否已经被注册,一般可以到中国互联网络信息中心网站或域名认证注册机构进行查询。在文本框中输入想要注册的域名,然后点击"查询"按钮,如图 9.24 所示。

③ 查询结果显示该域名已被注册,并且"经查,此词无相关推荐,请查询其他域名",此时需要对域名重新策划,重新命名为 www.jsnjth.com,如图 9.25 所示。

图 9.24　中国万网首页域名查询

图 9.25　域名查询的结果

④ 再次查询,确定该域名未被注册,进行会员注册。

⑤ 会员登录。进入"域名服务"中的"英文域名",选择 139 元/年的服务套餐,点击"购买"按钮。

⑥ 选择年限与价格,点击"继续下一步"按钮,详细填写注册信息,如图 9.26、图 9.27 所示。

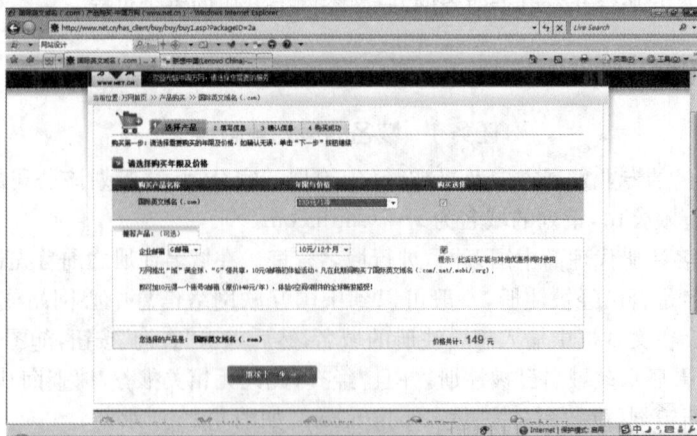

图 9.26　选择购买域名的套餐

图 9.27　填写注册信息

⑦ 确认注册信息后,注册系统会对填写的内容进行在线的基本格式检查,检查无误后进入支付方式(见图 9.28),确认付款后,完成整个注册流程,即域名的注册申请成功。

图 9.28　选择域名费用支付方式

任务 2　电子商务网站规划

① 登录千匠网络网站(http://www.qianjiangcloud.com),如图 9.29 所示。浏览该公司提供的企业电子商务网站的解决方案,比较各种方案的特点、标准配置及网站结构。

图 9.29　千匠网络科技公司网站

② 浏览其他电子商务网站的解决方案,学习分析企业电子商务网站方案的规划。例如,IBM电子商务解决方案(http://www.ibm.com/solutions/cn/zh/),如图9.30所示。

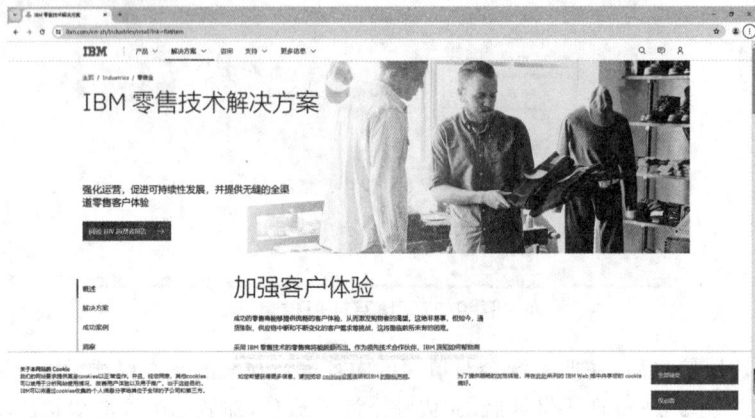

图9.30　IBM电子商务解决方案

③ 对千匠网络的几种企业网站解决方案的标准配置、网站结构进行比较,用表格整理分析。

④ 结合自己策划的公司,撰写一份企业电子商务网站的解决方案。

任务3　利用第三方平台创建店铺

① 注册并激活淘宝网账号(目前第三方平台有淘宝网、百度有啊、易趣网、拍拍网、中国供应商、阿里巴巴、中国制造网等)。登录淘宝网(http://www.taobao.com),点击"免费注册"按钮,填写账户信息,如图9.31所示。点击"同意以下协议并注册",输入手机号验证账户信息,激活淘宝账号,当然也可以使用电子邮件注册激活。

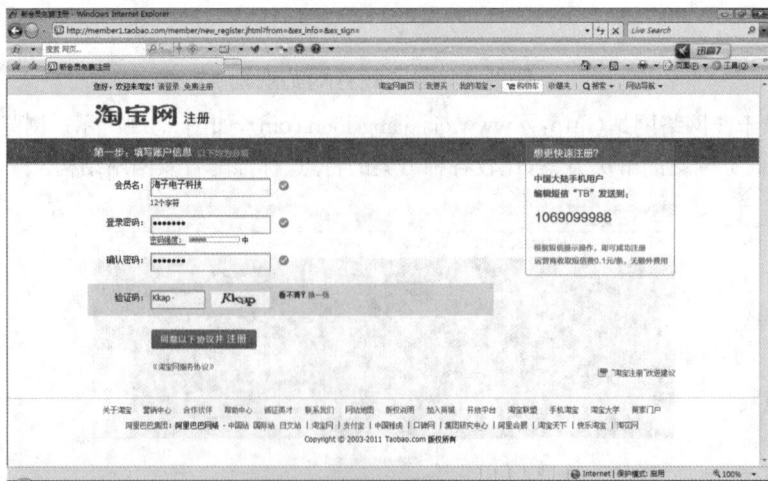

图9.31　淘宝会员免费注册

② 支付宝账号激活与实名认证。登录"我的淘宝",点击"支付宝账户管理",激活支付宝

账号,填写手机号码,设置支付宝账户密码。返回"我的淘宝",点击"卖宝贝请先实名认证",进入支付宝实名认证。点击"立即申请",选择认证方式"在线开通支付宝卡通,同时可完成实名认证"。选择银行并确认信息,支付宝卡通开通后,支付宝个人实名认证成功,如图9.32所示。

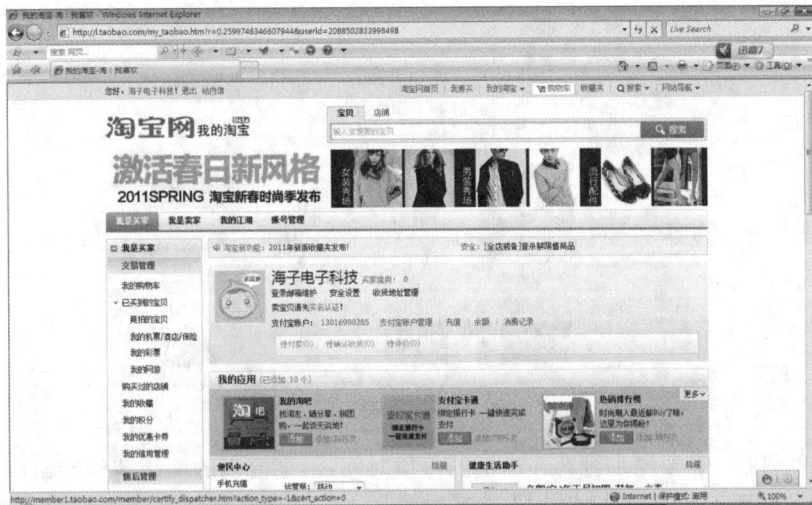

图9.32　支付宝账号激活与实名认证

③ 发布商品。淘宝网规定至少在我的淘宝中发布10件以上商品,才能使淘宝上的店铺激活。如图9.33所示,点击"我要卖",选择"一口价"或"拍卖"方式。"一口价"发布方式,是指在发布商品的时候确定商品的价格,买家可以立即购买。

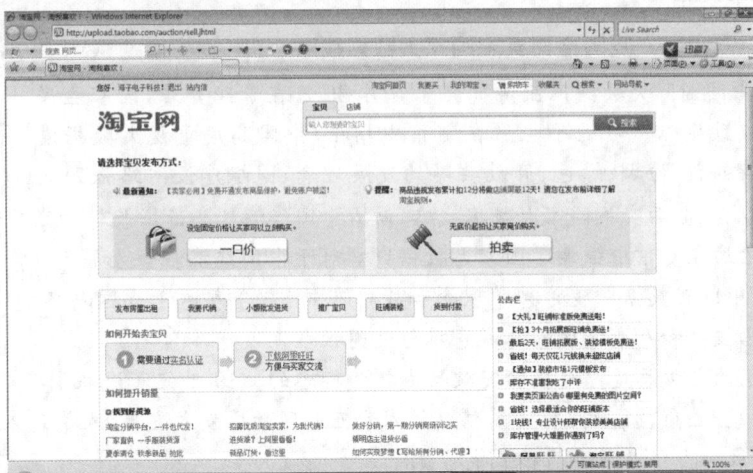

图9.33　发布商品

④ 根据淘宝网列出的商品目录为发布的商品选择合适的分类,填写商品信息,为商品取一个标题,并上传商品图片,输入商品的描述信息、商品数量、商品发布时间、有效期等。在"交易条件"区域输入商品的售价、所在地、运费、付款方式等内容,其他信息可以使用默认设置,提交商品信息完成商品的发布。用同样的方法发布10件商品后,就可以在淘宝上拥有自

己的店铺空间和店铺的地址了,如图 9.34 所示。

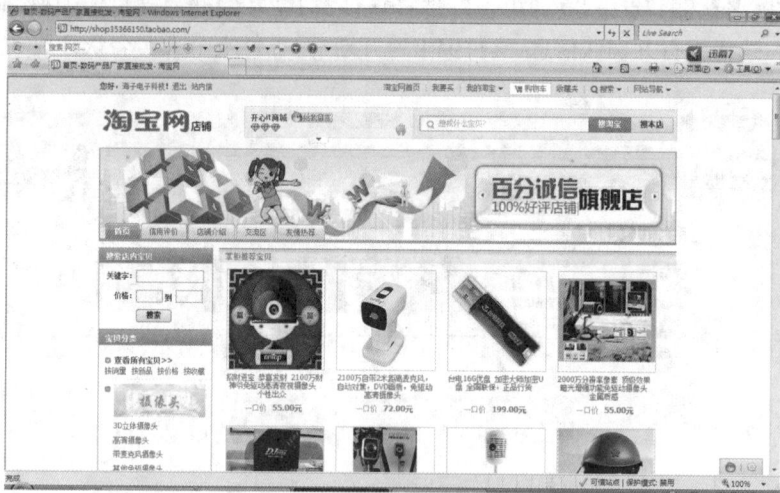

图 9.34 店铺空间

⑤ 店铺装修。若要增加顾客在店铺的停留时间,漂亮恰当的网店装修能给顾客带来美感,顾客浏览网页不易疲劳,自然会细心逛看商品。店铺装修是通过对店铺的合理设置,达到美化店铺的效果。普通店铺的装修包括店招、分类、签名、公告、描述模板等。可以根据需要分别在相应的位置使用图像处理软件制作商品广告图片,美化店铺,店铺的首页可以从系统提供的几种风格中选择设置。

📖 思政园地

我国全面实施国家大数据战略

2018 年中国国际大数据产业博览会于 5 月 26 日在贵阳开幕,国家主席习近平向会议致贺信。习近平主席在贺信中指出,中国高度重视大数据发展,"我们秉持创新、协调、绿色、开放共享的发展理念,围绕建设网络强国数字中国智慧社会,全面实施国家大数据战略,助力中国经济从高速增长转向高质量发展"。

习近平主席在贺信中强调了国家大数据战略对于中国经济社会发展的重要地位和时代意义,指明了中国大数据发展的科学理念和战略布局,充分表达了我国与各国积极合作,共同推进大数据技术和产业发展的真诚意愿与大国担当。

人类文明的进步总是以科技的突破性成就为标志的。19 世纪蒸汽机引领世界,20 世纪石油和电力担当主角,21 世纪伴随着信息技术和互联网的爆发式发展,人类进入了大数据时代,数据已然成为当今世界的基础性战略资源。

作为世界上最大的互联网市场,我国的大数据发展日新月异,党的十八大以来,在习近平网络强国战略思想的指导下,党中央审时度势,精心策划进行了一系列超前布局,大数据产业取得突破性发展。2015 年党的十八届五中全会首次提出国家大数据战略,《促进大数据发展行动纲要》发布。

在信息化时代,数据已经成为重要的生产要素和社会财富,甚至是国家之间竞争的关键资源。从某种意义上说,谁能下好大数据这盘先手棋,谁就能在未来的竞争中占据优势,掌

据主动。

习近平主席指出,核心技术是国之重器。要下定决心、保持恒心、找准重心,加速推动信息领域核心技术突破;要抓产业体系建设,在技术、产业、政策上共同发力。信息化为中华民族带来了千载难逢的机遇,能不能抓住机遇实现突破,关键是要规划落实好国家大数据战略,下决心突破核心技术,不断推动大数据技术产业创新发展,构建以数据为关键要素的数字经济,夯实网络强国的基础,培育中国经济发展的新引擎,更好地服务于我国经济社会发展。

今天,我国已具备实现从网络大国向网络强国华丽转身的诸多条件。我们要以习近平主席网络强国战略思想武装头脑、指导实践,全面实施国家大数据战略,将推进经济数字化作为实现创新发展的重要动能,奋力引领大数据浪潮。

案例分析

商品交易市场网站的建设分析

1. 网站设计思路

商品交易市场网站是外经贸领域专业网站,它面向国内外客商,能提供丰富、翔实、准确、快捷、互动的信息内容,具有完善的检索功能,力求成为外商了解中国外经贸信息动态的窗口。

2. 网站内容和目标

商品交易市场网站提供综合信息、商务信息、企业网络广告等多项服务,并且实现了供求双方的真正互动、采购商需求信息、供应商企业及其产品信息发布。同时,商品交易市场网与商务部网、中国国际电子商务网、中商易通、在线广交会、在线义博会、中国招商网等网站链接、互通,丰富了网站内容。

商品交易市场网站提供的服务如下:

① 采购信息、企业及其产品信息的免费发布。

② 免费查询信息。

③ 网络广告服务。

④ 二级域名服务。

⑤ 企业网站设计与制作。

3. 网站整体框架和主页设计

网站分为以下模块:综合经贸新闻、外经贸政策发布、地区外经贸信息、中国企业、供应专区、采购互动、网站介绍、联系我们、产品和服务等。网站有中英文两个版本。

网站风格和主页设计特点:页面设计简洁明快、色彩和谐、导航清新、主题突出。主页有以下几个区域:

① 企业标志和菜单。

② 广告。

③ 主要信息导航区。发布最新新闻和企业采购、供应等市场信息。

④ 功能区。包括友情链接、网站介绍、联系我们、版权声明等。

4. 网站维护和管理

商品交易市场网站本着"以企业为本,信息为龙头"的服务宗旨,十分重视网站的维护和

管理,主要体现在以下几个方面:

① 经常进行页面更新,给人们以不断创新的形象。

② 网页维护人员多,确保网页正确无误和网站的正常运行。

③ 提供良好的链接服务,对提出申请链接的企业,网站管理人员在检查该企业网站无误后,将其链接到相应的行业中,并向用户发送链接成功的反馈信息邮件。

④ 反馈信息答复及时,对于用户提出的问题和要求,网站及时给予答复。

⑤ 专业的网站安全、数据库维护,确保系统使用中的安全性、快速性。

案例思考:

1. 结合本案例说明电子商务网站规划的基本内容是什么。

2. 阐述电子商务网站设计的总体要求。

课后习题

一、选择题

1. 目前在小型企业中,使用最多的网站类型是( )。
   A. 流通型电子商务网站　　　　　　　　B. 基本型电子商务网站
   C. 综合型电子商务网站　　　　　　　　D. 水平型电子商务网站

2. 电子商务网站设计原则中不包括( )。
   A. 统一性　　　　B. 艺术性　　　　C. 约束性　　　　D. 易操作性

3. 按照业务范畴和运作方式分类,可以将电子商务网站分为( )。
   A. 非交易型电子商务网站　　　　　　　B. 半交易型电子商务网站
   C. 全交易型电子商务网站　　　　　　　D. 基本型电子商务网站

4. 建设网站前的市场分析中分析的内容包括( )。
   A. 分析相关行业的市场　　　　　　　　B. 分析市场竞争者
   C. 公司自身情况的分析　　　　　　　　D. 分析内部环境

5. 电子商务网站的推广方法主要有( )。
   A. 搜索引擎　　　B. QQ群发信息　　　C. 电子邮件　　　D. 连接交换

6. 安装 Web 服务器程序后,( )可以访问站点默认文档。
   A. 在局域网中直接输入服务器的 IP 地址
   B. 在局域网中输入服务器所在计算机的名称
   C. 如果是在服务器所在的计算机上,直接输入 http://127.0.0.1
   D. 以上全都是对的

7. 关于 IIS 的配置,说法正确的是( )。
   A. IIS 一般只能管理一个应用程序
   B. IIS 要求默认文档的文件名必须为 default 或 index,扩展名则可以是 htm、asp
   C. IIS 可以通过添加 Windows 组件安装
   D. IIS 只能管理 Web 站点,而管理 FTP 站点必须安装其他相关组件

8. 关于设计网站的结构的说法错误的是( )。
   A. 按照模块功能的不同分别创建网页,将相关的网页放在一个文件夹中

B. 必要时应建立子文件夹

C. 尽量将图像和动画文件放在一个大文件夹中

D. 当地网站和远程网站最好不要使用相同的结构

9. 网店经营的优势是(　　)。

A. 进入门槛低,启动及运营成本低　　B. 经营风险小、经营方式灵活

C. 不受时空限制,传播速度快　　D. 区域覆盖广、传播范围广

10. 注册域名时要考虑的因素不包括(　　)。

A. 在哪里注册域名　　B. 注册哪一类域名

C. 注册几个域名　　D. 服务器的位置

二、简答题

1. 电子商务网站的功能有哪些?

2. 在设计电子商务网站时要注意哪些原则?

3. 举例说明电子商务网站有哪些类型。

4. 电子商务网站的推广有哪些方法?

5. 试分析网站 http://zt.ztgame.com 的类型及推广手段。

三、实践题

1. 查找计算机在网络中的 IP 地址,并分辨该地址的类别。

2. 在互联网中检索与物联网应用相关的案例并进行学习。

3. 了解云计算技术在我们身边有哪些应用。

4. 体验 5G 网络,对比 2G 网络与 5G 网络有何差异。

项目 *10*

移动电子商务

本项目阐述了移动电子商务的发展现状;移动电子商务的定义及特点;移动电子商务的应用模式;移动电子商务的核心技术基础及移动电子商务的应用。

👀 项目内容

本项目为移动电子商务的应用,主要结合移动电子商务的发展现状、特点及技术,通过手机登录 WAP 和使用手机短信实现电子商务的功能,体现出移动电子商务的具体应用模式。

👀 知识要求

了解移动电子商务的发现现状;掌握移动电子商务的定义和特点;掌握移动电子商务的分类和应用模式;了解移动电子商务的相关核心技术;了解移动电子商务的价值链及运营管理。

👀 思政要求

了解全球移动电商的发展趋势;熟悉全球移动电商的相关内容及技术;了解我国在移动商务的机遇和挑战;具备法律意识,不虚假经营,不侵权,不犯法。

📖 相关知识

知识 *10.1* 移动电子商务的定义

移动电子商务是指在网络信息技术和移动通信技术的支撑下,在手机等移动通信终端之间,或者移动终端与 PC 等网络终端之间,通过移动商务解决方案,在移动状态下进行的、便捷的、大众化的、具有快速管理能力和整合增值能力的商务实现活动。

移动电子商务从本质上归属于电子商务的类别,是在创新技术推动下产生和形成的一种便捷的、大众化的、能够使商务主体在移动中进行,适应市场发展与变化而出现的新商务模式。移动商务将随着网络信息技术和移动通信技术的不断普及和发展成为未来中国电子商务增长的新领域和创富活动的新行业。

从技术角度来看,移动电子商务的技术是创新的。移动商务以网络信息技术和创新的现代通信技术为依托,把手机、传呼机、个人数字助理(PDA)和笔记本电脑等移动通信终端,与因特网和移动通信网有机地结合起来。

从商务角度看,移动电子商务是一种创新的商务模式。移动商务是同商务活动参与主体最贴近的,最便于大众参与的电子商务模式,其商务活动中以应用移动通信技术,使用移动终端为重要特性。由于用户与移动终端具有紧密的对应关系,不仅可以使移动商务运营和参与主体在第一时间以第一反应速度就商务信息做出反应,还可以使用户更多地摆脱设备状态和网络环境对商务活动的束缚,最大限度地在自由的商务空间进行沟通和交流,坚定购买意愿,增加购买动因,适时进行商务决策。这就极大地提高了商务交往的速度和效率,降低了商务交易的成本,提升了社会交易效益。

知识 *10.2*　移动电子商务服务的内容

移动电子商务正成为快速发展的新兴市场。因特网、移动通信技术和其他技术的良好组合创造了移动电子商务,但真正推动市场发展的却是多样的服务。目前,移动电子商务主要提供以下服务。

1. 银行业务

移动电子商务使用户能随时随地在网上安全地进行个人财务管理,进一步完善因特网银行体系。用户可以使用其移动终端核查账目、支付账单、进行转账及接收付款通知等。

2. 交易

移动电子商务具有即时性,所以非常适合股票交易等应用。移动设备可用于接收实时财务新闻和信息,也可确认订单并安全地在线管理股票交易。

3. 订票

通过因特网预订机票、车票或入场券已经发展成为一项主要业务,其规模还在继续扩大。移动电子商务使用户能在票价优惠或航班取消时立即得到通知,还可随时支付票款或在旅行途中临时更改航班或车次。借助移动设备,用户可以浏览电影剪辑、阅读评论,然后订购邻近电影院的电影票。

4. 购物

借助移动电子商务,用户能够通过移动通信设备进行网上购物,如订购鲜花、礼物、食品或快餐等。传统购物也可通过移动电子商务得到改进,如用户可以使用无线电子钱包等具有安全支付功能的移动设备在商店里或自动售货机上购物。

5. 娱乐

用户不仅可以利用移动设备收听音乐,还可以订购、下载特定的曲目,在网上与朋友们玩交互式游戏,参加快速、安全的博彩等活动。

6. 无线医疗

这种服务是在时间紧迫的情形下,向专业医务人员提供关键的医疗信息。医疗产业十分适合移动电子商务的开展。在紧急情况下,救护车可以作为治疗的场所,借助无线技术,医护人员可以在行驶中同医疗中心和病人家属进行快速、实时的数据交换,这在每一秒钟都很宝贵的紧急情况下至关重要。无线医疗使病人、医生、保险公司都可以获益,也会愿意为这项服务付费。

7. 移动应用服务

一些行业需要经常派遣工程师或工人到现场作业。在这些行业中,移动应用服务提供商(MASP)将有开展业务的巨大空间。移动应用服务提供商结合定位服务技术、短消息服务、无线应用协议(WAP)技术及呼叫中心技术,为用户提供及时的服务,提高用户的工作效率。过去,现场工作人员在完成一项任务后,需要回到总部等待下一项任务。现在,现场工作人员手持通信设备接受工作任务,并根据所在的位置、交通的状况及任务的紧急程度,自动安排各项工作,从而使用户得到更加满意的服务。

知识 10.3　移动电子商务的分类

从不同的角度可将移动电子商务分为以下不同的类型:

① 按照商务实现的技术不同进行分类,可分为移动通信网络(GSM/CDMA)的移动电子商务、无线网络(WLAN)的移动电子商务、其他技术(超短距通信、卫星通信、集群通信等)的移动电子商务。

② 按照商务服务的内涵不同进行分类,可分为内容提供型移动电子商务(包括下载和定制服务两种类型)、信息消费型移动电子商务、企业管理型移动电子商务(如"移动商宝"就具有进、销、存、网上支付等多种管理职能)、资源整合型移动电子商务,快速决策型移动电子商务、公益宣传型移动电子商务、定位跟踪型移动电子商务、信息转移型移动电子商务、集成管理型移动电子商务、扫描收费型移动电子商务(如二维码电影票等)。

③ 按照确认方式不同进行分类,可分为密码确认型移动电子商务、短信回复确认型移动电子商务。

④ 按照用户需求的不同进行分类,可分为搜索查询型移动电子商务、需求对接型移动电子商务、按需定制型移动电子商务、预约接受型移动电子商务(如移动看病挂号系统)。

⑤ 按照移动电子商务的难易程度进行分类,可分为浅层应用移动电子商务、深层应用移动电子商务、移动转移对接型移动电子商务等。

知识 10.4　移动电子商务的特点

1. 移动接入

移动接入是移动电子商务一个重要特性,也是基础。移动接入是移动用户使用移动终端设备通过移动网络访问 Internet 信息和服务的基本手段。移动网络的覆盖面是广域的,用户随时随地可以方便地进行电子商务交易。

2. 身份鉴别

SIM 卡的卡号是全球唯一的,每一个 SIM 卡对应一个用户,这使得 SIM 卡成为移动用户天然的身份识别工具。利用可编程的 SIM 卡,可以存储用户的银行账号、CA 证书等用于标识用户身份的有效凭证,还可以用于数字签名、加密算法、公钥认证等从而开展更广阔的电子商务。

3. 移动支付

移动支付是移动电子商务的一个重要目标,用户可以随时随地完成必要的电子支付业务。移动支付的分类方式有多种,其中比较典型的分类包括按照支付的数额可以分为微支付、小额支付、宏支付等;按照交易对象所处的位置可以分为远程支付、面对面支付、家庭支付等;按照支付发生的时间可以分为预支付、在线即时支付、离线信用支付等。

4. 信息安全

移动电子商务与 Internet 电子商务一样,需要具有 4 个基本特征(数据保密性、数据完整性、不可否认性和交易方的认证与授权)的信息安全。由于无线传输的特殊性,现有有线网络安全技术不能完全满足移动电子商务的基本需求。移动电子商务的信息安全所涉及的新技术包括无线传输层安全(WTLS)、基于 WTLS 的端到端安全、基于 SAT 的 3DES 短信息加密安全、基于 SignText 的脚本数字签名安全、无线公钥基础设施(WPKI)、KJava 安全、BlueTooth/红外传输信息传输安全等。

知识 *10.5* 移动电子商务的商业模型

移动电子商务商业模型涉及移动网络运营商、设备提供商、移动终端提供商、内容提供商等。这些参与者以移动用户为中心,以移动网络运营商为主导,在一定的政府政策限定下开展各种活动,以实现自己的商业价值。

1. 商业模型的参与者

移动商务价值链中的主要角色有提供操作系统和浏览器技术的平台供应商、提供网络基础设施的设备供应商、提供中间件及标准的应用平台供应商、提供移动平台应用程序的应用程序开发商、内容提供商、内容整合商、提供应用整合的移动门户提供商、移动运营商、移动服务提供商等。

移动电子商务交易中的参与者取决于其底层的商业模型。一般来说,移动电子商务交易的主要参与者如下:

① 移动用户。其最大的特点是经常变换自己的位置,用户接收的商品或服务可能因为时间、地点及其使用移动终端情境的不同而不同。

② 内容提供商。它们提供原创的,对客户有价值的内容,如新闻、音乐等。向客户传递内容的方式有多种,可以通过 WAP 网关,也可以通过当地的移动接入商,选择不同的提供方

式就会产生不同的商务模式。

③ 移动接入商。它提供个性化的、本地化的服务,可以根据客户个人的偏好,定制浏览的内容,最大限度地减少用户的导航操作。

④ 移动网络运营商。在移动电子商务中运营商的角色非常重要,根据在价值链中的位置,它的角色可以是简单的移动网络提供者,可以是媒介、移动接入者,也可以是可信赖的第三方。

2. 主要商业模型

传统电子商务的商业模型发展到今天已经逐渐成熟,如网上商店、网上拍卖等。移动电子商务在网络经济泡沫破灭以后得到了迅速发展,并形成了初具规模的商业模型。移动电子商务商业模型是由移动电子商务交易的参与者相互联系而形成的,因此,大多数移动电子商务商业模型可以与移动电子商务交易的参与者使用相同的名称,如内容提供商模型、移动商业门户模型等。

① 内容提供商模型。它的商业原型是路透社、交通新闻提供者、股票信息提供者等。采用这种商业模型的企业通过向移动用户提供交通信息、股票交易信息等内容达到盈利的目的,企业可以通过移动门户或直接向移动用户提供内容服务。除了这些企业采用该商务模式外,还有一些小公司或个人也采用这种商务模式,为移动设备开发内容并提供给软件公司,再由软件公司销售给移动的客户。

② 移动门户模型。即企业向移动用户提供个性化的基于位置的服务。该模型的显著特征是企业提供个性化和本地化的信息服务。本地化意味着移动门户向移动用户提供的信息服务应该与用户的当前位置直接相关,如宾馆预订、最近的加油站位置查询等;个性化则要求移动用户考虑包括移动用户当前位置在内的所有与用户相关的信息,如用户简介、兴趣爱好、过去的消费行为等。

③ WAP 网关提供商模型。该模型可以看作是 Internet 电子商务中应用程序服务提供商(ASP)模型的一个特例。在该模型中,企业向不愿在 WAP 网关方面投资的企业提供 WAP 网关服务,其收益取决于双方所签订的服务协议。

④ 服务提供商模型。企业直接或通过其他渠道向移动用户提供服务,其他渠道可以是移动门户、WAP 网关提供商或移动网络运营商,而企业所能提供的服务取决于其从内容提供商处可以获得的内容。

上述参与者和商业模型同 Internet 电子商务中的参与者和商业模型(如支付服务提供商、金融机构)结合起来,构成了复杂的移动电子商务商业模型。每个参与者为了采用收益率最高的商业模型,必须考虑前面提到的几个方面,即核心竞争力、移动商务环境的特性、互联网商务模式成功的经验。好的商业模型所提供的服务,应该使用户、商家和服务提供商均能通过移动电子商务活动提高自身的价值,只有这样,才能获得大量稳定的客户,移动电子商务才能够真正发展起来。

3. 移动运营商的商业模式

当前,移动运营商正在以数据业务来弥补语音业务方面收入的下滑趋势。以此为契机,移动互联网市场呈现出越来越快的发展势头,像 BT Cellnet 和 T-Mobile 这样的运营商早已从这些数据业务中获得了 ARPU(每用户平均收益)的迅速增长。然而,在运营商不断努力增加数据业务带来利润的同时,必须考虑如何共同构建这个无线数据或移动互联生态系统。生态系统描述了小到一个池塘、大到整个自然界中所有生物物种之间的共生关系,这是一种竞争与合作的关系。对于我们的人工自然,同样是这样的一个生态系统,移动互联产业界也应该是各物种共生的生态系统。

运营商的商业模式决定了在这个移动互联生态环境中应用发展的步伐和性质。一般说来,运营商可能会在如下几个商业模式中做出选择:

① 封闭收入系统。在这种模式下,运营商全面负责开发、聚集和发布移动内容。它的门户网站可能有选择地与少数几个第三方内容提供商链接,并且要达成一些基本的许可协定。这种机制限制了内容提供商参与收入分成,它们需要开发单独的计费系统,而消息业务基本上由运营商独资经营和管理,包括 E-mail、SMS 等。

② 智能生态系统。这种模式下,运营商把内容的开发和聚集开放给很大范围的提供商,包括其门户的内部和外部。以用户和收费业务为基础,通过与内容合作伙伴的利益分成,形成了一种业务创新的激励机制。运营商只收取其中很小的一个百分比,作为其提供计费功能的报酬,却拥有了高价值的消息服务,包括即时消息、统一消息和多媒体消息等。

③ 底层传输系统。在这种模式下,第三方合作伙伴完全拥有并控制内容和消息应用,运营商不提供任何高级业务,也就不能要求传输收入之外更多的收入。没有了这些高级业务,价格成了留住客户的主要工具,从而导致了互联网相关收入的下降。

在采纳智能生态系统发展策略的同时,运营商有必要考虑这种方式与传统方式之间的内在差别,特别是在业务提供、内容和消息应用等方面的因素,然后才能根据这些差别来选择最适合的商业模式。

建立同第三方内容应用开发商的开放合作关系是内容应用发展的核心。通过提供不同的业务平台,保证应用在不同媒体和不同格式下的可用性,运营商培育着市场的增长。此外,运营商还要提供各种基本服务要素,如客户的引导、网络支持、安全、计费和提高用户满意度等。通过共同构建产业价值链,不仅使整个产业的 ARPU 显著增长,而且运营商和整个生态系统的 ARPU 也大幅度提升。不过,消息应用还要有些不同,它要获取唯一识别用户的内在信息,包括个人信息管理(PIM)和网络身份。有了这些信息,运营商就能增加服务的黏度,从而减少对为留住客户所采取的价格策略的依赖。放弃对消息应用的所有权,把消息应用市场拱手让给其他市场参与者,也会降低运营商在基础传输层的盈利能力,最终导致在潜在的资本市场上失去很大的份额。

知识 *10.6*　移动电子商务的相关技术

1. 无线应用协议

无线应用协议(WAP)是在数字移动电话、Internet 或其他个人数字助理(PDA)、计算机应用之间进行通信的开放性全球标准。它由一系列协议组成,用来标准化无线通信设备,可用于 Internet 访问,包括收发电子邮件、访问 WAP 网站上的页面等。

WAP将移动网络与Internet及公司的局域网紧密地联系起来,提供一种与网络类型、运营商和终端设备都独立的移动增值业务。

WAP是由爱立信(Ericsson)、诺基亚(Nokia)、摩托罗拉(Motorola)等通信业巨头在1997年成立的无线应用协议论坛(WAP Forum)中制定的,可以把网络上的信息传送到移动电话或其他无线通信终端上。它使用一种类似于HTML的标注式语言WML(Wireless Markup Language,无线标记语言),相当于国际互联网上的HTML,并可通过WAP网关直接访问一般的网页。用户通过WAP可以随时随地地利用无线通信终端来获取Internet上的即时信息或公司网站的资料,真正实现无线上网。它是移动通信与互联网结合的第一阶段产物。

WAP能够运行于各种无线网络之上,如GSM、GPRS、CDMA等。支持WAP技术的手机能够浏览由WML描述的Internet内容。WML是以XML为基础的标记语言,用于规范窄频设备(如手机、呼叫器等)如何显示内容和使用者接口的语言。因为窄频,使得WML受到部分限制,如较小型的显示器、有限的使用者输入设备、窄频网络联机、有限的内存和资源等。

WML支持文字和图片显示,在内容组织上,一个页面为一个card,一组card则构成一个deck。当使用者向服务器提出浏览要求后,WML会将整个deck发送至客户端的浏览器,使用者就可以浏览deck里面所有card的内容,而不需要从网络上单独下载每个card。

通过这种技术,无论在何地、何时,用户需要信息就可以打开WAP手机,享受无穷无尽的网上信息或网上资源,如综合新闻、天气预报、股市动态、商业报道、当前汇率等,并可以进行电子商务和操作网上银行。

WAP协议包括以下几层:

① Wireless Appeication Environment(WAE),无线应用环境。

② Wireless Session Layer(WSL),无线对话协议。

③ Wireless Transport Protocol(WTP),无线事务协议。

④ Wireless Transport Layer Security(WTLS),无线传输层安全性。

⑤ Wireless Data Protocol(WDP),无线数据协议。

其中,WAE层含有微型浏览器、WML、WMLScript的解释器等功能;WTLS层为无线电子商务及无线加密传输数据提供安全方面的基本功能。

2. 移动IP

移动IP技术是移动节点(计算机、服务网、网段等)以固定的网络IP地址,实现跨越不同网段的漫游功能,并保证了基于网络IP的网络权限在漫游过程中不发生任何改变。

移动IP应用于所有基于TCP/IP的网络环境中,为人们提供了无限广阔的网络漫游服务。例如,在用户离开北京总公司出差到上海分公司时,只要简单地将移动节点(如笔记本电脑、PDA设备)连接至上海分公司网络上,用户就可以享受到同在北京总公司里一样的所有操作。用户依旧能使用北京总公司的共享打印机,依旧可以访问北京总公司同事计算机里的共享文件及相关数据库资源。诸如此类的操作,让用户感觉不到自己身在外地,同事也感觉不到他已经出差到外地了。

基于IPv4的移动IP定义了3种功能实体:移动节点(Mobile Node)、归属代理(Home Agent)和外埠代理(Foreign Agent)。归属代理和外埠代理又统称为移动代理。移动IP技术的基本通信流程如下：

① 远程通信实体通过标准 IP 路由机制向移动节点发出一个 IP 数据包。

② 移动节点的归属代理截获该数据包,将该数据包的目标地址与自己移动绑定表中移动节点的归属地址比较,若与其中任一地址相同,继续下一步,否则丢弃。

③ 归属代理用封装机制将该数据包封装,采用隧道操作发给移动节点的转发地址。

④ 移动节点的拜访地代理收到该包后,去其包封装,采用空中信道发给移动节点。

⑤ 移动节点收到数据后,用标准 IP 路由机制与远程通信实体建立连接。

3. 近距离无线通信技术

近距离无线通信技术,即 Near Field Communication(NFC),是由飞利浦公司和索尼公司共同开发的一种非接触式识别和互联技术,可以在移动设备、消费类电子商品、PC 和智能控件工具间进行近距离无线测验信息。NFC 提供了一种简单、触控式的解决方案,可以让消费者简单、直观地交换信息,访问内容与服务。

NFC 将非接触读卡器、非接触卡和点对点(Peer to Peer)功能集成进一块单芯片内,为消费者的生活方式开创了不计其数的全新机遇。这是一个开放接口平台,可以对无线网络进行快速、主动的设置,也是虚拟连接器,服务于现有蜂窝状网络、蓝牙和无线 802.11 设备。

NFC 可兼容索尼公司的 FeliCaTM 卡及广泛建立的非接触式智能卡架构,该架构基于 ISO 14443A,使用飞利浦的 Mifare 技术。

4. 第五代数字通信

第五代数字通信(5G)是新一代蜂窝移动通信技术,是 4G(LTE - A、WiMax)、3G(UMTS、LTE)和 2G(GSM)系统的延伸。它以全新的网络架构,基于更高的频段以及更先进的技术,实现高速率、低时延、大容量的数据传输,为用户提供更加稳定、高效的通信服务,是推动万物互联的关键基础设施。

第五代数字通信高带宽,采用更高的频段(如毫米波频段)以及更先进的调制技术,能够提供更宽的频谱资源,从而实现更高的数据传输速率,满足大数据量的传输需求。第五代数字通信功耗低,可靠性高。对于物联网设备,5G 通过优化的协议和技术,降低了设备的功耗。例如,采用窄带物联网(NB - IoT)技术的传感器,在电池供电的情况下可以工作数年,减少了设备维护成本。通过冗余设计、网络切片等技术,5G 网络能够保证通信的可靠性。在一些关键应用场景,如紧急救援通信、金融交易等,能够确保数据传输的准确性和完整性。

(1) 功能

高速数据传输:5G 的峰值数据速率在下行链路可达 20 Gbps,上行链路可达 10 Gbps。这使得用户能够在极短的时间内下载或上传大量的数据。例如,一部高清电影(假设大小为 5 GB),在 5G 网络下理论上只需几秒钟就可以完成下载,而在 4G 网络下可能需要几分钟。

低延迟通信:5G 网络端到端时延可以低至 1 毫秒。这种超低延迟对于实时性要求极高的应用至关重要。例如,在工业自动化领域,通过 5G 网络连接的机器人可以实现精准的实时控制,大大提高了生产效率和质量。

海量设备连接:5G 能够支持每平方千米 100 万个连接。这使得大规模物联网(IoT)成为现实,众多的传感器、智能设备等可以同时接入网络。例如,在一个智能城市的交通管理系统中,可以连接数以万计的交通信号灯、车辆传感器、道路监控设备等,实现智能化的交通流量监测和调控。

(2) 应用

智能手机通信领域:为用户提供超高速的网络体验,支持高清视频通话、多人在线游戏等对网络速度和稳定性要求较高的应用。例如,在进行视频会议时,5G 网络可以保证高清画面和流畅的语音传输,不会出现卡顿、延迟等情况。

智能交通方面:推动自动驾驶技术的发展。车辆可以通过 5G 网络与交通基础设施(如路边单元)和其他车辆进行实时通信,实现车车(V2V)、车路(V2R)信息交互。例如,汽车能够提前感知前方道路的交通状况、天气变化等信息,从而自动调整车速、路线等,提高交通安全和效率。

工业物联网(IIoT)应用:实现工厂设备的远程监控和自动化控制。在智能制造工厂中,通过 5G 网络连接的工业机器人可以实时接收控制指令,进行高精度的生产操作。同时,生产线上的各种传感器可以将设备的运行状态、产品质量数据等实时传输给管理人员,便于及时发现问题并进行维护。

医疗健康领域:支持远程医疗诊断和手术。例如,医生可以在异地通过 5G 网络操控医疗机器人为患者进行手术,高清的医疗影像(如 X 光、CT 等)可以快速传输,便于专家进行远程会诊,提高医疗资源的利用效率,特别是在偏远地区,可以让患者享受到优质的医疗服务。

智能家居应用:家庭中的各种智能设备,如智能门锁、智能家电、智能安防系统等可以通过 5G 网络连接到云端平台,实现设备之间的互联互通和远程控制。用户可以通过手机 App 在任何地方控制家中的电器设备,如提前开启空调、查看监控画面等。

知识 10.7　移动电子商务价值链分析

价值链是一种对企业业务活动进行组织的方法,企业实施这些活动对其销售的产品或服务进行设计、生产、促销、销售、运输和售后服务。但是,现代交易的完成不仅涉及供需两方,还会有为交易实现提供多方服务的第三方。信息技术的发展逐渐打破了企业、行业发展的界限,使不同行业融合发展,共同参与到某一商务交易活动中成为企业价值链的一部分。企业的价值增长不再单纯地取决于企业自身或某一方,而是需要处于价值链不同环节的企业或个人协调、努力,实现多方共赢。在移动电子商务交易活动中,参与交易的有企业、个人、各种服务机构(银行、咨询公司、物流公司等)、移动门户、移动网络运营商、内容提供商、应用服务开发商、移动终端制造商、设备软件提供商等,共同构成了移动电子商务的价值链。

1. 技术平台制造商(Technology Platform Vendors)

技术平台制造商为移动设备提供操作系统和微浏览器,这些移动设备包括移动电话和 Pda 等设备。操作系统之争是在谷歌的 Android 和苹果的 Ios 之间展开的。

2. 应用平台制造商(Application Platform Vendors)

中间件是一个提供无线互联应用的主要基础设施。例如,既可以在运营商端又可以在公司客户端应用的 Wap 网关。

3. 应用开发商（Application Developers）

在无线领域里，最具爆炸性增长潜力的当数应用开发。无论对企业还是个人消费者，打动他们的应用才是最终购买决策的推动力。

4. 内容提供商（Content Providers）

一些技术领先的内容提供商正在向移动领域进军，为即将到来的移动商务做准备，它们要为自己的产品做多渠道的分销。例如，路透社与 Ericsson 和 Nokia 建立合作关系，传递它的信息，同时还与一些大的门户站点，如 Yahoo 及 Excite 合作，这些门户站点也在建立自己的移动门户。另外，路透社在一些市场上还建立了自己的移动门户。即使用户已经习惯为移动的增值服务付费，但对内容收费依然是件困难的事。移动内容供应商最简单的实现收入方法是与电话公司分账。当移动商务起飞时，再采取一些动态的收费方式，如广告、赞助、订阅等模式。在德国，现在已有超过 1 500 家的移动服务商提供 WAP 服务，其中许多是采取订阅模式收费的。

5. 内容集成商（Content Aggergators）

一种新型的内容集合商正在出现。它们把数据重新打包，再发布给移动终端。它们的价值在于给用户的信息是最合适的信息。例如，Olympic Worldlink 公司已经开发出一种叫作移动期货（Mobile Futures）的解决方案，它不仅能够提供金融市场、政治和其他新闻，还能提供实时的期货和期权市场的信息。

6. 移动门户（Mobile Portals）

移动门户由各种集成的应用和内容组成，以便成为用户最主要的网上信息来源。移动门户与通常的门户不同，最主要的特点是个性化和本地化，因为移动商务的成功关键在于易于使用和在合适的时间传递合适的信息。据估计，移动电话用户在在线的商业环境下，每多按一次键，交易成功的可能性就减少 50%。MSN 和 Yahoo 都是首批向移动用户提供服务的门户，然而它们的主要目标还是在美国。我国一些大的门户网站也已经开始提供移动门户服务。

7. 移动网络运营商（Mobile Network Operators）

移动网络运营商是指提供移动通信服务的企业。拥有并运营移动网络基础设施，包括基站、信号塔等设备，通过无线电频谱等资源，为用户提供移动语音通话、短信和移动数据上网等基本服务。此外，还提供移动支付、物联网应用等增值服务。运营商在推动通信技术发展、构建和维护网络基础设施，提升通信服务质量、促进社会数字化进程等方面发挥着关键作用。在国内，主要有中国移动、中国联通、中国电信和中国广电。中国移动网络规模和客户数量庞大，中国联通业务均衡且在创新方面有特色，中国电信固定网络和宽带业务出色，中国广电有广播电视资源优势，正积极拓展通信业务。

8. 移动服务提供商(Mobile Service Providers)

在欧洲的许多国家,移动服务提供商作为中间人,提供更好的市场营销,销售更多的移动电话合同和终端。这些服务提供商与客户建立合同和收费关系,但是它们自己并不拥有移动通信基础设施,它们通常以 20%～25% 的折价买到这些服务,然后再用自己的品牌出售。现在这些服务提供商的作用正在减小,一些有价值的服务供应商也被大的电信运营商收购。

9. 手持设备制造商(Handset Vendors)

在移动商务中,手持设备制造商是将新设备推向市场的瓶颈,它们不仅要支持 SIM 工具包,还要支持 WAP、GPRS、WCDMA 和 TDCDMA 等。巨大的移动商务在合适的用户终端广泛地被采用之前不会良好发展,手持设备制造商必须开发一系列产品,因为将来的应用会需要不同的功能。它们需要专为各种功能制造优化的产品,如下载和听音乐、看视频影像、计算、玩游戏、管理个人生活等。

10. 客户(Customers)

对消费者市场来说,移动商务完全是一种新的体验。这些客户以前主要是用它们来打电话或收发短信息。据 Nokia 对移动增值服务的研究,移动商务的主要目标市场是:青少年(18 岁以下);学生(19～25 岁);年轻商人(25～36 岁)。对企业市场来说,主要有销售驱动的组织(如制造型企业和银行)、服务驱动组织(如咨询公司)、后勤驱动型组织(如出租车公司或急件服务)3 种类型的组织会对移动商务有明显的需求。

从商业和技术两个重要层面来看,移动电子商务的价值链主要包括通信承载环节、基础服务环节、交易支持环节、服务实现环节、个性支持环节和应用服务环节,6 个环节中的任何一个都将成为移动电子商务发展的重要推动力量或制约因素。从中国的实际情况来看,各个环节都有了一定程度的发展,但是由于信息承载环节在很大程度上受制于信息基础设施的建设,因此移动电子商务发展的切入模式必须与当前各个环节的发展状况紧密结合。从商业运作的具体模式来讲,上述的 6 个环节并不会孤立存在,往往相互之间会紧密结合起来,但是这种结合必须在充分利用公司相应资源的基础上实现相互之间的协同效应,从而创造更大的发展空间。

知识 *10.8*　移动电子商务前景与展望

1. 市场前景

移动电子商务因其快捷方便、无所不在的特点,已经成为电子商务发展的新方向。美国冠群电脑公司移动电子商务产品管理总监谢涛玲认为:"只有移动电子商务能在任何地方、任何时间真正解决做生意的问题。"

随着全球化的信息技术革命,移动电话成为中国电信服务中来势最迅猛、发展最活跃的新秀,移动通信能力进一步加强,中国已成为全球移动电话第一大国。因此,中国的移动电子商务具有非常广阔的市场前景。

2. 移动电子商务展望

我国移动电子商务之所以会迅速发展,原因首先在于社会化大生产和市场经济,以及全球经济一体化的发展,需要电子商务尤其是不受地点和时间、不受气候和环境限制的移动电子商务。其次,中国经济持续稳定增长,人民收入水平提高,使安装移动电话有了一定的物质基础,相对于发展有线的电子商务更有意义。我国地域辽阔,地质条件复杂,2/3 为山地、丘陵和高原,尤其在人员稀少的地方,架设有线线路和铺设光缆成本高,组网难,形成规模经营更难。而这些地区经济正在启动,资源有待开发,产品需要外销,因而移动电子商务比较适用。此外,通信技术的不断进步,以及手机功能和风格的不断多样化,有线电子商务面临的困难都是促进我国移动电子商务发展的原因。

总之,移动电子商务以其独特的特点和优势,再加上我国自身的条件,必将成为我国电子商务发展的新方向。

项目实施

项目任务

根据项目内容,本项目要求同学们了解移动电子商务的发展现状,移动电子商务的含义和特点,移动电子商务的具体应用模式,掌握移动电子商务技术的应用。主要有以下两个任务:

1. 手机银行 App 的使用;
2. 手机银行短信的使用。

项目要求

1. 掌握手机银行 App 的下载、安装及设置过程,熟悉手机银行的基本业务;
2. 掌握手机银行短信的注册和基本业务功能的使用方法。

实施步骤

任务 1　手机银行 App 的使用

(1) 手机银行 app 的下载安装

安卓系统手机进入应用商店下载:打开华为应用市场、小米应用商店等正规应用商店,搜索"中国工商银行",找到对应的 App 后点击下载安装。iOS 系统手机打开 App Store,在搜索栏中输入"工商银行"或"ICBC",找到官方 App 并点击下载安装。

(2) 手机银行 App 的注册

① 进入注册页面:打开 App 后,点击左上角的"登录",在登录页面点击"更多登录方式",选择"注册/切换账号",也可以在"最爱"页面中点击"我的账户"或者"我的"选项,点击欢迎使用后面的"在此登录",然后点击"立即注册"。

② 填写手机号:在"自助注册"页面中输入注册了银行卡的手机号,点击"获取验证码",收到验证码后填入正确的验证码,点击"下一步"。

③ 设置登录密码:在"设置登录密码"页面中两次输入相同的密码,点击"下一步"按钮。

④ 填写个人信息:输入姓名,选择证件类型,输入证件号码等个人信息,点击"下一步"。如图10-1所示。

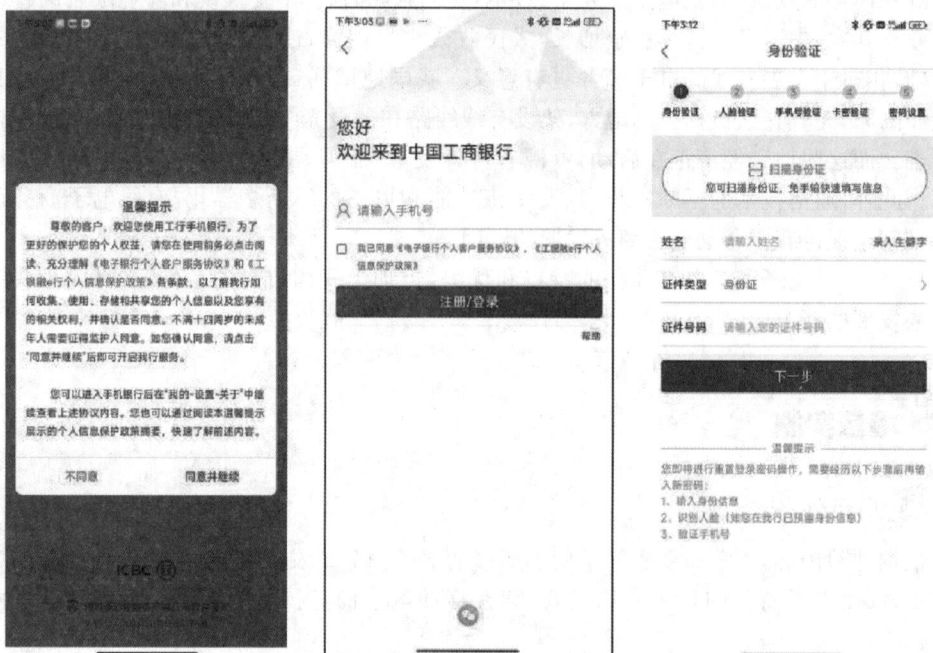

图 10.1 工商银行 App 注册

⑤ 阅读并同意协议:勾选"我同意《电子银行个人客户服务协议》,《工银融 e 行用户隐私政策》"。

⑥ 完成注册:确认信息无误后,点击"开启旅程"或"注册/登录",即可完成注册。

(3) 手机银行 App 的注册登录

① 进入登录页面:打开工商银行 App,点击左上角的"登录"按钮,或点击"点我登录"。

② 选择登录方式:可使用手机号/卡号/用户名＋密码的方式登录。

③ 输入登录信息:输入对应的手机号、卡号或用户名以及密码。

④ 安全验证:根据设置的安全验证方式,输入验证码或进行指纹识别、面部识别等操作。

⑤ 登录成功:完成验证后,即可登录进入工商银行 App 主界面,使用相关功能。

工商银行 App 登录页面如图10.2所示。

图 10.2　工商银行 App 登录

（3）手机银行 App 的账户管理

① 查询账户信息：用户可以随时随地查看自己名下的储蓄卡、信用卡等各类账户的余额、交易明细、银行卡号、开户行信息和资金变动情况等，实现对自身财务状况的实时掌控。

② 多账户管理：支持在一个界面上管理多个不同银行账户，无须频繁切换，方便用户统一管理名下的多种账户。

③ 账户挂失：若用户不慎丢失银行卡，可通过 App 快速办理账户挂失，及时保障账户资金安全。

④ 设置账户提醒：用户能够设置余额提醒等功能，当账户余额低于设定的阈值时，手机银行会自动发送提醒消息，帮助用户随时掌握自己的财务状况。

任务 2　手机银行（短信）的使用

（1）手机银行（短信）注册

登录中国工商银行网站（http：// www.icbc.com.cn），点击"快捷功能"栏目下的"手机银行自助注册"，进行手机银行自助注册。完整注册流程如图 10.3 所示。

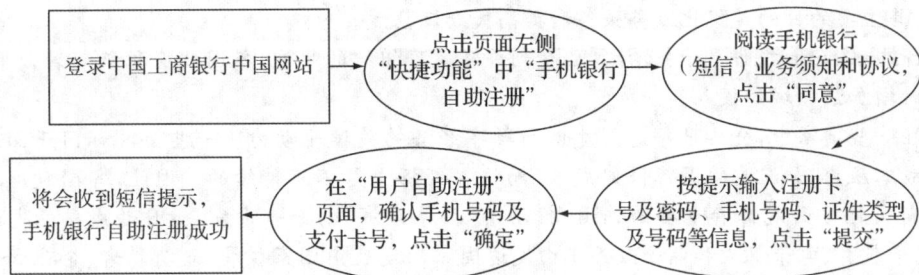

图 10.3　手机银行自助注册流程

（2）手机银行（短信）的业务功能

使用手机进行手机银行（短信）的各项业务的操作。编写指定格式的短信，发送到95588，即可实现各项功能。

① 查询功能。查询账户：发送内容为"CXZH♯卡号/账号"的短信，可查询本人银行账户的余额和当日明细。查询历史明细：发送内容为"CXLS♯卡号/账号♯起始日期♯结束日期"的短信，可查询本人银行账户的历史交易明细。查询利率：发送内容为"CXLL♯币种代码♯利率类型"的短信，可查询本外币储蓄存款利率。

② 转账功能。发送内容为"ZZ♯转出卡号♯转入卡号/账号♯金额♯支付密码"的短信，可在本人手机银行（短信）注册卡之间相互转账，以及对外转账。

③ 汇款功能。发送内容为"HK♯汇出卡号♯汇入卡号/账号♯收款人名称♯金额♯支付密码"的短信，可办理汇款。

④ 消费支付功能。在互联网上购物后，选择"工商银行手机银行（短信）支付"，输入手机号码，随后将接收到工行手机银行（短信）系统发送的购物支付确认短信，按照短信要求修改后转发至95588，就可完成购物货款的支付。

短信格式为：订单××××××××××××，金额××××．××元（支付请用密码替换本括号内全部文字后转发至95588）

⑤ 缴费功能。发送内容为"JFDH♯电话号码♯姓名"或"JFSJ♯手机号码"的短信，然后将返回的确认短信直接转发至95588，就可完成本人及他人电话费或手机话费的缴纳。

📖 思政园地

全球电子商务和移动电子商务继续保持上升态势

BuddeComm 网发布的市场报告显示：全球"共享经济"正走向成熟，无论是企业和还是个人消费者都已接纳像 Uber 和 Airbnb 这样流行的商业模式。近年来，全球电子商务和移动商务继续保持上升态势。与此密切相关的其他领域，如全球电子卫生和电子政务也在加快步伐。然而一些贫困的发展中国家仍无法获得适当的数字基础设施来分享数字经济带来的红利。

随着互联网和移动用户的不断增长，全球范围内电子商务和移动电子商务正在蓬勃发展。在大多数市场中，在线支出更加活跃，特别是亚太地区经济体。移动电子商务预计将比电子商务增长更快，移动电子商务高增长国家和地区包括中国、日本、印度、韩国、中国台湾、马来西亚和英国等。

现在，全世界大多数政府已清楚地意识到实施数字服务和解决方案（如在线服务、云计算和移动政务）的重要性。数字服务和解决方案的最大优势是削减成本、改进流程和推广信息流；其主要的目的是优化政务服务和提高民众满意度。

BuddeComm 报告显示：云计算已受到许多政府组织的欢迎，各国政府积极部署云平台，并适时增加该领域的投入。

在一些国家中，公共服务是创建创新数字经济的关键驱动力。一些公共部门正面临巨大的成本压力，如沉重的医疗保健成本，而这在经济上是不可持续的。因此，各国政府在建立创新文化方面发挥着重要的作用，推动着"共享经济"的进一步发展：日趋成熟的电子商务、电子教育、电子卫生和电子政务正由发达国家向发展中国家扩展，而消费者、企业和政府对在线服务的信任和信心日益增强。

案例分析

二维码在移动商务中的应用

二维码的功能与无线射频识别(RFID)技术十分相似,都能够承载大量信息,不过它没有RFID 的远距离读取特征,但比 RFID 的芯片成本低,所以目前被业内认为是经济划算且私密性较好的一种技术。

要在手机上应用二维码,首先手机必须具有彩信、摄像功能,而且还要下载相应的译码软件,商户那边则需要安装二维码相关解决方案,才能够将各类信息加载整合,生成二维码发送到用户的手机上。当用户拿着手机二维码入场或购物时,商家还要有配套的读取设备来辨认二维码所包含的信息。

当用户下载了译码软件并打开使用时,手机的摄像功能也自动打开了。将摄像头对准报纸杂志、海报、电视、网页、CD 封面,甚至电影票、名片等出现的二维条形码的图案,就自动下载了铃声、图片、最新资讯、个人信息、优惠券、会员卡等信息。

当手机有了电子支付功能和二维码服务之后,在购买自动售货柜里的物品时,还可以通过手机扫描对应物品的二维码、物品名及价格等电子认证信息发送到银联系统,银联系统再将认证信息回馈到商家,就直接完成了购买和支付。

由上海卓尚信息有限公司开发的订票网站"一票通"已开始与上海各大影院合作,开展手机二维码电子票务服务。用户可以在网站看好影院座位图,选好场次和座位,通过电子支付方式付款后就会收到一条二维码电子票的信息。看电影时,只要在影院门口将手机屏幕上的二维码对着读取设备读一下就可以确认入场。

现在,柯达影院在上映一些大片时,专门提供了一间放映厅,供使用电子券的用户入场观影。上海影城、大光明影院,以及星美影城,也都相继采用了这种手机二维码的电子票。

目前,《北京晚报》的读者在下载了相应软件并启动之后,对准《北京晚报》相应版面上的二维码,就能看到《北京晚报》手机版的内容,或者是获取商品折扣、购买电影票及查询问路等。

案例思考:

1. 简述使用二维码的优缺点。

2. 在手机上应用二维码应具备什么样的条件?

3. 把二维码应用在移动电子商务中相对于传统商务有什么样的变革?

课后习题

一、选择题

1. 移动电子商务在发展中与电子商务发展中的一个重要不同点是(　　)。

　　A. 发展快

　　B. 规模大

　　C. 商务模式多样化

　　D. 拥有一批具有自主知识产权的专利技术和专利产品

2. 移动电子商务模式构建中的主导要素是(　　)。
    A. 内容提供商　　　B. 电信资源提供商　C. 服务提供商　　　D. 支付方式提供商
3. (　　)是以扫描收费为主的移动电子商务。
    A. 移动商宝　　　　　　　　　　　B. 二维码电影票
    C. 用手机进行车辆定位　　　　　　D. 名酒鉴别
4. 用手机在任何时间、地点对特定的产品和服务进行远程支付的方式是(　　)。
    A. 虚拟支付　　　B. 手机钱包　　　C. 在线支付　　　D. POS机现场支付
5. 移动电子商务促进了移动营销与(　　)的整合。
    A. 网络营销　　　B. 传统营销　　　C. 精准营销　　　D. 绿色营销
6. 移动电子商务发展进程中的错误观点是(　　)。
    A. 移动电子商务是移动技术＋商务
    B. 移动技术的特征就是移动电子商务的特征
    C. 移动电子商务的特征等同于电子商务的特征
    D. 移动电子商务具有很多电子商务没有或不具备的特征
7. 移动图书馆提供的信息服务有(　　)。
    A. 移动通知　　　B. 移动查询　　　C. 移动阅读　　　D. 移动接收
8. WPKI技术在移动电子商务中的应用主要有(　　)。
    A. 电子支付　　　B. 公安领域　　　C. 销售管理　　　D. 任何领域
9. WAP业务产业价值链的资源结构中,(　　)占的比例最大。
    A. 资源下载　　　B. 搜索引擎　　　C. 网站导航　　　D. 新闻资讯
10. 影响我国移动支付发展的最主要因素是(　　)。
    A. 安全性问题　　　　　　　　　B. 利益分配机制尚待建立和完善
    C. 服务单一、支付内容不丰富　　D. 缺乏运营商

二、简答题

1. 什么是移动电子商务?
2. 简述移动电子商务的特点。
3. 举例说明移动电子商务如何分类。
4. 移动电子商务服务的内容有哪些?
5. 简述移动电子商务的具体应用。

三、实践题

1. 实际了解并体验当前各种移动营销模式。
2. 实际操作并了解抖音的营销策略和商业模式。
3. 在淘宝生意参谋中分析无线端的流量都有哪些?

电子商务物流

本项目阐述电子商务下物流的基本理论,包括物流的定义、分类及物流的基本功能;电子商务与物流的关系;电子商务对物流的影响;电子商务下的物流管理模式。

项目内容

熟悉常见的各种类型的电子商务网站的物流配送模式,以及电子商务网站中具体的商品物流过程。通过对具体电子商务网站配送流程的熟悉和了解,掌握电子商务下物流模式、物流管理的特点,理解电子商务运作必须有物流的支持。

知识要求

掌握物流的基本概念、环节、分类和功能;掌握电子商务与物流之间的相互作用;了解电子商务下物流的特点;了解电子商务下物流管理模式及创新策略;了解常见物流信息技术的应用。

思政要求

了解我国电子商务物流八大工程的意义;熟悉电子商务物流八大工程的内容及要求;熟悉我国电子商务物流战略、发展理念及战略布局。

相关知识

知识 *11.1* 物流的定义和功能

1. 物流的定义

关于物流,社会各界从不同角度给出了不同的阐述,在我国《物流术语》的国家标准中,将物流定义为:物品从供应地向接收地的实体流动过程。从物流的概念来看,它包含以下几个要点:

① 物流的研究对象是贯穿流通领域和生产领域的一切物料流及有关的信息流,研究目的是对其进行科学规划、管理与控制。

② 物流的作用是将物质由供给主体向需求主体转移,在此过程中创造了时间价值和空间价值。

③ 物流活动包括运输、保管、装卸搬运、包装、流通加工及有关的信息活动等。

需要特别强调的是,储运业作为一个古老、传统的概念,与现代物流活动相比,存在较大的差距。现代物流包括运输、保管、装卸搬运、包装、流通加工及有关的信息活动等,而储运仅仅指储存和运输两个环节。其次,现代物流强调物流活动的整体最优化,而储运概念不涉及整体的系统化和最优化问题。

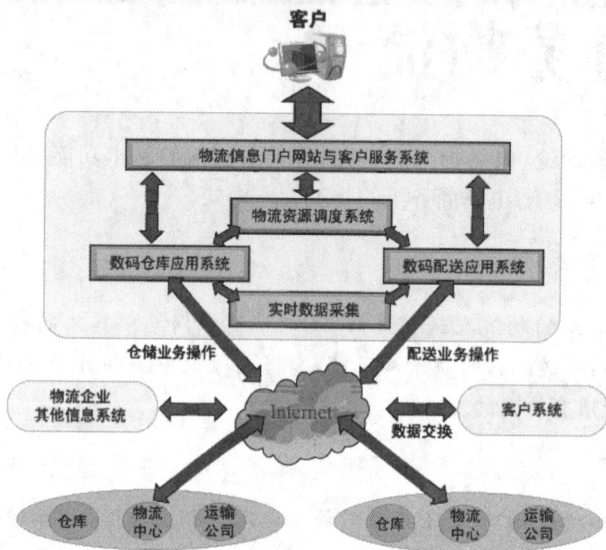

图 11.1　现代物流信息管理系统

2. 物流的功能

物流的基本功能是指物流系统所具有的基本能力,这些基本能力的有效组合有助于合理地实现物流系统的总目标。它包括 7 项具体工作:包装功能、装卸搬运功能、运输功能、储存功能、流通加工功能、配送功能和物流信息管理功能,如图 11.1 所示。

电子商务交易中,物流依然是实现买卖双方交易的最终环节。但是,电子商务中由于采用的形式不一致,使一部分特殊服务变得格外重要,因此设计电子商务的物流服务内容时应该反映这一特点。

知识 *11.2*　物流的分类

社会经济领域中的物流活动无处不在,从物流活动的不同角度,人们又有很多不同的阐述。为了更好地了解物流对象,有必要对物流要素加以分类。下面将从不同的角度对物流活动进行分类。

1. 按照物流活动的作用层次分类

按照物流活动的作用层次分为宏观物流、微观物流。

宏观物流也称为社会物流,即社会再生产各过程之间、国民经济各部门之间及国与国之间的实物流通。随着生产力的发展,生产专业化程度的提高,商品货物在国民经济各部门、各企业之间的交换关系越来越复杂,社会物流的规模也越来越大。社会物流网络是国民经济的命脉,流通网络分布是否合理、渠道是否畅通至关重要。应该对社会物流网络进行科学管理和有效控制,采用先进的技术手段,对社会物流网络进行优化,从而获得较高的经济效益和社会效益。宏观物流的状况直接影响国民经济的效益。

微观物流也称为企业物流。在企业经营范围内由生产或服务活动所形成的物流系统称为企业物流。企业是社会提供产品或某些服务的经济实体。具体来讲,企业物流主要包括企业供应物流、企业生产物流、企业销售物流、回收物流、废弃物物流等。企业生产物流是指企业在生产工艺中的物流活动。这种物流活动是与整个生产工艺过程伴生的,实际上已经构成了生产工艺过程的一部分。企业供应物流指为了保证企业本身的生产节奏,不断组织原材料、零部件、燃料、辅助材料供应的物流活动。它在保证生产供应这个基本前提下尽可

能降低物料供应中的成本。企业销售物流是企业为了保证本身的经营效益,伴随销售活动,将产品所有权转移给用户的物流活动。销售物流就是通过包装、送货、配送等一系列物流实现销售,这就需要研究送货方式、包装技术和程度、配送路线,以及定时或定量等配送方式。另外,企业物流还涉及回收物物流、废弃物物流等,特别是废弃物物流本身不产生经济效益,容易被人们忽视,但是这种活动如果处理不当,将危害环境,产生较大的外部负经济效用。可见,企业物流中回收物物流、废弃物物流对企业生产的正常、高效运转起着举足轻重的作用。从上面的分析可见,微观物流将直接影响一个企业的经济效益。

2. 按照物流活动作用的空间范围分类

按照物流活动作用的空间范围分为区域物流、国内物流、国际物流。

区域物流是指按照行政区划、地理位置进行分区,划分为不同的物流区域。例如,按照地理位置可划分为长江三角洲地区物流、珠江三角洲地区物流、环渤海区域物流。区域物流的划分,可以根据各个地区的特点、经济发展的要求,因地制宜地规划好当地的物流发展战略。企业建设符合本地区区域经济发展要求的配送中心,要充分考虑企业自身的产品在本地区的分布情况,该地区的地理位置、气候、水文等实际情况,充分分析该地区区域物流的特点,让区域物流在该地区的优势同本企业的发展相结合。

国内物流是指从国家层面着眼,进行总体规划,消除部门分割、地区分割所造成的物流障碍。例如,大型物流基础设施的建设,主要是指公路、高速公路、港口、机场、铁路的建设及大型物流中心的设置。物流中的政策法规的制定及监督实施,主要有铁路运输、卡车运输、海运、空运的价格规定,以及税收标准等。物流活动中的各种设施、装置、机械的标准化,包括托盘标准化、集装箱标准化等。

国际物流是相对国内物流而言的,是指不同国家之间的物流。国际物流是国内物流的延伸和进一步扩展,是跨国界的,流通范围扩大了的物流,有时也称为国际大流通或大物流。随着世界范围内的社会化大分工而引起不同的国际分工,不同国家之间的国际商品、服务交流也越来越频繁,国际物流也越来越重要。只有做好了国际物流工作,才能将国外客户所需要的商品适时、适地、按质、按量地送到客户手中,从而提高本国产品在国际市场的竞争力。同时,可将本国需要的设备、物资等商品以最低的成本进口到国内,满足国内人民生活、生产建设、科学技术与国民经济发展的需要。可见,国际物流可以看作是国际贸易的重要组成部分,各国的国际贸易必然要通过国际物流来实现。

为了实现物流合理化,必须按照国际商务交易活动的要求来开展国际物流活动。这就要求在国际物流中不仅要降低物流费用,而且要考虑提高顾客服务水平,提高销售竞争能力和扩大销售效益。

不同的国家物流环境存在巨大差异,使得国际物流系统运行更加复杂,国际物流的标准化要求也更高。在复杂的国际物流环境中,统一的标准将大大提高国际物流水平。国际物流系统是由商品的包装、运输、储存、检验、外贸加工和其前后的整理、再包装和国际配送子系统组成的。其中,储存和运输子系统是国际物流的两大支柱,国际物流通过国际贸易商品的储存和运输实现其时空效益,满足国际贸易的基本需要。

知识 *11.3* 电子商务与物流的关系

微课

随着世界经济一体化,信息技术快速发展,电子商务已成为人们进行商务活动的新模式。随着电子商务的不断发展,越来越多的传统企业开始进入电子商务领域,但是当它们在互联网上建立网上商店的时候,渐渐地认识到,物流已成为电子商务能否顺利进行和发展的一个关键因素。如果没有一个高效、合理、畅通的物流系统,电子商务所具有的优势就难以得到有效发挥。如何建立一个高效率、低成本运行的物流体系来保证电子商务的顺畅发展,已成为当前发展电子商务必须重视的问题。

电子商务一般包括信息流、资金流、商流和物流四大流。其中,物流是电子商务发展的基础;信息流是连接电子商务与物流的纽带;商流是电子商务的载体;资金流是目的。也就是说,物流实际上是电子商务活动的一部分,是完成电子商务必不可少的"四流"之一。因此,电子商务必然对物流产生极大的影响。而且,这个影响是全方位的,从物流业的地位到物流组织模式,再到物流各个作业、功能环节,都在电子商务的影响下发生了和正在发生着巨大的变化;反过来,物流体系的完善会推动电子商务进一步发展。

1. 电子商务对物流活动的影响

电子商务环境下,商业事务的处理实现了信息化,物流业务不但没有减少,反而加重了。物流公司不但要将用户从网上商店订购的商品配送到用户手中,还要及时地从各个生产企业进货,存放到物流配送企业的配送中心,以满足网上消费者的及时需求。可见,在电子商务环境下,物流已经成为整个市场运行的基础,电子商务业务的发展不但没有弱化物流的功能,反而为物流业的发展提供了新的机遇。

电子商务活动对物流的影响主要表现在以下几个方面。

(1) 改变物流企业的竞争状态

在传统经济活动中,物流企业之间的竞争往往是依靠本企业提供优质服务、降低物流费用等方面来进行的。在电子商务时代,这些竞争方式虽然依然存在,但有效性大大降低了,原因在于电子商务需要一个全球性的物流系统来保证商品实体的合理流动,而单个企业难以达到这一要求。这就要求物流企业在竞争中形成一种协同竞争的状态,在相互协同实现物流高效化、合理化、系统化的前提下,相互竞争。

(2) 提高物流系统的信息化、智能化水平

电子商务的发展要求物流实现信息化。因为电子商务的一个优点是能保证企业与各级客户间的即时互动,企业能与客户一起就产品的设计、质量、包装、交付条件、售后服务等进行交流,这就要求物流系统中每一个功能环节的即时信息支持。在信息化的基础上,物流才能实现自动化,从而大大提高物流的效率,为电子商务提供及时的信息支持。电子商务也要求物流实现智能化,以提高物流的现代化水平。物流的智能化已成为电子商务下物流发展的一个新趋势。

(3) 促进物流基础设施的改善、物流技术与物流标准化水平的提高

电子商务高效率和全球性的特点,要求物流改善基础设施,同时也要求提高物流技术水

平。另一方面,电子商务全球性的特点,对物流标准化提出了更高的要求。物流技术水平的提高,将最终提升物流的效率,使商品实体在实际的运动过程中,达到效率最高、费用最省、距离最短、时间最少,或者是其中几个方面的优化组合,从而尽可能减少实体物流对电子商务的影响。

(4) 提升物流业在整个产业链中的地位

物流企业会越来越强化,是因为在电子商务环境里必须承担更重要的任务:既要把虚拟商店的货物送到用户手中,又还要从生产企业那里及时进货入库。物流公司既是生产企业的仓库,又是用户的实物供应者。物流企业成了代表所有生产企业及供应商对用户的唯一最集中、最广泛的实物供应者,物流业成为社会生产链条的领导者和协调者,为社会提供全方位的物流服务。可见,电子商务把物流业提升到了前所未有的高度,为其提供了空前的发展机遇。

2. 物流对电子商务的影响

(1) 物流是电子商务的重要组成部分

电子商务中,商品所有权的转移在网上购销合同签订时,便由卖方转移到买方,而只有实现实体商品的转移,电子商务交易才最后终结。在整个电子商务交易过程中,物流是电子商务的重要组成部分,是电子商务得以发展的基础。

(2) 物流能扩大电子商务的市场范围

建立完善的物流系统,能有效地解决电子商务中跨国物流、跨区域物流面临的许多难题,并最终扩大电子商务的市场范围。

(3) 物流能够提高电子商务的效率与效益,从而支持电子商务的快速发展

通过快捷、高效的信息处理手段,电子商务能较容易地解决信息流、商流和资金流的问题。但只有将商品及时送到用户手中,即完成商品的空间转移,才标志着电子商务过程结束。因此,物流系统的效率高低是电子商务成功与否的关键,只有高效率的物流系统,才有高效率的电子商务,才能支持电子商务的快速发展。

(4) 物流是电子商务以"以客户为中心"的理念得以实现的根本保证

电子商务的出现,极大地方便了消费者,消费者随时随地可以在网上搜索、查看、挑选、下单、支付。但试想,如果顾客所购的商品迟迟不能到达,那电子商务的消费者还会选择网上购物吗?可见,电子商务是实现"以顾客为中心"理念的最终保证,缺少现代化的物流技术,电子商务带来的购物便捷的优势就会消失,人们就会选择更加安全的传统购物方式。

从上面的论述可以看出,物流与电子商务的关系极为密切。物流对电子商务的实现很重要,电子商务对物流的影响也极为巨大。物流在未来的发展与电子商务的影响是密不可分的。

知识 *11.4* 　电子商务下的物流管理模式

目前,电子商务业务不断发展,越来越多的企业涉足电子商务领域,并不断从初期的电子商务运用成长为真正意义上的电子商务企业。而物流也演变为电子商务物流,标志着物流的发展已经进入了一个新的发展阶段。这些企业在进行电子商务时主要采用的物流模式主要有以下几种。

1. 自建物流

目前,自建物流系统的主要有两种电子商务企业:一是传统的大型制造企业或批发企业经营的 B2B 电子商务网站;二是具有雄厚资金实力和较大业务规模的电子商务公司。

自建物流系统的核心是建立集物流、商流、信息流于一体的现代化新型物流配送中心。而电子商务企业在自建物流配送中心时应广泛地利用条码技术、数据库技术、电子订货系统(EOS)、电子数据交换(EDI)、快速反应(QR),以及有效的客户反应(ECR)等信息技术和先进的自动化设施,以使物流中心能够满足电子商务对物流配送提出的如前所述的各种新要求。

为了进一步压缩物流配送成本,保证货品配送质量,电子商务业界不少公司都考虑或已经自建物流体系。这种电子商务企业有两种类型,一类是大型制造企业集团、连锁零售商等,它们本身就拥有较好的销售和物流服务网络,只需要建立一套基于 Internet 网络的电子商务系统,并对原有的物流系统进行重新设计,物流资源重新规划,就可以适应电子商务交易的实际需要,如国内的家电巨头海尔。另一类是获得风险投资的支持,如京东商城正是获得千万元级别投资后,于 2009 年 4 月投入 2 000 万元在上海建立配送公司,截至 2023 年,京东在北京、上海、广州、成都、武汉、沈阳、西安、德州等地建立了八大核心物流中心。自建物流体系存在投入资金大、投资回报周期长的特点,具有较大的风险。

2. 物流联盟

联盟是介于独立的企业与市场交易关系之间的一种组织形态,是企业间由于自身某些方面发展的需要而形成的相对稳定的、长期的契约关系。物流联盟是以物流为合作基础的企业战略联盟,是指两个或多个企业之间,为了实现自己物流战略目标,通过各种协议、契约而结成的优势互补、风险共担、利益共享的松散型网络组织。在现代物流中,是否组建物流联盟,作为企业物流战略的决策之一,其重要性是不言而喻的。在我国,物流水平还处于初级发展阶段,组建联盟便显得尤为重要。

我国物流企业面临跨国物流公司的竞争压力,可通过物流联盟形式来应对。中国加入WTO,给国外的投资商带来无限商机,潜力巨大的物流业成了争夺的宝地。面对如此强劲的竞争对手,我国的物流企业只有结成联盟,通过各个行业与从事各环节业务的企业之间的联合,实现物流供应链的全过程的有机融合,通过多家企业的共同努力来抵御国外大型物流企业的入侵,形成一个强大的力量,共进退、同荣辱,才有可能立于不败之地。

物流联盟可分为以下几种方式:

① 纵向联盟。即垂直一体化,这种联盟方式是基于供应链一体管理形成的,即从原材料到产品生产、销售、服务形成一条龙的合作关系。垂直一体化联盟能够在按照最终客户的要求为其提供最大价值的同时,也使联盟总利润最大化。但这种联盟一般不太稳固,主要是在整个供应链上,不可能每个环节都能同时达到利益最大化,因此打击了一些企业的积极性,使它们有随时退出联盟的可能。

② 横向联盟。即水平一体化,由处于平行位置的几个物流企业结成联盟,包括第三方物流。这种联盟能使分散物流获得规模经济和集约化运作,降低了成本,并且能够减少社会重复劳动。但也有不足的地方,如它必须有大量的商业企业加盟,并有大量的商品存在,才可发挥它的整合作用和集约化的处理优势。此外,这些商品的配送方式的集成化和标准化也不是一个可以简单解决的问题。

③ 混合模式。既有处于上下游位置的物流企业,也有处于平行位置的物流企业的加盟。

④ 以项目为管理的联盟模式。以项目为中心,各个物流企业合作,形成一个联盟。这种联盟方式只限于一个具体的项目,联盟成员之间合作的范围不广泛,优势不太明显。

⑤ 基于 Web 的动态联盟。由于市场经济条件下存在激烈的竞争,为了占据市场的主导地位,供应链应该成为一个动态的网络结构,以适应市场变化、柔性、速度、革新、知识的需要。不能适应供应链需求的企业将从中淘汰,并从外部选择优秀的企业进入供应链,从而使供应链成为一个能快速重构的动态组织,实现供应链的动态联盟。但这种联盟方式缺乏稳定性。

3. 第三方物流

第三方物流(Third-Party Logistics,3PL),是相对"第一方"发货人和"第二方"收货人而言的。它具体是指生产经营企业为集中精力搞好主业,把原来属于自己处理的物流活动,以合同方式委托给专业物流服务企业,同时通过信息系统与物流企业保持密切联系,以达到对物流全程管理控制的一种物流运作与管理方式,是由物流劳务的供方、需方之外的第三方去完成物流服务的物流运作方式。第三方就是指提供物流交易双方的部分或全部物流功能的外部服务提供者。从某种意义上可以说,它是物流专业化的一种形式。

第三方物流将物流活动交给专业的第三方机构办理,从实质上解决了如何完善物流管理的问题,在实践中具有更广泛的应用前景。其表现为:使电子商务企业能从运输、仓储等相关业务中解脱,集中精力于核心业务;有效地降低了物流成本,取得了参与各方整体最优效果;确保了物流服务质量的改进,具有积极的社会意义。依托第三方物流服务商,利用专业的物流设备和专业化物流管理人员的业内经验从事综合物流服务业务能够获得整体最优的交易成本,这与发展电子商务简捷、快速、低成本的初衷是一致的。第三方物流作为专业化社会分工的产物目前已发展成为社会经济结构调整中的一支重要的社会服务产业力量,应为电子商务的主导物流模式。

第三方物流是物流专业化的重要形式。物流业发展到一定阶段必然会出现第三方物流的发展,而且第三方物流的占有率与物流产业的水平之间存在非常有规律的相关关系。通过西方国家的物流业实证分析证明,独立的第三方物流要占社会的 50%,物流产业才能形成。因此,第三方物流的发展程度反映和体现着一个国家物流业发展的整体水平。

根据我国电子商务发展的实际情况,我国中小型电子商务企业应积极采取代理形式的客户定制物流服务的第三方物流模式。

4. 物流一体化

20 世纪 80 年代,西方发达国家,如美国、法国和德国等就提出了一体化的现代理论,应用其指导物流发展取得了明显的效果,使它们的生产商、提供商和销售商均获得了显著的经济效益。物流一体化,就是以物流系统为核心的自生产企业经由物流企业、销售企业,直至消费者的供应链的整体化和系统化。它是物流业发展的高级和成熟阶段。

物流一体化是物流产业化的发展形式,它必须以第三方物流充分发育和完善为基础。物流一体化的实质是一个物流管理的问题,即专业化物流管理人员和技术人员,充分利用专业化物流设备、设施,发挥专业化物流运作的管理经验,以求取得整体最优的效果。同时,物流一体化的趋势为第三方物流的发展提供了良好的发展环境和巨大的市场需求。

西方发达国家在发展第三方物流,实现物流一体化方面积累了较为丰富的经验。德国、美国、日本等先进国家认为,实现物流一体化,发展第三方物流,关键是具备一支优秀的物流管理队伍,要求管理者必须具备较高的经济学和物流学专业知识和技能,精通物流供应链中的每一门学科,整体规划水平和现代管理能力都很强。

物流一体化为第三方物流的发展提供了巨大的发展空间,物流代理模式应运而生。中国应探索适合中国国情的第三方物流运作模式,降低生产成本,提高效益,加强竞争力,积极推动以物流企业为主的第三方物流模式的发展。

我国的电子商务正在逐步成熟,目前采用的物流模式一般是自营物流、第三方物流与物流联盟的形式,电子商务企业应根据自身特点灵活采用物流自理、代理模式来构建企业的物流体系。电子商务企业应注重学习和借鉴国内外关于物流领域的最新成果,在电子商务实施过程中逐步摸索出适合本企业发展的物流模式。

项目实施

项目任务

根据项目内容,通过电子商务网站中具体的物流配送业务流程,熟悉电子商务与物流的关系及物流的业务流程,掌握各种物流模式的实际应用。它主要有以下几个任务:

1. B2B 电子商务交易中商品的配送。
2. 了解物流模式的实际应用。

项目要求

1. 理解电子商务下物流的特点和作用,熟练掌握交易中商品配送的业务流程。
2. 掌握各种物流模式的优劣及各自的适合条件,了解各种物流模式的使用概况。

实施步骤

任务 1　商品的配送

在 B2B 电子商务交易中,配送工作一般由配送中心来进行,此时需要供应商给配送中心发一个送货通知,由配送中心负责配送货物。

步骤 1　供货方给配送中心发送货通知。进入"供应商管理"→订单管理(见图 11.2)→给配送中心发送货通知,如图 11.3 所示。

图 11.2　订单管理

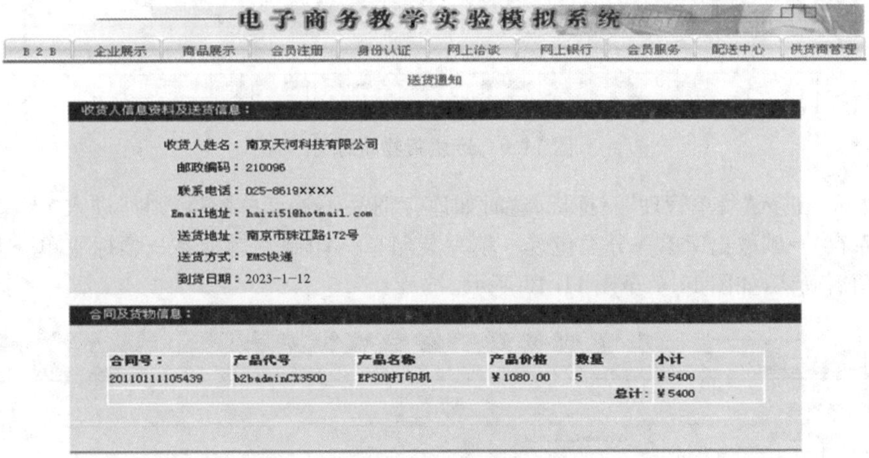

图 11.3　送货通知

步骤 2　配送中心(企业物流功能)接受送货通知并进行配送。点击"配送中心",配送管理员登录,如图 11.4 所示。

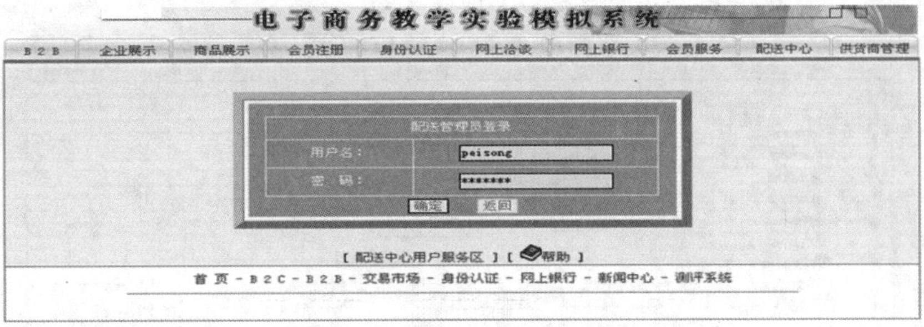

图 11.4　配送管理员登录

步骤3　登录后点击“出库管理”→确定合同号→产生货物跟踪号，如图11.5、图11.6所示。

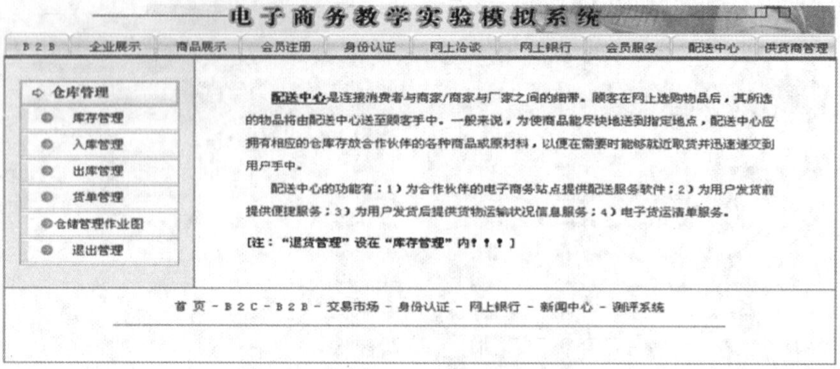

图11.5　配送中心

图11.6　产生货物跟踪号

步骤4　进入“货单管理”→拣货(这时如库存商品不够订单数目，则需进入“入库管理”来补充库存)→领取出库单→分类包装→填写装箱单→印制发运标签→领标签单→装运→配送成功后确认，如图11.7至图11.15所示。

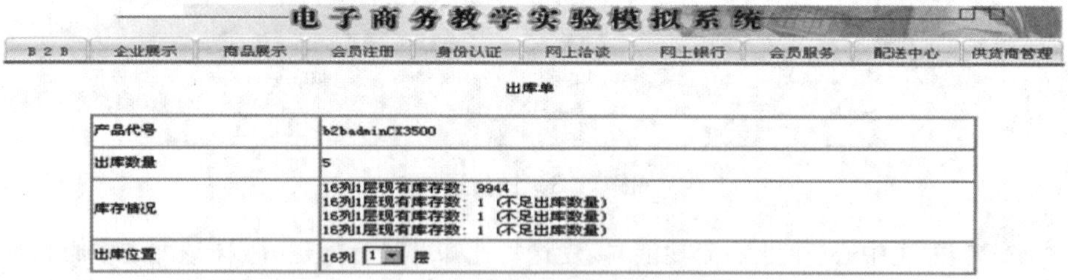

图11.7　出库单

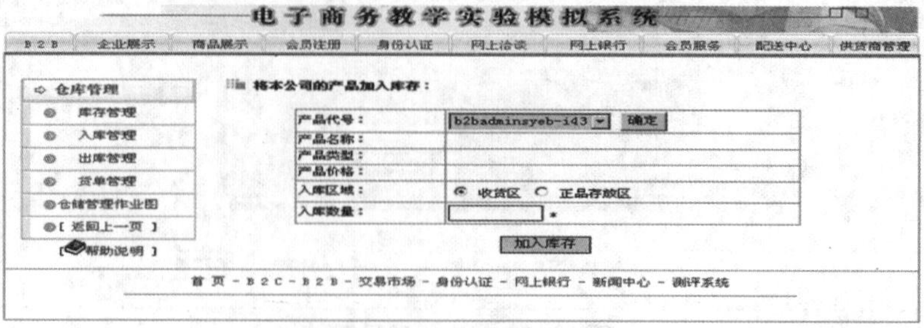

图11.8　入库管理

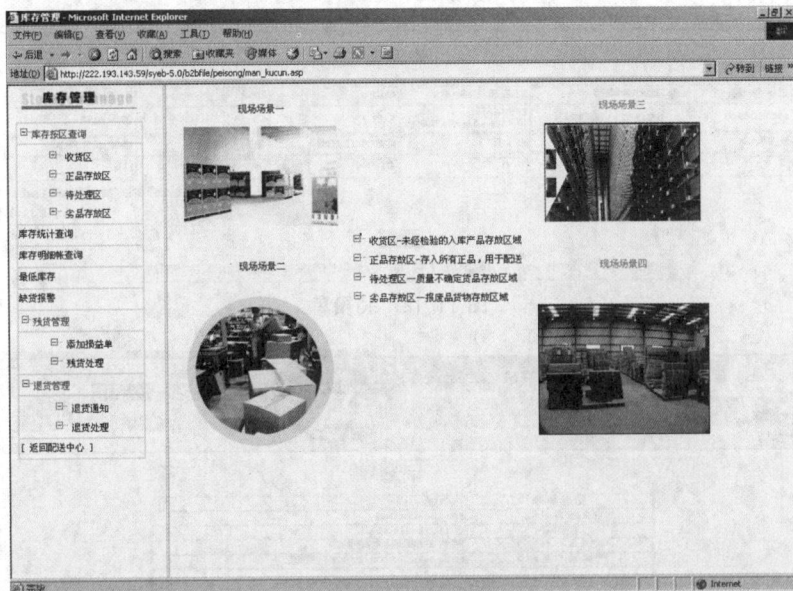

图 11.9　库存管理

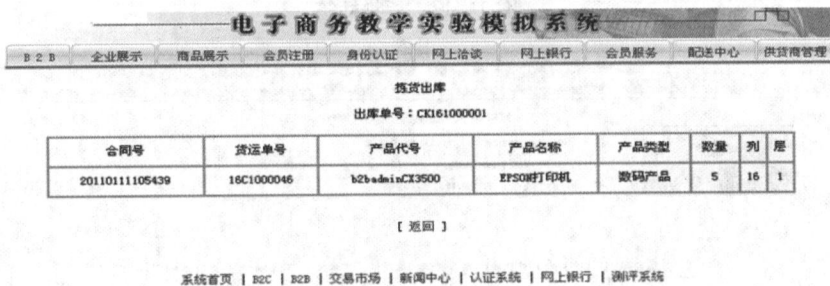

图 11.10　拣货出库

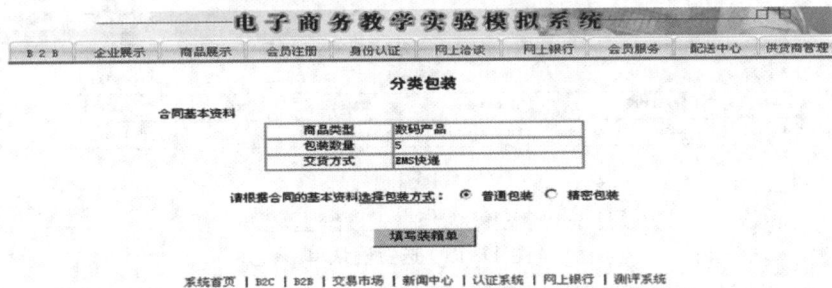

图 11.11　分类包装

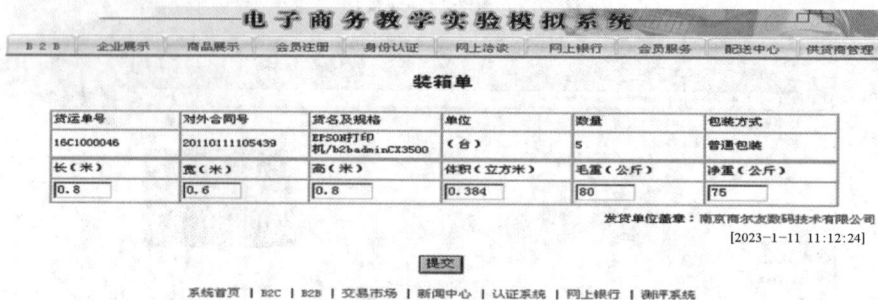

图 11.12　装箱单

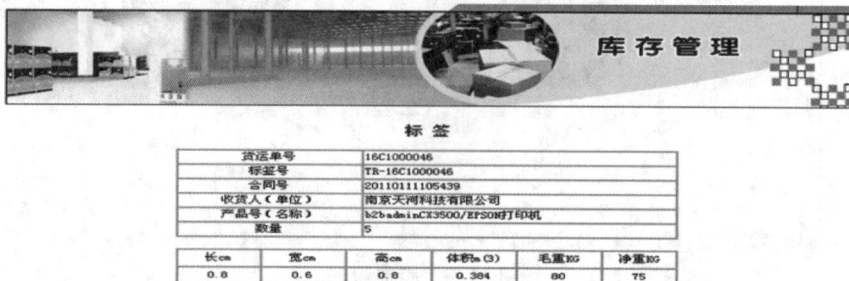

图 11.13　货物标签

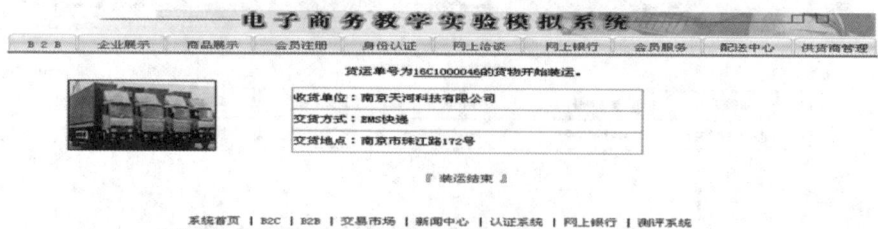

图 11.14　货物装运

图 11.15　送货确认单

通过这部分操作,学生可掌握进货、合同订单、库存发货、出库手续的流程和操作要点,了解企业物流的简单运作。

步骤 5　配送中心送货完成通知供货方,供货方接受。进入"供应商管理"→订单管理→修改订单为已发货→确认,如图 11.16 所示。

步骤 6　购货方接收货物。进入"会员服务"→订单管理→确认货已收到。

图 11.16　修改订单状态

任务 2　物流模式的应用

步骤 1　登录企业自营物流模式的公司亚马逊网站（http：// www.amazon.cn），如图 11.17 所示。

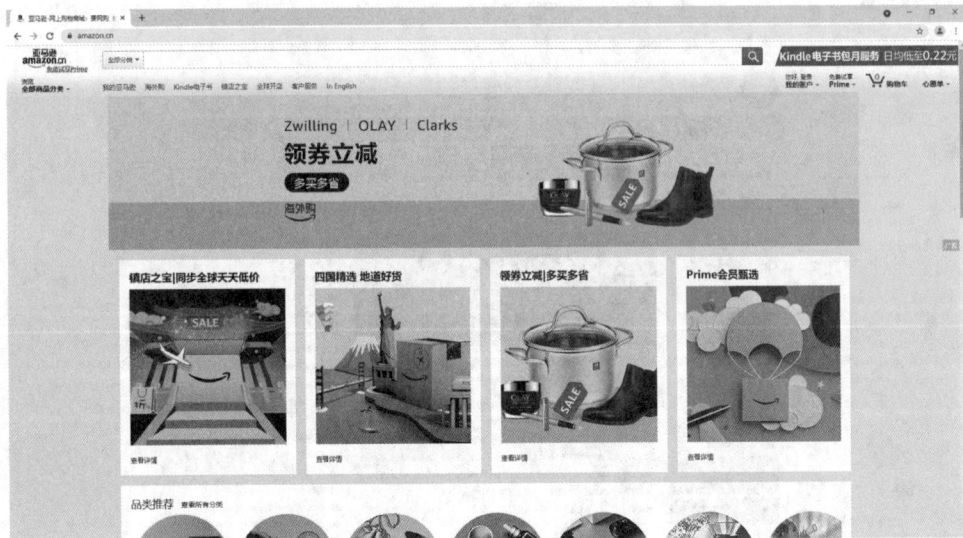

图 11.17　亚马逊网站

步骤 2　浏览亚马逊网站的内容，选购商品，体会亚马逊配送中心的业务功能。

步骤 3　进入"帮助与购物指南"栏目下的"发货与配送"和"退货与换货"，熟悉亚马逊配送中心自营物流模式的实际应用。

步骤 4　登录第三方物流模式的公司网站——中国远洋海运集团有限公司（http：// www.coscoshipping.com）。

步骤5　熟悉中远国际货运物流各项业务的功能和应用,如图11.18所示。

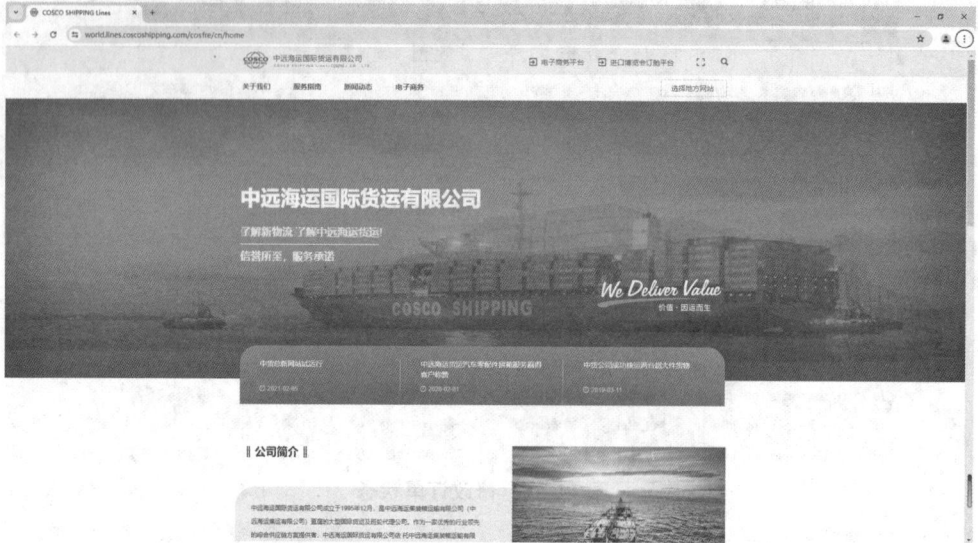

图 11.18　中国远洋海运集团有限公司

步骤6　登录物流企业联盟的公司网站——青岛物流网(http://www.qd56.cn),如图11.19所示。

图 11.19　青岛物流网

步骤7　浏览网站中公告、货盘、运价、船盘、船期、货源、车源、空运、供求、陆运、销售等栏目的相关内容,了解物流企业联盟的应用。

步骤8　登录第四方物流模式网站——锦程物流网(http://www.jctrans.com),如图11.20所示。

图 11.20　锦程物流网

步骤 9　浏览物流采购、在线揽货、黄页、物流产品、资讯、贸易、物流服务、船期等栏目的内容,熟悉锦程物流网的功能和业务。

步骤 10　分析第四方物流模式的功能、实际应用及其优势。

思政园地

中国电子商务物流八大重点工程

在中国电子商务物流"十三五"发展规划中,国家提出了中国电子商务物流近几年需要完成的八大重点工程,这些任务和工程正在逐步落实中。

1. 电商物流标准化工程

这是指加快电商物流技术、装备、作业流程、信息交换、服务规范等标准制修订工作,重点完善包装、托盘、周转箱、物品编码标准,加快制定快递服务与网络零售信息系统数据接口标准;围绕托盘标准化及其循环共用,以电子商务物流企业、大型商贸连锁企业、快速消费品生产企业、第三方物流企业、托盘租赁服务企业为主体,上下游联动推进电子商务物流标准化。

2. 电商物流公共信息平台工程

这是指鼓励现有的物流信息服务平台拓展交易、融资、保险、支付、诚信、全程监控、技术支持等服务功能,提高服务质量,扩大服务范围,提高辐射能力,形成3至5个具有整合国内国际物流资源能力的大型电商物流平台;鼓励政府部门开放物流相关信息,满足企业、社会和最终用户的需求;鼓励各类物流信息服务平台互联互通、资源共享,打破信息孤岛;依托跨境电子商务综合试验区,探索建设服务于跨境电商的一站式物流服务平台。

3. 电商物流农村服务工程

这是指结合新型城镇化建设,依托"电子商务进农村"等工程,整合县、乡镇现有流通网络资源,发展农村电商物流配送体系;鼓励电子商务企业、大型连锁企业和物流企业完善农村服务网点,发挥电商物流在工业品下乡和农产品进城的双向流通网络构建中的支撑作用;支持建立具备运营服务中心和仓储配送中心(商品中转集散中心)功能的县域农村电子商务服务中心,发展与电子交易、网上购物、在线支付协同发展的农村物流配送服务。

4. 电商物流社区服务工程

依托"电子商务进社区"等工程,新建或改造利用现有资源,完善社区电商物流便民基础设施,发展网购自提点,推广智能终端自提设备;支持连锁零售企业、快递企业、末端配送企业、生活服务类企业共同打造便民利民的社区电商物流服务体系,解决"最后一公里""最后一百米"等末端配送难题。

5. 电商冷链物流工程

这是指支持电商冷链物流企业运用现代技术优化流程,推广应用电子化运单、温湿度记录系统、物联网等技术,确保加工制作、储藏、运输、配送、销售各个环节始终处于温控状态,实现运营透明化、流程可视化、查询便利化,降低损耗率;支持电商冷链物流配送中心和配送站点建设,鼓励经营鲜活农产品、食品、药品的电子商务平台企业创新经营方式和商业模式,实现线上线下结合,有效降低冷链成本。

6. 电商物流绿色循环工程

这是指鼓励电商物流快递企业利用配送渠道,回收利用废弃包装物;开展电商物流业包装标准化和分类回收利用工作,提高利用效率;推广使用新型电商物流包装技术和材料,促进包装减量化和可循环使用,以及包装废弃物易降解和无害化;通过网络、电视、报纸等媒体加强环保公益宣传,树立理性包装和绿色包装理念。

7. 电商物流跨境工程

这是指推进跨境电商物流便利化,为电商物流企业的国际化和海外并购,提供法务、商务和税务方面的信息支持,推进海外并购审批、外汇便利化等;将跨境电子商务的订单、支付、物流、质量安全等信息集成为综合通关数据,进行汇总申报,推进通关便利化;完善海关、检验检疫、邮政管理等部门之间的协作机制,推动国家间、地区间检验检疫标准互认;鼓励国内邮政设施、邮政国际通道、航空运输资源和铁路运输资源等向电商物流企业开放与共享。

8. 电商物流创新工程

这是指支持科研机构、大专院校建立电商物流领域创新平台或研究机构,着力解决电商物流发展的重大技术瓶颈;鼓励构建产学研用创新联盟、创新体制与模式,重点开展电商物流机器人、云计算、北斗导航、模块集成、信息采集与管理、数据交换等基础技术的研发;推动电子合同、电子结算、物流跟踪、信息安全、顾客行为分析等技术应用;推动电商物流企业管理创新、服务创新和商业模式创新。

案例分析

电子商务卖家跨国物流解决方案

给你的"中国制造"产品找个国际仓库,是不是一个很棒的想法?不要以为这是个费钱的活,这只是为电子商务卖家提供的跨国物流解决方案里的一个环节而已。如果操作得当,运输不仅能省下 20% 左右的费用,还能提升在国外的销售额。

国内的一家物流公司正在实践这样一种新商业模式。这家注册地在中国香港的公司 BFE International Limited(出口易),创始人肖友泉曾是 eBay.com 上的卖家,同朋友创办了一套在国外租仓库,实现当地配送的销售模式。这种商业模式的实践,建立在网购用户对送货时间和物流费用的敏感度上。"如果你身处广州,购买同样的产品你会选择长沙还是当地的卖家?"肖友泉说,"无疑是广州,因为从价格和效率来说都是最经济的选择。"

这个逻辑也适用于 eBay 上的买家。如果要购买一款中国制造的 MP3,却要从深圳发货,买家也许会有所顾虑。最糟糕的是,如果在物流环节拖延太长,还有可能出现"卖家详尽评级(DSR)"较低的结果,从而影响销售额。

2008 年,在 eBay 的建议下,肖友泉把这套跨国物流解决方案同样提供给了国内的卖家,把国外租用的仓库开放给国内客户,并从配送到仓储提供全套服务,而国内卖家也能通过出口易的系统实时监控库存情况。

广州的一家电子公司负责人黄先生表示,之前通过 EMS 或香港物流公司发货,要 10 到 15 天才能到英国。"我们公司绝大部分的产品都在 eBay 上销售,国内生产手机的配件和笔记本电脑的配件在英国比较畅销。但送货时间过长和偶尔出现货物丢失的情况,使得网上店铺的信用有所降低。"这家公司在 2008 年 3 月同出口易合作后,当地配送时间缩短到一两天,库存周转在两周左右。

"但是,不是所有的产品都适合运到国外的仓库。我们会严格审核产品的类型和数量,它们的库存周转率一般在 7 天左右。"肖友泉也提示风险,并表示会根据数据的分析统计来决定是否提供服务。毕竟就这种商业模式而言,只有在合理的仓储成本控制下,产品的销售才能达到最优。

根据这家公司的计算,货物一般要在 7~10 天内出库,才能达到效益最大化。肖友泉表示,从中国到英国的发货周期在 5 天左右。如果按每天销售 10 件来计算,国内卖家每周应该备有 70 件的库存。"但我们也会根据商品销售的动态信息调整库存量",如每日的发货量增加到 20 件,出口易就会提示客户一周的库存要增加到 140 件左右。

据了解,如果卖家的网上店铺显示的是当地发货,关注度也会发生改变。从出口易服务的案例来看,一款同样的充电器,显示在当地发货和在中国发货的 eBay 店铺,前者日浏览量是 177 次,后者则是 60 次,实现的日销售额也分别为 3 447 元和 684 元。

不过,要实现在当地发货,租个仓库有多贵?根据出口易方面的统计,重量在 500 克左右的手机,如果通过 EMS 来发货,总运费在 110 元左右,航空小包裹的总运费在 68 元左右;如果是当地物流配送,成本包括国际的运输成本加上仓储成本和当地运费,总费用是 54.5 元人民币。根据仓储成本的计算,单件产品所要支付的金额少至 0.05 元/天,多至 0.2 元/天,所以,如果产品销售不力,自然会造成仓储成本的增加。

据了解,尼尔森公司曾于 2008 年 9 月对 eBay 美国买家做过一个数据调查,发现美国买家最喜欢购买中国卖家的商品。成交量最高的中国卖家,平均每天产生 150 万美元的销售额,年销售额高达 5.48 亿美元,折合人民币 37 亿元左右。

根据出口易的分析,eBay 上的中国卖家,每天大约产生 12.5 万件商品的成交。"金融危机其实是一种机会,有更多的人愿意购买 Made in China 的产品,因为价格优势非常明显。"在肖友泉看来,这种为物流"省钱"的生意模式,可以先从 eBay 上逐步扩大业务,再与更多的电子商务平台合作,把国内的产品销往更多的国家。

eBay 披露的数据是,在中国,已有上万名卖家通过在 eBay 上开网店,将自己的产品销往美国、加拿大、欧洲及澳大利亚等 38 个国家和地区,每天都有超过百万计的中国产品在销售。这些无疑是出口易的潜在客户。

出口易目前已达到日均 1 400 单的业务量。对于这种模式的可复制性,肖友泉认为门槛并不低。因为较早的起步已让公司拿到 eBay 独家推荐的资格,"要把各个环节都理顺吃透,是一个时间积累的过程,并不容易"。

而在为中国卖家提供仓储物流服务后,肖友泉还在思考这种模式拓展的外延。"可能 3 年后我们会返回国内市场吧,那时物流通道应该完全顺畅了,我们也可以借助这个平台,把国外优势产品引进来。"肖友泉觉得这些应该是水到渠成的事情,但现在最紧迫的目标,是要在更多的国家的中心城市租用仓库,把出口易的业务辐射更广。

案例思考:

1. 从本案例中,广州的一家电子公司如何解决跨国电子商务交易中网上用户关注的送货时间和物流费用的问题?

2. 本案例中,国内的一家物流公司(出口易)在国外租仓库提供给网上用户的当地配送的销售模式与传统的通过 EMS 或香港物流公司发货,在哪些方面具有优势?

课后习题

一、选择题

1. ( )不属于基本物流服务的内容。
   A. 运输功能　　　　　　　　　　B. 库存功能
   C. 满足特殊顾客的订货功能　　　　D. 包装功能

2. 物流是指( )。
   A. 物质价值从需求者向供应者的物理移动
   B. 物质价值从供应者向需求者的物理移动
   C. 物质实体从需求者向供应者的物理移动
   D. 物质实体从供应者向需求者的物理移动

3. 如果想邮寄字画给客户,最合适的包装材料是( )。
   A. 纸箱　　　　B. 平邮大信封　　　　C. PVC 管　　　　D. 牛皮纸

4. 企业确定物流服务水平,正确的选择是( )。
   A. 在成本与服务之间选择最高水平服务
   B. 在成本与服务之间选择最低成本
   C. 在成本与销售额之间选择最大利润
   D. 在成本与销售额之间选择最低成本

5. 第三方物流的特点有( )。
   A. 信息化　　　　B. 合同化　　　　C. 个性化　　　　D. 联盟化

6. 电子商务的物流外包是指( )。
   A. 委托专业物流企业提供物流服务
   B. 与普通商务共用物流系统
   C. 第三方物流企业开展电子商务
   D. 电子商务企业经营物流业务

7. 物流管理的目标是( )。

A. 提供最高水平的服务

B. 追求最低的物流成本

C. 以最低的成本实现最高水平的服务

D. 以尽可能低的成本达到既定的服务水平

8. 企业销售物流研究的内容包括（　　）。

A. 产品的送货方式　　　　　　　　B. 产品的包装方式

C. 运输的最佳路线　　　　　　　　D. 产品的生产工艺

9. 物流系统化的目标是（　　）。

A. 服务目标最优　　　　　　　　　B. 成本目标最优

C. 内部要素目标最优　　　　　　　D. 系统整体最优

10. 电子商务下供应链管理的典型模式有（　　）。

A. 快速反应　　　　　　　　　　　B. 有效客户反应

C. 电子订货系统　　　　　　　　　D. 企业资源计划

二、简答题

1. 简述物流的定义和物流的功能要素。

2. 简述电子商务对物流有哪些影响。

3. 什么是物流管理？物流管理包含哪些内容？

4. 简述电子商务下物流业的发展趋势。

5. 简述电子商务下的物流模式。

三、实践题

1. 网络搜索并评价国内外主要的物流企业。

2. 根据网络公开资料，归纳总结国内物流企业向供应链服务提供商发展的路径。

3. 访问主要物流企业的网站，对比分析它们的物流模式和服务方案的异同点。

4. 查询物流行业网站，分析国内物流企业的技术背景和发展动态。

项目 12
电子商务法规

本项目阐述电子商务的相关法律及职业道德,包括国内外的商务立法内容及特点、网上合同的内容、电子商务中的知识产权保护、电子商务纠纷的问题、电子商务师的职业道德、电子商务网站基本资质许可。

项目内容

对电子商务方面的相关法律法规及道德规范进行了解;熟悉网上合同的基本内容;掌握解决电子商务纠纷的相关问题的知识;牢记电子商务师的职业道德。

知识要求

了解电子商务带来的法律问题及法律关系;掌握电子商务的立法范围及相关的法律法规;掌握电子商务师的职业道德规范和修养。

思政要求

了解我国《电子商务法》立法的复杂性和时代性;熟悉新颁布的《电子商务法》相关内容;具有电子商务经营法律意识,合法经营。

相关知识

知识 12.1　电子商务法概述

1. 电子商务法概念

电子商务法是指以电子商务活动中所产生的各种社会关系为调整对象的法律规范的总和。这是一个新兴的综合法律领域。

调整对象是立法的核心问题,它揭示了立法调整的因特定主体所产生的特定社会关系,也是一个法律区别于另一法律的基本标准。电子商务法的基本含义中,已经涉及电子商务法的调整对象问题。电子商务法的调整对象应当是电子商务交易活动中发生的各种社会关系,而这类社会关系是在广泛采用新型信息技术并将这些技术应用到商业领域后才形成的特殊的社会关系,它交叉存在于虚拟社会和实体社会之间,有别于实体社会中的各种社会关系,且完全独立于现行法律的调整范围。

2. 电子商务法对法律的依赖

与传统的面对面的交易相比,电子商务的虚拟性、国际性等特点表现出对法律更大的依赖,这主要表现在以下方面:

① 电子商务常常是远程异地网上交易,代替了面对面、一手交钱一手交货的传统交易模式,对交易过程的安全和诚信提出了新的要求。

② 电子支付和认证信息取代传统的纸质现金和凭证,对信息安全技术、加密技术和交易各方身份的认证技术提出更高要求。

③ 电子商务是通过 Internet、网站服务器等组成的虚拟环境实现的,交易过程超越企业、地区甚至国家的范围,因此关于征税等问题需要新的规则和新的技术支持。

④ 电子商务规则的制定不能单靠一个企业、行业,甚至一个国家,需要全国乃至全世界各国的探讨和协调。

⑤ 电子商务技术的推陈出新,会不断引发新的问题,所以会对法律提出新的挑战。

3. 电子商务法律的基本问题

电子商务引发的新的法律问题很多,而且随着交易手段和技术的发展,新的法律问题还会不断出现。下面列举一些比较突出的问题。

(1) 电子合同的有效性问题

电子信息与纸质合同相比,存在容易被修改、删除、复制和丢失的一些缺点。同时,电子合同不能脱离特定的计算机等信息化工具存在并被交易双方感知。这就是如何保证电子合同的有效性的问题。

(2) 电子商务平台故障时的法律效力问题

企业开展电子商务往往利用网站作为平台,完全依赖于网络和计算机的可靠性。Internet 是一个开放式的网络,任何人都可以进入网站。计算机硬件、软件的错误或黑客的攻击都可能导致计算机出错,这就需要明确交易安全的责任和信息表达的正确性的法律效力问题。

(3) 消费者权益的保护问题

由于网上购物是在虚拟的网络环境中完成的,购物者不仅看不到商家,也看不见、摸不着货物本身,这时如何保证消费者能在网站承诺的时间内得到质量合格的商品,就需要有法律的保障。

(4) 隐私权问题

在网上购物时,商家往往要求顾客必须首先注册,填写大量个人信息,包括姓名、住址、电话、电子邮箱、年龄、性别及受教育程度等,在网上付款时还要输入个人银行卡账号等信息。顾客无法知晓是否有人正在世界的某个角落准备窃取自己的隐私,这就需要靠法律来规范网络公司的行为,保护购物者的隐私不受侵犯。

(5) 知识产权的保护问题

电子商务以电子信息取代传统商务中信息的传递方式,给用户带来极大的方便,但是,电子信息的易传播性和可复制性,使得在网上知识产权的保护遇到了新的挑战。这里不仅包括传统知识形态的产权保护,还包括很多网上新的知识形态的产权保护。例如,域名、网页、数据、网络营销的工具和策略及数字化的商品和服务等。

(6) 电子商务的税收问题

一些国家为了促进电子商务的发展,在开始时对网上交易实行免税。但电子商务作为一种商业活动,理应向国家纳税,然而由于电子商务本身的虚拟性和国际性,实现网上交易纳税并不是一件容易的事。不仅有效监管网上交易的数量、收入等难以实现,界定交易地点、税收管辖等也绝非易事。

知识 *12.2*　国际电子商务立法的特点

1. 电子商务的国际立法先于各国国内法律制定

以往的国际经济贸易立法通常是先由各国制定国内法律,然后由一些国家或国际组织针对各国国内法的差异和冲突进行协调,从而形成统一的国际经贸法律。20 世纪 90 年代以来,由于信息技术发展的跨越性和电子商务发展的迅猛性,在短短的几年时间里,即已形成电子商务在全球普及的趋势,因而使各国未能来得及制定系统的电子商务国内法规。同时,由于电子商务的全球性、无边界的特点,任何国家单独制定的国内法规都难以适用于跨国界的电子交易,因而电子商务的立法一开始便是通过制定国际法规而推广到各国的。例如,联合国国际贸易法委员会于 1996 年制定的《电子商务示范法》。

2. 电子商务国际立法具有边制定边完善的特点

由于电子商务发展迅猛,且目前仍在高速发展过程中,电子商务遇到的法律问题还将在网络交易发展过程中不断出现,因而目前要使国际电子商务法律体系一气呵成是不可能的,只能就目前已成熟或已达成共识的法律问题制定相应的法规,并在电子商务发展过程中不断加以修改和完善。

3. 电子商务的贸易自由化程度较高

由于电子商务具有全球性的特点,如施加不当限制,将会阻碍其发展速度,因而要求电子商务实施高度贸易自由化。电子商务贸易自由化程度将高于其他贸易方式。

4. 电子商务国际立法重点在于使过去制定的法律具有适用性

电子商务的发展带来了许多新的法律问题,但电子商务本身并非同过去的交易方式相对立,而只是国际经贸往来新的延伸,因此,电子商务国际立法的重点在于对过去制定的国际经贸法规加以补充、修改,使之适用于新的贸易方式。

5. 发达国家在电子商务国际立法中居主导地位

由于发达国家具有资金、人才、技术优势,因而其电子商务程度远远高于发展中国家。发展中国家电子商务尚处于起步阶段甚至尚未开展,因而在电子商务立法方面,发达国家,尤其是美国处于主导地位。

6. 工商垄断企业在电子商务技术标准和制定上起了主要作用

由于 Internet 技术日新月异,政府立法步伐难免滞后于技术进步,可能妨碍技术更新,因此,美国等发达国家政府主张,电子商务涉及的技术标准由市场而不是政府来制定。由于 IBM、HP 等大企业具有资金、技术优势,因而目前电子商务涉及的技术标准实质上是由发达国家垄断企业制定的。

知识 *12.3*　国际电子商务立法的主要内容

1. 市场准入

市场准入是电子商务跨国界发展的必要条件。世贸组织通过的有关电信及信息技术的各项协议均贯穿着贸易自由化的要求。

2. 税收

电子商务交易方式的特点,给税收管辖权的确定带来困难,因而引发改革传统税收法律制度、维护国家财政税收利益的课题。1997 年,美国《全球电子商务纲要》主张对网上交易免征一切关税和新税种,即建立一个网上自由贸易区。但欧盟执委会于 2010 年 2 月宣布将采取对网络数字商品课征加值税(Value Added Tax,VAT,营业税的一种)的方针,并于 3 月重申其对欧盟境外商品借由数字传输贩售予以课税的政策,并着手研拟征税方法与技术细节。欧盟执委会宣布拟就网络数字商品的交易(如下载软件、档案、音乐、影片等)课征营业税。对于各国束手无策的电子交易课税问题,经济合作与发展组织在 2000 年 12 月 22 日公布了一项电子商务永久设立定义的适用解释。这项解释的内容所造成的影响是,未来通过网页进行的电子商务,由该公司实际网站永久设立地所在国课税。

3. 电子商务合同的成立

电子商务的实现方式是由买卖双方通过电子资料传递实现的,其合同的订立与传统商务合同的订立有许多不同之处,因而需要对电子商务合同的成立做出相应的法律调整。《电子商务示范法》承认自动订立的合同中要约和承诺的效力,肯定资料电文的可接受性和证据力,对资料电文的发生和收到的时间及资料电文的收发地点等一系列问题均做了示范规定,为电子商务的正常进行提供了法律依据。

4. 安全与保密

在电子数据传输的过程中,安全和保密是电子商务发展的一项基本要求。目前,一些国际组织已先后制定了一些规则,以保障网络传输的安全可靠性。

5. 知识产权

全球电子商务的迅速普及,使现行知识产权保护制度面临新的更加复杂的挑战,对版权、专利、商标、域名等知识产权的保护成为国际贸易和知识产权法的突出问题。在新一轮世界贸易组织谈判中,网络贸易中的知识产权保护也将成为电子商务谈判的一个重要内容,从而构成新的全球电子商务协议的组成部分。

6. 隐私权保护

满足消费者保护个人资料和隐私方面的愿望是构建全球电子商务框架必须考虑的问题。

7. 电子支付

在电子商务中必然会涉及支付,电子支付是目前电子商务发展的一个重点。电子支付的产生使货币有形流动转变为无形的信用信息的网上流动,因而将对国际商务活动与银行业产生深远的影响。

知识 *12.4* 联合国国际贸易法委员会的《电子商务示范法》

联合国国际贸易法委员会(United Nations Commission on International Trade Law, UNCITRAL)简称贸法会,是国际上的权威机构。

1996 年 12 月,联合国大会以 51/62 号决议通过了《电子商务示范法》(简称《示范法》),是世界上第 1 部关于电子商务的法律。它的出台,使电子商务的主要法律问题有了可靠依据。

《示范法》分两个部分,共 17 条。第 1 部分涉及电子商务总的方面;第二部分涉及特殊领域的电子商务,其中只有一章(2 条)涉及货物运输中使用的电子商务(不是重点内容)。《示范法》是"对数据电文适用的法律要求",包括对数据电文的法律承认、书面形式、签字、原件、数据电文的可接受性和证据力、数据电文的留存、合同的订立和有效性、当事各方对数据电文的承认、数据电文的归属、确认收讫、发出和收到数据电文的时间和地点等做了详细规定。

1998 年以来,联合国国际贸易法委员会还开始了重点在于数字签名和认证许可的模型法律的制定工作。强劲的电子商务全球化趋势要求无论某个国家采纳何种体制或法律原则,必须拥有使文件和交易得到国际认可的机制。在电子商务环境中,要求对有关公司、客户和合同的某些信息进行核查,这对于在电子交易中建立信任是必不可少的,尤其是初次交易时更是如此。到目前为止,数字签名技术的使用和有关法律的应用一直是电子市场中关于身份验证和交易认证的中心问题。许多国家和地区已经通过数字签名和身份认证的法律。

知识 *12.5*　我国关于电子商务的法律问题

1. 电子商务经营主体的法律问题

① 市场准入与登记：电子商务经营者需依法办理市场主体登记，特定经营事项还需获得行政许可，如生产食品、出版书籍等。非经营性互联网信息服务实行备案制度。

② 主体资格认定：明确电子商务平台经营者、平台内经营者、自建网站经营者等不同主体的定义和责任，自然人从事电子商务经营原则上需登记。

2. 电子合同的法律问题

① 法律效力：电子合同与传统合同具有同等法律效力，其订立、成立及生效需满足相关条件，如当事人具有相应民事行为能力、意思表示真实、不违反法律法规及公序良俗等。

② 电子签名与认证：《中华人民共和国电子签名法》规定当事人约定使用电子签名的数据电文，不得仅因其形式否定其法律效力，可靠的电子签名与手写签名或盖章具有同等法律效力。电子认证服务需获许可，认证机构需承担相应责任。

3. 消费者权益保护的法律问题

① 信息不对称：电子商务中消费者易因信息不对称遭受损失，经营者需充分披露商品或服务信息，保障消费者知情权。

② 隐私保护：经营者收集、使用消费者个人信息需遵循合法、正当、必要原则，未经消费者同意不得向他人提供，要采取技术措施保障信息安全。

③ 售后服务：包括退换货、质量保证、投诉处理等，法律要求经营者建立健全售后服务体系，及时处理消费者的问题和投诉。

4. 知识产权保护的法律问题

① 著作权保护：网络环境下，作品的复制、传播更便捷，易引发侵权。法律规定未经著作权人许可，通过信息网络向公众传播其作品构成侵权，网络服务提供者在一定条件下需承担共同侵权责任。

② 商标权保护：电子商务中的商标侵权形式多样，如在商品标题、描述中使用他人商标等，权利人可通过法律途径维护权益，电商平台需采取措施防止侵权。

5. 税收征管的法律问题

① 纳税主体与对象：明确电子商务活动中各类纳税主体，包括电商平台、平台内经营者等，确定应税行为和征税对象，如商品销售、服务提供等。

② 税收管辖权：电子商务的跨地域性使税收管辖权界定复杂，需依据相关原则确定税收管辖权，防止税收流失。

6. 不正当竞争与反垄断的法律问题

① 不正当竞争行为：包括虚假宣传、商业诋毁、刷单炒信等，《中华人民共和国反不正当竞争法》和《网络反不正当竞争暂行规定》等对此予以禁止和规制。

② 反垄断问题：电商平台的市场支配地位及滥用问题受关注，需依据《中华人民共和国反垄断法》防止其排除、限制竞争，维护市场公平竞争。

知识 *12.6* 电子商务中的知识产权保护

微课

1. 电子商务知识产权概述

网络的重要用途之一是资源共享。在此情况下，知识产权面临一系列问题，如网上发表文章是否有著作权、随意下载网上信息后自行出版图书是否算侵犯知识产权等。

网上交易通常包括销售知识产权的授权产品。为促进电子商务，卖方须确知产权未被盗用，买方须确知买的商品为非盗用、非仿冒产品。为此，国家与国家之间必须建立保护知识产权的协议，包括保护版权、专利及商标等，各国应立法以遏制产品的仿冒和知识产权的盗用。

2. 电子商务知识产权问题的特点

① 易复制性。由于数字化后的作品具有"可复制性"和"独创性"等特征，因而已有作品数字化应属于著作权人的一项专有权利，应该受到著作权法的保护。将作品数字化本身就是一种"复制"行为，应受"复制权"的制约，因此在著作权法修正案中关于"复制权"的条款中，应将"复制权"扩展为以印刷、复制、临摹、拓印、录音、录像、翻录及翻拍转换等数字化或非数字化方式将作品制作一份或者多份的权利。

② 易传播性。作品的网络传播，既不完全是作品的发行，也不完全是作品的播放，它是一种全新的作品传播方式。虽然在网络上销售的版权保护作品是以数字化形式存在的，但并没有改变其版权所有权，在电子商务活动中，应注重作品版权主体的认定。

③ 知识产权的无国界性。知识产权最突出的特点之一就是它的"专有性"，而网络上应受到知识产权保护的信息则是公开的、公用的，也很难受到权利人的控制。其中，"地域性"是知识产权的又一特点，而网络传输的特点则是"无国界性"。

3. 电子商务知识产权的相关法律

对于电子商务的发展，有关知识产权的两个问题是十分重要的：一是版权的保护，二是商标和域名的保护。

我国在网络立法方面相对滞后，目前对网络环境下著作权的法律保护主要有以下几项：

① 世贸组织规则涉及知识产权保护的《与贸易有关的知识产权协议》(TRIPS)。

② 2001 年 10 月 27 日修正的《中华人民共和国著作权法》。

③ 国务院 2002 年 1 月 1 日施行的《计算机软件保护条例》。

④ 最高人民法院 2000 年 11 月 22 日通过的《关于审理涉及计算机网络著作权纠纷案件适用法律若干问题的解释》。

2004 年 12 月 22 日,最高人民法院、最高人民检察院《关于办理侵犯知识产权刑事案件具体应用法律若干问题的解释》正式施行。

2020 年 9 月 14 日,最高人民法院、最高人民检察院《关于办理侵犯知识产权刑事案件具体应用法律若干问题的解释(三)》正式施行。

知识 12.7　电子商务纠纷的解决方式

1. 协商解决

协商是指纠纷双方当事人,也就是电子商务活动中的买家和卖家,在平等自愿的基础上,直接就争议的问题进行沟通交流,试图找到彼此都能接受的解决方案。这是一种比较友好、灵活且成本较低的解决方式。如果消费者发现购买的商品存在一些小瑕疵,如衣服上有个小线头或者小污渍,消费者可以直接联系卖家。卖家可能会提出补发一件新的商品、给予一定金额的优惠券用于下次购物,或者直接给消费者退还部分货款等解决方案,消费者如果接受,纠纷就得到了解决。

2. 投诉调解

(1) 向电商平台投诉调解

电商平台在电子商务活动中扮演着重要的监管角色。当消费者遇到纠纷时,可以向电商平台的客服部门或者专门投诉处理机制反映情况。平台会依据事先制定的交易规则和相关政策,对买卖双方的纠纷进行调查和调解。如果商家没有按照承诺的时间发货,消费者向平台投诉后,平台会查看订单详情、商家发货记录等信息。如果确定商家违反了平台的发货时间规定,平台可能会要求商家立即发货,并给予消费者一定的补偿,如平台积分或者小额现金红包。同时,平台可能会对商家进行警告或者扣分等处罚,以维护平台的交易秩序。

(2) 向消费者协会等第三方机构投诉调解

消费者协会是依法成立的对商品和服务进行社会监督的保护消费者合法权益的社会组织。消费者可以向消协投诉电子商务纠纷,消协作为中立的第三方,会站在公平公正的立场上,根据消费者提供的证据和相关法律法规,与商家沟通协调,促使双方达成和解。消费者购买的电子产品出现质量问题,商家售后服务不佳,消费者向消协投诉。消协会联系商家了解情况后,要求商家按照产品质量法等相关法律法规,为消费者提供维修、换货或者退款等合理的解决方案。

3. 仲裁

仲裁是一种比较正式的纠纷解决方式。双方当事人需要在纠纷发生之前或者之后达成仲裁协议,同意将争议提交给选定的仲裁机构。仲裁机构会根据双方提供的证据、陈述以及相关的法律法规和仲裁规则,由仲裁员组成仲裁庭进行审理并做出裁决。仲裁裁决通常具有终局性,对双方当事人都有约束力。在一些涉及金额较大或者专业性较强的电子商务纠纷中,比如跨境电商的大型设备采购合同纠纷,双方可能在合同中预先约定,一旦发生纠纷,将由某一特定的国际仲裁机构(如中国国际经济贸易仲裁委员会)进行仲裁。仲裁庭会根据国际商业惯例、相关国家的贸易法律以及双方合同的具体条款,对纠纷进行裁决,裁决结果双方都需要遵守。

4. 诉讼

诉讼是通过司法程序解决电子商务纠纷的方式。当其他解决方式都无法有效解决纠纷时,当事人可以向有管辖权的法院提起民事诉讼。法院会按照法定的诉讼程序,对案件进行审理,包括立案、送达、开庭审理、举证质证、辩论、判决等环节。法院的判决具有强制执行力,能够保障胜诉方的合法权益。在涉及知识产权侵权的电子商务纠纷中,如某商家未经授权在电商平台上销售带有他人注册商标的商品,商标所有者可以向法院提起诉讼。法院会根据商标法等相关知识产权法律法规,对侵权行为进行认定,并判决侵权方停止侵权行为、赔偿损失等。如果侵权方不履行判决,法院可以采取强制执行措施,如冻结其银行账户、扣押其财产等。

知识 *12.8*　电子商务师的职业道德

职业道德是人们在一定的职业活动范围内所遵守的行为规范的总和。电子商务师的职业道德是对电子商务人员在职业活动中的行为规范。电子商务师的职业道德修养,主要是指职业责任、职业纪律、职业情感及职业能力的修养。优良的职业道德是新时期电子商务师高效率从事电子商务工作的动力,是电子商务师职业活动的指南,也是电子商务师自我完善的必要条件。

电子商务师的职业道德规范主要包括 8 个方面。

1. 忠于职守,坚持原则

各行各业的工作人员,都要忠于职守,热爱本职工作。这是职业道德的一条主要规范。作为电子商务师,忠于职守就是要忠于电子商务师这个特定的工作岗位,自觉履行电子商务师的各项职责,认真辅助领导做好各项工作。电子商务师要有强烈的事业心和责任感,坚持原则,注重精神文明建设,反对不良思想和作风。

2. 兢兢业业,吃苦耐劳

电子商务师的工作性质决定了从业人员不仅要在理论上有一定的造诣,还要具有实干精神。要能够脚踏实地、埋头苦干、任劳任怨;能够围绕电子商务开展各项活动,招之即来,来之能干。在具体而紧张的工作中,能够不计较个人得失,有吃苦耐劳甚至委曲求全的精神。

3. 谦虚谨慎,办事公道

电子商务师要谦虚谨慎、办事公道,对领导、对群众都要一视同仁,秉公办事,平等相待,切忌因人而异,亲疏有别,更不能趋附权势。只有谦虚谨慎、公道正派的电子商务师,才能做到胸襟宽阔,在工作中充满朝气和活力。

4. 遵纪守法,廉洁奉公

遵纪守法、廉洁奉公是电子商务师职业活动能够正常进行的重要保证。遵纪守法指的是电子商务师要遵守职业纪律和与职业活动相关的法律法规,遵守商业道德;廉洁奉公是高尚道德情操在职业活动中的重要体现,是电子商务师应有的思想道德品质和行为准则。它要求电子商务师在职业活动中坚持原则,不利用职务之便或假借领导名义谋取私利,不搞“你给我一点‘好处’,我回报你一点‘实惠’”的所谓“等价交换”。要以国家、人民和本单位整体利益为重,自觉奉献,不为名利所动,以自己的实际行动抵制并反对不正之风。

5. 恪守信用,严守机密

电子商务师必须恪守信用,维护企业的商业信用,维护自己的做人信用。要遵守诺言,遵守时间;言必信,行必果。在商务活动中,电子商务人员应当严格按照合同办事。通过网络安排的各种活动,自己要事先做好准备工作,避免因个人的疏忽对工作造成不良影响。

严守机密是电子商务师的重要素质。电子商务师的一个显著特点是掌握的机密较多,特别是商业机密。因此,电子商务师必须具备严守机密的职业道德,无论是上机操作还是文字工作都要严格遵守国家的有关保密规定,自觉加强保密观念,防止机密泄露。发现盗窃机密的行为和盗窃机密的不法分子,应及时报告公安部门、保密部门。

6. 实事求是,工作认真

电子商务师要坚持实事求是的工作作风,一切从实际出发,理论联系实际,坚持实践是检验真理的唯一标准。电子商务师工作的各个环节都要求准确、如实地反映客观实际,从客观存在的事实出发。电子商务师无论是搜集信息、提供意见、拟写文件,都必须思想端正,坚持实事求是的原则。在工作中,切忌主观臆断、捕风捉影,分析问题必须从客观实际出发。

7. 刻苦学习,勇于创新

电子商务师工作头绪繁多、涉及面广,要求有尽可能广博的知识,做一个“通才”和“杂家”。现代社会科学技术的发展突飞猛进,知识更新速度加快,因此,电子商务师应该具有广博的科学文化知识,以适应工作的需要。

电子商务师对自身素质的要求应更严格、更全面,甚至更苛刻一些。具有良好的素质,对于做好电子商务师工作非常重要,也是评价电子商务师称职的基本依据。因此,电子商务师必须勤奋学习、刻苦钻研,努力提高自身的思想素质和业务水平。

现在各行各业的劳动者,都在破除旧的观念,勇于开创新的工作局面。作为复合型人才的电子商务师更应具有强烈的创新意识和精神。要勇于创新,不空谈、重实干,在思想上是先行者,在实践上是实干家,不断提出新问题,研究新方法,走出新路子。

8. 钻研业务,敬业爱岗

从发展的角度看,电子商务师必须了解和熟悉与自身职业有直接或间接关系的领域中取得的新成果,才能更好地掌握工作的各项技能。

电子商务师要根据自身分工的不同和形势发展的需要,掌握电子商务交易所需要的技能,如计算机技能、网络技能、网络营销技能、电子支付技能等。这些技能都必须随着电子商务技术的发展和自身工作的需要,在实践中不断地学习和提高。同时,电子商务师应掌握电子商务交易中的各种管理知识,将网络技术与商业管理结合起来,提高企业应用电子商务的能力,促进企业经济效益的提高。

知识 *12.9*　电子商务网站基本资质许可

我国相关法律规定,从事电子商务经营的网站需要依照法律规定办理相应的资质许可。目前,主要的登记许可项目是 ICP 登记及许可、ISP 许可证、移动网增值业务经营许可证(SP 证)、BBS 许可证、跨地区增值电信业务经营许可证等。

1. 网站 ICP 证的办理

互联网信息服务(Internet Content Provider,ICP)分为两类:经营性和非经营性。经营性 ICP 是指利用网上广告、代制作网页、服务器空间出租、有偿提供信息、电子商务及其他网上应用服务等方式获得收入的 ICP。

从事经营性互联网信息服务的经营单位应向工业和信息化部或各省通信管理局申请办理增值电信业务经营许可证(简称 ICP 证)。未取得经营许可或未履行备案手续,擅自从事互联网信息服务的,由相关主管部门依法责令限期改正,给予罚款、责令关闭网站等行政处罚;构成犯罪的,依法追究刑事责任。

2. 非经营性网站 ICP 备案

非经营性 ICP 是指不以营利为目的,且有独立域名或独立服务器的网站,如政府上网工程中的各级政府部门网站、新闻单位的电子版报刊和企事业单位的各类公益性、业务宣传类的网站等。从事非经营性互联网信息服务的单位应在 http://beian.miit.gov.cn 网站上办理备案手续。

3. ISP 证的办理

ISP(Internet Server Provider)就是互联网接入服务提供商,是指那些为用户提供 Internet 接入的企业。

申请经营增值电信业务的条件:经营者为依法设立的公司;在省、自治区、直辖市范围内经营的,注册资本最低限额为 100 万元人民币;在全国或跨省、自治区、直辖市范围内经营的,注册资本最低限额为 1 000 万元人民币;有可行性研究报告和相关技术方案;有与开展经营活动相适应的资金和专业人员;有必要的场地和设施;有为用户提供长期服务的信誉或能力;最近 3 年内未发生过重大违法行为。

4. SP 证(移动网增值业务经营许可证)的办理

这是针对提供接入移动网络的各种增值服务,包括内容服务、娱乐、游戏、短信、彩信、

WAP、铃声下载以及商业信息和定位信息等服务的企业。信息服务业务面向的用户是固定通信网络用户、移动通信网络用户、因特网用户或其他数据传送网络的用户。

申请 SP 证的条件是：经营者为依法设立的公司；在省、自治区、直辖市范围内经营的，注册资本最低限额为 100 万元人民币；在全国或跨省、自治区、直辖市范围内经营的，注册资本最低限额为 1 000 万元人民币；有可行性研究报告和相关技术方案；有与开展经营活动相适应的资金和专业人员；有必要的场地和设施；有为用户提供长期服务的信誉或能力；最近 3 年内未发生过重大违法行为。

5. BBS 许可证的办理

这是针对提供互联网电子公告服务（BBS），即在互联网上以电子布告牌、电子白板、电子论坛、网络聊天室、留言板等交互形式为上网用户提供信息发布条件的网站。

从事互联网信息服务，拟开展电子公告服务的，应当在向省、自治区、直辖市电信管理机构或工业和信息化部申请经营性互联网信息服务许可或者办理非经营性互联网信息服务备案时，提出专项申请或专项备案。

开展电子公告服务，除应当符合《互联网信息服务管理办法》规定的条件外，还应当具备的条件有：有确定的电子公告服务类别和栏目；有完善的电子公告服务规则；有电子公告服务安全保障措施，包括上网用户登记程序、上网用户信息安全管理制度、技术保障设施；有相应的专业管理人员和技术人员，能够对电子公告服务实施有效管理。

6. 跨地区增值电信业务经营许可证的办理

申请跨地区增值电信业务经营许可证应符合的条件有：经营者为依法设立的公司；公司注册资本最低限额为 1 000 万元人民币；有与开展经营活动相适应的资金和专业人员；有为用户提供长期服务的信誉或能力；有可行性研究报告和相关技术方案；有必要的场地和设施；最近 3 年内未发生过重大违法行为等；跨省（自治区、直辖市）设立 6 个以上分公司或子公司（子公司须控股 51% 以上）；对于已经取得某省（自治区、直辖市）通信管理局颁发的 ICP 经营者，现拟申请经营跨地区信息服务的，还需要跨省（自治区、直辖市）设置两个以上物理服务平台接入公用通信网提供信息服务，但对尚未开展相关信息服务的申请者，可无此要求。

知识 12.10　知识产权

我国知识产权司法保护的对象包括对著作权（版权）、专利、商标、邻接权及防止不正当竞争权等涉及人类智力成果的一切无形资产的财产权和人身权的保护。

1. 著作权

著作权也称版权，是基于文学、艺术和科学作品而产生的，法律赋予公民、法人和其他组织等民事主体的一种特殊的民事权利；是作者基于对特定的作品依法享有的专有权利；是作者及其他著作权人对文学、艺术、科学作品等作品所享有的人身权及全面支配该作品并享受其利益的财产权的总称。

著作权包括发表权、署名权、修改权、保护作品完整权、复制权、发行权、出租权、展览权、表演权、放映权、广播权、信息网络传播权、摄制权、改编权、翻译权、汇编权、应当由著作权人享有的其他权利。

2. 专利权

专利权是指依法批准的发明人或其权利受让人对其发明成果在一定年限内享有的独占权或专用权。专利权是一种专有权,一旦超过法律规定的保护期限,就不再受法律保护。

《中华人民共和国专利法》规定,发明人或设计人等可自行或委托专利代理机构向国务院专利行政部门提出专利申请。申请时需提交请求书、说明书及其摘要和权利要求书等文件。国务院专利行政部门收到专利申请后,经初步审查、实质审查等程序,对符合要求的专利申请予以批准。对符合专利法规定的申请,国务院专利行政部门做出授予专利权的决定,发给相应的专利证书,同时予以登记和公告。发明专利权的期限为20年,实用新型专利权的期限为10年,外观设计专利权的期限为15年,均自申请日起计算。专利权期限届满、专利权人放弃专利权等情形会导致专利权终止。

3. 商标权

商标权是指商标权人对其注册商标依照法律规定所享有的权利,是知识产权的一种,具有知识产权的一般特征。商标权是一个集合概念,包括商标所有权和与其相联系的商标专用权、商标续展权、商标转让权、商标许可权、法律诉讼权等。其中,注册商标的专有使用权是绝对权、独占权、排他权、支配权、专有权。

项目实施

项目任务

根据项目内容,本项目为学习电子商务法律法规,对电子商务方面的相关法律法规及道德规范进行了解;熟悉网上合同的基本内容;掌握解决电子商务纠纷的相关问题;使学生牢记电子商务的职业道德。它主要有下面几个任务:

1. 了解电子商务中的交易纠纷。
2. 学习电子商务的相关法律法规。

项目要求

1. 浏览电子商务网站的客服中心,了解电子商务交易中常见的纠纷及处理方法。
2. 阅读相关的法律法规条款,认真学习并进行运用,分析相关的交易纠纷案例。

实施步骤

任务1 电子商务交易纠纷

步骤1 登录阿里巴巴采购批发网(http://re.1688.com),如图12.1所示。进入客服中心,分别进入交易安全中的"买家防骗""卖家防骗""交易规则"和"交易纠纷",阅读相关文章。

图 12.1　阿里巴巴客服中心

步骤 2　在"买家防骗"中,了解买家常遇到的问题及处理办法。常见的问题有:网购超低价,不是馅饼是陷阱;服装产品,谨防严重货不对版;质量安全认准 QS、3C 等标志;用支付宝交易时,买家防骗注意事项;网络钓鱼常见骗术和防范策略,作为买家,遇到欺诈怎么办;从卖家联系方式上看花招;骗术之投资公司和中介机构;等等。

步骤 3　在"卖家防骗"中,了解卖家常遇到的问题及处理方法。常见的问题有:谨防外地大额订单诱惑;"买家托儿"骗术简析;假冒转账、汇款欺骗卖家;作为卖家,遇到欺诈怎么办;如何防范客户套价;防止骗样,要警惕几种情况;谨防对方利用"银行时间差"诈骗;典型骗术之"外贸"骗局等。阅读分析相关的骗局破解和案例剖析。

步骤 4　在"交易规则"中,常见的交易规则有:已经用支付宝付款,但是卖家没有发货怎么办;贸易争议处理规则;支付宝争议处理规则;支付宝交易核查处理规则;支付宝账户安全措施;支付宝超时规则;支付宝担保交易规则;虚拟物品交易纠纷处理规则;商品质量问题的判断规则;交易纠纷处理原则;等等。

步骤 5　在"交易纠纷"中,了解常见的交易纠纷及处理方法。常见的交易纠纷有:通过支付宝担保交易,怎么处理收到的产品货不对版;诚信通会员收款不发货,怎样投诉。小额批发平台交易中出现的交易纠纷:已付款,卖家没货,我该如何拿回钱;交易前如何了解对方信誉度,保证付款安全性;作为卖家,发货后,买家收货后拒绝付款怎么办;买卖双方交易中出现分歧时,已付至支付宝的货款该给谁;等等。

步骤 6　在阿里巴巴网站中,详细了解阿里巴巴网站是如何建立诚信体系的;试举例分析在阿里巴巴平台上提供了哪些诚信措施和方法来保证电子商务交易的安全。

任务 2　电子商务法律法规

步骤 1　登录中国电子商务法律网(http://www.chinaeclaw.com),如图 12.2 所示。认真浏览阅读"国内新闻""案件追踪""国际新闻""法规释义""立法动态""最新法规""案例评述"等栏目的相关内容。

图 12.2　中国电子商务法律网

步骤 2　对电子签名、电子支付、电子合同、个人信息安全、知识产权、现代物流等相关的法律条款进行认真学习,学会运用相关的法律法规分析和解决电子商务中的一些交易纠纷问题。

步骤 3　登录网上交易保障中心网(http://www.315online.com.cn),如图 12.3 所示。认真浏览网站中的各个栏目,对电子商务中的法律法规及相关的要求标准进行学习,阅读相关的交易案例的分析。

图 12.3　网上交易保障中心

📖 思政园地

《中华人民共和国电子商务法》立法历程

电子商务是指通过电子行为进行的商事活动。这种观点以 1996 年《联合国电子商务示范法》为代表。广义的电子商务是指通过电子行为进行民商事活动。商事活动的范围被民商事活动所覆盖。商事活动是以营利为目的、具有营业性的民事行为,而民商事行为的外延显然大于商事行为,它不仅包括商事行为,也包括非商事主体之间的民事活动。事实也是如此,电子商务中的商务并非名副其实,它不仅包括商事行为,也包括非商事行为,如自然人之间的电子商务。

1. 法律定义

电子商务法是指调整平等主体之间通过电子行为设立、变更和消灭财产关系及人身关系的法律规范的总称。它是政府调整、企业和个人以数据电文为交易手段,通过信息网络所产生的,因交易形式所引起的各种商事交易关系,以及与这种商事交易关系密切相关的社会关系、政府管理关系的法律规范的总称。

2. 立法背景

2012 年,中国电子商务交易额达 7.85 万亿元,同比增长 30.8%;网络零售额超过 1.3 万亿元,占社会消费品零售总额的 6.3%;电子商务服务企业直接从业人员超过 200 万人,间接带动就业人数超过 1 500 万人。根据有关部门和专家分析预测,到"十二五"末,中国网民总数将达 7 亿人,电子商务交易额、网络零售交易额将分别增长至 18 万亿元和 3 万亿元以上,中国将成为全球规模最大的电子商务市场,电子商务产业将成为最具发展潜力、最有国际竞争力的产业。与电子商务迅猛发展的实践相比,中国至今尚未对电子商务进行专门立法,实践中规范、指导电子商务发展主要依靠部门规章。电子商务现有法律法规亟待梳理、补充、修改和完善。促进电子商务持续健康发展迫切需要加强立法。

国务院办公厅出台了关于加快电子商务发展的若干意见。国家发改委、国务院信息办发布了电子商务发展"十一五"规划。工信部发布了电子商务"十二五"发展规划。商务部先后发布了关于网上交易的指导意见、关于"十二五"电子商务发展指导意见等。国家工商总局发布了《网络商品交易及有关服务行为管理暂行办法》。

3. 立法历程

2000 年 12 月,中国全国人大常委会审议通过了《关于维护互联网安全的决定》;2004 年 8 月,通过了《中华人民共和国电子签名法》;2012 年 12 月,通过了《关于加强网络信息保护的决定》。2013 年 12 月 7 日,全国人大常委会在人民大会堂上召开了《中华人民共和国电子商务法》(简称《电子商务法》)第一次起草组的会议,正式启动了《电子商务法》的立法进程。12 月 27 日,全国人大财经委在人民大会堂召开电子商务法起草组成立暨第一次全体会议,正式启动电子商务法立法工作。根据十二届全国人大常委会立法规划,电子商务法被列入第二类立法项目,即需要抓紧工作,条件成熟时提请常委会审议的法律草案。

2014 年 11 月 24 日,中国全国人大常委会于召开电子商务法起草组第二次全体会议,就电子商务重大问题和立法大纲进行研讨。起草组已经明确提出,《电子商务法》要以促进发展、规范秩序、维护权益为立法的指导思想。

2015 年 1 月至 2016 年 6 月,开展并完成电子商务法草案起草。

2016 年 3 月 10 日,全国人大财政经济委员会副主任委员乌日图透露,电子商务立法已列入十二届全国人大常委会五年立法规划,目前法律草案稿已经形成,将尽早提请审议。

2016 年 12 月 19 日,十二届全国人大常委会第二十五次会议上,全国人大财政经济委员会提请审议电子商务法草案。

2016 年 12 月 27 日至 2017 年 1 月 26 日,电子商务法在中国人大网向全国公开电子商务立法征求意见。

2018 年 6 月 19 日,电子商务法草案三审稿提请十三届全国人大常委会第三次会议审议。

2018 年 8 月 27 日至 8 月 31 日举行的第十三届全国人大常委会第五次会议正在对电子商务法草案进行四审。

2018 年 8 月 31 日,全国人大常委会表决通过《电子商务法》。其中明确规定:对关系消费者生命健康的商品或者服务,电商平台经营者对平台内经营者的资质资格未尽到审核义务,或者对消费者未尽到安全保障义务,造成消费者损害的,依法承担相应的责任;电商平台经营者对平台内经营者侵害消费者合法权益行为未采取必要措施,或者对平台内经营者未尽到资质资格审核义务,或者对消费者未尽到安全保障义务的,由市场监督管理部门责令限期改正,可以处 5 万元以上 50 万元以下的罚款;情节严重的,责令停业整顿,并处 50 万元以上 200 万元以下的罚款。

2018 年 8 月 31 日,中华人民共和国主席习近平签署中华人民共和国主席令(第七号):《中华人民共和国电子商务法》已由中华人民共和国第十三届全国人民代表大会常务委员会第五次会议于 2018 年 8 月 31 日通过。

2019 年 1 月 1 日,《中华人民共和国电子商务法》正式实施。

4. 保护权益

(1)搭售须有显著提示

《电子商务法》增加规定:电子商务经营者搭售商品或服务,应当以显著方式提请消费者注意,不得将搭售商品或者服务作为默认同意的选项。

(2)保证押金顺利退还

针对押金退还难的问题,《电子商务法》增加了如下规定:电子商务经营者按照约定向消费者收取押金的,应当明示押金退还的方式、程序,不得对押金退还设置不合理条件。消费者申请退还押金,符合押金退还条件的,电子商务经营者应当及时退还。

(3)向"大数据杀熟"说不

《电子商务法》明确规定:电子商务经营者根据消费者的兴趣爱好、消费习惯等特征向其推销商品或者服务,应当同时向该消费者提供不针对其个人特征的选项,尊重和平等保护消费者合法权益。

(4)个人信息保护有待加强

电子商务经营者搜集、使用其用户的个人信息,应当遵守有关法律、行政法规规定的个人信息保护规则。对此,在分组审议中,不少委员建议应进一步完善对个人信息保护的相关规定。

案例分析

网上银行纠纷案

2006 年 9 月 27 日,北京市海淀区法院审结了一起通过网上银行进行交易而引发的储蓄存款合同纠纷案件,驳回了杨先生要求赔偿存款的诉讼请求。

杨先生称,2004 年 2 月 14 日,在工行海淀支行西苑储蓄所存款,开具存折,至 2005 年 9 月 3 日,杨先生的存折上有存款 74 025.37 元。2005 年 9 月 15 日,当杨先生去银行取款时,发现账上只有 13 425.37 元,有 60 600 元无故消失。杨先生认为银行应为此赔偿这笔存款,故起诉至法院,请求法院依法判决工行西区支行、工行海淀支行共同赔偿存款 60 600 元。

工行西区支行辩称,我行系严格遵照法律法规及约定履行支行义务。杨先生基于意思自治与我行签订了网上银行服务协议,我行依据杨先生指令为其办理汇款业务,其后果应由杨先生自行承担。2005 年 9 月 4 日至 15 日间,杨先生的账户通过我行的网上银行系统汇款 36 笔,其中手续费 600 元,总计 60 600 元。此 36 笔交易系在凭杨先生的账号、密码登录网上银行系统后,向我行发出指令,我行依据该指令办理,指令的发出均视为杨先生本人所为。我行为杨先生办理网上汇款业务系正常提供金融服务的行为,并正当地履行了协议约定的义务,因此,本案争议的 60 600 元款项的转出所造成的后果应当由杨先生自行承担。故不同意杨先生的诉讼请求。

工行海淀支行辩称:2006 年 6 月,我行进行机构分设,分拆出 23 家网点,原中国工商银行股份有限公司北京海淀支行西苑储蓄所由工行西区支行管辖,并更名为中国工商银行股份有限公司北京海淀西区支行西苑储蓄所,现我行对西苑储蓄所不具有管辖权。我行对此事无任何过错,故不同意杨先生的诉讼请求。

法院经审理认为,本案中,杨先生称其存款无故消失的责任应由银行承担,几笔存款的交易方式及银行交易流程应为本案例判断银行是否承担法律责任的焦点问题,对此,法院分析如下:根据银行提供的交易记录清单可知,本案争议的 60 600 元存款,均系网上银行汇款支付。

根据庭审查明可知,在整个网上交易过程中,客户须输入两个密码,即登录密码及支付密码,在首次登录时,客户还需输入在柜台申请开通网上银行时设置的初始登录密码,以上密码均由客户本人掌握,提供服务的银行对此并不知晓,在客户申请网上银行业务申请书背面有《中国工商银行电话银行、网上银行使用协议书》,该协议书经杨先生签字接受后,应视为约束双方行为的合同约定,双方均应严格按约定履行。该协议书约定:用户必须妥善保管本人网上银行登录密码和支付密码,所有使用上述密码进行的操作均视为用户本人所为,依据密码等电子信息办理的各类结算交易所发生的电子信息记录均为该项交易的有效凭证。密码以其私密性、可更改性等特点成为当今社会保证交易安全的有效办法,越来越多的人选择设置密码,或者不断更新密码的形式来保证存款的安全性及交易的稳定性。本案中,通过杨先生为其存折、银行卡均设置密码的行为可知,其对为存取款凭证设置密码以保证安全性是有明确认识的。

网上银行操作较传统的柜台交易具有简便、快捷等特点,极大地方便了客户进行相关业务操作,但因不是客户与业务员之间面对面交易,因此为保证交易安全,需要通过输入密码形式保证交易的稳定与安全。

经审理查明,原工行海淀支行西苑储蓄所在客户申请网上银行业务时尽到了相关审查核实义务,在客户进行网上银行操作过程中尽到了相关提示义务,在客户能够准确输入登录密码及交易密码的前提下,对于客户发出的汇款指令予以接受,并提供了相关服务,收取了相应手续费,原工行海淀支行西苑储蓄所已完全履行了合同义务,在杨先生不能提供充分证据证明存款消失系因原工行海淀支行西苑储蓄所过错导致的情况下,法院认为原工行海淀支行西苑储蓄所不应对杨先生所述存款消失的结果承担法律责任。

因银行内部分立原因,原工行海淀支行西苑储蓄所的法律责任由工行海淀支行与工行西苑支行共同承担,在法院认定原工行海淀支行西苑储蓄所不承担法律责任的情况下,对于杨先生要求工行海淀支行与工行西区支行共同承担赔偿存款责任的诉讼请求法院不予支持。故法院驳回了杨先生的诉讼请求。

一审宣判后,双方均未明确表示是否上诉。

案例思考:

1. 通过案例,说明在电子商务的发展中,网上银行的使用要注意哪些问题?
2. 如何看待本案所反映的实际问题?

课后习题

一、选择题

1. (　　)能够预防服务纠纷的产生。
   A. 及时回复买家　　　　　　　　B. 态度礼貌
   C. 热情提供专业的指导　　　　　D. 关注细节,令买家满意
2. 美国为电子商务交易制定了(　　)。
   A. 电子商务示范法　　　　　　　B. 全球电子商务竞赛规则
   C. 全球电子商务法　　　　　　　D. 全球电子商务框架
3. 涉及电子商务安全的法律保护问题通常从商品交易安全的法律法规和(　　)来考虑。
   A. 国家安全法　　　　　　　　　B. 宪法
   C. 民法典　　　　　　　　　　　D. 计算机安全的法律法规
4. 《电子商务示范法》由(　　)颁布。
   A. 中国　　　　B. 新加坡　　　　C. 美国　　　　D. 联合国
5. 有关电子商务师的职业道德规范的论述,(　　)是错误的。
   A. 严守机密是电子商务师的重要素质
   B. 实事求是,工作认真是职业道德规范的基本规范
   C. 兢兢业业,吃苦耐劳是电子商务师职业活动能够正常运作的重要保证
   D. 遵纪守法,廉洁奉公是评价电子商务师是否称职的基本依据
6. 商品交易的纠纷种类主要有(　　)。
   A. 商品纠纷　　B. 物流纠纷　　C. 服务纠纷　　D. 以上均不是
7. 属于常见的因服务导致的纠纷类型是(　　)。

A. 服务态度不好　　B. 服务不及时　　　C. 服务不专业　　　D. 货物漏发、错发

8. 目前,电子商务涉及的法律问题有(　　)。

A. 在线不正当竞争与网上无形财产保护问题　　B. 电子合同问题

C. 网上电子支付问题　　　　　　　　　　　　D. 在线消费者保护问题

9. 根据《中华人民共和国计算机信息网络国际联网管理暂行规定》第八条规定,网络交易中心的设立必须具备的条件是(　　)。

A. 符合法律和国务院规定的其他条件

B. 具有健全的安全保密管理制度和技术保护措施

C. 具有相应的计算机信息网络、装备及相应的技术人员和管理人员

D. 依法设立的企业法人或者事业法人

10. 关于国际组织制定的电子商务的相关法律法规的说法正确的是(　　)。

A. 1996 年 6 月,联合国国际贸易法委员会通过了《电子商务示范法》

B. 国际商会于 1997 年 11 月 6 日通过的《国际数字保证商务通则(GUIDEC)》

C. 欧盟于 1999 年发布了《数字签字统一规则草案》

D. 2001 年 3 月 23 日,联合国国际贸易法委员会正式公布了《电子签字示范法》

二、简答题

1. 简述国内外出台的主要电子商务法规。

2. 简述《电子商务示范法》制定的意义。

3. 电子商务立法所覆盖的范围是什么?

4. 简述电子商务交易中买卖双方当事人的权利和义务。

5. 电子商务的从业人员应该遵循哪些道德规范?

三、实践题

1. 根据网络公开资料,分析三次产业(农业、工业、服务业)中电子商务渗透率最高的分别是哪些行业,分析其中的原因。

2. 搜集我国国家层面的电子商务发展促进政策并分析其作用。

3. 对比分析美国和中国电子商务发展战略的异同。

4. 归纳总结我国电子商务企业的商业模式,并分析未来的战略发展趋势。

参考文献

[1] 胡龙玉,杨万娟.电子商务基础实训教程[M].北京:北京大学出版社,2023.

[2] 许应楠.电子商务基础与实务[M].3 版.北京:高等教育出版社,2024.

[3] 胡宏力.电子商务理论与实务[M].4 版.北京:中国人民大学出版社,2024.

[4] 白东蕊,岳云康.电子商务概论[M].5 版.北京:人民邮电出版社,2021.

[5] 北京鸿科经纬科技有限公司.网店运营基础[M].北京:高等教育出版社,2023.

[6] 隋东旭.网店运营与管理[M].北京:清华大学出版社,2023.

[7] 淘宝教育.网店运营(提高版)[M].北京:电子工业出版社,2024.

[8] 邵小利,郭宝丹,赵晓丹.网店运营与管理[M].北京:清华大学出版社,2024.

[9] 张小青.网店运营[M].北京:中国财富出版社有限公司,2022.

[10] 郦瞻.网络营销[M].3 版.北京:清华大学出版社,2023.

[11] 林勇.移动电子商务及应用[M].2 版.西安:西安电子科技大学出版社,2023.

[12] 臧良运.电子商务支付与安全[M].5 版.北京:电子工业出版社,2022.

[13] 侯安才,栗楠.电子商务安全技术实用教程[M].3 版.北京:人民邮电出版社,2024.

[14] 邵贵平.电子商务物流管理[M].4 版.北京:人民邮电出版社,2022.

[15] 梁露,刘健.电子商务网站建设与实践[M].5 版.北京:人民邮电出版社,2023.

[16] 陆宇海,邹艳芬.网络营销[M].南京:南京大学出版社,2020.

[17] 胡宏力.电子商务理论与实务[M].4 版.北京:中国人民大学出版社,2024.

[18] 杨立钡,万以娴.新编电子商务法规[M].北京:中国人民大学出版社,2022.

[19] 徐双敏.电子政务概论[M].3 版.北京:科学出版社,2024.

[20] 李志芳,赵跃民,安刚.电子商务数据分析[M].3 版.北京:人民邮电出版社,2023.